유아교사와 유아특수교사를 위한

증거 기반 디지털 교육

김병건 저

학지사

머리말

유아교육 현장에서 디지털 기술의 도입은 그야말로 '필연'이자 '과제'로 자리 잡았습니다. 하지만 현실을 살펴보면 다음과 같은 문제들이 여전히 남아 있습니다.

유아를 위한 체계적인 디지털 교육 교재가 부족합니다. 유아기에 가장 중요한 것은 놀이와의 상호작용을 통한 전인적 발달인데, 이를 뒷받침할 이론적 · 실천적 지침을 담은 교재는 거의 찾아보기 어렵습니다. 또한 디지털 기기 및 애플리케이션(이하 앱)의 급속한 변화에도 불구하고 '사용법' 위주로 작성된 교재가 많습니다. 스마트 기기, 증강현실, 가상현실, 인공지능 기반 앱 등 디지털 도구는 매년 새로운 버전으로 업데이트되지만 현존하는 교재는 여전히 '어떤 메뉴를 누르면 무엇이 나온다'는 기능 설명에 머무릅니다. 그 결과 교사들은 매뉴얼을 반복하여 작성하거나 비공식 현장에서의 연수를 통해 노하우를 축적해야 하는 부담을 안고 있습니다.

그 뿐만 아니라 장애 유아를 포함한 모든 유아를 포용하는 디지털 교육 교재는 전무합니다. 디지털 환경은 본래 접근성(accessibility)을 보장할 수 있는 강력한 잠재력을 지니고 있음에도 실제 교재는 일반 유아를 중심으로만 기획되어 있어 시각 · 청각 · 운동 · 인지 기능이 다양한 장애 유아의 특수성을 반영한 콘텐츠 설계, 보조공학 적용 지침, 보편적 학습 설계(Universal Design for Learning: UDL) 원칙 기반의 수업 모델 등을 찾아보기 힘듭니다.

마지막으로, 증거 기반 실천(evidence-based practice)에 근거한 교재가 부족합니다. 근거 중심 교육의 패러다임 전환에도 불구하고, 유아 디지털 교육 분야에서는 엄밀한 실증연구 결과가 교재 설계에 반영되지 못하고 있어 과학적 검증을 거친 교수 · 학습 전략, 개입 효과 분석, 장기 추적 평가 데이터를 토대로 한 모듈화된 수업 사례 등이 부족하여 현장 적용 시 이론과 실제 간에 괴리를 경험하게 됩니다.

이러한 문제를 타개하기 위해 이 책은, ① 구성주의, 다중감각적 학습, 놀이 기반 학습 이론을 디지털 환경에 적용한 교수 · 학습 설계 원리와 에피스테믹 및 루딕 액티비티의 균형을 고려한 디지털 놀이 모델, ② 교육 목표와 발달 수준에 따른 앱 · 콘텐츠 평가지표 및 체크리스트, 과도한 스크린 타임을 예방하고 건강한 활동 순환을 구현하기 위한 운영 매뉴얼, ③ UDL 원칙에 기반한 접근성 보장 방안(텍스트 대비 및 크기 조절, 대체 텍스트, 자막 · 수화 영상 제공 등), 보조공학 기기 활용법과 통합 수업 사례, 다학제적 협업 모델, ④ 국내외 실증연구 결과를 토대로 한 개입 프로그램 사례, 사전 · 사후 평가지표 및 장기 추적 평가 설계 예시, 연구 데이터에 근거한 효과 검증 절차와 현장 적용 전략, ⑤ 유아통합교실 · 특수학급 · 가정에서 활용 가능한 활동지 · 평가도구 · 수업 시나리오, 단계별 연수 계획 및 동료 코칭 가이드를 포함하여 구성되었습니다. 앞서 제시한 문제의식은 단순한 '공감'에 그치는 것이 아니라 유아교육 현장의 교사와 연구자가 실질적으로 활용할 수 있는 '교재'를 만들고자 하는 의지의 표현입니다. 급변하는 디지털 환경 속에서도 유아 한 명 한 명의 발달과 권리가 존중받고, 모든 유아가 동등한 학습 기회를 누리는 포용적이고 증거 기반의 디지털 교육을 펼치기 위한 첫걸음으로서 이 책이 현장에서 든든한 지침서가 되기를 바랍니다.

2025년 9월
김병건

차례

제1장

디지털 시대의 유아교육

1. 디지털 기술이 유아교육에 미치는 영향과 중요성

21세기 유아교육은 디지털 기술의 발전에 힘입어 학습 환경, 교사 역할, 그리고 유아의 학습 경험 전반에 걸쳐 본질적인 변화를 맞고 있다. 전통적으로 칠판, 교과서, 구두 설명 등 아날로그 방식의 수업이 중심이었으나, 이제는 컴퓨터, 태블릿 PC, 스마트폰, 인터넷, 인공지능(Artifical Intelligence: AI) 등 다양한 첨단 기술이 통합된 다감각적 · 상호작용적 환경 속에서 유아교육이 이루어지고 있다.

디지털 기기를 기반으로 한 교수–학습은 유아의 인지적 · 감각적 발달을 심화시킨다. 연구에 따르면, 만 5세 이하의 유아들 상당수가 가정 내에서 다양한 디지털 기기를 활발히 사용하고 있으며, 이들은 매우 어린 시기부터 '디지털 유창성'을 보인다고 할 정도로 디지털 환경에 익숙하다(Palaiologou, 2016). 디지털 기술을 활용한 수업에서는 텍스트, 이미지, 음성, 영상, 가상현실(Virtual Reality: VR) 및 증강현실(Augmented Reality: AR) 등 다양한 매체가 결합되어 유아들이 시각, 청각, 촉각 등 여러 감각을 복합적으로 활용하며 학습 동기와 창의성을 증진하는 효과가 반복적으로 관찰되고 있다. 실제로 디지털 사진 · 저널, AR 기반 활동 등은 유아가 자신만의 콘텐츠를 창작하고 친구들과 공유 및 반영하는 경험을 통해 사회적 상호작용과 자기표현, 인지적 성찰을 동시에 키울 수 있는 장치를 제공한다(Ching & Wang, 2006; Madanipour & Cohrssen, 2019).

디지털 기술은 또한 언제 어디서나 학습 자료에 접근할 수 있는 기회를 확대함으로써 유아의 자기주도적 탐색과 학습을 가능하게 한다(Giacomo, Ranieri, & Lacasa, 2017; Palaiologou, 2016). 모바일 기기와 인터넷의 보급으로 가정, 교실, 외부 환경을 가로지르는 유연한 '확장된 학습 공간'이 형성됨에 따라 유아들은 교육기관 밖에서도 흥미 기반 주제를 스스로 탐구할 수 있다. 이는 기존의 교사 주도 수업에서 벗어나 유아 참여 중심, 놀이 기반, 프로젝트 중심 학습의 확장을 촉진한다(김병건, 2019; 김병건, 김미정, 2019; Bird & Edwards, 2015; Edwards et al., 2020).

개별화 교육(Individualized Education Program: IEP) 역시 디지털 기술 통합의 중요한 성과다. 태블릿 PC 기반 학습 앱, 맞춤형 피드백 기능, 학습 데이터 누적과 분석 등은 유아의 발달 속도, 관심사, 이해 수준에 따른 맞춤형 교육을 현장에서 실현할 수 있게 했다(Kerckaert, Vanderlinde, & Braak, 2015). 교사는 유아 개개인의 학습 패턴, 흥미, 발달 수준에 따라 차별화된 자료 제공과 피드백을 조정할 수 있으며, 이 과정은 유아의 작은 성공 경험을 반복적으로 강화하여 자신감과 자기효능감 발달로 직접 연결된다(Ching & Wang, 2006).

특히 디지털 포용성 측면에서 보편적 학습 설계(Universal Design for Learning: UDL) 원칙과의 접목은 유아통합교육에서 두드러진 의의가 있다. UDL은 신체적 · 인지적 다양성을 가진 모든 유아, 특히 장애 유아의 학습 접근성과 참여 기회를 보장하기 위한 교육 설계 원리로, 다양한 정보 제시, 표현 방법, 참여 방식의 통합을 중시한다. 연구에 의하면, 유아교육 현장에서 UDL 기반 디지털 교수법을 적용할 때 학업 및 사회적 성과가 향상되는 경향이 존재하나, 실제 효과는 적용 맥락과 원칙 구현의 수준에 따라 상이하며, 일부 학습자에게 긍정적 조치가 또 다른 학습자에게는 새로운 장벽을 유발할 수 있음을 시사한다. 때문에 '응답적 교수(responsive teaching)'와 같이 개별 유아의 요구에 따라 유연하고 직접적으로 대응하는 전략의 병행을 반복적으로 강조한다(Capp. 2017; Griful-Freixenet et al., 2017; Ok et al., 2017).

한편, 디지털 기술 활용의 이점은 모든 유아에게 균등하게 제공되는 것은 아니다. 가정의 소득, 교육 수준, 인종적 배경 등에 따라 디지털 기기 및 인터넷 접근성('디지털 격차')의 차이가 존재하며, 이는 초기 읽기, 수학 성취 등에서 유의미한 영향으로 이어질 수 있다(김성완, 김병건, 정동훈, 채희태, 박종화, 2021; Villanti et al., 2017). 단순한 접근성만으로는 학습 효과가 자동적으로 보장되지 않으며, 성인(교사, 부모)에 의한 중재와 질 높은 콘텐츠 선택 및 지도가 필수적임도 일관되게 보고되고 있다(Espinosa et al., 2006; Palaiologou, 2016).

또한 교사와 학부모 간 실시간 소통 역시 디지털 기술 도입으로 극적으로 진화하고 있다. 학습 관리 시스템(Learning Management System: LMS), SNS, 화상회의 등 온라인 기반 소통 도구는 유아의 학습 상황을 신속히 공유하고, 피드백하며, 개별유아의 발달 사항에 따른 맞춤 지원을 강화할 수 있는 기반을 제공한다(Kerckaert et al., 2015).

결론적으로, 디지털 기술은 유아통합교육에서, ① 다감각 · 상호작용적 학습 환경, ② 자기주도적 · 개별화된 학습 기회의 확장, ③ 실시간 의사소통 및 피드백 체계 강화, ④ UDL 기반 포용적 교육 실현의 촉진자 역할을 담당하고 있다.

그러나 그 효과는 맥락별, 접근성별로 상이할 수 있으며, 교사의 전문성 개발, 성인의 중재, 개별 유아의 요구에 대한 응답성 확보 및 디지털 접근성 격차 해소가 병행되어야 실질적인 교육 혁신으로 귀결될 수 있다. 따라서 디지털 기술의 적극적인 통합과 더불어 현장 맞춤형 정책 지원, 교사 연수, 학부모와의 협업, 기술 및 콘텐츠의 질 관리 등 다각적 노력이 유아교육의 질적 도약을 위해 필수적이라고 할 수 있다.

2. 유아교육에서의 디지털 포용성과 접근성

디지털 기술의 발달은 유아통합교육에서 '포용적 교육(inclusive education)'의 구현을 추상적 이상이 아닌 실질적 실천 과제로 부상시켰다. 기술적 진보는 신체적 · 인지적 제약이 있는 유아를 포함해서 모든 유아가 동등하게 학습에 참여할 수 있는 환경 조성의 핵심 매개로 평가된다. 그러나 이러한 포용이 실제로 실현되기 위해서는 디지털 장비의 단순 보급을 넘어 접근성 보장, 교육과정 설계, 정책 지원, 교사 역량 등 다층적 · 통합적 접근이 요구된다.

1) 보조공학과 물리적 접근성

디지털 포용성의 실질적 기반은 보조공학(Assistive Technology: AT)과 접근성 기술의 적극적 도입에 있다. 시각장애 유아의 경우 스크린 리더(screen reader), 점자 디스플레이를, 청각장애 유아는 자막 · 수화 기능이 탑재된 멀티미디어 자료를 활용함으로써 교실 안팎에서 또래와 동일한 정보에 접근할 수 있다. 자폐 스펙트럼 장애나 주의력 결핍 등 발달장애 유아를 위한 예측 가능하고 단순화된 인터페이스 설계 역시 학습 몰입도를 높이는 데 기여한다. 이러한 접근법은 단순한 정보 전달을 넘어 정보 격차 해소와 교육의 형평성에 실질적으로 기여한다는 점에서 중요한 의의를 가진다.

2) 보편적 학습 설계와 교육과정 설계

포용적 환경 구축에서 가장 핵심적인 이론적 토대는 보편적 학습 설계(UDL)다. UDL은 다양한 학습자의 특성을 수용하기 위해 정보 제시, 표현, 참여 방식의 복수 경로를 사전에 설계한다. 실제 UDL 기반 수업에서는 동일한 학습 목표가 텍스트, 이미지, 동영상, 촉각 · 조작 활동 등 다중매체를 통해 제시되며, 유아는 자기 감각적 선호와 특성에 따라 개별적으로 접근한다. 유아통합교육 현장에서는 UDL 적용이 실질적으로 장애 유아를 포함한 전체 유아의 학업, 사회성, 참여 향상에 긍정적 영향을 미치고 있으나, 연구에 따르면 효과의 수준과 구현의 질은 교실 및 맥락별로 상이하게 나타난다(Capp, 2018; Ok et al., 2017). 또한 UDL의 적용이 특정 유아에게는 긍정적이지만, 또 다른 유아에게는 새로운 장벽이 될 수 있음을 지적한다. 이를 해결하기 위해서는 유연한 UDL 적용과 함께 '응답적 교수'를 병행해야 하며, 학습자의 실제 요구와 선호를 직접적으로 파악하고 반영하는 '직접적 개입' 전략이 보완적으로 필요하다(Griful-Freixenet et al., 2017).

3) 디지털 격차와 정책적 지원

근본적인 포용 실현에는 디지털 기기 · 인터넷 인프라 접근성의 지역, 계층별 격차 해소가 전제되어야 한다. 실제로 소득, 교육 수준, 인종에 따라 디지털 기기 및 네트워크 접근성에 유의미한 격차가 존재하며, 이는 영유아기의 학습 기회와 성과까지 장기적으로 영향을 미칠 수 있다(Villanti et al., 2017). 단순히 기기를 보급하는 것만으로는 충분하지 않고, 지속적 보조금, 기기 대여, 공공 와이파이 확충 등 정책적 지원이 병행돼야 한다. 이는 사회 전체의 평등한 학습 기회 보장과 궁극적으로 정보 격차 완화에 기여하는 기반이다.

4) 교사의 전문성, 가정과의 연계, 실질적 실행력

포용적 디지털 교육의 효과적 실천은 교사의 역량과 태도, 그리고 가정 및 교육기관 간의 능동적 협력에 달려 있다. 연구에 따르면, 유아교사들이 디지털 기술과 UDL의 원리를 얼마나 구체적으로 이해하고 실천하느냐가 실제 포용성 실현의 주요 변인으로 작용한다(Kerckaert et al., 2015; Undheim, 2021). 아울러 의사소통 보조 기기(Augmentative and Alternative Communication: AAC), LMS 등 디지털 AT 도구의 가정 내 사용법과 지원법을 학부모와 적극적으로 공유 및 연계할 때, 장애 유아를 포함한 모든 유아가 기관-가정-사회 연계의 다차원적 배경에서 일관된 학습 경험을 제공받을 수 있다(김병건 외, 2020).

5) 디지털 포용성의 실천적 의미 확장

유아들은 이미 가정에서 다양한 디지털 기술에 익숙하여 관련 연구는 전통적 문해력 개념조차 디지털 능력의 습득, 응용, 재학습 역량으로 확장할 것을 제안한다. 따라서 유아교육은 단순히 기술을 도입하는 데 그치지 않고, 유아가 '디지털 환경 내 적극적 창조자' 이자 '협력자'로 성장할 수 있도록 놀이 · 창작 · 탐구 활동의 설계와 운영에서 멀티모달

(multimodal)[1], 글로벌-로컬[2], 전통-디지털[3]이 융합되는 교육적 접근이 요구된다(Bird & Edwards, 2015; Edwards et al., 2020; Ching & Wang, 2006).

결론적으로, 디지털 포용성이 구현된 유아교육은, ① AT와 접근성 기술의 체계적 도입, ② UDL 및 다중감각 기반 교수 · 학습 전략의 실질적 적용, ③ 지역 · 계층 간 디지털 격차 해소를 위한 정책 및 재정 지원, ④ 교사 · 가정 · 공동체의 적극적 협력, ⑤ 유아의 능동적 디지털 역량 신장이라는 다차원의 통합적 노력을 통해 실현될 수 있다.

이러한 전략들은 장애 유아를 포함한 모든 유아가 차별 없이 평등한 학습 기회를 누릴 수 있는 구조를 제공하며, 궁극적으로 미래지향적이고 지속 가능한 포용적 유아교육의 기초를 마련하는 데 결정적 역할을 한다.

3. 주요 교육 이론과 프레임워크

디지털 시대의 유아교육을 효과적으로 이끌어 가기 위해서는 전통적인 교육 이론과 최신 기술 통합 프레임워크(framework)를 함께 고려할 필요가 있다. 이러한 이론과 프레임워크는 유아들의 학습 특성을 이해하고, 디지털 도구를 활용하여 효과적인 교수전략을 수립하는 데 중요한 기준점을 제공한다. 이번 절에서는 구성주의, 다중지능 이론, UDL, 그리고 SAMR 모델에 대해 자세히 살펴보고, 이들이 유아교육 현장에서 어떻게 적용될 수 있는지를 논의하고자 한다.

먼저, 구성주의(constructivism)는 유아들이 스스로 경험을 통해 지식을 구성해 나간다는 점을 강조하는 교육 이론이다. Piaget(1952)는 유아들이 환경과 상호작용하면서 기존의 인지 체계를 바탕으로 새로운 정보를 받아들이고, 이를 재구성함으로써 지식을 형성한다고 보

1 멀티모달은 텍스트, 이미지, 오디오, 비디오 등 다양한 형태의 데이터를 통합적으로 처리하며, 이들 간의 연관성을 학습하는 인공지능 기술을 일컫는다.

2 디지털 세계와 지역적 맥락의 연결을 뜻한다.

3 유아가 전통적 놀이와 디지털 경험을 통합하여 실천하는 양상을 뜻한다.

왔다. 구성주의 관점에서는 교사의 역할이 지식의 전달자가 아니라 학습 과정을 지원하는 '촉진자(facilitator)'로 전환된다. 유아들은 놀이와 탐색을 통해 스스로 문제를 발견하고 해결하는 경험을 누림으로써 능동적 학습자로 성장하게 된다. 예를 들어, 유아들이 블록 놀이를 하면서 크기, 모양, 균형 등을 직접 경험하고 문제 해결 과정을 거치는 활동은 구성주의적 학습의 대표적인 사례라 할 수 있다.

또한 다중지능 이론(multiple intelligences theory)은 Gardner(1983)가 제시한 이론으로, 인간의 지능은 단일한 능력이 아니라 언어, 논리-수학, 음악, 공간, 신체 운동, 대인 관계, 자기성찰 등 여러 영역으로 구성되어 있다고 주장했다. 이 이론은 유아교육에서 각 유아가 서로 다른 강점을 지니고 있음을 인정하며, 다양한 학습 스타일을 반영한 교수법의 필요성을 강조한다. 예를 들어, 언어적 지능이 발달한 유아에게는 이야기나 시를 활용한 학습을, 신체 운동 지능이 우수한 유아에게는 몸을 움직이며 참여할 수 있는 놀이 중심의 활동을 제공하는 식으로, 개별 유아의 특성에 맞는 다양한 학습 경험을 설계할 수 있다. 이는 디지털 기술을 활용하여 멀티미디어 자료나 상호작용형 앱을 도입함으로써 각 유아의 지능 영역을 자극하고 강화할 수 있는 효과적인 교수전략으로 이어질 수 있다.

UDL은 학습자의 신체적 · 인지적 · 정서적 다양성을 중심에 두고, 모든 학생이 장애 유무와 관계없이 학습 과정에 동등하게 참여할 수 있도록 교육 환경과 교수-학습 과정을 사전에 설계하는 포용적 교육 패러다임이다(박남수, 2013; Griful-Freixenet et al., 2017; Ok et al., 2017; Rose et al., 2006). UDL은 고정된 하나의 방법만을 제시하지 않고 학습 목표, 내용 제시, 표현 방법, 참여 방식 등에서 다양한 경로와 선택지를 제공함으로써 학습의 접근성과 참여 기회를 극대화한다(박남수, 2013; Ok et al., 2017). 이는 단순히 장애 유아의 접근성을 위한 수단을 넘어 모든 유아가 자신의 선호, 발달 수준, 문화적 배경 등 개별적 특성을 존중받으며 자기주도적으로 학습할 수 있는 환경을 마련한다는 데 그 의의가 있다.

UDL이 제시하는 세 가지 핵심 원칙은 다음과 같다.

첫째, '다양한 정보 제시(fepresentation)'는 유아들이 동일한 정보를 텍스트, 그림, 음성, 동영상 등 여러 감각 경로를 통해 받아들일 수 있도록 하는 것이다(박남수, 2013; Ok et al., 2017; Rose et al., 2006).

둘째, '다양한 표현 방식(action and expression)'은 학습자가 자신의 이해를 그림, 만들기, 역할극, 발표 등 다양한 방법으로 드러낼 수 있도록 한다(박남수, 2013; Ok et al., 2017; Rose et al., 2006).

셋째, '다양한 참여 지원(engagement)'은 유아가 내적 동기와 흥미를 가질 수 있도록 자율성, 도전성, 협동 등 참여 방식을 다양화하는 것이다(Capp, 2018; Griful-Freixenet et al., 2017; Ok et al., 2017; Rose et al., 2006). 실제 연구에서도 유아 및 학생들의 학업적 · 사회적 성과가 UDL 기반 수업에서 향상될 수 있음을 보고한 바 있으며, 특히 학습 동기와 적극적 참여 측면에서 긍정적인 효과가 확인되었다(Capp, 2017; Griful-Freixenet et al., 2017; King-Sears & Johnson, 2020).

이러한 원칙을 적용한 실제 사례로는 하나의 주제를 그림책, 오디오 자료, 실물 모형, 디지털 영상 등으로 동시에 제시하여 시각, 청각, 촉각 등 다양한 학습 채널을 지원하거나, 유아가 만든 작품을 사진이나 영상으로 기록해 구술로 발표하거나, 역할극 등 몸동작을 동반하는 활동으로 확장하는 수업 설계가 가능하다. 평가 역시 결과물 형태 및 방법(그림, 글, 말, 만들기 등)에 유연성을 부여하여 학습자의 강점이 드러나도록 한다(박남수, 2013; Ok et al., 2017).

특히 UDL은 통합학급 · 포용교육에서 장애 유아의 적극적 참여를 이끄는 데 결정적 역할을 하며, '차이를 고려하는' 수준을 넘어 '차이를 전제로 하는' 교육철학을 실천에 옮긴다는 점에서 중요하다(Griful-Freixenet et al., 2017; Ok et al., 2017; Rose et al., 2006). 통합학급 역량 함양을 위한 UDL 단계별 적용 방안 연구에서는 목표 설정과 상황 분석 이후, 다양한 내용 및 표현 · 참여 수단 제공을 핵심으로 하는 구체적인 수업 설계 절차를 고려해 볼 수 있다(박남수, 2013).

그러나 UDL의 실제 효과성에 대한 연구 결과는 맥락에 따라 상이하다. 일례로, UDL이 유아의 교육과정 접근성, 학업적 · 사회적 성과에 긍정적 영향을 줄 수 있으나, 구체적인 UDL 원칙 적용의 수준과 보고 방식에는 변동 폭이 컸으며, 모든 학습자에게 항상 동일한 수준의 효과가 발휘되는 것은 아닌 것으로 나타났다. 또한 일부 학습자에게 적합한 UDL 적용이 또 다른 학습자에게는 오히려 새로운 어려움으로 나타날 수 있어 교수자가 유연하게 학생의 개별적 요구를 직접적으로 파악하고 반영하는 '민감성 혹은 반응성(responsiveness)'이 병행되어야 함이 강조된다(Griful-Freixenet et al., 2017).

UDL의 확산에 있어 교사의 실천 역량 또한 중요하다. UDL 도입을 위한 짧은 연수만으로도 특수교사와 일반교사의 수업 설계 접근성이 높아졌으며(Spooner et al., 2007), 실제로 교사들은 정보 제시 방식보다는 참여와 표현 영역에 있어 상대적으로 낮은 자신감을 보이기도 했다(Capp, 2017). 이는 UDL 원칙의 구체적인 교수법 개발과 교사 전문성 강화를 위한 체계적인 지원이 필요함을 시사한다.

디지털 기술과 결합된 UDL이 최근 더욱 주목받는 이유도 여기에 있다. 다양한 정보 제시, 상호작용적 표현, 개인화된 평가가 디지털 및 모바일 도구를 통해 훨씬 용이하게 되었으며, 실제로 유아 및 학생의 학습 접근성과 참여 기회가 기술 통합 기반 UDL 환경에서 더욱 확장될 수 있음이 확인되고 있다(King-Sears & Johnson, 2020; Ok et al., 2017; Rose et al., 2006).

요약하면 UDL은 초기 설계 단계에서부터 교육 목표, 교수 방법, 자료, 평가의 모든 측면에서 다양한 선택지와 접근 경로를 고려하는 미래지향적 · 포용적 교육 프레임워크다. 이는 장애 유아를 포함한 모든 학습자가 자신의 특성과 강점을 최대한 발휘할 수 있는 환경을 제공하며, 실천적 효과성을 극대화하기 위해 학습자별 요구 분석과 교사의 전문성, 최신 기술의 현장 통합과 같은 교차적 노력이 병행될 때 가장 큰 효과를 거둘 수 있다(박남수, 2013; Capp, 2018; Griful-Freixenet et al., 2017).

SAMR 모델은 기술이 교육 현장에 통합되는 수준을 '대체(Substitution)' '증진(Augmentation)' '수정(Modification)' '재정의(Redefinition)'의 4단계로 구분하여 설명한다(Puentedura, 2006). [그림 1-1]처럼 이 4단계는 기술 도입이 단순한 도구의 치환을 넘어 교수 · 학습 경험의 본질적 변화를 이끌어 낼 수 있음을 시사한다. 초기 단계인 '대체'와 '증진'에서는 기존의 전통적 교수 방식을 디지털 기술로 대체하거나, 일부 기능이 개선된 수준의 활용에 그친다. 예를 들어, 종이 교과서를 단순히 태블릿 PC로 읽는 행위는 '대체'에 해당하고, 태블릿 PC에 하이라이트 기능이나 사전 찾기와 같은 부가 기능을 덧붙인다면 '증진'에 포함된다(Romrell, Kidder, & Wood, 2014; Wahyuni et al., 2020).

반면, '수정' 단계부터는 기술이 과제의 구조 자체를 변화시킨다. 예시, 유아들이 태블릿 PC를 활용해서 자신만의 창작물을 제작하고, 이를 학습 공동체 내에서 쉽게 공유하면서 상호 피드백을 주고받는 경우가 해당한다. 마지막 단계인 '재정의'에서는 기존에는 상상할 수 없었던 새로운 형태의 학습 활동이 가능하다. 예를 들어, 전 세계의 또래 학습자들과 실시간으로 협력하는 프로젝트를 진행하거나, AR이나 AI 기반 학습 도구를 활용한 맞춤형 경험이 제공되는 경우가 이에 해당한다(Romrell et al., 2014; Wahyuni et al., 2020).

SAMR 모델은 단순히 기술 활용의 양적 측정이 아니라, 기술이 수업 설계와 학습 경험의 질적 변혁을 가져오는지에 초점을 둔다(Bicalho et al., 2022; Romrell et al., 2014). 이 모델을 통해 교사는 기술 통합의 현 수준을 진단하고, 더 높은 수준의 변혁적 통합을 목표로 교수전략을 개선할 수 있다. 실제 수업 장면에서 교사들이 어떻게 기술을 통합하는지에 대한 연구에서도 SAMR 모델의 4단계를 모두 포괄하는 다양한 실천 사례가 관찰되었으며, 기술을 통

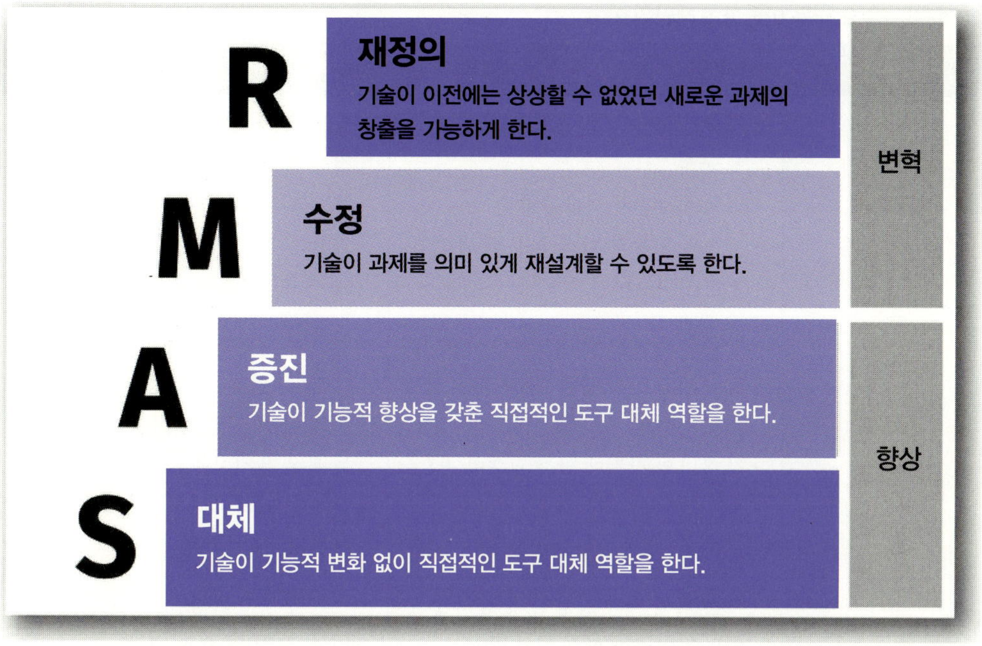

[그림 1-1] SAMR 모델
출처: Sockaling & Liu (2020).

해 수업의 목표 및 학습 경험 자체가 크게 확장될 수 있음을 보여 준다(Wahyuni et al., 2020).

또한 모바일 학습(mLearning)이나 원격 · 블렌디드 수업 등에서 SAMR 모델은 더욱 유용한 분석틀로 기능하며, 각 단계별로 구체적인 교수학습 활동의 예시를 제공한다는 점에서 현장 교사들의 수업 설계 및 자기평가에 실질적인 도움을 줄 수 있다. 따라서 SAMR 모델은 교사가 혁신적이고 효과적인 교육 환경을 설계할 수 있도록 하는 실천적 지침이자 이론적 프레임워크로 널리 활용될 수 있다(Bicalho et al., 2022; Romrell et al., 2014; Wahyuni et al., 2020).

이와 같이 구성주의, 다중지능 이론, 보편적 학습 설계(UDL), SAMR 모델은 각각 유아통합교육에 있어서 중요한 이론적 기반과 실천적 지침을 제공한다. 구성주의는 유아들의 자발적 탐구와 문제 해결 능력을 강조하며, 다중지능 이론은 유아 개개인의 다양한 학습 스타일을 고려한 교수법을 설계할 수 있도록 돕는다. UDL은 모든 유아가 차별 없이 참여할 수 있는 학습 환경을 마련하는 데 필수적이며, SAMR 모델은 기술 통합의 효과를 극대화하는 전략을 구체화할 수 있는 도구로서 작용한다. 이들 이론과 프레임워크를 적절히 결합하여 수업에 적용할 경우, 교사는 유아들에게 보다 포용적이고 개인화된 학습 경험을 제공할 수

〈표 1-1〉 주요 교육 이론과 프레임워크

이론 및 프레임워크	주요 개념 및 특징	유아교육에서의 적용 사례 및 전략
구성주의	• 학습자가 스스로 경험을 통해 지식을 구성 • 교사는 촉진자 역할을 수행 • 학습은 활동과 탐색을 통한 발견 과정으로 이루어짐	• 블록 놀이, 탐색 활동, 문제 해결 과정을 통해 유아가 자발적으로 학습하도록 지도 • 교사는 질문과 피드백을 통해 유아의 사고 과정을 지원
다중지능 이론	• 인간의 지능은 언어, 논리 · 수학, 음악, 공간, 신체 운동 등 다양한 영역으로 구성됨 • 각 유아의 강점에 맞춘 교수법 필요	• 언어적 지능이 발달한 유아에게 이야기, 시 활용 • 신체 운동 지능이 뛰어난 유아에게는 몸을 움직이는 놀이 중심 활동 • 디지털 멀티미디어 자료를 통해 각 영역을 자극
보편적 학습 설계 (UDL)	• 모든 학습자가 동등하게 참여할 수 있도록 다양한 학습 경로 제공 • 여러 감각(텍스트, 음성, 이미지 등)으로 정보 제시 • 유연한 평가 방식 도입	• 수업 주제를 다양한 형식(텍스트, 동영상, 그림 등)으로 제공 • 유아들이 그림, 역할극, 만들기 활동 등으로 자신의 이해를 표현할 수 있도록 지원 • 장애 유아를 포함한 포용적 수업 설계
SAMR 모델	• 기술 통합 단계를 '대체(Substitution)' '증진(Augmentation)' '수정(Modification)' '재정의(Redefinition)'의 4단계로 구분 • 기술이 수업에 미치는 영향 평가	• 단순 교재 대체 단계에서부터 • 태블릿 PC를 활용해 유아들이 창작 활동(예: 그리기, 동영상 제작) 및 협업 활동을 수행하는 등 기술로 학습 경험을 변혁시키는 수업 설계에 활용

있게 되며, 이는 미래 사회의 다양한 요구에 부응하는 창의적이고 자기주도적인 인재로 성장할 수 있는 기반을 마련하는 데 큰 도움이 된다. 다음 〈표 1-1〉은 주요 교육 이론과 프레임워크를 요약한 것이다.

교사는 이러한 이론적 기반을 바탕으로 디지털 도구와 자료를 선택하고, 수업을 설계하며, 평가 방법을 다각화함으로써 유아들이 자신의 흥미와 능력에 맞는 다양한 학습 경험을 할 수 있도록 지도해야 한다. 동시에 장애 유아를 포함한 모든 유아가 동등하게 교육에 참여할 수 있도록 AT 기기와 접근성 옵션을 충분히 고려한 수업 운영이 이루어져야 한다. 결과적으로 주요 교육 이론과 최신 기술 통합 프레임워크는 유아교육의 질적 향상을 도모하고,

모든 유아가 디지털 시대의 변화에 적극적으로 적응할 수 있도록 지원하는 중요한 역할을 담당한다.

4. 디지털 시대에 요구되는 교사의 역량

디지털 전환이 빠르게 진행되는 현대사회에서는 유아교육 현장에서도 교사의 역할이 단순한 지식 전달자를 넘어 변화하고 있다. 디지털 시대에 요구되는 교사의 역량은 다양한 측면에서 설명될 수 있다. 우선, 디지털 리터러시와 정보통신 기술(Information and Communication Technology: ICT) 활용 능력은 모든 교사가 반드시 갖추어야 할 기초 역량이다. 이는 컴퓨터, 태블릿 PC, 스마트폰 등 다양한 디지털 기기를 원활하게 다루고, 디지털 전환이 가속화되는 현대사회에서 유아교육 현장의 교사 역할은 단순한 지식 전달자를 넘어 복합적 · 동적인 역할로 변화하고 있다. 디지털 시대에 유아교육이 요구하는 교사의 역량은 디지털 리터러시와 ICT 활용력, 교수–학습 설계 및 기술 통합 능력, 포용적 지도 및 접근성 지원, 디지털 윤리와 안전 의식, 전문성 개발 및 협업 역량 등 다면적 차원에서 구체적으로 분석할 수 있다(김병건 외 2020).

우선, 디지털 리터러시와 ICT 활용 능력은 더 이상 선택이 아닌 필수 기본 역량이다. 현장 연구에 따르면, 유아교사가 컴퓨터, 스마트 기기, 다양한 디지털 앱을 유연하게 사용할 수 있을 때만이 디지털 자원이 유아의 놀이와 학습에 실질적으로 통합된다(Kerckaert et al., 2015; Lim et al., 2023; Undheim, 2021). 단순히 기기 사용에 그치지 않고 아동이 디지털 환경 내에서 '도구적 · 놀이적 실험'을 통해 문화적 의미를 공동 구성하도록 중재하는 것이 교사의 핵심 임무 중 하나로 부각된다(Bird & Edwards, 2015; Ching & Wang, 2006; Edwards et al., 2020; Undheim, 2021). 실제 현장에서 교사의 디지털 기기 활용 자기효능감과 전문성 개발 경험(연수, 워크숍 등)은 혁신적 ICT 통합 수준 향상과 강한 상관을 보인다(Kerckaert et al., 2015; Lim et al., 2023).

교수–학습 설계 및 기술 통합 능력 역시 주요 역량이다. 단순한 ICT 도입이 아니라, 구성주의 및 다중지능 이론 등 현대적 교수이론을 바탕으로 개별 유아의 발달 특성, 흥미, 강점에 맞춘 의미 있는 통합으로 이어질 때 효과가 극대화된다. 예를 들어, 디지털 사진 저널, 인터랙티브 앱, 증강현실 기반 활동 등은 유아의 심층적 인지적 · 사회적 성찰 및 표현력을 자극하며, 교사는 이를 창의적으로 교육과정 내에 설계 및 조정해야 한다. 연구 현장에서는 이러한 통합적 수업 설계 역량이 기술 자체의 '소비자'가 아니라, 유아 학습의 '주도적 설계자'로서 교사의 정체성을 강화한다(Bird & Edwards, 2015; Lim et al., 2023; Edwards et al., 2020; Undheim, 2021).

포용적 지도 및 접근성 지원 역량은 더욱 부각되고 있다. UDL 프레임 기반에서 교사는 장애 유아, 다양한 배경의 아동까지 모두를 포괄하는 수업을 설계하고, AT 기기(점자 디스플레이, 자막, AAC 등) 및 디지털 접근성 기능의 실제적 활용법을 숙지해야 한다(Griful-Freixenet et al., 2017; Ok et al., 2017; Undheim, 2021). UDL 기반 개입은 학생의 참여나 접근성 향상에 효과적이나, 그 구체적 실천의 성패는 '개별 아동의 요구에 교사가 반응적으로 대응'하는 데 달려 있다. 즉, 일률적 설계가 아닌 유연하고 맥락-특정적 적용, 학생 목소리 청취, 교사의 지속적 관찰 및 조정 능력이 병행되어야 한다(Griful-Freixenet et al., 2017; Ok et al., 2017).

디지털 윤리와 안전 의식 또한 필수적인 교사 역량이다. 유아는 이미 다수의 디지털 기기를 가정에서부터 능숙하게 활용하며, 전통적 문해력(읽기, 쓰기)의 개념이 '디지털 환경에서 배우고-익히고-재학습하는 역량'으로 재정립되는 맥락에서 교사 스스로 모범을 보이면서 개인정보, 저작권, 유해 콘텐츠 차단 등에 대해 체계적으로 지도할 필요가 높아지고 있다. 특히 인종, 계층, 지역별로 디지털 접근 격차가 상존하므로, 교사는 기술 사용 평등 및 안전한 환경 조성에 적극 개입해야 한다(Villanti et al., 2017; Palaiologou, 2016; Undheim, 2021).

마지막으로, 지속적인 전문성 개발과 협업 역량이 강조된다. 급변하는 디지털 환경에서 교사 연수, 워크숍, 온라인 공개강좌(Massive Open Online Course: MOOC), 전문적 학습 공동체(Professional Learning Communicy: PLC) 참여 등이 실제 현장 ICT 적용 수준을 결정하는 중요한 변수임이 연구에서 확인되었다(Kerckaert et al., 2015; Laffey, 2004; Lim et al., 2023). 신임 교사 및 기술 활용에 어려움을 겪는 교사를 대상으로 한 멘토링 · 코칭 체계 마련, 동료 교사 간의 상호 피드백은 개별 교사 역량만이 아닌 교육기관 전체의 혁신을 견인한다. 특히 최근 분석은 유아교사 양성 과정 자체가 디지털 통합 역량을 명시적으로 훈련 및 모델링해야 함을 강조한다(Laffey, 2004; Lim et al., 2023; Ryan & Grieshaber, 2005).

한편, UDL 기반 개입의 효과에 대해서는 긍정적 보고가 많으나, 효과의 크기와 범위, 적용 방식에는 연구 간에 이질성이 크다는 점도 유의해야 한다. 즉, 디지털 통합을 통한 포용적 행위는 단순히 기술 도입으로 정량적 성과가 자동 보장되는 것이 아니라, 교사가 구체적인 학습 맥락, 유아의 특성, 기술의 장단점, 교육 목표에 따라 민감하게 '직접적 반응'을 펼칠 때 지속 가능하다.

요약하면 디지털 시대의 유아교사는 디지털 리터러시와 ICT 실천, 교육과정 및 놀이와의 기술 통합 역량, 포용성과 개별지원 능력, 윤리 · 안전 의식, 지속적 전문성 개발과 협업 리더십을 총체적으로 갖추어야 한다. 이러한 역량은 교사가 단순한 '디지털 사용자'가 아니라, 유아의 다양성과 잠재력을 최대로 실현시키는 '주도적 · 반응적 설계자'이자 포용적 미래 사회 구현을 위한 중심적 역할자임을 뒷받침한다.

디지털 시대의 유아교사와 유아특수교사는 단순한 기기 사용을 넘어 ICT 활용, 교수 설계, 포용적 지도, 윤리 의식, 그리고 협력적 전문성 개발 등 다각적인 역량을 갖추어야 한다. 다각적인 역량은 〈표 1-2〉에 제시했다. 이러한 역량은 유아들의 창의적이고 자기주도적인 학습 환경 조성에 결정적인 역할을 하며, 궁극적으로 미래 사회에서 요구하는 인재 양성의 기반이 될 것이다.

〈표 1-2〉 **디지털 시대의 역량 및 현장 적용 방안**

역량 항목	설명 및 중요성	유아교육 현장에서의 적용 방안 및 예시
디지털 리터러시와 ICT 활용능력	컴퓨터, 태블릿 PC, 스마트폰 등 다양한 디지털 기기를 원활하게 다루며, 새로운 소프트웨어와 앱을 신속하게 습득하는 능력	유아 수업에서 인터랙티브 학습 앱, 디지털 동화책, 영상 자료 등을 활용하고, 기술 문제 발생 시 즉각 대처하는 지도
교수-학습 설계 및 기술 통합 능력	교육 목표와 학습자의 특성에 맞춰 디지털 도구를 효과적으로 수업에 통합하는 전략적인 설계 능력	구성주의, 다중지능 이론, UDL 등의 교육 이론을 바탕으로 맞춤형 수업 설계 및 디지털 콘텐츠 제작, 협동학습 활동 운영
포용적 지도 및 접근성 지원 역량	장애 유아를 포함한 모든 유아가 동등하게 교육에 참여할 수 있도록 AT 기기와 접근성 기능을 활용하는 능력	스크린 리더, AAC 기기, 자막 제공 등 AT 기술 적용. IEP와 연계하여 유아별 맞춤 지원 전략 수립
디지털 윤리와 안전 의식	온라인상에서의 올바른 예의, 개인정보 보호, 저작권 준수 등 윤리적 사용 규칙을 스스로와 유아에게 지도하는 태도	유해 콘텐츠 차단, 개인정보 보호 교육, 사이버 윤리 지도 등을 통해 유아들에게 안전한 디지털 사용 습관을 형성하도록 지도

지속적인 전문성 개발과 협업 역량	지속적인 자기계발과 동료 교사, 학부모, 특수교육 전문가와의 협력을 통해 최신 기술 동향을 습득하고 이를 교육에 반영하는 능력	정기 연수, 워크숍, MOOC, PLC 구성 및 멘토링 프로그램 참여 등으로 동료 교사와 정보, 경험을 공유 및 협력

5. 유아교육과 유아특수교육에서의 디지털 기술 활용 사례

디지털 기술은 유아교육 현장에서 단순히 '보조 도구'를 넘어 학습 경험의 성격 자체를 전환하고, 포용적 교육 환경을 실질적으로 구축하는 촉매로 기능한다. 예시로 제시된 인터랙티브 동화 읽기, AAC, 디지털 포트폴리오, 코딩 로봇, 학습 플랫폼 등은 현장 실천의 다양성과 포괄성을 대표할 수 있는 좋은 사례다. 그러나 이처럼 구체적인 사례에 대한 분석을 더욱 심화하기 위해서는 학습 경험의 질적 변화, 포용성의 구조적 기반, 그리고 지속 가능한 디지털 통합을 위한 교육적 조건을 본격적으로 논의해야 한다.

1) 디지털 기술과 몰입적 · 다감각적 학습 경험

디지털 기술의 가장 두드러진 효과 중 하나는 학습 경험의 다감각적 몰입성을 높이고, 유아 개개인의 사고 · 놀이 양식을 융합하는 '컨버지드 플레이(converged play)' 환경을 창출한다는 점이다. 예를 들어, 대형 스마트보드와 애니메이션, 음성, 터치 기능을 결합한 동화 읽기 활동은 전통적 언어 중심 학습에 비해 시각, 청각, 촉각, 운동 등 다중감각 자극을 동시에 제공한다(신일기, 최윤슬, 2015). 이는 단순한 지식 이해를 넘어 유아의 의미 구성, 상상력 확장, 사회적 상호작용 역량까지 포괄적으로 촉진하는 메타인지적 효과를 낳는다(Bird & Edwards, 2015; Edwards et al., 2020). 실제로 디지털 사진 저널, 디지털 포트폴리오 경험이 '내러티브적 자기반성'과 '사회적 협상'의 공간을 창출한다는 연구 결과도 존재한다(Ching & Wang, 2006). 이처럼 기술 통합은 유아를 수동적 수용자가 아닌 능동적 창작자이자 디지털 문화의 실천 주체로 자리매김하게 한다(Bird & Edwards, 2015; Undheim, 2021).

2) 포용성과 보편적 학습 설계 기반 접근

디지털 기술이 포용적 교육 환경 구축에 미치는 구조적 영향은 더욱 본질적이다. 보편적 학습 설계(UDL)를 토대로 설계된 교수-학습 환경에서는 장애 유아를 포함한 모든 유아가 자신의 욕구와 강점에 적합한 다양한 학습 경로를 선택할 수 있다. 예를 들어, AAC, 접근성 기능, 맞춤형 학습 자료 제공 등은 참가자의 신체적 · 인지적 제약을 극복하고, 각자의 속도와 선호에 맞게 교육에의 참여를 확대한다. 메타분석 및 체계적 문헌고찰 결과, UDL-기반 개입은 유아기부터 학령기의 일반 아동 및 장애 유아 모두의 참여, 학업성취, 사회성 증진에 긍정적 영향을 미치며, 특히 '복수의 표현 · 참여 · 수행 수단' 제공 전략이 실제 접근성 격차 해소에 핵심적으로 작용한다. 다만 UDL 실행 효과에는 교사와 환경의 변인, 맥락별 유연성과 '응답적 교수(responsive teaching)' 수준이 크게 좌우된다는 점이 반복적으로 제기되고 있다(Capp, 2017; Griful-Freixenet et al., 2017; Ok et al., 2017). 즉, 포용적 디지털 실천은 기술만으로 완성되지 않고 개별 유아의 욕구를 가시화하여 이에 민감하게 반응하는 교육적 실천이 필수적이라는 해석이다.

3) 디지털 기술 활용에서의 교육적 전제와 조건

특정 환경이나 사례에 국한하지 않고 일관된 효과를 지속하려면 무엇보다 교사의 디지털 역량, 놀이와 디지털의 유의미한 통합, 그리고 학부모-지역사회 협력 체계가 중요하다. 실제로 교사의 ICT 활용 역량, 자기효능감, 그리고 기술 통합에 대한 긍정적 신념은 수업 설계의 질적 변화, 포용성 확장, 맞춤형 중재 실행의 결정적 예측 요인임이 반복적으로 확인되고 있다(Kerckaert et al., 2015; Lim et al., 2023; Laffey, 2004; Undheim, 2021). 유아들은 실제로 가정과 사회 등 여러 맥락에서 디지털 기기를 경험하며 놀이와 학습의 경계를 넘나드는 '디지털 네이티브'로 성장하고 있으므로(Palaiologou, 2016; Bird & Edwards, 2015) 유아교육 현장 또한 물리적 도구 도입 수준을 넘어 놀이, 탐구, 창작, 협력적 성찰 등이 총체적으로 구현되는 환경을 설계해야 한다(김인, 2017; 유현정, 김미숙, 2017).

4) 실천적 함의

결국 유아교육 현장에서의 디지털 기술 활용은 다음과 같은 통합적 함의를 가진다.

- **맞춤형 · 맞대응 교육**: 디지털 기술은 장애 유아와 일반 유아 모두의 다양성과 개별성을 반영하는 다계층적 맞춤 학습 환경을 구현한다. 이는 UDL 실천, AAC 접목, 디지털 포트폴리오 등 포괄적 전략과 긴밀히 연결된다(Capp, 2017; Kerckaert et al., 2015; Ok et al., 2017).
- **참여와 자기주도성 신장**: 디지털 플랫폼은 유아 주도의 탐구, 창의적 문제 해결, 집단적 협동 등 학습의 질적 전환 조건을 제공한다. 동시에 학부모 및 교사와의 실시간 피드백 고리를 강화하여 가정-기관 연계 지원 체계도 고도화된다(Ching & Wang, 2006; Lim et al., 2023; Undheim, 2021).
- **놀이-학습의 통합**: 디지털 기술을 활용한 컨버지드 플레이는 놀이와 학습, 전통과 혁신, 글로벌과 로컬의 가능성을 동시에 열어 놓으며, 유아의 문화적 시민성과 미래 핵심역량 함양을 뒷받침한다(Bird & Edwards, 2015; Edwards et al., 2020).

이상과 같이 디지털 기술은 유아교육에서 도구적 한계를 넘어 근본적으로 포용적이며, 자기주도적이고, 다감각적인 학습 경험의 플랫폼이 되고 있다. 교사와 기관은 기술 자체의 무비판적 수용을 넘어 개별 유아의 실제 요구에 민감하게 반응하는 교육적 중재, 그리고 의미 있는 놀이 · 탐구 환경 설계를 통해 디지털 시대에 적합한 포용적 유아교육을 실현해야 한다. 이러한 방향성이 모든 유아가 미래 사회의 적극적 주체로 성장하는 핵심 토대임은 다양한 실증연구의 논의를 통해서도 확인된다.

제2장

디지털 리터러시와 기본 소양

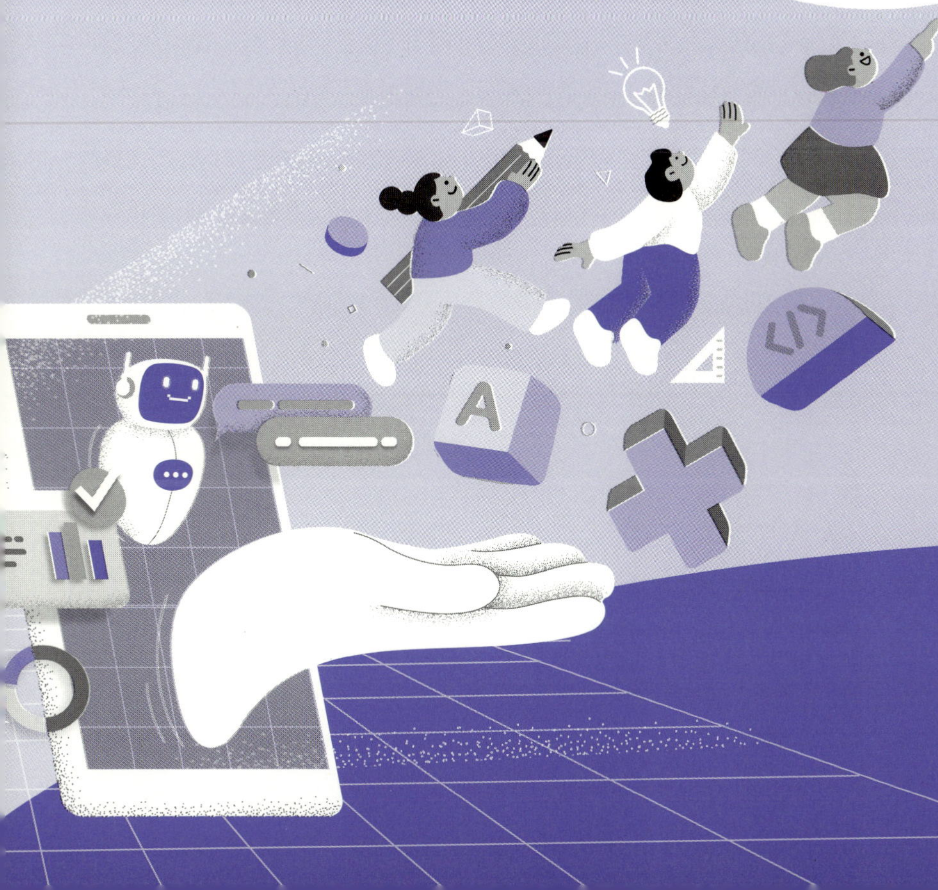

1. 디지털 리터러시의 개념과 필요성

디지털 리터러시란 디지털 환경에서 정보를 탐색, 이해, 평가, 활용, 그리고 창조하는 종합적인 능력을 의미한다. 이는 단순히 컴퓨터나 스마트 기기를 다루는 기술을 넘어서 다양한 디지털 매체와 소프트웨어를 효과적으로 활용하여 자신의 학습 및 생활에 필요한 정보를 수집하고 분석하며, 이를 바탕으로 문제를 해결하는 능력이다. 이러한 디지털 리터러시는 현대사회에서 필수적인 역량으로 자리 잡았으며, 특히 어린 시절부터 올바른 디지털 리터러시를 기르는 것은 향후 평생학습과 사회 적응에 큰 영향을 미친다(김대희 외, 2024; UNESCO Institute for Statistics, 2018).

오늘날의 유아들은 태어날 때부터 디지털 기기와 함께 성장하는 '디지털 원주민'으로 불리며, 자연스럽게 스마트폰, 태블릿 PC, 컴퓨터 등을 접하게 된다. 그러나 이들이 단순히 기기를 사용하는 수준을 넘어 정보를 비판적으로 수용하고 창의적으로 활용하는 능력을 기르지 않으면 디지털 시대의 변화에 효과적으로 대응하기 어렵다. 예를 들어, 유아가 동영상이나 게임 등 디지털 콘텐츠를 단순 소비하는 것에 그치면 정보의 신뢰성을 평가하거나 잘못된 정보에 노출될 위험이 커진다. 반면, 교육을 통해 올바른 정보 검색 방법, 비판적 사고, 디지털 안전 수칙 등을 습득하면 유아들은 디지털 환경에서 보다 건강하고 능동적으로 참여할 수 있다(Terada, 2020).

이처럼 디지털 리터러시는 단순한 기기 조작 능력을 넘어 디지털 환경에서 정보를 탐색, 이해, 평가, 활용, 그리고 창조하는 종합적이고도 복합적인 문해력이다. 이는 오늘날 유아교육에서 단순히 도구 사용법을 가르치는 수준을 넘어 유아들이 다양한 미디어와 정보를 능동적, 비판적으로 해석하고 창의적으로 생산하는 능력을 갖추도록 지원하는 것을 의미한다.

우선, 디지털 리터러시는 본질적으로 운영적(operational) · 문화적(cultural) · 비판적(critical) · 창의적(creative) 차원으로 구성된다. 최근의 질적 연구는 유아의 디지털 리터러시가 가정과 놀이 등 일상적 맥락에서 자연스럽게 발현된다는 점을 밝히고 있다. 핀란드의 유아 가정 사례 연구에서는 유아가 디지털 기기를 활용해 다양한 문화적 · 창의적 활동(예: 영상 시청, 촬영, 게임, 창작)을 주체적으로 경험하는 동시에 가족과의 상호작용, 부모의 규범, 일상적 대화 안에서 미디어 콘텐츠의 의미와 가치, 활용 기준을 배우게 됨을 확인했다. 그러나 이 과정에서 비판적 관점(정보 신뢰성과 온라인 상호작용의 윤리성 등)은 부모와 사회적 보조가 충분하지 않은 한 상대적으로 간과될 수 있어 교육 현장에서 의도적이고 체계적인 리터러시 교육이 반드시 동반되어야 함이 지적된다(Kumpulainen, Sairanen & Nordström, 2020).

기존에는 디지털 기술 활용이 단순 놀이 혹은 기술 습득 중심으로 오해되기 쉬웠으나, 실증적 연구와 이론적 프레임워크는 디지털 환경에서도 '놀이-학습 경계의 융합'과 '멀티모달(텍스트, 이미지, 음성 등 다양한 매체가 결합한 다중양식) 표현'이 핵심적으로 작용함을 강조한다. 예를 들어, 디지털 기술을 활용한 유아의 놀이(디지털 플레이)는 아동이 실험, 탐색(에피스테믹 액티비티)과 창조(루딕 액티비티)를 통해 문화적 도구로 기술을 내면화하고, 점차적으로 정보 생산자와 해석자로 성장함을 보여 준다(Bird & Edwards, 2015; Edwards et al., 2020). 디지털 기술을 활용한 유아의 놀이(디지털 플레이)는 단순한 기기 조작이나 수동적인 콘텐츠 소비를 넘어서 유아가 실제로 문화적 도구로서 기술을 내면화하고 정보의 생산자 및 해석자로 성장하는 복합적 과정임이 점차 명확하다. Bird와 Edwards(2015)의 디지털 놀이 개념틀(Digital Play Framework)는 이와 같은 변화 과정을 '에피스테믹 액티비티(기능적 실험 및 탐색)'과 '루딕 액티비티(창조적 콘텐츠 생성)'으로 나누어 설명한다. 실제로 유아는 디지털 도구를 활용하여 그 기능을 직접 탐색(예: 게임 규칙 실험, 앱 내 다양한 도구 조작)하는 한편, 그 과정에서 자기만의 스토리텔링, 창작, 협동 플레이 등 창조적 표현을 확장하게 된다. 이러한 에피스테믹-루딕 연속선상에서 유아는 점차 단순한 수용자에서 능동적 의미 구성자, 정보 생산자로의 이행을 경험한다.

에피스테믹 액티비티(epistemic activity)와 루딕 액티비티(ludic activity)는 유아의 디지털 플레이에서 나타나는 두 가지 상이한, 그러나 상호보완적인 놀이 유형이다. 이 용어들은 디지털 기술이 유아기 학습과 놀이의 문화적 도구로 작동하는 과정을 세분화하여 설명하기 위해 도입된 개념이다(Bird & Edwards, 2015; Edwards et al., 2020).

에피스테믹 액티비티는 유아가 디지털 기술이나 도구의 '기능'과 '작동 원리'에 초점을 맞춰 실험하고 탐색하는 활동을 의미한다. 이 단계에서 아동은 기술을 놀이의 일부로 수용하기 전에 먼저 '어떻게 작동하는지'를 주도적으로 파악하고자 한다. 대표적으로 유아가 태블릿 PC의 터치스크린을 다양한 방식으로 눌러 보고, 조작해 보면서 어떤 반응이 나타나는지 실험했는데, 앱의 다양한 버튼이나 기능을 직접 시도해 보는 과정 등이 해당된다. 이러한 활동의 주요 목적은 기능적 탐색, 도구의 성질 파악, 사용법 습득에 있으며, 아동은 관찰과 반복 실험을 통해 점차 자신의 경험적 지식(know-how)을 축적하게 된다(Bird & Edwards, 2015; Edwards et al., 2020). 이러한 에피스테믹 놀이 과정은 초기 기술 적응, ICT 기초 역량,

다양한 도구에 대한 직관적 이해 증진에 기여한다(Kerckaert et al., 2015). 학습 과정에서 유아는 실험자와 관찰자의 역할을 번갈아 수행하며 자신만의 방법으로 문제를 해결하고, 기술에 대한 신뢰감을 쌓는다(Bird & Edwards, 2015).

루딕 액티비티는 기능적 탐색을 넘어서 유아가 상상력, 창조성, 목적 있는 놀이에 중점을 두고 디지털 기술을 활용하는 활동을 포괄한다. 여기서 아동은 단순히 '도구를 쓰는 방법'을 넘어, 그 도구로 무엇을 만들고 새로운 의미를 창조할 수 있는지에 집중한다(Bird & Edwards, 2015). 예를 들어, 스스로 디지털 스토리텔링을 하거나, 여러 이미지를 조합해 자신만의 이야기를 만들어 내고, 게임이나 앱에서 규칙을 확장해서 또래와 상호작용하는 창의적 놀이가 여기에 해당한다. 이러한 루딕 액티비티에서는 자유로운 탐구, 이야기 구성, 사회적 상호작용, 협동적 창작 등 놀이적 요소가 부각되며, 놀이 그 자체가 목적이 되어 아동의 주도성과 내적 동기가 극대화된다. 루딕 액티비티를 통해 유아는 정보 소비자를 넘어서 능동적 생산자이자 의미 해석자로 성장할 수 있으며, 상상력과 정체성 발달, 사회적 기술 향상에 긍정적으로 기여한다(Bird & Edwards, 2015). 〈표 2-1〉은 에피스테믹 액티비티와 루딕 액티비티의 공통점과 차이점 등을 비교한 것이다.

에피스테믹 액티비티와 루딕 액티비티는 유아의 디지털 놀이에서 연속선상에 존재하며, 각각 도구에 대한 기능적 이해와 그 도구를 통한 창의적 성취를 상징한다. 초기에는 기초 기능에 대한 조작과 실험(에피스테믹)을, 이후에는 그 도구를 활용한 놀이, 창작, 의미 구성(루

〈표 2-1〉 에피스테믹 액티비티 대 루딕 액티비티

구분	에피스테믹 액티비티	루딕 액티비티
중심 개념	기능적 실험, 기술 탐색	창의적 놀이, 의미 · 이야기 창조
주요 동기	"어떻게 작동하는가?"에 대한 호기심	"무엇을 만들고, 어떻게 즐길 것인가?"에 대한 상상력
유아 역할	실험자, 조작자	창작자, 이야기꾼, 협동적 플레이어
결과물	도구 활용법 습득, 문제 해결 경험	창작물, 새로운 규칙 및 이야기, 집단적 상호작용
교육적 의의	ICT 기초 역량, 도구에 대한 직관적 이해	자기표현력, 사회성, 디지털 미디어 리터러시, 창의성
예시	사진 앱 기능 실험, 코딩 로봇 조작 실험	디지털 스토리텔링, 앱 내 캐릭터로 역할극, 협조 게임

딕)을 이어 가는 구조가 일반적이다. Bird와 Edwards(2015)의 디지털 놀이 개념들은 이러한 과정을 Vygotsky의 문화-역사적 도구 매개 이론과 연계하여 디지털 기술이 아동에게 지식의 도구이자 놀이 · 창작의 문화적 플랫폼이 됨을 강조한다. 이 접근은 '디지털 기술 = 기계적 숙련'이라는 협소한 시각을 탈피하여 실험(탐색)과 창조(놀이)의 순환적 상호작용으로서 유아의 디지털 경험을 이해하도록 시사한다.

이러한 분류는 단순히 놀이 유형 분류에 그치지 않고, 유아의 자기조절적 학습, 사회문화적 상호작용, 디지털 주체성 신장 등 다양한 발달 지표와 직결된다는 점에서 실질적 · 교육적 함의를 가진다(Edwards et al., 2020). 따라서 효과적인 디지털 유아교육 환경을 설계하고자 할 때 교사는 두 가지 활동의 균형과 상호연계, 그리고 아동의 자율성과 창의성을 충분히 발휘할 수 있는 심층적 놀이 맥락을 조성하는 것이 필수적이다.

구체적 수업 및 놀이 현장에서는 디지털 사진 저널, 디지털 스토리텔링, 간단한 프로그래밍 게임 등 다양한 실천이 이루어지고 있는데, 이 과정에서 유아는 '생산자'의 입장에서 자신이 경험한 사건을 기록 및 재구성하거나 협동적으로 수행하는 프로젝트를 설계한다. 디지털 사진/저널 사례에서는 유아가 직접 사진을 찍고 설명하면서 놀이 및 학습 경험을 자기주도적으로 해석 및 재구성할 뿐 아니라, 또래와 상호작용하며 의미를 공유하는 과정이 복합적으로 형성됨이 관찰되었다. 이런 현상은 놀이 기반 학습과 디지털 환경의 통합이 유아의 인지적 · 사회적 성찰을 촉진하는 구체적 사례로서 디지털 문화적 문해력의 함양과 직결된다.

뿐만 아니라 유아의 디지털 플레이는 전통적 놀이와 디지털 놀이가 결합된 '컨버지드 플레이'로 설명될 수 있는데, 여기서 핵심은 멀티모달, 글로벌–로컬, 그리고 전통–디지털이라는 특성이 강조된다. 교사와 아동이 함께 디지털 기술을 탐색하고 생산자로 협력할 때 유아는 놀이와 학습의 경계 없이 문제 해결, 의미 구성, 집단 협동 역량을 확장할 수 있음을 최근 문헌들은 보여 주고 있다(Edwards et al., 2020; Undheim, 2021).

이러한 과정에서 디지털 플레이는 '실제의 놀이(real play)'임을 확인해야 한다. 최근 주요 문헌고찰에서 디지털 놀이는 유아의 상호작용, 협상, 상상, 사회적 협력 등 전통적 놀이의 질적 특성을 그대로 가지며, 놀이의 자유도, 아동 주도성, 내적 동기, 실험성, 안전 등이 디지털 맥락에서도 동등하게 중요함을 제시한다. 단, 디지털 환경의 디자인이나 상업적 요소에 따라 아동의 주체성이나 창의성, 놀이 자유도에 대한 제한점이 발생할 수 있다는 지적 역시 존재한다. 따라서 유아가 진정한 놀이와 자기주도학습자로 성장하려면 아동의 권리가 존중되는 '놀이 중심 설계(playful by design)'의 원리나 멀티모달, 참여적 환경 설계가 함께 실천되어야 한다는 점이 중요하다(Livingstone & Pothong, 2022; Livingstone, Ólafsson, & Pothong, 2025).

유아의 디지털 플레이가 실제로 창의성과 비판적 문해력, 정체성 발달, 사회적 상호작용 등 다각도의 긍정적 효과를 갖기 위해서는 교사의 역할, 가정 · 유아기 환경의 디지털 인프라, 그리고 아동 주도적 · 비판적 디지털 놀이 문화 조성이 병행되어야 한다. 교사는 유아가 실험 및 탐색과 창조 활동을 충분히 시도하고, 실제 문제 해결자 및 의미 생산자 역할을 경험할 수 있도록 중재해야 함을 연구들은 반복적으로 강조한다(Lim et al., 2023; Undheim, 2021).

결론적으로, 디지털 플레이는 유아의 실험 및 탐색을 기반으로 하는 에피스테믹 액티비티와 창조적 생산을 특징으로 하는 루딕 액티비티 전반에 걸쳐 기술의 문화적 도구로서의 내면화 과정을 심화시키고, 정보 해석자, 생산자로의 성장을 이끄는 핵심적 경험으로 자리매김하고 있다. 이는 유아가 단순히 기술 사용자에서 창의적 · 비판적 생산 주체, 디지털 문화의 능동적 구성원으로 성장하는 디딤돌로서의 의미를 지닌다. 실제로 디지털 사진 저널을 제작하면서 놀이-학습 내용을 기록하고 반추하는 과정에서 유아의 사회적 · 인지적 반성, 자기주도적 학습이 촉진된다는 실험 결과도 있다(Ching & Wang, 2006).

또 한 측면은 유아기의 미디어 리터러시와 정보 리터러시의 통합이라는 점이다. 디지털 리터러시 교육이 유아들로 하여금 미디어 메시지의 속성, 의도, 편향을 해석하고, 정보의 신뢰성과 적절성을 비판적으로 평가하며, 정보 탐색-분석-활용-생산으로 이어지는 전 과정을 완성할 수 있게 해야 한다는 요구가 제기되고 있다. 최근의 미디어 리터러시와 정보 리터러시 논의에서는 특히 소셜미디어 환경하에서 아동의 자기주도적 메시지 제작 · 유통 역량, 의미 구성의 능동성, 그리고 네트워크 내에서 형성되는 사회적 현실 인식의 중요성이 한층 강조되고 있다(Cho et al., 2022; Kumpulainen et al., 2020). 〈표 2-2〉는 미디어 리터러시와 정보 리터러시를 비교한 것이다.

또한 유아기의 디지털 리터러시 함양은 디지털 시민성 교육 및 사회적 책임 의식과도 긴밀히 연결된다. 온라인상 개인정보 보호, 저작권 준수, 건전한 네트워크 소통, 사이버 괴롭힘 예방 등은 디지털 리터러시의 핵심적인 윤리적 구성 요소다(김대희 외, 2024; 백영균, 2024; Kumpulainen et al., 2020). 실제로 디지털 환경에 몰입하는 유아가 늘어나는 만큼 교육 현장은 기술적 숙련을 넘어 '올바른 디지털 시민'으로서의 자질을 길러 주는 경험적 · 비판적 교수-학습 전략을 설계해야 한다.

〈표 2-2〉 미디어 리터러시 대 정보 리터러시

구분	미디어 리터러시	정보 리터러시
정의	다양한 미디어 콘텐츠(텍스트, 이미지, 영상 등)를 비판적으로 해석하고, 의미를 구성하며, 필요시 제작하는 능력	필요한 정보를 효율적으로 탐색하고, 평가하며, 이를 적절하게 활용하는 능력
핵심 초점	• 미디어 메시지의 속성 · 의도 · 편향 해석 • 메시지 제작 및 유통 • 미디어 영향력 인식	• 정보의 신뢰성 · 정확성 평가 • 정보 탐색 · 분석 · 활용 · 생산 • 정보 윤리 및 책임 있는 사용
요구되는 기술	• 비판적 해석 • 창의적 제작 • 의사소통 및 표현 능력	• 정보 탐색 전략 • 평가 및 분석 능력 • 정보 통합 및 문제 해결 능력
적용 환경	방송, 영화, 광고, 소셜미디어 등 다양한 미디어 플랫폼	디지털 데이터베이스, 웹사이트, 오픈 소스, 소셜미디어를 포함한 모든 정보 환경
최근 강조점	• 소셜미디어에서의 자기주도적 메시지 제작 및 유통 • 사회적 현실 인식 및 의미 구성의 능동성	• 정보 과잉 시대에 올바른 정보 선별 • 알고리즘 편향과 가짜 뉴스 대응 능력
예시	사진 앱 기능 실험, 코딩 로봇 조작 실험	디지털 스토리텔링, 앱 내 캐릭터로 역할극, 협조 게임

현장 연구 및 실태조사에서는 유아들이 이미 가정에서 다양한 디지털 기술을 자연스럽게 활용하며 '디지털 네이티브'로 성장하고 있다는 사실이 반복적으로 확인된다(Palaiologou, 2016). 그러나 유아가 기기를 친숙하게 사용하는 것이 곧 비판적 사고력이나 창의적 활용력의 자연 표상은 아니며, 실제로 이러한 심화된 리터러시 함양에는 교사와 부모의 계획적 개입, 교육 환경의 재정렬, 놀이 기반의 몰입적 · 상호작용적 접근 등이 수반되어야 한다는 점이 지적된다(Edwards et al., 2020; Undheim, 2021).

실제로 실증 연구에서는 교사의 기술-교수-내용 지식(Technological Pedagogical Content Knowledge: TPACK) 역량, 그리고 디지털 리터러시를 횡단적으로 녹여낸 놀이 · 학습 환경이 마련될 때 비로소 유아의 실질적 디지털 리터러시 향상이 측정 가능함을 보여 준다(김병건 외, 2020; Lim et al., 2023). 교사와 부모의 역할, 일상 놀이에의 통합, 사회문화적 맥락을 잇는 전방위적 지원이 함께 이루어져야 한다.

결론적으로, 디지털 리터러시는 기술적 숙련을 넘어 정보 탐색-비판-활용-창조-시민성에 이르는 종합적이고도 다차원적인 기초 소양이다. 유아가 단순히 정보 소비자가 아니라 능동적 해석자, 창의적 생산자, 그리고 윤리적 시민으로 성장하도록 지원하는 것이 현대 유아교육의 핵심 과제임을 최신 연구들이 강력하게 강조하고 있다.

2. 디지털 리터러시 교육을 위한 핵심 요소

디지털 리터러시 교육은 유아들이 디지털 환경에서 정보를 효과적으로 탐색하고, 이해하며, 평가하고, 창의적으로 활용할 수 있도록 돕는 종합적인 교육 과제다. 이러한 교육은 단순히 기기 사용법을 가르치는 것을 넘어 다양한 미디어를 통한 정보 해석, 안전한 디지털 환경에서의 윤리적 행동, 그리고 창의적 문제 해결 능력을 기르는 데 초점을 맞춘다. 이번 절에서는 디지털 리터러시 교육의 핵심 요소들을 구체적으로 살펴보고, 이를 유아교육 현장에서 어떻게 적용할 수 있는지에 대해 논의한다.

1) 정보 탐색 및 비판적 평가 능력

유아의 정보 탐색 및 비판적 평가 능력(critical evaluation of information)은 급변하는 디지털 환경에서 정보의 신뢰성, 출처, 적합성을 스스로 판별하는 역량으로, 오늘날 유아교육에서 필수적으로 길러야 하는 기초 소양이다. 특히 유아들은 인터넷, 동영상 플랫폼, 교육용 앱 등의 다양한 디지털 매체를 자연스럽게 접하지만, 정보홍수의 시대에 이들이 제공되는 정보를 맹목적으로 수용하는 경향이 높다는 점에서 비판적 문해력(critical literacy)의 조기 함양이 매우 중요하다고 볼 수 있다(Hashemi & Cederlund 2017; Kumpulainen et al., 2020).

다년간 이루어진 국제적 현장 연구와 구조적 설문조사 결과에 따르면, 유아교육 현장에서는 주로 기초적인 ICT 활용이나 단순 정보전달, 기기 조작에 그치는 사례가 많으며, 학생 개인의 정보 분별 · 평가 능력 증진까지 확장하는 심층적 실천은 상대적으로 미흡한 상황이다(Kerckaert et al., 2015; Marklund & Dunkels, 2016). 하지만 정보 활용력(literacy for information use)을 확대하려면, 진위성 · 맥락 · 다양성 등 정보의 특성을 '질문하고 검토하는' 경험이 필수적이며, 이를 위해선 문제중심적(problem-based) 접근과 적극적 참여(active engagement)가 반드시 동반되어야 한다는 결론에 연구자들의 의견이 일치한다(Hashemi & Cederlund 2017; Kim & Cho, 2017).

예를 들어, 교사가 동일 주제에 대해 상이한 정보 자료(예: 신뢰할 수 있는 데이터, 단순화된 영상, 가짜 · 각색된 정보)들을 유아와 함께 분석하며 "이 정보는 왜 더 믿을 만한가?" "이 그림/영상의 출처는 어디일까?" 등의 탐구질문을 의도적으로 제시하고, 유아 스스로 자료 간의 차이와 출처의 의미를 토론할 수 있도록 이끄는 교육적 개입이 실제로 정보 평가 역량과 비판적 사고력을 효과적으로 향상시킨다는 질적 사례가 제시되었다(Fréchette, 2015; Kim & Cho, 2017).

또한 체크리스트 및 간단한 시각화된 기준표(예: 출처의 명확성, 다른 자료와의 일치 여부), 진짜 · 가짜 정보 구분 놀이, 신뢰탐정 놀이 등 놀이 기반 활동을 연계하는 것이 유아의 참여 동기와 적용력을 크게 높일 수 있음이 실증연구를 통해 확인되었다(Bird & Edwards, 2015; Fréchette, 2015; Edwards et al., 2020).

최근에는 디지털 리터러시가 정보 리터러시와 미디어 리터러시의 통합적 역량으로 재정의되며, "정보는 언제나 사실일까?" "자료에 숨겨진 의도는 무엇일까?" 등 다양한 관점의 질문을 학습 과정에 내재화하는 교육적 전략이 강조되고 있다(Fréchette, 2015; Leaning, 2019). 이러한 문제제기적 · 질문중심 교수접근을 도입할 때 유아는 점차 정보의 다양성, 출처의 신뢰성, 맥락적 이해 등의 구별 능력을 체계적으로 연마하기 시작하며, 이는 이후 사회적 책임성, 디지털 시민성의 근간이 된다(Cho et al., 2022; Kim & Cho, 2017).

요약하면 정보 탐색 및 비판적 평가 능력은 단순한 정보 소비를 넘어 '능동적 의미 구성자'로 성장하는 유아교육의 핵심 지대이며, 실효성 있는 발전을 위해서는 체계적 문제제기 중심 수업, 놀이 및 토론 기반 실천, 체크리스트와 같은 구체적 도구의 도입, 교사의 적극적 질문과 중재가 동반되어야 한다는 점을 다수의 현장 연구와 비교 분석이 명확히 제시한다.

2) 미디어 이해와 의사소통 능력

현대 디지털 미디어의 메시지는 다층적이고 복합적인 의미 구조를 가지며, 의도, 편향, 메시지 제작 과정을 비판적으로 해석할 수 있는 미디어 리터러시가 유아교육에서 핵심 역량으로 부상하고 있다. 미디어 리터러시란 단순히 미디어 콘텐츠를 이해하는 것을 넘어서 그 이면에 내재된 의미와 제작자의 관점, 제작 및 유통 맥락, 그리고 사회적 영향까지 비판적으로 해석하고 소통할 수 있는 역량을 포함한다(김대희 외, 2024; 백영균, 2024; Christ & Potter; 1998; Leaning, 2019).

최근 연구들은 디지털 리터러시를 정보 리터러시와 미디어 리터러시의 통합적 관점에서 접근해야 함을 강조한다. 정보 리터러시는 정보를 탐색하고 평가하여 활용하는 능력에, 미디어 리터러시는 미디어 메시지의 구성, 내포된 목적, 사회문화적 함의까지 해석하는 능력에 중점을 둔다. 이 두 역량은 각각 단일하게 교육될 경우, 정보의 비판적 해석 또는 디지털 미디어의 활용 시 한계에 직면할 수 있다. Leaning(2019)은 미디어 리터러시가 디지털 기술의 변화를 충분히 반영하지 못하는 점, 반면 정보 리터러시도 미디어의 사회적 함의를 비판적으로 다루는 데 부족함을 지적하면서 두 접근법의 전략적 통합이 "디지털 사회에 적합하고, 비판적으로 정교한" 리터러시 교육임을 제안한다. 실제로 이러한 통합 관점은 현대 유아들이 경험하는 멀티모달, 글로벌–로컬, 전통–디지털이 혼합된 미디어 환경에 대응하기에 적절하다(Edwards et al., 2020; Hashemi & Cederlund, 2017).

특히 유아교육 현장에서는 그림책, 애니메이션, 동요 등 다양한 미디어 자료를 활용해 "등장인물이 왜 그렇게 행동했을까?" "이 영상에서 우리가 느낀 감정은 무엇일까?"와 같은 분석적 · 비판적 질문을 중심으로 토론을 이끌어 내는 활동이 중요하다. Kim과 Cho(2017)의 연구에서는 한국 유아교육 현장에서 교사가 문제제기 및 멀티모달 접근을 통해 비판적 문해력 공간을 확장하고, 유아가 주체적으로 의미를 구성하거나 지배적 텍스트 이데올로기를 해체하도록 지원한 대표 사례가 보고되었다. 유아들이 스스로 텍스트나 미디어 메시지를 해석–도전–평가하게 하는 경험은 의식적 정보 수용자에서 능동적 의미 생산자로 전환하는 데 핵심적이다(Fréchette, 2014; Kim & Cho, 2017).

또한 소그룹 토론이나 상호작용 기반 수업은 유아가 자연스럽게 다양한 의견과 관점을 접하고, 그 차이를 비교 및 조정하면서 자신의 생각을 명확하게 표현하는 의사소통 역량(communication competence) 향상에도 매우 효과적임이 밝혀졌다. Hashemi와 Cederlund(2017)는 유아의 디지털 읽기 · 쓰기 수업에서 전체 교수의 자율성, 다양한 멀티모달 표현, 협동적 활동 기획이 결합될 때 정보 해석뿐 아니라 의견 조정, 공감, 집단 의사결정 능력까지 통합적으로 신장된다고 분석했다. 유아가 또래들과 토론하면서 자신의 느낌이나 견해를 언어적, 비언어적으로 표현하고, 타인의 생각을 경청 및 수용하는 과정은 사회적 인지(social cognition) 및 집단 내 상호 이해 능력의 기초가 된다.

〈표 2-3〉 통합적 교수전략을 위한 교수요소 및 예시

교수요소	구체적 수업 예시
비판적 · 분석적 질문	"왜 이 메시지가 이렇게 만들어졌을까?" "등장인물의 행동을 어떻게 해석할 수 있을까?"
멀티모달 자료 활용	동화책, 애니메이션, 음악 등 다양한 매체를 비교해서 해석
소그룹 토론	또래와 견해 공유, 집단 의미 구성 활동
상호 피드백	의견 차이 토의, 또래의 생각에 질문 던지기
공감 · 사회적 인지	타인의 입장 상상, 역할놀이와 메시지 분석

현장 연구는 미디어 콘텐츠의 비판적 해석 역량, 즉 "왜 이 광고는 특정 색을 썼을까?" "이야기 속 주인공의 행동은 정당한가?" "이 영상의 메시지는 어떤 편견(bias)을 포함할 수 있을까?" 등의 분석적 질문이 반복적으로 내재된 수업 환경에서 유아들이 점진적으로 미디어 메시지의 다면성, 편향성, 그리고 맥락성을 파악하는 데 뛰어난 성장세를 보인다고 보고한다(Kim & Cho, 2017; Leaning, 2019; Marklund & Dunkels, 2016). 특히 Fréchette(2015)은 비판적 미디어 리터러시를 위한 '상위 10가지 핵심 질문(top ten guiding questions)' 프레임워크를 개발했는데, "이 콘텐츠는 누가, 무슨 의도로 만들었는가?" "이 메시지는 내 가치관에 어떤 영향을 미치는가?" 등 자문을 일상적 교육으로 내면화시킬 필요성을 강조한다.

요약하자면 현대 미디어 환경에서 유아가 단순 수용자가 아닌 '비판적 해석자(critical interpreter)'로 성장하기 위해서는 〈표 2-3〉의 교수전략이 통합적으로 요구된다고 할 수 있다.

이와 같이 유아 미디어 리터러시 교육은 실제 수업 과정에서 비판적 해석, 분석적 토론, 멀티모달 자료 활용, 집단 상호작용이 유기적으로 융합될 때, 아동의 디지털 시민성, 정보 소비 및 생산의 비판성, 그리고 민주적 의사소통 역량이 실질적으로 제고될 수 있음을 다수의 최신 연구가 확인하고 있다.

3) 디지털 도구 활용 및 창의적 생산 능력

유아의 '디지털 도구 활용 및 창의적 생산 능력'은 단순한 기기 조작을 넘어 디지털 기술을 매개로 유아가 자기표현과 창의적 의미 생산 주체로 성장하는 교육적 핵심 영역이다. 이 역

량은 오늘날의 디지털 리터러시 교육 목표에서 매우 중추적이며, 단순한 소비자적 태도를 벗어나 정보, 이야기, 시각적 · 멀티모달 콘텐츠를 능동적으로 '생산'하는 경험으로의 전환을 지향한다.

특히 Bird와 Edwards(2015)의 디지털 플레이 프레임워크는 이 과정을 에피스테믹 액티비티(탐색 · 실험 단계)와 루딕 액티비티(창의적 생산 단계)로 구분하여 설명한다. 에피스테믹 액티비티는 유아가 디지털 도구의 구조 및 기능을 직접 조작하고 탐구함으로써 기술적 기초를 습득하는 과정이고, 루딕 액티비티는 앞서 습득한 기능을 창의적으로 확장하여 자기만의 이야기, 이미지, 프로젝트 등 실제적 산출물을 만들어 내는 활동을 의미한다. 이 두 활동은 순차적이되, 일방향이 아닌 상호 순환적 · 통합적 경로로 이뤄지는 것이 핵심이다. 즉, 유아는 실험과 실수, 창조적 재구성을 반복하며 점진적으로 자신의 역량을 심화시킨다.

이러한 창의적 생산 경험이 유아 발달에 미치는 긍정적 영향은 다양한 연구에서 확인된다. Wohlwend(2015)의 연구에서는 터치스크린 앱을 활용한 집단적 스토리텔링 환경에서 유아들이 다중의 손가락과 목소리를 활용해 상호작용적, 협동적으로 이야기를 만들어 가는 실제적 사례를 보고하며, 이러한 과정이 고차 사고 능력, 멀티모달 표현, 집단 문제 해결력 등 21세기 역량 고양에 깊이 연계됨을 보여 준다. Marsh 외(2019)는 메이커스페이스(makerspace) 기반의 디지털 제작 경험이 유아의 주체성(agency), 창의적 실행력, 탐구적 태도 신장에 필수적임을 강조한다. 이는 유아가 스스로 주제를 선정하고, 다양한 미디어(사진, 앱, 실물 제작 등)를 결합하여 목적 있는 창작물을 생산함으로써 사회적, 문화적으로 의미 있는 디지털 세계의 주체로 형성됨을 의미한다.

Kumpulainen 외(2020)는 핀란드 가정 내 유아의 생활을 심층적으로 관찰한 연구에서, 유아가 디지털 도구를 통해 가족의 일상, 관심사, 놀이 경험을 다양하게 기록 및 재구성하며 창의적 문해와 문화적 실천을 확장하는 양상을 보여 준다. 이러한 실천은 단순히 기능 습득을 넘어 '창의적 생산 능력', 곧 자신만의 디지털 포트폴리오나 스토리북, 사진 콜라주 등을 다층적으로 기획 및 완수하는 기초로 직결된다.

또한 Hashemi와 Cederlund(2017)는 초기 문해교육에서 정보 활용력과 디지털 역량을 별개로 볼 것이 아니라, 통합적 · 실천적 교수법을 통해 유아가 실생활 맥락에서 멀티모달, 학습자 중심으로 창의적으로 접근할 수 있을 때 가장 효과적인 발달이 일어난다고 제안한다. 실제로 수업 현장에서는 그림 그리기 앱을 활용한 자기주도적 스토리북 제작, 디지털 카메라를 활용한 주제별 사진집 만들기, 간단한 코딩 로봇을 통해 미션 해결 과정 설계 등 다양한 프로젝트 기반 활동이 이루어질 수 있다.

마지막으로, Marklund와 Dunkels(2016)는 디지털 플레이의 경험이 유아 문해 발달의 확장뿐 아니라 '문해에 대한 권력감(주체성과 권력)'까지 함께 신장시킴을 강조한다. 즉, 디지털 환경에서 유아는 이야기 생산자, 공동 창작자, 맥락 조정자로 활동하며, 자신의 문화적 맥락을 반영한 독창적 산출물을 만드는 동시에 집단 내 협업 및 의사소통 능력도 함양한다.

종합하면 유아의 디지털 도구 활용 및 창의적 생산 능력은 다음을 모두 포괄하는 확장적 개념이다.

- 에피스테믹 탐색과 루딕 창의적 수행의 순환적 · 통합적 실천
- 멀티모달 감각을 활용한 자기표현과 협업적 창작
- 사회적 · 문화적 맥락에 기초한 능동적 학습자 및 생산자 정체성의 성장

이는 일상이나 교육 현장 어디에서나 실천될 수 있으며, 미래 사회가 요구하는 창의력, 문해력, 적응력, 시민성의 기반을 자연스럽게 길러 주는 결정적 경험임이 다수의 실증연구에서 반복적으로 보고되고 있다.

4) 디지털 시민성 및 윤리 의식

디지털 환경의 확장에 따라 개인정보 보호, 저작권 존중, 온라인 예절 등 윤리적 원칙의 체득은 유아교육에서 필수적 과제로 부상했다. 이는 단순한 규칙 주입을 넘어, 현실적 맥락에서 비판적이고 주체적으로 의사결정할 수 있는 역량, 즉 디지털 시민성(digital citizenship)의 내면화로 교육 목표가 확장되고 있음을 의미한다. 최근의 연구들은 유아도 디지털 환경에서 '시민'으로서 권리와 책임의 주체로 인식해야 하며(Phillips, Ritchie, & Adair, 2020), 이 과정에서 놀이, 역할극, 사례 기반 문제 해결 중심의 교수전략이 효과적임을 강조한다.

디지털 시민성은 단순히 윤리적 규칙을 암기하는 기술적 행위가 아니라, 디지털 공간에서 책임감과 권리를 인식하고 비판적으로 행동할 수 있는 능동적 태도를 포함한다(백영균, 2024; Choi, 2016) . 개인정보, 저작권 등의 윤리 의식은 유아들이 실제로 경험할 수 있는 구체적 사례(예: 친구의 그림을 허락 없이 복사해 공유하는 문제, 낯선 이와의 온라인 정보 교류)를 중심으로 탐색될 때 발달 초기의 인지발달 및 사회성에 효과적으로 내재화된다(Kumpulainen et al., 2020; Phillips et al., 2020). 이러한 실제적 사례와 함께 놀이 및 역할극 방식을 연결할 경우, 추상적 개념이 언어 및 행동으로 구체화되며, 자기 자신과 타인, 그리고 온라인 공동체의 경계와 규범을 자연스럽게 이해하게 된다.

문제 기반 학습(Problem-Based Learning: PBL)은 유아가 온라인 환경에서 발생할 수 있는 윤리적 딜레마를 직접적으로 탐색하고 다양한 시나리오와 해결 방안을 토론하면서 자기 주도적으로 윤리 의식을 내면화하도록 돕는다. 연구에 따르면, 보이는 규칙의 일방적 주입은 수동적 규범 준수자(문제를 인지하지 못하면 행동도 바뀌지 않는 아동)를 양성할 위험이 있으며, 실제로는 집단토론, 규칙의 공동 생성, 자기 행동에 대한 분석 및 토론, 비판적 질문 제시를 통한 교수전략이 오히려 디지털 시민성 함양에 효과적이다(Choi, 2016; Hashemi & Cederlund, 2017).

유아의 디지털 시민성은 가정 환경 및 부모의 디지털 규범(예컨대, 부모가 인터넷에서 저작권을 존중하거나, 자녀와 함께 온라인 규칙을 만든다든가)과 유기적으로 연결되어 성장한다는 점이 실증적으로 확인되고 있다. 가정과 학교가 연계된 문화적 규칙과 가치, 실제적 경험의 공유는 윤리 개념의 생활화, 자연스러운 규칙 습득에 긍정적 역할을 한다. 따라서 유아교육 현장에서는 교사와 부모가 협력해 윤리적 가치와 규범의 실제적 모델링, 지속적 피드백 및 토론의 기회를 마련하는 것이 필요하다(Hashemi & Cederlund, 2017; Kumpulainen et al., 2020; Phillips et al., 2020).

최근 논의에서는 디지털 시민성을 단순한 기술적 적응력이 아닌 평등, 참여, 비판적 저항, 사회정의 등 복합적 역량이 통합된 다차원적인 시민성으로 해석하며, 이는 점차 범국가적 디지털 거버넌스, 디지털 권리 담론, 사회적 · 문화적 맥락을 포함하는 쪽으로 확대되고 있

〈표 2-4〉 디지털 시민성 교수전략 및 예시

교수전략	구체적 실천 예시
놀이, 역할극과 사례 중심 문제제시	개인정보 보호 및 저작권과 관련한 상황 연기, 온라인 딜레마 시나리오 해결 놀이
토론 및 규칙 공동 생성	학급 공동의 디지털 예절 규칙 만들기, 집단 토의 및 포스터 제작
비판적 질문과 자기성찰 유도	"모두가 보는 공간에 내 사진이 있으면 기분이 어떨까?" 등의 질문
가정-기관 연계 지속적 피드백	부모와 교사가 협력하여 실생활 윤리 사례를 반복적으로 경험 제공
공감, 사회적 인지	타인의 입장 상상, 역할놀이와 메시지 분석

다(Choi, 2016; Emejulu & Mcgregor, 2019; Isin & Ruppert, 2017; Schou & Hjelholt, 2018). 이런 관점에서 유아기 디지털 시민성 교육은 궁극적으로 자기 권리의식, 타인 존중, 사회적 책임을 포괄하는 적극적이고 비판적인 행위자를 길러 냄으로써 미래의 민주적 시민사회의 토대를 구축한다고 볼 수 있다. 디지털 시민성 교수전략을 정리하자면 〈표 2-4〉와 같다.

따라서 유아기 디지털 시민성 및 윤리 의식 교육은 다음과 같이 정리할 수 있다.

- 현실적 문제 상황 탐색 및 놀이 중심 활동
- 개인정보 보호, 저작권, 온라인 예절 등 윤리 규범을 생활 속에서 자연스럽게 습득하도록 설계
- 비판적 의사결정과 집단적 규범 생성 경험을 반복적으로 제공
- 수동적 규범 준수자에서 능동적이고 비판적인 디지털 시민으로의 성장을 촉진

이는 미래 디지털 사회의 변화와 요구에 능동적으로 대응이 가능하고, 민주적 · 윤리적 역량을 갖춘 세대의 양성에 실질적 기반을 마련하는 통합적 접근임이 다수의 최신 연구에서 제시되고 있다.

5) 창의적 활용 및 문제 해결 능력

유아 디지털 리터러시 교육의 상위 목표가 '문제 탐색 → 재정의 → 창의적 해결' 경험을 유아의 주도성에 두는 것은 단순 기술 습득이나 정답 찾기를 넘어 유아가 실제로 자신의 생활 세계에서 복합적 문제를 스스로 인식하고, 창의적으로 해석 및 해결하는 힘을 체계적으로 기르는 데 있다. 이는 현대 디지털 환경이 제공하는 다양한 도구, 멀티모달 표현, 비구조화된 과제와 깊이 연결된다.

디지털 게임, 코딩, 앱을 활용한 프로젝트 기반 학습의 효과성은 다수의 연구에서 구체적으로 증명되고 있다. Wohlwend(2015)는 터치스크린 기반의 디지털 퍼펫 앱을 활용한 유아 협동 스토리텔링 활동을 통해 유아가 손과 목소리를 동원해 공동으로 해결 방식을 탐색하며, 시도와 실패, 상호 의견 교환 과정을 거치면서 복잡한 멀티모달 텍스트를 생성하는 과정을 조명한다. 이러한 협력적이고 실험적인 디지털 놀이 현장은 단순한 소비가 아닌 '문제 정의 → 실행 → 피드백 → 수정 → 새로운 해법 도출'의 반복적 순환을 자연스럽게 내재한다.

앱 · 로봇 활용 미션, 디지털 도구 기반 창작, 디지털 영상 편집 등 실제적 프로젝트는 유

아의 높은 창의적 사고력(creative thinking)과 논리적 인지능력, 집단 협업력 증진에 실질적으로 기여함이 확인된다(Bird & Edwards, 2015; Marklund & Dunkels, 2016). 예를 들어, Bird와 Edwards(2015)가 제시한 디지털 플레이 개념틀에 따르면, 유아는 먼저 디지털 기술의 기능과 특성을 탐색 및 실험하는 에피스테믹 액티비티를 경험하고, 이어 이 도구나 기술을 실제로 활용해 창의적 산출물이나 해결책을 만들어 내는 루딕 액티비티로 발전하게 된다. 이러한 순환 · 통합적 경험 구조에서 유아는 시행착오와 문제 재정의를 자연스럽게 거치며, 점차적으로 문제 해결 전문성, 자기주도적 창의성, 디지털 문해력이라는 미래 역량을 갖추게 된다.

특히 컨버지드 플레이라는 개념은 유아교육의 현장 맥락에서 디지털 · 전통적 놀이, 글로벌 · 로컬 문화 경험, 물리 · 가상 공간을 넘나드는 통합적 경험 구조를 강조한다. 앞서 언급한 바와 같이, Edwards 외(2020)는 다년간의 사례 분석을 통해 컨버지드 플레이가 '멀티모달' '글로벌–로컬' '전통–디지털'의 삼중 특성을 내포함을 밝혔다. 예를 들어, 유아는 블록놀이에 코딩 로봇을 연계해 복합구조물을 설계하거나 실물 미술작품을 디지털 장치로 재해석해 공동 창작하는 식의 집단적 활동을 수행한다. 이러한 경험은 문제 상황의 재정의와 창의적 적용 능력(transferability)을 크게 신장시킨다(Edwards et al., 2020).

또한 Kumpulainen 외(2020)는 유아의 디지털 리터러시 실천이 가족, 가정, 지역사회 등 다양한 사회문화적 환경에 깊이 매개되어 나타남을 입증했다. 이들은 디지털 도구를 적용한 일상적 프로젝트(사진, 영상, 앱 기반 기록 등) 속에서 자기관심사 및 실제 문제를 재구성하고, 가족이나 또래와의 토론 및 협업을 통해 다양한 해결책을 창안함으로써 디지털 문해력의 창의적 · 비판적 · 문화적 차원을 동시에 확장한다.

Hashemi와 Cederlund(2017) 역시 초기 현장 사례를 분석하며 디지털 기술 활용 수업에서 개방적 과제 설계, 실패와 시도의 권장, 교사와 학생의 협력적 선택권 확대가 유아의 문제 분석, 아이디어 생성, 의미협상(negotiation) 과정, 다차원적 소통 능력을 증대시킴을 밝혔다. 이 과정에서 학습자 중심 · 다중양식(multi–modal) 학습전략이 통합적으로 실현될 때 유아의 창의적 문제 해결 및 문해력 신장이 가장 크게 나타난다.

유아 디지털 리터러시 교육에서 '문제 탐색 → 재정의 → 창의적 해결'의 상위 목표를 실천하기 위해 필요한 것을 요약하자면 다음과 같다.

- **디지털 도구, 게임, 코딩, 앱 등을 활용한 비구조화 · 개방형 과제의 적극적 설계와 제공**
- **시도와 실패, 피드백이 반복되는 환경에서 다양한 해결책을 모색하는 개방적 학습 문화 조성**

- 협업과 토론, 의미 협상 및 집단적 문제 해결을 촉진하는 프로젝트 기반 · 컨버지드 플레이 중심 교육 실천
- 유아의 사회문화적 맥락(가정, 또래, 지역사회)과 연계된 실제적 문제를 중심으로 자기주도성, 창의성, 비판성을 통합적으로 신장

이와 같은 통합적 접근은 유아를 수동적 소비자가 아닌 능동적 생산자 · 문제 해결자로 성장시키며, 이는 궁극적으로 디지털, 문화, 시민 역량이 유기적으로 융합된 21세기형 유아교육의 확고한 기반이 됨을 연구들이 거듭 강조한다.

6) 통합적 접근과 교육적 시사점

유아기 디지털 리터러시 교육의 교육적 시사점과 미래 방향을 논의함에 있어 핵심은 단순한 디지털 기술 습득을 넘어서 유아가 정보 해석, 창의적 생산, 윤리적 시민성, 협력적 문제 해결 역량을 통합적으로 개발할 수 있도록 하는 포괄적 · 통합적 접근의 실현에 있다. 이는 최근 연구 동향과 국제적 비교 연구에서도 반복적으로 확인되는 중요한 방향성이다. 이 절에서는 통합적 접근의 실천 원리 및 성공 요인, 현장 적용 시 교육적 시사점, 그리고 미래 과제를 체계적으로 제시하고자 한다.

(1) 통합적 접근의 실천 원리와 성공 요인

① 통합적 교육과정과 유아 중심 교수전략

연구들은 정보 탐색 및 비판, 미디어 해석, 디지털 창작, 윤리 · 시민성 등 각 역량의 분절적 전달을 지양하고, 다차원적 통합을 전제로 한 융합 교과 및 놀이 · 프로젝트 · 집단 탐구 기반 교수전략의 병행을 제안한다. 예를 들어, 놀이 활동에서 디지털 앱을 활용한 협동적 스토리텔링, 프로젝트 기반 디지털 제작, 멀티모달 자료를 통한 집단적 의미 구성 등은 유아가 기술적 조작, 협력, 비판, 창의, 윤리 의식을 자연스럽게 통합적으로 익히도록 돕는다 (Edwards et al., 2020; Wohlwend, 2015). 이러한 경험은 정보 소비자에서 비판적 정보 해석자 및 창의적 생산자로 성장하는 토대가 된다. 〈표 2-5〉는 통합적 교육과정 교수요소다.

〈표 2-5〉 통합적 교육과정 교수요소 및 구체적 실천 전략

교수요소	구체적 실천 전략
문화적 매개자로서의 교사	놀이-창작-토론-윤리성 연계 수업, ICT 연수
가정-기관 연계	학부모 연수, 공동프로젝트, 가정-기관 협력
유아 주도 학습 설계	흥미 · 몰입 중심 활동, 개방형 과제, 선택권 제공
개별화 · 집단 기반 전략 병행	맞춤 지도와 협동 프로젝트, 멀티모달/글로벌-로컬 경험
통합적 교육과정 설계	정보 · 미디어 · 창의 · 시민성 융합 프레임워크

② 사회-문화-가정적 맥락과의 연계

유아의 디지털 리터러시 발달은 가정-기관-지역사회와의 긴밀한 상호작용에 기반하며, 가정의 규범 및 문화적 맥락, 디지털 자원, 부모의 역할 등이 유아의 실제적 역량 신장에 결정적 영향을 미친다(Cao, Dong, & Li, 2024; Kumpulainen et al., 2020). 따라서 교육 현장에서는 학부모와의 소통 및 공동 프로젝트, 지역사회 디지털 문화 자원 활용 등을 적극적으로 병행할 필요가 있다.

③ 교사의 전문성 및 디지털 페다고지 강화

유아교육 현장에서 통합적 디지털 리터러시가 구현되기 위해서는 교사의 디지털 문해력, 멀티모달 교수전략, 창의적 놀이 설계, 비판적 미디어 해석 역량, ICT 활용 능력 등이 필수적이다. 지속적 연수, 교사 커뮤니티를 통한 사례 공유, 현장기반 실천 공동체(Community of Practice: CoP)의 활성화가 병행되어야 하며, 이는 국내외 여러 실증연구에서 강조되는 바이다(김병건 외 2020; León, Corbeil, & Corbeil, 2023; Zhang et al., 2024).

(2) 교육적 시사점

① 유아의 역할 변화

연구들은 통합적 교육을 통해 유아가 단순히 정보를 수용하는 방식에 머무르지 않고 비판적으로 디지털 콘텐츠를 해석하고, 자신만의 멀티모달 창작물을 생산하며, 공동체 내에서 윤리적 시민으로 성장하는 자기주도성을 갖게 됨을 보여 준다(Edwards et al., 2020; Fréchette, 2015; Wohlwend, 2015). 이는 미래 사회가 요구하는 능동적 평생학습자, 문제 해결자, 협력적 소통자로의 기반이 된다.

② 통합적 접근의 유효성

Hashemi와 Cederlund(2017)의 사례 연구는 디지털과 문해 지도, 시민교육이 별개의 목표가 아니라 융합된 학습 경험으로 조직될 때, 아동의 창의적 생산, 정보 해석, 비판적 시민성 등 전방위적 성장 효과가 극대화됨을 입증한다. 기관 내외에서의 공동 실천, 개별 맞춤형 학습, 프로젝트 연계가 교육 혁신의 핵심임을 시사한다.

③ 다층적 교육과정 설계의 중요성

Feerrar(2019), Hinrichsen과 Coombs(2014) 등은 비판적 해석, 창의적 실천, 정보와 미디어의 융합, 디지털 정체성 등 다차원 역량을 포괄하는 통합형 교육과정 설계의 중요성을 강조하며, 현장 맞춤형 융합 모델과 순환적 평가 체계를 병행할 것을 제안한다.

④ 미래 방향 및 과제

- **지속적 전문성 개발**: 교사 디지털 페다고지 및 융합 역량 제고를 위해 연수 체계 CoP 축이 필요하다.
- **가정-기관-지역사회 연계**: 사회-문화-가정적 맥락에 맞는 협력 모델, 학부모-지역 자원 활용형 교육과정의 도입이 필수적이다.
- **확장적 · 융합형 교육과정 개발**: 정보, 미디어, 창의성, 시민성 등 다양한 디지털 리터러시 역량을 통합한 교육과정 기반의 실천이 강조되어야 한다.
- **유아 주도적 · 몰입적 활동 확대**: 개방형 과제, 컨버지드 플레이, 에피스테믹-루딕 순환 학습 등 창의적 문제 해결 경험이 강화되어야 한다.
- **포괄적 · 체계적 평가 및 정책 지원**: 다양한 배경에 있는 유아와의 접근성, 실천 효과성, 혁신적 실천 사례 분석에 기반한 정책적 지원이 병행되어야 한다.

결론적으로, 유아기 디지털 리터러시 교육은 기술 습득과 정보 소비를 넘어 창의성과 비판성, 윤리적 시민성, 능동적 문제 해결력까지 유기적으로 아우르는 통합적 접근이 실질적 성장의 열쇠임이 반복적으로 입증되고 있다. 이 방향성을 위해서는 교사의 문화적 매개자 역할 강화, 가정-기관 연계, 유아 주도 · 몰입형 활동 설계, 개별화 · 집단 기반 교수전략, 그리고 융합적 교육과정-평가 시스템이 반드시 수반되어야 하며, 혁신적 현장 실천과 정책적 지원의 병행이 미래지향적 디지털 시민을 양성하는 근본 동력이 될 것이다.

3. 유아교육 현장에서의 디지털 도구 활용 방법

1) 유아교육 현장에서의 디지털 도구 활용의 실제와 의미

유아교육에서 디지털 기기(컴퓨터, 태블릿 PC, 스마트보드, 코딩 로봇 등)와 관련된 소프트웨어(교육용 앱, 스토리텔링 앱, AAC 등)의 활용은 언어, 수 · 인지, 탐구, 예술, 신체 등 다양한 영역에서 유아의 능동적 · 상호작용적 학습을 자극할 수 있다. 예를 들어, 디지털 사진과 저널 활동은 유아가 자신의 경험을 기록하며 사회적 · 인지적 반성(reflection)을 촉진하고, 교실 내 상호작용의 맥락까지 변화시킬 수 있음이 현장 연구에서 확인되었다(Ching & Wang, 2006). 이 연구는 유아가 디지털 카메라로 활동을 촬영해 사진 저널을 만드는 과정이 '포토그래퍼'와 '참여자'의 역할을 넘나들며 자기주도학습, 표현, 또래와의 협력 등 다양한 발달적 성장을 이끄는 복합적 매개체임을 시사한다. 따라서 단순한 기술 노출을 넘어서 도구가 어떻게 유아의 경험과 토의, 협업, 자기성찰을 통합적으로 촉진하는지 '맥락화된 사용'이 중요하다.

2) 유아특수교육에서의 활용과 개별화

특수교육의 맥락에서는, 예를 들어 실시간 자막 소프트웨어를 통한 청각장애 유아의 정보 접근, AAC 앱을 통한 의사소통 지원, 난이도 조절이 가능한 맞춤형 학습 앱을 통한 발달지연 유아의 학습 지원 등 IEP 및 통합교육 실현의 실질적 매개로 디지털 도구가 사용될 수 있다. 이는 포용적 학습 환경 구축에 필수적 기능을 하며, 장애 유아와 비장애 유아 모두가 실질적 상호작용 속에서 배울 수 있는 기반을 마련한다(Ching & Wang, 2006; Girolametto, Weitzman, & Greenberg, 2006; Rosen & Jaruszewicz, 2009).

3) 효과적 활용을 위한 교사의 역할 및 원칙

디지털 도구의 긍정적 효과는 교사의 전문적 중재와 상호작용을 통해 극대화된다. 연구에 따르면, 교사는 유아가 디지털 도구를 단순히 사용하는 것을 넘어 언어 촉진 전략(질문하기, 대화 연장, 명명 및 확장 등)과 상호작용 유도 전략을 적용해야 하며, 이러한 교사의 개입은 일반 유아뿐 아니라 장애 유아, 다문화 가정의 유아에게도 효과적임이 나타났다. 단순히 기기의 사용 빈도나 시간에 주목하기보다 '발달에 적합한 기술 활용(Developmentally Appropriate Technology Use: DATU)'을 고려해 유아의 발달 수준, 흥미, 사회적 맥락을 조화롭게 반영해야 한다는 전문적 원칙이 요구된다(Girolametto et al., 2006; Rosen & Jaruszewicz, 2009).

4) 기술 도입의 한계와 현실적 제언

유아교육 현장 교사는 디지털 도구의 효과적 활용 의지는 높으나, 실제 도입과 활용의 격차(gap)가 존재함도 지적되고 있다. 주된 한계점은 다음과 같다.

- **기기 및 소프트웨어에 대한 접근성 부족**
- **교사의 디지털 역량 및 교육 기회 부족**
- **콘텐츠의 발달적 부적합(광고, 자극적 내용, 개인정보 보호 등)**

따라서 효과적 디지털 교육 환경을 조성하기 위해서는 정책적 자원 지원(기기 · 콘텐츠 확보, 교사 연수, 안전 가이드 등)이 병행되어야 하며, 교사가 다양한 도구와 프로그램을 '직접' 경험하고 평가할 기회 제공이 우선되어야 한다(Amolloh, Lilian, & Shaji, 2017; Wood et al., 2008).

5) 구체적 사례와 지향점

- **의도적 기술 활용**: 기술은 규율 관리, 정보 전달, 자율성 신장, 기술 리터러시 증진 등 다양한 목적을 위해 교사가 의도적(intentional)으로 '목적–방법–맥락'을 고려해 도입해야 하며, 무분별하거나 단순한 시간 때우기로 '저항(gratifications resisted)'할 필요도 있다

(Chordia, Yip, & Hiniker, 2019).

- **디지털 사진/저널 작성**: 유아가 직접 사진을 찍고 이야기를 구성하는 디지털 저널 작업은 자기표현과 성찰, 또래와의 협력 기반의 사회적 기술 향상 측면에서 큰 효과가 있다(Ching & Wang, 2006).
- **교사 연수 및 전문성**: '언어 학습과 그 즐거움(Learning Language and Loving It)' 등의 교사교육 프로그램을 통해 교사는 언어 촉진, 상호작용 중재, 또래 간 협동 등 전략적 사용법을 익힐 수 있으며, 이는 결과적으로 유아의 언어, 사회성, 학습 참여도를 향상시킨다(Girolametto et al., 2006; Rosen & Jaruszewicz, 2009).

6) 디지털 도구 활용의 원칙과 실천

- **적절성**: 도구와 콘텐츠는 반드시 유아의 발달적 특성과 개별적 필요에 부합해야 하며, '기술 그 자체'가 목적이 아니라 유아의 학습 경험을 풍성하게 하는 '수단'임을 명확히 해야 한다(Chordia et al., 2019; Rosen & Jaruszewicz, 2009; Wood et al., 2008).
- **상호작용**: 교사의 촉진하에 유아가 또래 및 성인과 '사회적 · 협력적' 상호작용을 통해 기술을 경험할 때 가장 풍부한 학습 효과와 사회정서적 성장이 이루어진다(Girolametto et al., 2006; Rosen & Jaruszewicz, 2009).
- **안전과 검증**: 새로운 기술 도입 전 안전성(개인정보보호, 유해 콘텐츠 차단)과 발달적 타당성을 본격적으로 검토해야 하며, 실제 운영 사례에 대한 성찰과 피드백 체계를 갖춰야 한다(Amolloh et al., 2017; Wood et al., 2008).
- **지속적 지원**: 교사 전문성 신장 연수와 정책 지원, 발달적 적합성을 갖춘 다양한 기술 도구 및 콘텐츠의 확대가 병행되어야 한다(Amolloh et al., 2017; Rosen & Jaruszewicz, 2009; Wood et al., 2008).

이러한 원칙을 적용할 때 디지털 도구는 유아교육 및 유아특수교육 현장에서 놀잇감 이상으로 유아의 인지 · 사회 · 정서 전 영역 발달을 돕는 강력한 교육적 자원이 될 수 있다. 제시한 연구들은 기술의 통합이 단순한 효율성이나 흥미 유발을 넘어서 깊이 있는 반성, 상호작용, 개별화, 포용성에 기여함을 실증적으로 뒷받침한다.

4. 디지털 환경에서의 유아특수교육 접근성과 보조공학 기술

디지털 시대의 포용적 교육 실현에서 보조공학(AT)은 단순 지원 수단을 넘어 결정적 기반이다. AT란 장애를 지닌 영유아의 학습 및 일상생활 참여에 실질적 장벽을 해소하는 장치와 소프트웨어를 포괄하며, 접근 가능한 디지털 환경에서 모든 유아가 평등하게 교육 경험에 참여하도록 만든다(Hunt, 2021; Zilz & Pang, 2019).

장애 유형별로 AT 적용 사례를 구체적으로 살펴보면 다음과 같다. 의사소통 보조 기기(AAC)는 자폐 스펙트럼 장애(Autism Spectrum Disorder: ASD) 또는 언어적 제한을 지닌 유아들이 자신의 의사와 요구를 명확히 표현하도록 돕는다. 그림 및 아이콘이 포함된 전자식 보드, 음성 출력 장치(SGD), 그리고 AI 기반 표정 인식 장치 등 진보된 AAC 기기 활용은 사회적 상호작용과 학습 참여 증진에 탁월한 효과가 있는 것으로 보고되었다. 연구에 따르면, AAC 도입 시 긍정적인 사회적 상호작용과 기능적 의사소통 향상이 관찰된다. 최근에는 로봇 기반 AT[예: 사회적 보조 로봇(Socially Assistive Robot: SAR)]를 활용한 프로그램이 자폐스펙트럼 장애 유아의 상호작용, 집중력, 모방 행동, 문제행동 감소에 즉각적으로 긍정 효과를 보이는 것으로 확인되었다(Arshad et al., 2020; Mirenda, 2001; Syriopoulou-Delli & Gkiolnta, 2020).

시각장애 유아를 위한 지원에는 스크린 리더, 점자 디스플레이, 저시력을 고려한 대비 및 글씨 크기 조정 등 다양한 접근성 설정이 포함된다. 예를 들어, 터치 인터페이스 활용에 있어 음성 피드백이나 점자 키보드 연동 등이 교육 현장에서 적극적으로 도입되는 중이다(Lersilp, Putthinoi, & Lersilp, 2018; Zilz & Pang, 2019). 이러한 조치는 모든 디지털 학습 환경에서 정보의 접근성을 높인다.

청각장애 유아의 경우 실시간 자막 제공, 음성의 텍스트 변환, 시각적 알림(깜빡이는 아이콘 등) 도입이 대표적이다. 이를 통해 청각 정보의 시각적 대체가 가능하며, 또래와 동등하게 수업 참여 및 정보 습득이 가능하다(Lersilp et al., 2018; Zilz & Pang, 2019).

자폐 스펙트럼 장애가 있는 경우 과도한 자극에 민감하므로 예측 가능한 단순 구성, 과다한 애니메이션의 최소화, 구조화된 과제 제시 등 사용자 인터페이스(User Interface: UI) 및 사용자 경험(User eXperience: UX) 설계 원칙이 중요하다. 터치스크린 기반 앱은 직관적이며, 일정한 피드백(음성, 단순 애니메이션 등)은 유아의 안정감 및 집중 유지에 기여한다. 디지털 로봇이나 인터페이스의 활용은 주도적 상호작용을 유도하고, 학습 동기 및 자존감을 높이는 사례로 기능한다(Arshad et al., 2020; Mirenda, 2001; Syriopoulou−Delli & Gkiolnta, 2020).

AT 도구의 선택과 적용은 절대 기계적, 일괄적이어서는 안 되며, 반드시 각 유아의 장애 특성, 가정·학교 환경, 발달 상황을 통합적으로 고려하여 이루어져야 한다. 최신 연구들은 AT 선정 시 아동과 가족의 요구, 전문인의 임상적 판단, 실제 환경에서의 실효성 및 후속 조정 가능성이 주요 영향 요인임을 강조한다. 즉, AT의 성공적 적용은 단순한 기기 사용 제공이 아니라, 초기 선별−평가−개별화−지속적 피드백과 조정의 체계로 이루어진다. 예시로, 점자기기 도입 후 익숙함 부족이 관찰된다면 음성 지원 비중을 높이거나 자막 제공이 지나치게 빠르면 속도 조절 등 즉각적인 피드백 조치가 필요하다(Campbell, Milbourne, & Dugan, 2006; Hunt, 2021; Niekerk, Dada, & Tönsing, 2019).

유아교육 현장 교사의 AT에 대한 태도, 디지털 지식, 그리고 실행 역량 역시 AT의 효과적 통합에 핵심적이다. 연구들은 교사가 AT와 디지털 기술을 아동 참여의 촉진 도구로 간주할수록 읽기, 쓰기 등 교수−학습 영역 전반에서 AT 활용 빈도가 증가함을 확인했다. 그러나 동시에 많은 교사가 여전히 훈련 부족, 시간·비용·장비 접근성의 문제, 기기 운용 미숙 등 현실적 장벽을 경험하고 있음을 지적한다(Fälth & Selenius, 2022; Flanagan, Bouck, & Richardson, 2013; Lim et al., 2023; Undheim, 2021; Zilz & Pang, 2019). 이러한 한계 극복을 위해서는 다음의 사항이 필수다.

- **예비 및 현직 교사 대상 AT 통합 전문성 강화 과정 제공**(Lim et al., 2023; Undheim, 2021)
- **체계적인 조기 선별 · 조정 프로세스 구축**(Hunt, 2021; Niekerk et al., 2019)
- **다학제 협업 기반의 지원 체계**
- **AT 도구의 현장 적응성 · 지속 가능성에 대한 연구 · 평가 강화**

유아교육 실천 장면에서 교사는 아동 및 또래 모두에게 AT 사용 목적 및 방법을 명확히 안내하고, 실생활 속에서 AT가 자연스러운 상호작용과 협력을 촉진하는 문화를 구축해야 한다(Campbell, Milbourne, & Dugan, 2006; Lersilp et al., 2018).

결론적으로, AT 및 접근성 기술은 단순히 지원 장비를 넘어 장애 유아−비장애 유아 모두가 '함께 배우는 교실'을 경험하게 하는 포용적 지식 문화 구현의 실질적 동력이 된다. AT는 교육 내 평등한 학습권·참여권 보장의 토대이자, 교사와 정책결정자 모두가 선제적으로 교육 설계에 포함해야 할 핵심 인프라임을 명확히 할 수 있다(Hunt, 2021; Witte et al., 2018).

5. 개별화 교육과 디지털 기술의 연계

개별화 교육(IEP)과 디지털 기술의 융합은 유아특수교육의 주요 목표 달성, 포용적 교육 환경의 조성, 그리고 장애 유아의 실제적인 참여 확대를 촉진하는 핵심 기반으로 작용한다. 최근의 교육 및 특수교육 현장에서는 디지털 기술이 단순한 보조 도구를 넘어 IEP의 계획부터 실행까지 전 과정을 통합적으로 지원하는 필수 요소로 자리 잡고 있다. 이를 통해 유아 개개인의 특성과 요구에 부합하는 맞춤형 교육과 데이터 기반의 교육 실천이 가능하다.

IEP 수립 단계에서는 디지털 진단 도구와 데이터 분석 기술이 적극 활용된다. 예컨대, 태블릿 PC 기반의 평가 앱이나 컴퓨터 기반 보조 평가 시스템을 통해 인지, 언어, 사회성 등 다양한 발달 영역의 정보를 정밀하게 수집할 수 있으며, 이와 같은 디지털화된 평가는 유아의 강점과 어려움을 객관적으로 파악하여 연간 목표와 중재 전략을 보다 구체적이고 측정 가능한 방식으로 설정하는 데 유리하다. 이러한 접근은 IEP 목표의 타당성과 실행 가능성을 높이고, 궁극적으로 교육적 성과를 제고하는 데 기여한다.

특히 IEP 내에 AT 및 접근성 기술을 체계적으로 통합하는 과정은 관련 법령과 정책에 대한 이해뿐 아니라 교사 및 전문가 간 협업적 의사결정이 필수적이다. 예를 들어, 청각장애 유아를 위한 실시간 자막, 보강 시각 자료, 시각 알림 설정 등이 명시될 수 있으며, 발달지연(Developmental Delay: DD)이나 지적장애(Intellectual Disabilities: ID)를 가진 유아의 경우에는 멀티미디어 콘텐츠, 인터랙티브 퀴즈, 반복학습 앱, 쉬운 문장 구성의 전자책 등 다양한 디지털 지원 항목이 포함될 수 있다(Fälth & Selenius, 2022; Syriopoulou-Delli & Gkiolnta, 2020; Zilz & Pang, 2019). 이러한 맞춤형 디지털 도구의 활용은 유아가 실제로 접근하고 사용할 수 있는 환경을 조성하는 데 핵심적인 역할을 한다.

IEP의 실행과 모니터링 측면에서는 학습 관리 시스템(LMS), 온라인 포트폴리오, 디지털 진척도 관리 앱 등이 핵심 도구로 자리매김하고 있다. 교사는 유아별 학습 목표 달성 상황, 활동 산출물, 평가 결과 등을 플랫폼에 기록하고, 이를 시각적 피드백 자료로 활용하여 교육 전략을 신속히 조정할 수 있다. 이러한 디지털 기반의 데이터 축적과 실시간 분석은 전통적인 수기 방식의 한계를 보완하며, '목표-진행-성과'로 이어지는 명확한 피드백 체계를 가능하게 한다(Fälth & Selenius, 2022). 또한 학부모와 유아의 학습 과정 및 IEP 실행 내용을 공유

함으로써 가정–학교 간 연계가 강화되고, 유아의 전 환경적 개입이 실질적으로 구현된다.

더 나아가, AI 기반 적응형 학습 시스템은 유아의 문제 해결 패턴과 오류 유형을 실시간으로 분석해 즉각적인 맞춤 피드백과 학습 콘텐츠를 제공하는 체계로 발전하고 있다. 예를 들어, 반복적으로 오류가 발생하는 개념에 대해 AI 튜터가 대안을 제시하거나 난이도를 조정해 새로운 학습 경로를 추천하는 방식이다(Arshad et al., 2020; Lim et al., 2023). 이러한 기능은 교사에게 정량적 · 구체적 개선 데이터를 제공해 IEP의 역동적 수정과 보완을 가능하게 한다.

AT의 실질적 적용에 있어서는 유아와 가족의 필요, 교사의 전문성, 재정적 및 환경적 요인, 현장 적합성 등이 중요한 결정 요소로 작용하며(Hunt, 2021; Niekerk et al., 2019; Witte et al., 2018), 단순히 기기를 나열하는 것이 아닌 유아의 맥락(가정, 기관, 지역사회)을 반영한 통합적 설계가 필요하다. 이는 교사, 특수교사, 재활전문가 등 다학제 협업을 기반으로 한 접근과 AT의 시범 적용 및 사후 적응 과정을 포함하는 지속적인 피드백 체계와 맞닿아 있다.

또한 교사의 디지털 역량 강화와 TPACK의 함양을 위한 전문성 개발도 필수적이다. 긍정적 태도와 디지털 기술 활용 경험이 풍부한 교사는 AT 및 다양한 디지털 자원을 IEP에 더욱 창의적이고 효과적으로 통합할 수 있으며, 이는 장애 유아의 학습 참여도와 성취를 향상시키는 기반이 된다. 반면, 디지털 기기 사용 경험의 부족, 교육 자료 접근의 어려움, 제한적인 연수 기회 등은 현장 적용의 장애 요인으로 작용한다(김병건 외, 2020).

궁극적으로 AT와 접근성 기술의 도입은 단일 유아의 지원에 그치지 않고, 가정–기관–지역사회–전문가 간 협력적 연계를 강화하며, 모두가 함께 배우는 포용적 학습 공동체 구현을 위한 핵심 촉매가 된다. IEP와 디지털 기술의 긴밀한 통합은 장애 유아를 포함한 모든 유아의 교육 평등과 발달권 보장을 위한 실질적 진전을 이끈다. 요약하면, IEP와 디지털 기술의 연계 효과를 극대화하기 위해서는 다음의 다섯 가지가 필요하다.

- **진단 및 평가 단계의 디지털 정교화**
- **IEP 문서 내 구체적 AT 및 지원전략의 명문화**
- **실행 및 피드백을 위한 데이터 기반 시스템 및 AI의 적극 활용**
- **개별 맞춤형 피드백, 다학제 협업, 현장 적합성 고려**
- **교사 역량 강화 및 생태적 연계 기반 조성**

기술은 교육의 보조 수단일 뿐이며, 교사의 전문성, 인간 중심의 상호작용과 유기적으로 결합될 때, 진정한 개별화 교육과 포용적 교육이 실현될 수 있다.

6. 보편적 학습 설계 원칙을 적용한 디지털 교육 전략

보편적 학습 설계(UDL)는 앞서 언급한 대로 모든 학습자가 차별 없이 학습에 참여할 수 있도록 수업을 설계하는 교육 프레임워크이며, '다양한 학습 참여 방법' '다양한 정보 제시 방법' '다양한 학습 표현 방법'이라는 세 가지 원리를 기반으로 모든 유아와 학습자의 능동적 학습과 포용성을 목표로 한다. 디지털 기술은 이 세 UDL 원칙을 구체적으로 실현할 수 있는 가장 강력한 도구로, 유아교육 및 특수교육에서 포용적 수업의 설계와 실행을 가능하게 한다.

1) 다양한 학습 참여 방법: 학습 동기의 다양화

UDL의 첫 번째 원칙은 학습 참여 자체를 다채롭고 유연하게 보장하는 것이다. 디지털 환경에서는 게이미피케이션(gamification), 디지털 스토리텔링, 미디어 기반 협동 프로젝트, 개별 맞춤형 과제 선택 등으로 학습 참여의 문턱을 낮출 수 있다. 실제로 교사가 게임 앱, 노래·리듬 영상, 상호작용 퀴즈 등 여러 활동의 방안을 동시에 제공하고 유아가 자신의 흥미나 선호도에 따라 선택하도록 하는 방식은 내재적 동기를 높이고 자기주도성을 강화하는 효과가 있다. 연구 결과, 디지털 도구를 자율성과 선택권 강화에 활용한 교사들은 학생의 몰입·참여 증진 효과뿐 아니라 장애 유아와 비장애 유아 모두의 학습 분위기 개선을 경험했다(김병건, 2020; 김병건, 김미정, 2020; Bray et al., 2023; Rao, Torres, & Smith, 2021).

2) 다양한 정보 제시 방법: 멀티모달 정보 접근성

두 번째 원칙은 동일한 개념을 다양한 감각 채널, 즉 시각(디지털 북, 사진, 만화), 청각(오디오북, 소리 설명), 촉각(인터랙티브 화면, 진동 등)으로 제시하는 것이다. 디지털 도구는 텍스트, 영상, 이미지, 오디오, 애니메이션 등 멀티모달 형식으로 정보를 쉽게 변환하고 개별 학생이 자신의 이해도와 학습양식에 맞는 방식으로 접할 수 있도록 돕는다. 특히 시각 · 청각장애 유아를 포함한 다양한 학습자에게 음성지원, 자막, 점자 출력, 시각 강조 효과 등 접근성 기능을 자동 제공함으로써 '모두에게 맞는 수업'을 실제로 조직할 수 있게 한다. 실제 UDL 적용 연구들에 따르면, 정보 제시 방식의 다양화는 개별적 강점 활용과 수업 적응(교수적 수정, adaptation)의 측면에서 가장 활발하고 손쉬운 디지털 적용 영역으로 나타난다(Bray et al., 2023; Rao et al., 2021; Undheim, 2021).

3) 다양한 학습 표현 방법: 자기표현 방식의 유연화

마지막 원칙은 학습자가 자신의 성취나 사고 과정을 다양한 방식으로 표현할 수 있도록 한다는 점이다. 디지털 시대의 유아들은 말하기, 쓰기 외에도 그림 그리기 앱, 오디오 녹음, 비디오 촬영, 디지털 사진, 온라인 스티커북, 무빙 스토리 제작, 짧은 댄스 영상 등으로 학습 결과를 드러낼 수 있다. 교사가 이와 같은 다양한 표현 수단을 동등하게 인정함으로써 학습 평가는 개별 강점 발견과 자존감 향상의 기회가 된다. 실제 연구에서는 디지털 포트폴리오, 동영상 업로드, 협동 제작, 실시간 피드백 이슈 등이 새롭게 강조되며, 표현의 다양성이 곧 학습 긍정 경험의 다양화, 장애 낙인의 제거, 모두의 성공 경험으로 이어진다는 점이 부각된다(Bray et al., 2023; Griful-Freixenet et al., 2017).

UDL 원칙에 대한 디지털 기술의 실제적 의미와 한계 역시 존재하는데, 이는 다음과 같다.

- **개인화된 선택지 제공**
- **자료 생산과 접근의 유연화**
- **동시적 개별화 및 집단 통합 지원**
- **포용적 수업의 자연스러운 구현 등에서 UDL의 잠재력을 실질적으로 극대화**

특히 UDL 방식의 디지털 수업에서는 장애 유아와 비장애 유아 사이의 장벽이 사라지고, 모두가 선택 기회를 갖는 환경이 조성되어 '특별한 교수적 수정 없이' 적응적 · 개별화 교육을 할 수 있다. 이는 실무적 효율성과 차별성, 모두의 동기 · 참여 증진까지 아우르는 혁신적 교육 패러다임을 의미한다(Bray et al., 2023; Fälth & Selenius, 2022; Rao et al., 2021).

그렇기 때문에 유아교육 현장에서의 실행 시 교사의 역할과 조건을 알아볼 필요가 있다. 교사는 UDL 기반 디지털 수업을 설계할 때 모든 학습자의 신경학적 · 감각적 · 언어적 · 경험적 특성을 예견하고, 각종 미디어 · 디지털 도구를 통합적으로 준비해야 한다. 이를 위해 교사의 디지털 교수 설계 역량(TPACK 등)이 반드시 필요하며, 지속적인 전문성 성장이 요구된다. 최신 연구에서는 교사 연수, 예비교사 교육, 정책 및 교육과정에서의 디지털 UDL 접목이 실제 유아교육 현장 적용의 전제임을 강조한다. 마찬가지로 접근성 도구(자막, 음성입력, 화면확대 등)와 각종 멀티미디어 콘텐츠의 활용법에 대한 실질적 훈련 및 지원이 효과적이고 포용적인 성패를 좌우한다(김병건 외, 2020; Bray et al., 2023; Fälth & Selenius, 2022; Rao et al., 2021).

한편, UDL의 세 원칙 중 정보 제시의 다양성(representation)에 비해 참여(engagement)와 활동 및 표현(action & expression) 영역에서 디지털 기술의 활용과 실증연구가 부족하다는 지적이 있다. 예를 들어, 자기조절 및 자기평가, 기술 매개 피드백(자동화 피드백, 온오프라인 협동)의 실질적 적용 사례 개발이 필요하다. 또한 기술 접근성 격차, 교사의 인식 부족이나 경험 부족, 일부 기능의 단기 신기효과(novelty effect), 기술이 학습 경험의 본질을 대신해서는 안 된다는 점 등도 꾸준히 논의되어야 한다(Lim et al., 2023; Bray et al., 2023; Rao et al., 2021).

결론적으로, UDL의 세 원칙은 디지털 기술의 힘을 빌려 유아교육과 특수교육 현장에서 '학습 접근성 · 참여성 · 다양성 · 형평성' 모두를 실현하는 토대가 된다. 교사는 다양한 디지털 도구와 미디어를 전략적으로 사용하는 설계자이자 촉진자로서 모든 유아가 저마다 맞는 방식으로 배우고, 정보에 접근하며, 자신만의 방식으로 성취를 표현할 수 있도록 끊임없이 새로운 시도와 성찰이 필요하다. 미래지향적 UDL 교육은 기술과 교수설계 전문성의 유기적 결합, 그리고 각 아동의 목소리를 실제 수업 설계에 반영하는 참여적 교육 패러다임의 지속적인 강화와 확산에 그 과제를 남긴다고 할 수 있다.

7. 교사의 디지털 전문성 향상을 위한 전략

디지털 시대의 교육 혁신은 교사의 전문성에 달려 있다고 해도 과언이 아니다. 새로운 기술과 도구가 등장해도 이를 교육적으로 활용하는 주체는 교사이기 때문에 교사가 지속적으로 배우고 성장하는 것이 중요하다. 교사의 디지털 전문성(digital professionalism)을 향상시키기 위한 몇 가지 전략과 사례를 살펴보면 다음과 같다.

1) 정기적 연수 및 워크숍과 실습 중심 학습

정기적인 연수 및 워크숍 참여, 실습 중심 학습과 자기주도적 탐구, 그리고 전문가 네트워크와 공동체 학습 참여는 교사의 디지털 전문성 신장 및 실질적 교수 역량 변화를 이끄는 촉진 요인으로 상호보완적 의미를 가진다.

먼저 정기적 연수 및 워크숍 참여는 유아교육 및 유아특수교육 교사가 최신 디지털 도구와 교수전략을 습득할 수 있는 가장 기초적이면서도 중요한 경로다. 연구에 따르면, 체계적으로 설계된 연수 과정(예: 코딩, 스마트 교실, 디지털 포트폴리오)은 교사의 기술적 지식(technological knowledge)뿐만 아니라, TPACK 영역 전반의 역량을 증진시키는 데 효과적이다. 실제로 TPACK 기반 연수 참여 후 예비교사들이 기술 활용 태도, 교수전략 설계 능력, 기술과 내용의 통합적 활용 역량 등에서 유의미한 성장을 보인 바 있다. 단순히 강사 강의에 그치지 않고 동료 교사 간 경험 공유, 시범 수업, 피드백 세션 등이 병행될 때 교사의 실제적 실천 의지와 적용 역량은 더욱 강화된다. 또한 연수 후 자발적 자율연수와 유아교육 현장 적용 확산을 촉진하면 기관 차원의 디지털 혁신 문화도 자연스럽게 정착된다(Lim et al., 2023; Rodrigues, 2020).

실습 중심 학습과 자기주도적 탐구는 교사의 전문성 내재화에 결정적인 역할을 한다. 단순 이론이 아니라, 다양한 디지털 도구(앱, AT 기기 등)를 실제로 다뤄 보고 조작하며 문제를 해결하는 과정은 실제 교수 장면에서의 맥락 적응력과 창의적 교수설계 역량을 키울 수 있게 한다. 이 과정에서 교사의 반성적 성찰(자신이 설계한 디지털 수업의 효과 분석, 아동 반응 관찰 등)과 반복 실험은 학습 효과를 높이는 촉진제다. TPACK 프레임워크 기반 최신 연구에서도 실습 기회와 자기주도 프로젝트 경험이 많을수록 기술-교수-내용 통합 능력이 월등히 향상되는 것으로 나타났다(Lim et al., 2023).

전문가 네트워크와 PLC 참여는 개별 교사의 한계를 극복하고, 실제 유아교육 현장에서의 적용 관련 최신 정보와 실천적 노하우(예: AAC 앱 활용, UDL 기반 디지털 교수전략, 디지털 수업 적용 사례)를 빠르게 공유할 수 있는 효율적 방법이다. 특히 온라인 기반 교사 커뮤니티와 전문 네트워크를 활용하면 다양한 배경의 교사들이 상시적으로 경험을 교환하고, 새로운 도구에 대한 적용성과 제한점, 수요 기반 자료를 공동 생성할 수 있다. 개방적 교사 공동체로의 소속 경험은 디지털 기술에 대한 긍정적 태도를 강화시키고, 도입 초기 신기효과 이후의 지속적 활용 의지를 촉진하는 기반이 된다.

이러한 맥락에서 디지털 기술 토대의 교수 전문성 향상은 단일한 연수 참여로 완성되는 것이 아니라, 이론–실습–협업 네트워크가 유기적으로 연결될 때 극대화된다. 즉, 연수 및 워크숍에서 시작된 지식이 실습과 자기성찰을 거쳐 내면화되고, 실제 유아교육 현장에서의 경험과 공동체 내 상호작용을 통해 지속적으로 갱신될 때 비로소 유아교육 현장 중심의 적용성과 창의성이 발현된다. 특히 교사가 디지털 기술을 '모든 유아의 참여와 학습 지원을 위한 촉진자'로 인식할수록, 실제 교수설계와 수업 실행에서 기술의 통합적 · 포용적 사용 빈도가 높아지는 것 또한 실증적으로 확인된다(홍혜경, 김준교, 2012; Lim et al., 2023; Fälth & Selenius, 2022; Rodrigues, 2020).

결론적으로, 정기적 연수 및 워크숍 참여, 실습 · 탐구 중심의 자기 개발, 전문가 네트워크를 통한 공동 학습은 서로 보완적 구조를 이루며, 유아교육 현장 교사의 디지털 전문성 심화와 유연한 교수전략 창출을 가능하게 한다. 이는 포스트 코로나 시대의 유아교육 및 유아특수교육 맥락에서 디지털 전환을 실질적으로 선도할 수 있는 교사 전문성 개발의 핵심 경로임이 다수 연구에서 재확인되고 있다.

2) 온라인 자기주도학습 기회 활용

온라인 자기주도학습은 교사들이 바쁜 일정 속에서도 시간과 공간의 제약을 넘어서 디지털 전문성을 효과적으로 신장할 수 있는 주요 경로다. 국내외에서 제공되는 MOOC, 웹 세미나, 온라인 연수 등 다양한 형태의 디지털 기반 학습 기회는 교사에게 자기주도적 학습 문화 정착과 지속적 성장의 기반을 마련해 준다. 최근의 연구에서는 이러한 온라인 자기주도학습이 개인화된 학습 경로 설계와 신속한 교육 트렌드 대응, 글로벌 전문가 네트워크 접근에 강점을 가지고 있음을 분명히 한다(Rodrigues, 2020; Trust, 2016).

특히 교사들이 직접 온라인 강좌나 세미나를 활용해 필요한 역량을 목표 지향적으로 개발하는 방식은 전통적 대면 연수에서 종종 발생하는 비효율적 시간 활용이나 개별적 전문성 반영의 한계를 보완한다. 예를 들어, 증강현실(AR), 코딩, 기술 통합 등 빠르게 변화하는 교육 기술 분야에서 현직 교사가 관련 최신 콘텐츠를 실시간으로 학습하고, 곧바로 수업에 적용해 볼 수 있는 실천성이 높다는 점은 연구에서 반복적으로 강조되어 왔다(Lim et al., 2023; Rodrigues, 2020).

자기주도 온라인 학습의 또 다른 강점은 개별 맞춤성과 유연성이다. 교사는 본인의 직무 특성, 수업 맥락, 관심 분야에 따라 온라인 강좌를 선택/계획하고 스스로 학습 진도를 조절할 수 있다. 이는 교사 전문성 개발의 심화뿐 아니라, 실제 유아교육 현장에서의 문제 해결 역량과 창의적 교수 설계 역량 강화를 동시에 유도한다. 다양한 수준의 콘텐츠(기초에서 심화, 이론에서 실습 등), 마이크로러닝, 비동기 또는 실시간 방식 등의 선택지가 이를 뒷받침한다.

연구에 따르면, 온라인 자기주도학습을 지속적으로 경험한 교사는 디지털 기술에 대한 신념, TPACK, 그리고 실제 수업에서의 도구 통합 사용 빈도 모두에서 유의미한 성장을 나타낸다. Lim 외(2023)의 연구에서는 테크놀로지 중심의 강좌 이수 후 교사의 TPACK 모든 하위 영역(기술-내용, 교수-기술, 교수-내용 등)에 걸쳐 명확한 향상이 확인됐다. 이는 다시 실제 강의 및 수업 실행 변화로 이어지고, 최신 유아교육 현장 요구(예: 포용적 수업, 디지털 리터러시 교육)에 보다 능동적으로 대응할 수 있는 역량 기반이 됨을 시사한다.

온라인 연수와 자기주도학습이 가진 접근성 및 유연성의 강점과 더불어 일부 한계 또한 존재한다. Prestridge(2017)는 온라인 자기주도적 교사 네트워크에서 상호작용이 충분히 촉진되지 않을 경우 지식의 파편화, 공동체성 약화, 표면적 정보 소비로 흐를 위험을 지적한다.

따라서 효과적인 온라인 학습이 이루어지기 위해서는 다음의 세 가지가 필수적이다.

- **명확한 학습 목표 수립**
- **자기조절 전략 개발**
- **실제 유아교육 현장 적용과 피드백 및 성찰**

또한 일부 연구에서는 학습 공동체 또는 교사 네트워크의 자발적 참여(예: 관심사 기반 소그룹, 멘토링 체제, 영향력 있는 리더십 확보)가 온라인 학습의 몰입도와 효과성을 높이는 요인임을 보여 주었다(허주, 최원석, 2019).

나아가 온라인 자기주도적 전문성 개발 경험이 교사의 디지털 역량에 그치는 것이 아니라, 학생 참여 증진 및 포용적 수업 설계, 최신 교수법 도입 등 수업의 전반적인 질 개선으로 이어진다는 실증적 근거도 누적되고 있다. 교사가 디지털 도구를 학습 지원 촉진자로 인식하며 실제 적용 빈도를 높일수록 학생의 디지털 활용 기회와 개별화 지원도 동시에 증가한다는 점이 확인되었다(Fälth & Selenius, 2022).

결국 온라인 자기주도학습은 교사의 적극성, 목표 중심적 계획, 실천적 적용 고리가 어우러질 때 디지털 전문성 신장과 교육 혁신 모두를 실현하는 주요 동력이 될 수 있다. 기관 차원에서는 온라인 연수 이수 내역의 공식적 인정, 학습 결과의 유아교육 현장 적용을 장려하는 피드백 체계, 동료 교사와의 네트워킹 지원 등 시스템적 뒷받침을 마련해야 한다(Liu, 2013; Trust, 2016). 이러한 다층적 지원과 교사의 자기주도성이 결합될 때, 온라인 자기주도학습은 단발적 동향을 넘어 지속 가능한 유아교육 현장의 혁신 모델로 자리매김할 수 있다.

3) 전문적 학습 공동체 구축 및 동료 협력 활성화

전문적 학습 공동체(PLC)와 동료 교사 간의 협력은 유아교육 및 유아특수교육 현장에서 교사의 디지털 전문성 신장, 수업 혁신 실천, 포용적 교수전략 확산의 최고 경로 중 하나다. 학교 내외의 동료 교사들과 협력적으로 PLC를 구성하면 교사들은 공동의 목표를 설정하고, 실제 사례 공유, 피드백, 공동 성찰, 실천 개선 등 집단적 학습이 일상화된다. 이는 개별적 연수와는 달리, 실천 중심의 성장, 동기부여, 조직 내 지식 공유 문화를 동시에 촉진하는 구조적 강점을 가진다.

PLC 내 협력의 실질적 효과는 다양한 연구에서 명시적으로 보고되었다.

첫째, 디지털 기술 활용 역량, 교수 설계력, TPACK 등 교사의 총체적 교과 역량이 유의미하게 향상된다. 구체적으로 동료 교사와 정기적으로 실천을 공유하고, 서로의 실제 수업 사례(예: 새로운 앱 활용, AT 기기 적용)를 구체적으로 논의하면 기술 도입에 대한 심리적 장벽은 낮아지고 혁신적 교수법을 자발적으로 시도하는 기회가 늘어난다. Lim 외(2023)는 TPACK 기반의 협력적 연수와 실천 중심 학습이 교사의 태도, 지식, 실제 적용 능력을 유의미하게 개선함을 증명했다. 이는 단독적 온라인 연수나 일회성 연수 대비, 동료 교사와의 협력과 실천적 자기성찰이 병행될 때 학습이 내면화되고 교수 변화로 전이되는 속도가 현저히 빨라진다는 근거가 된다.

둘째, PLC 구조는 교사 간 상호 피드백, 비판적 성찰, 혁신적 아이디어 교환, 문제 해결 능력 증진 등 협력적 전문성 개발의 고리를 강화한다. 실천 기반 PLC에서는 수업 후 구체적 피드백, 공동 과제 개발, 통합적 개선안 도출 등이 수반되는데, 이는 곧 유아교육 현장에서의 적합성 높은 교육자료 창출과 집단 지성에 기반한 교육 혁신으로 연결된다. Liu(2013)는 학교 내 인적 네트워크, 관찰 기반 실천 공유, 학교 리더십의 지원 등이 PLC 효과의 결정적 요인임을 밝히며, 특히 서로 피드백을 제공하고 비판적 토론이 활발하게 일어날수록 기술 통합 및 교수 실행 변화가 뚜렷하다고 보고한다.

셋째, 오프라인 조직 내 PLC에 더해 온라인 기반의 동료 네트워크(예: 지역 교사 온라인 카페, SNS-PLC, 전국 단위 주제별 그룹)까지 활용 시 교사들은 물리적 거리, 기관 경계를 넘어선 최신 정보, 사례, 도구 경험을 실시간으로 접근 및 학습할 수 있다. Trust(2016)의 연구에서는 교사 온라인 네트워크가 참가자의 사회적 관계망 속에서 학습 · 적용이 반복적으로 재구성되는 '사회적-분산적-상황적' 과정임을 밝혔고, 효과적 PLC는 이 과정에서 리더(조정자), 명확한 피드백 고리, 주제 중심 소그룹 구조, 집단적 목표 지향성이 결합될 때 최대 효과가 나타난다고 강조한다. 실제로 매주 '디지털 활용 개별화 수업 연구회'를 조직하여 새로운 사례 적용, 발표, 상호 피드백 · 개선점 논의를 주기적으로 반복하는 운영 방식은 바로 이러한 최적의 전문적 학습 환경을 제공한다.

넷째, 확장된 네트워크 PLC, 즉 학교 간 협력적 네트워크(예: 지역 단위, 전국 단위 네트워크 PLC, 또는 온라인 PLC)는 보다 넓은 경험과 자원 접근, 다양하고 풍성한 관점 확장의 기회를 제공한다. Prenger 외(2019)는 다수의 네트워크 PLC 효과를 분석한 결과, 참여 교사들의 만족감, 신지식 · 기술 · 태도 개발, 실제 적용 변화 등에서 의미 있는 긍정 효과를 보고했고, 이는 학교 내 소규모 PLC와의 상호보완 및 초연결 시대의 실제적 전문성 확장의 경로임을 보여 준다. 또한 Goodyear 외(2019)는 트위터 기반 PLC 연구에서 온라인 벌크토론 및 멘토십(조정자 역할) 구조가 실질적 교수 변화 및 실천 기반 학습에 효과적으로 작동함을 보여 준다.

다만 안정적인 효과 보장을 위해 다음의 조건들이 특히 강조된다.

- **실천 중심의 명확한 목표 설정**
- **자율성과 책임의 균형**

- 리더의 중재 및 지속적인 동기부여
- 개방적 소통 문화
- 결과의 기록 및 공유, 정기 성과 점검

형식적 모임이나 친목 모임에 그치지 않고, 실질적 변화를 추구하는 구조와 운영 체계(예: 수업 포트폴리오 작성, 개인 · 집단 피드백, 정기 성찰 회기)가 병행되어야 한다(Liu, 2013; Prenger, Poortman, & Handelzalts, 2019).

결론적으로, PLC와 동료 협력은 디지털 전환기 교사의 전문성 성장, 혁신적 교수 역량 강화, 포용 교육의 실천 동인으로서 그 역할이 확인된다. 혼자서는 한계가 뚜렷하지만, PLC의 집단적 실천, 성찰, 지식 공유를 통해 교사는 고립된 전문가에서 '함께 성장하는 집단 학습자'로 진화하며, 이는 유아교육 및 유아특수교육의 질적 도약을 실현하는 핵심 경로임을 다양한 실증연구가 일관되게 뒷받침한다(김병석, 배순한, 백승익, 2012).

4) 현장 중심 멘토링-코칭 프로그램으로 실천 역량 강화

멘토링과 코칭은 단순한 신규 교사 지원 모델을 넘어 교사의 디지털 교수 역량 및 TPACK 실질 성장의 주요 기반이 된다. 특히 디지털 교수법처럼 변화가 빠른 분야에서는 이론적 연수나 온라인 강의만으로는 실제 유아교육 현장 적용에 한계가 많다. 멘토-멘티 관계는 실질적 수업 맥락에서 공동 수업 설계, 실시간 피드백, 시범 수업, 공동 문제 해결까지 포함하기 때문에 이론-실제 간 괴리를 효과적으로 극복할 수 있다(Lim et al., 2023; Ottenbreit-Leftwich et al., 2017).

현장 연구에서는 멘토링 참여 교사의 TPACK, 특히 기술-내용, 교수-기술 영역이 유의미하게 향상된다. Ottenbreit-Leftwich 외(2017)는 비동기 영상 멘토링을 통한 기술 모범 교사의 구체적 실천 공유가 예비교사들의 기술 통합 불안감("학교에 장비가 없다" "기술이 내 과목에 적합하지 않다" 등)을 확실히 낮추고, 실제 적용 의지 및 자기효능감을 강화한다고 밝혔다. 그러므로 멘토링은 기술 자체 습득을 넘어서 학습 목표에 맞춘 '적용'과 '문제 해결' 경험을 반복적으로 제공한다.

멘토링은 멘티만 이득을 보는 일방 구조가 아니다. 멘토 역할을 수행한 교사 역시 자기 교수 실천을 재해석 및 개선하면서, 리더십, 소통, 문제분석 등 전문성 역량에서 큰 성장을 경험한다. Hudson(2013)은 멘토링 과정 자체가 멘토의 교수법, 반성적 사고, 커뮤니케이션, 문제 해결력까지 실질적으로 강화하는 자기계발 기제라는 점을 실증했다. Ginkel 외(2016)도 멘토가 '후배를 돕고 싶어서'가 아니라 스스로 '협력적 탐구와 성장'에 동기부여가 되었을 때, 진정한 '동반자적 멘토링'이 실현된다고 분석한다.

멘토링 효과가 극대화되려면 일회성 조언이 아니라, 장기적 신뢰 기반의 피드백, 문제 공유, 수업 동행 구조가 필요하다(Schwille, 2008). 1년 이상 지속되는 멘토–멘티 연계, 정기 관찰, 공동 설계, 상시 피드백 고리를 가지면 멘티의 디지털 교수에 대한 불안감 극복과 자기주도적 혁신 시도가 명확히 증가한다. 특히 초기의 시행착오, 기술 적용 실패를 안전하게 허용하고, '실패–피드백–재설계' 과정을 반복할 수 있는 환경에서는 기술의 창의적 · 주도적 활용 태도 역시 크게 증진된다(Ottenbreit–Leftwich et al., 2017).

멘토링–코칭은 개별 교사를 넘어서 조직 문화 전환, 교내 디지털 표준 실천 정착, 동료 네트워크 활성화 등 학교 시스템 변화의 기폭제 역할도 수행한다. 현장 연구에서는 멘토링 프로그램 덕분에 교사 간 상호 지식 공유, 동기부여, 집단적 문제 해결 문화가 급격히 강화된다는 결과가 반복된다(Hudson, 2013; Ginkel, Verloop, & Denessen, 2016). 하지만 이런 긍정 효과가 시스템 전반에 뿌리내리려면 공식적 시간, 역할, 인정체계 등의 제도 지원이 반드시 결합되어야 한다(Bush & Coleman, 1995).

숙련된 멘토가 단순히 '기술 만능형'일 필요는 없다. 오히려 협업 능력, 소통력, 비판적 피드백 역량이 더 중요하다. Schwille(2008)은 멘토링도 교수법 못지않게 '학습되는 전문적 실천'이라고 강조하며, 멘토 자체에 대한 별도의 피드백 및 대화법 연수, 자기성찰 루틴을 구축할 것을 권고한다.

멘토링은 PLC 및 온라인 네트워크 학습과도 밀접하게 연결된다. 멘토링으로 기초 역량을 갖춘 교사가 PLC나 SNS 교사그룹 참여로 더 다양한 실천 사례와 아이디어, 최신 디지털 교수전략까지 입체적으로 내면화할 수 있다. 실제로 온라인 네트워크 기반 PLC(예: 트위터 #pechat)는 참여자 간 적극적 피드백과 중재자의 조직적인 진행 덕분에 현장 적용이 가능한 실천 지식이 활발히 생산되고 공유된다(김병석 외, 2012; Goodyear et al., 2019; Prenger et al., 2019; Trust, 2016).

결국 멘토링과 코칭은 유아교육 · 유아특수교육 현장에서 교사 개인의 디지털 전문성 성장뿐 아니라, 학교 집단의 혁신적 교수문화 구축과 실천적 변화 확산의 핵심 경로다. 단기 행사형이 아니라 장기적 · 체계적 시스템으로 설계해야 하고, 멘토 연수, 제도적 보상, 네트워크 연계 등 다층적 지원이 필수다. 현장 교사와 연구 모두에서 직결되고 검증된 실천 기반 전문성 개발 전략임이 명확하다.

5) 디지털 교육 혁신을 위한 학교·행정 차원의 지원 체계

학교 및 행정 차원의 지원은 교사의 디지털 전문성 신장과 실제 교수 실행의 변화에 있어 결정적 기반을 제공한다. 교사 개인의 역량 개발 노력만으로는 한계가 명확하며, 실질적인 변화는 조직적이고 지속 가능한 지원 체계가 구축될 때 발생한다.

가장 먼저 물리적 인프라의 확보와 개선은 디지털 교육 혁신의 전제조건이다. 다양한 연구에 따르면, 컴퓨터, 태블릿 PC, 스마트보드, 고속이면서 안정적인 인터넷망과 같은 하드웨어 및 네트워크 인프라의 접근성이 높아질수록 교사의 기술 통합 빈도와 자기효능감이 증가한다. 하드웨어 노후화, 네트워크 불안, 소프트웨어 부족은 기술 활용 의지를 약화시키는 장애 요인임이 반복적으로 확인된다(김경록, 변재희, 문남미, 2011; 최혜길, 2008; Hennessy, Haßler, & Hofmann, 2015; Liu, 2013).

조직적 차원에서 실험적 프로젝트와 연구수업 운영, 그리고 그에 대한 예산 지원은 교사의 혁신적 시도와 실천을 촉진한다. 예를 들어, 학교 내외에서 연구회 활동비, 소규모 실험수업 운영비, 우수 사례에 대한 공식 인정 및 공유 체계 등이 갖추어질 때 교사는 실패에 대한 두려움 없이 자기주도적 기술 통합과 교수 혁신을 지속할 동기를 갖게 된다. 실제로 네트워크형 PLC나 교사 연구회에 대한 행정적 · 재정적 뒷받침이 충분할수록 활동의 지속성과 실천 변화 확산이 더 높다는 실증 자료가 존재한다(Goodyear et al., 2019; Prenger et al., 2019).

지역 단위 교육청 · 교육행정기관 차원의 적극적인 연수비, 연구회비 지원, 우수 교사 표창, 인센티브와 같은 동기유발책 역시 중요한 역할을 한다. Prenger 외(2019)는 행정기관의 예산 · 제도 지원과 활동 인정을 받은 네트워크형 PLC가 참가 교사의 학습만족도, 기술 · 지식 · 태도 · 실행 변화 측면에서 의미 있는 긍정 효과를 낳는다고 밝힌 바 있다(이긍연, 2017).

또 하나의 결정적 지원 요소는 업무 경감 및 교육 중심 업무 환경 조성이다. 실질적으로 많은 교사가 과도한 행정절차와 문서 업무로 인해 수업 개발과 자기 계발에 투자할 시간을 확보하지 못하고 있다. ICT 기반의 행정 자동화 시스템 도입, 불필요한 문서 작업 최소화, 전자결재 시스템 확산 등이 병행되어야 교사는 디지털 수업 연구와 전문성 신장에 충분한 에너지와 시간을 집중할 수 있다. 이는 행정의 효율화 측면뿐 아니라, 기술 자체의 교육적 문화로의 내재화를 뜻한다(Hennessy et al., 2015).

심리적 안정감과 실험 장려 문화도 핵심 지원 체계 중 하나다. 교내외에서 실패와 시행착오를 인정하고 혁신적 시도를 지지하는 분위기가 보장될 때 교사들은 새로운 디지털 도구와 전략을 창의적으로 탐구하고 적용하려는 의지를 갖는다. 연구에 따르면, 이러한 심리적 안정망(psychological safety)이 높게 형성된 조직에서는 기술 활용, 교수법 혁신, 동료 교사와의 협력과 학습 문화가 유의미하게 활성화된다(Liu, 2013).

또한 디지털 기반의 교사 연수 시스템, PLC, 온라인 학습네트워크, 멘토링 시스템 등 다양한 전문성 개발 기제가 조직적으로 연계 및 지원될 때 그 효과가 배가됨이 확인된다. 예를 들어 디지털 도구 · 플랫폼을 활용한 온라인 수업 연구, 멘토링, 공동 학습은 실제 수업에서 혁신 수준까지 연계될 수 있다(Hrastinski, 2021). 이런 시스템을 뒷받침하는 것은 오로지 개별 기관이나 교사의 노력만으로는 불가능하며, 학교 및 교육청 차원의 통합 지원이 필수적이다.

요약하면 교사 디지털 전문성 신장과 실질적 교수 혁신은 학교 및 행정 차원의 복합적 · 체계적 지원 없이는 현실화되기 힘들다. 물리적 인프라와 예산 확보, 행정 혁신, 실험 장려 문화, 연구회/PLC 활성화 및 동기부여 체계 등 총체적 지원 환경이 조성될 때 교사는 자기주도적 학습자이자 혁신적 실천자로 성장할 수 있다.

앞선 전략들은 서로 결합되어 시행될 수 있으며, 실제 유아교육 현장에서는 한 가지 이상의 노력이 함께 이루어지는 경우가 많다. 예를 들어, 어떤 교사는 온라인 강좌로 새로운 기술을 배우고 그것을 동료들과 PLC 모임에서 공유하며, 학교에서는 그 모임에 시간과 공간을 제공해 주는 식으로 복합적 지원이 이뤄질 수 있다. 중요한 것은 교사 스스로 변화의 필요성을 인식하고 지속적으로 배우려는 태도를 갖는 것이다. 디지털 기술은 끊임없이 발전하기 때문에 한 번 익힌 것으로 평생 갈 수 없음을 인정하고, 늘 최신 정보를 받아들이고 활용 역량을 키우겠다는 평생학습자의 자세가 필요하다. 그런 면에서 교사는 유아들에게 디지털 시대에 필요한 자세를 직접 모델링해 보이는 셈이라고도 할 수 있다. 교사가 끊임없이 탐구하고 협력하며 성장하는 모습을 보일 때 유아들도 자연스럽게 도전과 학습의 가치를 체득하게 될 것이다.

마지막으로, 교사의 디지털 전문성 함양은 교육의 질 향상과 유아들의 학습권 보장으로 직결된다. 전문성을 갖춘 교사는 새로운 기술 도구도 교육적으로 재해석해 활용하고, 문제가 생기면 융통성 있게 해결하며, 다양한 유아의 요구를 능숙하게 조율할 수 있다. 그러므로 학교와 사회는 교사들이 이러한 전문성을 기를 수 있는 여건을 조성하고 장려해야 하며, 교사 개인도 자기계발에 대한 책임의식과 열정을 가져야 한다. 이러한 노력과 지원이 어우러질 때 비로소 디지털 전환 시대에 걸맞은 유능한 유아(특수)교사가 양성되고, 그 결과로 유아들은 더욱 풍요롭고 공평한 교육을 받을 수 있을 것이다(김병석 외, 2012; 이긍연, 2017: 최혜길, 2008).

제3장

유아교육에서 활용하는 디지털 도구와 플랫폼

1. 증강현실, 가상현실, 그리고 확장현실의 활용

현대 유아교육에서 디지털 기술은 유아들의 학습을 향상시키기 위한 중요한 도구로 자리 잡았다. 특히 증강현실(Augmented Reality: AR), 가상현실(Virtual Reality: VR), 그리고 이를 아우르는 확장현실(eXtended Reality: XR) 기술은 유아교육에 혁신적인 변화를 가져오고 있다. 이러한 기술들은 몰입감 있는 학습 환경을 제공하고, 유아들이 실시간으로 경험하고 체험하는 방식을 통해 학습 효과를 증대시킨다. 또한 유아들의 인지적 발달을 촉진시키며, 창의력, 비판적 사고와 같은 중요한 학습 역량을 배양하는 데 큰 역할을 한다. 이 절에서는 AR, VR, 그리고 XR 기술의 개념과 유아교육에서의 활용을 구체적으로 살펴보고자 한다.

1) 증강현실의 활용

증강현실(AR)은 현실 세계 위에 가상 정보를 중첩하여 보여 주는 기술로, 유아교육 현장에서도 점차 널리 활용되고 있다. AR은 디지털로 생성된 3차원 객체와 현실 환경을 통합하여 직관적이고 몰입감 있는 학습 환경을 제공함으로써 유아들이 기존 2D 그림이나 영상에 3D 모델을 추가하여 실제와 유사한 경험을 할 수 있게 한다. 예를 들어, 유치원 수업에서 태블릿 PC이나 스마트폰을 이용해 동물이나 식물 등의 3D 모델을 화면에 띄우면, 아이들은 간단한 터치나 제스처를 통해 이 객체들을 직접 조작하여, 확대 및 축소하거나 다양한 각도에서 관찰할 수 있다. 이러한 상호작용적 AR 콘텐츠는 유아가 자기주도적으로 지식을 구성하도록 유도하며, 정보를 시각적으로 체험하고 이해하는 데 큰 도움을 준다(Madanipour & Cohrssen, 2019; Wang, 2022).

AR 동화책은 유아교육에서 AR의 대표적 활용 사례로, 종이책을 넘기는 행위와 동시에 기기 화면에 나타나는 동물, 캐릭터, 자연 현상 등이 3D로 구현된다. 아이들은 이 AR 캐릭터와 직접 상호작용하면서 움직임, 소리, 색깔 등 다양한 속성을 탐색한다. Huang 외(2016)의 연구에 따르면, AR 기반 미술 활동에 참여한 유아들은 자신이 생성한 AR 객체를 직접 조작하고 디자인하는 과정을 통해 상상력과 창의성을 키울 수 있고, 교사와 학부모 모두 AR 도입의 교육적 효과를 긍정적으로 평가했다(Huang, Li, & Fong, 2016; Wang, 2022). AR을 활용한 수업 예로, 유치원에서 '동물의 왕국'을 주제로 동물의 3D 이미지를 교실 안에서 스캔하면 실제 동물이 눈앞에서 움직이는 듯한 경험을 할 수 있으며, 이를 통해 아이들은 동물의 특징이나 습성을 자연스럽게 학습하게 된다. 이처럼 AR은 복잡한 정보를 체계적으로, 그리고 입체적으로 제시하여 유아의 관찰력, 기억력, 그리고 문제 해결력을 기르는 데 효과적이다.

또한 AR은 시각적 경험에 국한되지 않고 청각적 자극도 동시에 제공할 수 있다. 예를 들어, AR 동화책 속 동물이 움직일 때 실제 울음소리나 기타 소리가 함께 재생되어 유아들이 다감각적 경험을 하게 된다. 이러한 복합 감각 자극은 유아의 몰입과 학습 동기를 더욱 높인다. 나아가 AR 기반 학습은 단순한 정보 전달을 넘어 게임 기반 학습, 협력 학습, 체험적 학습 등 다양한 교수·학습 전략과 결합되어 유아의 다양한 학습 양식을 충족시킨다. Hanid 외(2020)의 메타분석에 따르면, AR은 상호작용적 학습과 게이미피케이션된 활동을 통해 경험 학습(experiential learning)을 촉진하며, 참여자의 흥미와 동기, 지속적인 학습 의지를 높이는 데 기여한다. 아울러, 체험적 학습 모델(Kolb, 1984) 이론에 근거할 때, AR은 실제 맥락 속에서 유아가 직접 경험하고 반성, 추상적 개념화, 적극적 실험을 거칠 수 있도록 학습 순환을 지원한다(Hanid, Said, & Yahaya, 2020; Moorhouse, Dieck, & Jung, 2019).

그러나 AR 활용에는 보완점도 존재한다. 예컨대, 유아 스스로 모바일 기기의 조작이 제한적일 수 있으므로 학부모와 교사의 안내가 필수적이며, 인터페이스의 쉬운 접근성과 흥미 유발, 적절한 피드백 및 안전성이 강조된다. Wang(2022)은 AR 기반 유아용 콘텐츠 개발 시 조작의 용이성, 흥미성, 안내성, 적시의 피드백, 안전성을 반드시 고려해야 한다고 제시하였다.

요약하면 AR은 유아교육에서 3D 모델, 실시간 상호작용, 다중감각 자극을 통합하여 몰입적이고 자기주도적 학습을 지원하는 혁신적 도구다. 이는 학습자 맞춤형 경험 설계, 다양한 교수전략 통합, 교사와 부모의 적극적 역할 등과 결합될 때 유아의 창의성, 관찰력, 기억력, 흥미, 학습 효율성 등을 종합적으로 증진하는 데 이바지한다.

2) 가상현실의 활용

가상현실(VR) 기술은 학습자를 완전히 디지털로 재구성된 몰입적 환경에 배치함으로써 전통적 교육 방식과는 차별화된 풍부한 체험 기회를 제공한다. 최근 연구에 따르면, VR은 현실에서는 경험하기 어려운 상황(예: 우주 탐험, 해저 체험, 고대 문명 방문)에 유아들이 직접 참여하도록 함으로써 단순한 지식 전달을 넘어 놀이 기반의 감각적 · 체험적 학습을 유도한다. 특히 가상 공간에서의 몰입 경험은 유아들이 자유롭게 탐험하고 관찰하며, 적극적으로 주변 환경과 상호작용할 수 있도록 지원한다. 이러한 상호작용 중심의 VR 학습 환경은 Kolb(1984)의 경험 학습 모델에 부합하며, 학습자가 구체적 체험(concrete experience)–반성적 관찰(reflective observation)–추상적 개념화(abstract conceptualization)–능동적 실험(active experimentation)의 4단계를 주체적으로 순환하도록 장려한다. 실제로 Marougkas 외(2023)는 VR이 복합적 경험과 주도적 실습의 반복을 통해 인지적 구조화를 촉진하며, 이는 유아의 창의력, 공간지각력, 문제 해결 능력 발달에 크게 기여함을 보고했다.

VR 환경의 대표적 강점은 심화 학습 및 주제 경험의 현실성과 다양성에 있다. 예를 들어, 유아가 VR을 활용해 고대 이집트 문명을 직접 돌아보고, 상호작용 방식으로 역사적 사건을 '목격'하거나, 당시 사람 역할극에 참여하게 되면, 기존 강의식 전달방식 대비 학습의 적극성과 몰입도가 크게 향상된다(Bos, Miller, & Bull, 2021; Marougkas et al., 2023). 실제 사례에서 VR 기반 가상 박물관이나 역사 체험 프로그램은 학습자의 흥미와 참여도를 높이는 동시에, 역사적 사고력 및 시간 · 공간 개념 형성에 긍정적 효과를 보였다(Jones, 2006). 또한 Wang 외(2023)는 몰입형 VR 환경에서의 지속적 집중(attention)이 학습자의 수행능력과 매우 밀접하게 연결되어 있음을 밝혔는데, 이는 VR이 시청각, 감각적 피드백을 동원해 주의 집중과 인지 활성화를 촉진함을 의미한다.

이러한 몰입적 경험은, ① 현장 학습(fieldwork), ② 직접 탐색(exploration), ③ 문제 해결(problem solving) 등 다양한 교수전략과 연계되어 유아들이 배경지식이나 추상적 개념을 실질적 경험과 연결짓게 만든다.

역할극 활동 역시 VR의 대표적인 교육적 활용 사례다. VR 환경에서 아이들은 사회적 역할(가게 주인, 동물 돌보미, 유아원 교사 등)을 직접 수행하면서 협업능력과 사회적 규범, 리더십, 의사소통 전략을 자연스럽게 습득하게 된다. Bos 외(2021)는 VR 기반의 가상 지리 · 사회 체험에서 역할 분담과 협업 미션이 유아의 사회성 · 문제 해결력 함양에 긍정적 자극을 준다고 분석했으며, 이 과정에서 자신의 역할에 몰입하며 다양한 대인관계를 실험하고, 자발적 의사결정 연습도 반복하게 됨을 보고했다. 또한 VR은 게이미피케이션과 결합하면 보상 중심의 동기유발 및 지속적 학습 참여 효과도 가질 수 있다(김병건, 김미정, 2020; Lino, Arcangeli, & Chieffo, 2021).

이러한 효과의 학술적 배경에는 구성주의, 경험학습, 문제 기반 학습(PBL), Dewey

의 '행함을 통한 학습' 이론 등이 있다. Marougkas 외(2023)는 현행 VR 교육 연구의 다수가 구성주의에 기반하여 '학습자는 직접 경험, 구성, 실행, 반성하는 주체'임을 강조하며, 경험학습 이론이 VR 설계와 실질적 교육 효과 분석에 가장 적합한 틀이 된다고 밝혔다. Elmqaddem(2019) 또한 VR이 기존의 교실 교육의 한계를 극복하고 21세기 학습자에게 적합한 새로운 몰입 중심 학습 모델 창출을 가능하게 한다고 지적했다. 더불어 Bos 외(2021)의 논문에서는 VR이 실세계 경험을 대체하거나 증강하여, 유아들에게 실제 현장(physical fieldwork) 대비 사전 경험(pre-experience)과 적용가능성을 열어 주며, 장기적으로는 기초 분석력, 사고력, 창의력, 실무 역량 개발까지 연계될 수 있음을 강조했다.

한편, 실증연구에서는 VR이 학습자의 주의(attention), 집중(engagement), 몰입(immersion) 수준을 전통적 미디어보다 높은 단계로 끌어올린다고 밝혔으며, 이는 학습 내용의 정착 및 장기기억(long-term memory) 강화로 이어질 수 있다. Lino 외(2021)는 VR 기반 인지·공간 기술 훈련이 발달장애 아동에게도 긍정적 효과가 있음을 확인함으로써 유아기 인지·조작 기능 증진에도 VR이 유의미한 기여를 할 수 있음을 보여 준다.

마지막으로, VR은 디지털 네이티브 세대를 위한 창의적·융합적 체험의 장을 마련해 주고, 기술 친화 사회에서의 미래 역량 함양(예: 디지털 기기 조작, 데이터 시각화, 멀티모달 사고력)에도 장기적으로 도움이 된다(Zhao, Ren, & Cheah, 2023). 다만, Elmqaddem(2019)은 유아교육 현장 도입 시 교사 및 학부모의 적절한 중재, 기술 적응, 저연령대 아동의 피로감, 접근성 보장 등 실천적 고민과 지속적 연구가 뒷받침되어야 함을 지적한다.

3) 확장현실의 활용

확장현실(XR)은 증강현실(AR), 가상현실(VR), 그리고 혼합현실(Mixed Reality: MR)을 포괄하는 차세대 몰입형 기술로, 물리적 세계와 가상세계를 융합함으로써 유아에게 전례 없는 통합적 학습 경험을 제공한다. XR의 가장 본질적인 강점은 실시간 상호작용과 융합적 학습 환경의 구축에 있다. XR 환경을 통해 유아들은 가상 공간에서 탐구 기반 활동을 수행하는 동시에 실제 세계의 물리적 객체와 피드백을 주고받으면서 복합적 의미망을 자신만의 방식으로 구성할 수 있다. 예컨대, XR 기기를 활용하여 유아가 가상 생태계를 탐험하는 동시에 실제 식물을 관찰 및 관리하는 활동은 교실의 물리적 자극과 디지털 정보의 통합을 실현해 낸다. 이러한 상호작용적 XR 경험은 유아의 탐구력과 자기주도적 문제 해결 역량을 자연스럽게 고양시킨다(Lee & Yoo, 2021; Lee et al., 2024).

특히 XR은 융합적 학습(convergent learning) 환경을 조성함으로써 단순히 지식 전달을 넘어, 실제 경험과 가상 체험 사이의 유연한 경계 넘나들기를 유도한다. 예를 들어, 유아가 XR 가상 교실에서 동물의 습성을 관찰하고, 실제로 동물 모형을 다루거나 생태 실험을 하는 복합적 프로젝트형 활동은 유아의 심화적 사고력과 비판적 사고 함양에 탁월한 효과를 보인다. 최신 연구에서는 XR이 학습자의 실재감(reality presence)과 몰입감(immersion)을 크게 향상시켜 호기심–탐구–실천–반성–재구성의 경험학습 순환을 촉진한다는 점을 강조한다. 특히 XR은 Dewey의 '행함을 통한 학습', 구성주의, 그리고 문제 해결 학습 등 여러 학습이론에서 요구하는 적극적 참여와 자기주도성을 구현하는 데 매우 적합하다(Lee et al., 2024; Marougkas et al., 2023).

아울러 XR은 창의적 사고와 협동적 학습을 동시에 자극할 수 있다. 예를 들어, 가상 동물원이나 환경 보호 시나리오에서는 유아가 집단으로 문제를 탐색하고, 각자의 역할과 아이디어를 제시하며 협력적으로 문제를 해결하는 경험을 누릴 수 있다. 이런 XR 기반 협동학습은 디지털 네이티브 세대의 사회적 기술, 창의성, 의사소통 능력, 비판적 분석력을 골고루 성장시키는 데 효과적이다. 실제로 유아가 XR 시스템을 통해 실시간으로 또래와 상호 피드백을 주고받고, 교사의 즉각적 안내를 받으면서 고차원적인 협력 경험을 쌓는 사례가 지속적으로 보고되고 있다. 또한 게이미피케이션 원리를 결합할 경우, 유아의 학습 동기와 지속 참여, 자기주도성은 한층 더 강화된다(Lee & Yoo, 2021; Lee et al., 2024; Zhao et al., 2023).

XR 학습 환경의 또 다른 핵심 장점은 개별화・맞춤화된 학습이 용이하다는 점이다. XR은 사용자의 선택, 선호도, 난이도 조정, 피드백 속도 등에 따라 콘텐츠의 상호작용을 동적으로 조절할 수 있다. 동시에 시각, 청각, 촉각 등 다양한 감각을 종합적으로 자극하면서 복합적 의미구성을 촉진한다(Elmqaddem, 2019). 더불어 XR의 실시간 인터페이스 및 데이터 수집 능력은 유아의 행동 패턴, 집중 시간, 참여도, 흥미를 정량적으로 모니터링하고 개별화 피드백 및 맞춤형 학습 설계를 가능하게 한다(Lee et al., 2024; Wang et al., 2023).

한편, XR의 기술적 조건과 도입 환경에 따라 피드백 품질, 콘텐츠 신뢰성, 사용자 인터페이스의 직관성 등에서 도전 과제도 존재한다. 하지만 최근의 사례에서는 이러한 한계점이 정교한 설계 및 표준화, 그리고 실제 사용자 피드백의 반복적 반영을 통해 점진적으로 극복되고 있다. 더 나아가 XR은 유아를 위한 다감각적 이중 경험 확장과 콘텐츠 신뢰도를 높이기 위한 성능(benchmarks) 및 표준(standards)에 관한 연구가 심층적으로 진행되고 있다(Lee et al., 2024).

마지막으로, XR은 21세기 역량(창의성, 협업, 비판적 사고, 디지털 역량) 함양을 위한 미래 유아교육의 핵심 도구로 평가받고 있으며(Lai & Cheong, 2022; Lee et al., 2024), 코로나19 시대 이후 비대면-대면 통합형(blended) 교육 방식의 발전과 함께 유아의 자기주도적이고 통합적인 성장, 즉 '탐구 기반의 배움'을 실현하는 촉매 역할을 하고 있다. XR 기반 유아교육은 모든 유아가 자신의 호기심을 바탕으로 실제와 가상을 넘나들며, 보다 깊이 있고 개별화된 지식과 역량을 자기주도적으로 계발할 수 있도록 돕는다.

4) AR, VR, XR의 유아교육 효과와 미래

AR, VR, XR 기술은 유아교육 현장에 혁신적인 변화를 가져오고 있다. 이러한 기술들은 전통적 교수법이 가지는 한계를 극복하며, 유아들이 능동적, 몰입적으로 학습에 참여할 수 있는 환경을 조성한다. XR을 비롯한 몰입형 기술은 유아들에게 실제로 경험하기 어려운 공간과 사물, 사건을 안전하고 자유롭게 탐구할 수 있게 해 주어 다양한 감각 자극 및 개별 학습 스타일에 맞는 교수-학습이 가능해진다(Lai & Cheong, 2022; Meccawy, 2022; Zhao et al., 2023).

학습 이론 차원에서 AR, VR, XR은 구성주의, 체험 중심 학습, 문제 기반 학습, 게이미피케이션, 그리고 Dewey의 '행함을 통한 학습' 등 현대 학습이론에서 요구되는 심층적 참여와 자기주도적 의미 구성을 효과적으로 지원한다. 실제로 Marougkas 외(2023)의 연구에서는 VR 기반 교육에서 경험 중심/구성주의 학습 접근이 가장 효과적으로 적용됨을 밝혔으며, XR 기술이 비판적 · 창의적 · 사회적 역량 함양을 위한 실질적 토대를 제공한다고 명시했다. 이와 함께 XR을 활용한 시뮬레이션, 가상현장 체험, 미션 기반 프로젝트 등은 유아가 시각, 청각 등 복합 감각을 활용해 자신의 경험을 재구성하고 심화된 의미를 스스로 도출할 기회를 크게 확장시킨다(Lee et al., 2024).

몰입형 디지털 기술의 가장 큰 장점은 유아의 학습 동기유발 및 몰입도 향상에 있다. Wang 외(2023)는 VR 기반 환경에서 뇌파 및 행동 분석을 통해 학습자의 높은 집중(high attention) 상태가 실제 학습 성과와 높은 상관관계를 보인다는 것을 입증했다. 또한 시각 · 청각 · 촉각 등 다양한 감각 체계와의 통합적 상호작용은 뇌의 다양한 영역을 동시에 자극하여 기억력, 창의력, 문제 해결력 등 인지적 역량을 증진한다는 점이 여러 연구에서 반복적으로 확인되고 있다(Kurilovas, 2016; Lee et al., 2024).

AR, VR, XR을 포괄하는 XR 기술은 실제 현실과 가상 환경을 유연하게 넘나드는 융합적 학습 경험을 제공하여 아이들이 물리적·가상적 자극을 동시에 경험하면서 탐색력, 자기주도성, 비판적 분석력, 그리고 사회적 기술을 자연스럽게 계발하도록 돕는다. XR 기반 협동 학습 환경에서는 아동들이 가상과 현실의 경계를 넘나들며 공동 프로젝트를 수행하고, 서로의 관점을 실시간 공유하며, 창의적 아이디어를 기반으로 팀 내 문제 해결 과정에 참여하게 된다(Christoff et al., 2023; Meccawy, 2022).

특히 게이미피케이션 및 몰입 시뮬레이션을 결합한 '심각한 게임(serious game)'이나 실감형 XR 러닝 환경은 유아의 자기주도적 학습 태도를 촉진함과 동시에 다감각적 경험과 개별화·맞춤형 콘텐츠 제공이라는 장점도 함께 제공한다. Kurilovas(2016)는 VR·AR·MR 플랫폼의 품질 평가와 개인 맞춤화가 유아의 학습 스타일, 선호도, 인지발달 특성에 적극적으로 부합할 수 있음을 강조한다.

XR 기반 유아교육은 미래 사회에서 요구되는 핵심 역량(4C; 창의성, 비판적 사고, 소통, 협업)을 길러 주며, 각종 직업군 교육, 수학·언어 등 교과 융합교육, 감성·사회성 개발 등 다양한 교과/비교과 영역에서 다양하게 활용되고 있다.

그러나 XR 기술을 유아교육에 도입할 때는 물리적·정서적·기술적 안전에 대한 신중한 고려가 필요하다. 먼저 VR 기기를 장시간 사용 시 시각적 피로, 현기증, 방향감각 혼란 등의 부작용이 문제시될 수 있으므로 연령별 권장 사용 시간과 적절한 휴식 주기 준수가 반드시 이루어져야 한다. 정서적 안정과 본인의 감정에 대한 긍정적 피드백을 제공할 수 있는 심리적/정서적 지원 환경이 필요하며, 감정적으로 불안정해질 가능성에 대비한 교사 및 보호자 모니터링이 필수적이다.

또한 기술 안전성(시스템 신뢰도, 오류 방지 등), 개인정보 관리, 데이터 프라이버시 이슈 역시 충분히 관리되어야 한다. 최근 연구들에서는 AR·VR·MR 시스템의 신뢰도와 안전성 강화를 위한 국제적 표준, 개인 맞춤화 시스템의 품질 및 사용성 지표, 실시간 모니터링 기술 도입 등 다양한 안전장치와 기술적 보완책을 제안하고 있다. 아울러 기술 선택과 콘텐츠 개발 과정에서는 유아 발달 특성에 적합한 난이도, 콘텐츠의 질, 상호작용 수준, 접근성(유아 친화적 인터페이스와 쉬운 조작) 등이 사전에 검토되고 지속적으로 피드백을 받아야 한다(Meccawy, 2022; Zhao et al., 2023).

2. AI 및 스마트 기기 활용을 통한 유아교육 혁신

디지털 기술은 유아교육의 미래를 변화시키고 있으며, 그중 AI와 스마트 기기들은 특히 큰 영향을 미치고 있다. AI와 스마트 기기의 활용은 유아들에게 보다 개인화된 학습 경험을 제공하고, 교사들에게는 더 효율적인 수업 관리와 평가 시스템을 가능하게 하여 교육의 질을 한층 향상시키고 있다. AI와 스마트 기기 기술이 유아교육에서 어떻게 혁신적으로 활용되고 있는지, 그 효과와 미래 가능성에 대해 자세히 살펴보겠다.

1) AI의 역할

AI는 인간의 지능 및 의사결정 과정을 컴퓨터 시스템에 구현하는 대표적인 첨단 기술로, 방대한 데이터를 실시간으로 분석 및 처리할 수 있다는 점에서 유아교육 분야에 혁신을 불러일으키고 있다. 특히 AI의 가장 큰 교육적 강점으로는 개인화된 학습(personalized learning)의 실현과 그것을 기반으로 한 자기주도적 학습 역량 증진을 꼽을 수 있다. AI 시스템은 유아의 학습 데이터(예를 들면, 학습 속도, 반응 패턴, 오답 영역, 선호 주제 등)를 상세하게 수집 및 분석하고, 각 유아에게 최적화된 학습 경로와 과제를 제시하며, 실시간 피드백 제공까지 가능하게 한다. 이는 기존의 일률적 교실 교육이 가진 한계를 극복하고, 각 유아의 발달 단계와 능력에 근거한 개인 맞춤형 학습(adaptive learning)를 실현하는 데 필수적이다(최현주, 김유정, 2023).

AI 기반 스마트 튜터 시스템은 실제로 유아의 문제 풀이 과정을 분석해서 어떤 유형에서 반복된 오류가 발생했는지 정확히 진단하고, 오개념이 드러나는 경우 즉각적으로 보충 설명 또는 추가 연습 문제를 배포한다. 이런 실시간 맞춤 피드백은 Shute와 Ventura(2013)이 언급한 바와 같이, 자기 속도에 맞춘 개별적 학습의 효과를 배가하며, 유아의 학습 효율성과 성장동기까지도 강화한다. AI 도구는 단순 정답 제시를 넘어 사고 과정 추적 및 메타인지적 피드백까지 지원하고, 분석 결과는 교사에게도 신속하게 제공되어 더욱 효과적인 개별 지도 및 그룹별 차별화 수업이 가능하다.

언어교육 측면에서도 AI는 큰 잠재력을 보인다. 음성인식, 자연어 처리 등 AI 기반 언어 학습 도구들은 유아의 발음, 문장 구조, 어휘 사용 등을 실시간으로 모니터링하고 교정하는 기능을 갖춘다. 예를 들어, 영어 학습 앱에서 유아가 발음한 단어를 AI가 평가하고, 정확하지 않은 발음 부분은 시청각적 예시와 피드백을 제공하면서 반복학습과 게이미피케이션 요소(퀴즈, 미션 등)로 자연스러운 동기유발까지 유도한다. 이러한 구조는 유아의 언어 자신감, 학습 흥미, 그리고 반복 연습을 통한 언어 능력의 빠른 향상을 촉진한다(Heffernan, 2016).

한편, AI의 학습 진단 시스템 역시 교육의 혁신적 변화를 주도하고 있다. 다양한 학습 이력 데이터를 정밀 분석함으로써 유아 각자의 강약점 및 전반적 학습 패턴을 빠르고 정확하게 진단한다. 이를 바탕으로 교사는 유아 맞춤형 지도안을 수립할 수 있고, AI가 지속적으로 학습 경로를 최적화하여 학습 효과를 극대화한다. 특히 주제별, 사고 유형별, 시간대별 성취도 변화도 정밀하게 모니터링되어 실시간 지도 및 평가, 장기적 성장 관리까지 지원된다.

이처럼 데이터 기반 진단, 개인화, 실시간 피드백이라는 AI의 골간은 최근 VR, AR, XR 등 다른 첨단 에듀테크 기술과의 융합을 통해 더욱 폭넓은 교육 혁신 모델로 진화하고 있다. 예를 들어, XR 기반 학습 시스템에서는 AI가 학습자의 몰입 행동, 주의력, 집중 패턴(뇌전도 검사 등 두뇌파 포함)을 실시간으로 추출 및 분석하여 개별 사용자의 상호작용 특성에 오래도록 맞는 교육과정 피드백 체계를 구축할 수 있다(Kurilovas, 2016; Wang et al., 2023). 이런 융합형 AI 시스템은 단순히 진단, 피드백 차원을 넘어 다감각적 · 몰입적 경험과 데이터 기반 맞춤화의 궁극적 결합이라고 평가된다.

최근 AI · XR 융합 연구에서는 생성형 AI, 개인화, 실시간 인터랙션, 맞춤형 피드백 등 네 가지의 미래 혁신 트렌드를 제시하는 한편, 개별화 교육을 위한 표준화, 품질 보장, 신뢰도 평가의 중요성을 함께 강조한다(Kurilovas, 2016; Lee et al., 2024). AI가 학습자의 선호, 발달 특성, 즉각적 학습 반응, 기대 효과를 분석 및 예측해 즉각적 · 능동적 학습 경험 구조로 반영하는 프로세스는 유아의 자기주도성과 흥미, 효율적 성장의 핵심 요소로 자리매김한다.

더불어 AI의 데이터 분석 알고리즘과 학습 패턴 진단 기능은 교사 입장에서도 학습자 맞춤 행정, 진행 상황 모니터링, 체계적 포트폴리오 관리, 예측 기반 중재까지 다양한 지원 효과를 제공한다. 이는 교사의 전문성 강화와 개별화 교육 모델의 실질적 실현에 결정적 역할을 하며, 특히 다문화, 다언어, 신체 및 인지발달의 다양성이 큰 유아 교실에서 AI의 역할은 더욱 부각될 전망이다(이용상 외, 2024; Cristoff et al., 2023; Lee et al., 2024).

마지막으로, AI 기반 시스템의 도입 확산은 스스로 문제를 탐구하고 '학습하는 방법'을 배우는 메타학습 경험과 연결된다. 장기적으로 이는 유아의 문제 해결력, 창의성, 메타인지 역량, 자기주도성 등 미래 사회 핵심 역량을 계발할 첨단 플래폼이 될 것으로 기대된다.

2) 스마트 기기 활용

스마트 기기는 태블릿 PC, 스마트폰, 스마트보드 등 다양한 형태로 유아교육에 폭넓게 도입되고 있으며, 직관적인 인터페이스와 손쉬운 조작법 덕분에 유아들이 스스로 탐색하며 사용할 수 있다는 점에서 특히 교육적 가치가 높다. 이러한 기기는 기존의 일방적 전달식 교수법을 벗어나 유아가 주도하고 능동적으로 학습에 참여할 수 있는 '액티브 러닝' 환경을 제공한다. 스마트 기기를 활용한 멀티미디어 학습(예: 애니메이션, 동화, 학습 게임)은 유아들이 시청각적, 촉각적으로 자극을 받으면서 학습의 몰입도와 집중력을 높이는 데 효과적이다. 실제로 최근 메타분석 결과에 따르면, 게임 기반 및 인터랙티브 디지털 학습 도구는 유아의 인지적 · 사회적 · 정서적 발달 모두에 유의미한 중간에서 높은 수준의 효과 크기를 보이는 것으로 나타났다(김정현 외, 2011; Alotaibi, 2024).

특히 스마트보드는 전통적 칠판이나 화이트보드에 비해 즉각적 피드백 및 다중 터치 지원을 통해 유아의 상호작용 및 협동적 문제 해결 경험을 극대화한다. 교사는 직접 동화책을 읽어 주거나, 수학적 개념을 스마트보드 위에 가시화하면서 아동 스스로 화면에 손을 대고, 답을 맞추며, 또래들과 의견을 교환하게 함으로써 실질적인 '참여 기반 협동학습'을 실현할 수 있다. 이러한 상호작용적 디지털 환경은 유아의 사회성 · 팀워크 · 의사소통력 증진에서 전통 교수법 대비 뛰어난 장점을 보인다(김정현 외, 2011; 김경록 외, 2011; Alotaibi, 2024; Cappelen et al., 2020).

태블릿 PC의 경우, 개별화 및 맞춤형 학습 지원 도구로서의 기능이 특히 주목된다. 최신 연구에서는 태블릿 PC 기반 학습 앱이 유아 개개인의 학습 수준, 진도, 선호도에 따라 콘텐츠 및 난이도를 실시간 조정하여 각자의 발달 단계에 맞는 최적의 학습 경험을 제공할 수 있음을 시사한다. 구체적으로 수학 앱에서는 숫자 세기, 연산 등 기초 수학 개념을 게임이나 미션 형태로 흥미롭게 배울 수 있고, 언어 앱에서는 그림과 단어를 연계하거나 촉각을 활용한 발음 연습 등 몰입적 시뮬레이션이 가능하다. 이러한 스마트 기기 기반 학습은 즉각적인 피드백 제공, 자기진도 점검, 실생활 맥락과의 연결(의미 있는 학습) 등 '네 가지 학습의 기둥(four pillars of learning: 활동성, 몰입, 의미 구축, 사회적 상호작용)'을 효과적으로 구현할 수 있을 때 학습 효과가 크게 강화된다(Meyer et al., 2021).

그러나 최근 어린이용 앱 분석에 따르면, 다수의 상용 앱은 교육학적 설계가 미흡하거나 상호작용의 질 · 몰입성 · 개인화 기능, 그리고 사회적 상호작용 기회가 부족해 사실상 교육적 효과가 낮은 경우도 많다(정현주, 2018; Meyer et al., 2021). 특히 무료 앱은 광고 및 산만한 시각 요소로 인해 유아의 집중력 저하 등 부작용을 초래할 수 있다는 비판이 꾸준히 제기된다. 따라서 스마트 기기를 활용한 유아교육에서는 무분별한 앱 사용이 아닌, 개발 과학 · 발달 심리의 근거 위에 설계된 '고품질 · 의미 중심 · 상호작용 기반'의 앱 선정이 필수적이다.

덧붙여 상호작용성과 협동성 증진의 측면에서 스마트보드와 태블릿 PC의 동시 활용(예: 교실 내 그룹 활동에서 보드-태블릿 PC 연동)은 유아 간 소통 기회 확대, 학습 내용의 실시간 시각화, 피드백의 다각화, 즉시적 자기점검 등 미래형 유아교육 환경의 유력한 모델로 제시되고 있다. 더불어 유아들이 스마트 기기를 통해 직접 자신의 진도를 모니터링하고 목표를 설정해 가는 경험은 자기주도적 학습의 시작이자 기초 평가의 출발점이 되어 전 생애에 걸친 '자아 형성 학습(learning to be)'의 역량을 키우는 토대가 된다(Meyer et al., 2021; Tayler, 2015).

마지막으로, 스마트 기기를 활용한 유아교육은 전통적인 놀이와 학습의 경계를 넘나드는 창의적 · 융합적 교수학습 환경, 즉 '놀이하는 학습자(palying learning child)'의 시대정신을 구현하는 핵심 매체로, 개인화, 사회화, 몰입감 있는 학습 경험이 미래 핵심역량(비판적 사고, 자기주도성, 창의성 등) 계발에 크게 이바지할 것으로 평가된다(Meyer et al., 2021; Samuelsson & Carlsson, 2008). 다만 지속 가능한 긍정적 효과를 위해서는 과도한 미디어 사용으로 인한 행동 · 정서 · 건강 문제 및 디지털 격차 등 잠재적 한계와 위험성에 대한 교사, 보호자, 정책 차원의 체계적 관리 및 지도가 함께 이루어져야 한다.

3) AI와 스마트 기기의 융합

AI와 스마트 기기의 융합은 유아교육에서 학습 경험의 개인화와 상호작용적 몰입을 혁신적으로 확장시킨다. AI 기반의 스마트 기기는 유아의 학습 행동 및 반응 데이터를 실시간으로 분석하며, 이에 근거해 유아별 학습 경로를 동적으로 최적화한다. 최근 연구에 따르면, 이러한 적응형(adaptive) 학습 기술은 각 유아의 속도, 이해도, 흥미, 난이도 선호 등 개개인의 특성에 맞추어 학습 콘텐츠와 피드백을 즉시 조정할 수 있다는 강점을 가진다. 실제로 AI가 내장된 태블릿 PC나 로봇은 유아가 수학 문제 풀이 과정에서 반복적인 오답, 머무르는 시간, 문제 해결 전략 등을 실시간 진단하고, 적절한 난이도 및 유형의 보충 과제를 제시함으로써 자기주도적 학습과 '맞춤형 성장 경로'를 가능하게 한다(Strielkowski et al., 2024; Tapalova, Zhiyenbayeva, & Gura, 2022). 이러한 구조는 학습의 효과성과 지속적인 동기유발 측면에서 전통적 교수법 대비 우수한 성과로 보고되고 있다.

더 나아가 AI와 스마트 기기의 융합은 유아에게 인터랙티브하고 게임 기반의 상호작용형 학습 경험을 선사한다. 예를 들어, AI 로봇이 유아와 대화 · 퀴즈 · 게임 환경을 조성할 때 유아는 자연스럽게 언어를 사용하고 자신의 답에 따라 곧바로 피드백을 받으면서 언어 습득, 수리력, 추리력 등 다양한 역량을 즐겁게 신장할 수 있다. AI 로봇은 유아가 잘못 발음하거나 오개념을 보일 경우, 즉각적으로 교정 예시를 제시하고, 멀티모달 상호작용을 통해 반복 학습의 몰입도를 높인다. 연구는 이와 같은 '로봇-아동 상호작용 기반 교육'이 자발적 학습 몰입, 창의적 사고, 자기주도적 문제 해결, 협업력까지 다방면에서 긍정적 영향을 미친다고 보고했다(Kewalramani, Kidman, & Palaiologou, 2021; Wei, 2023; Yang et al., 2023). 특히 게임 기반 학습 시스템과 결합할 때 이러한 상호작용적 경험은 유아의 동기와 참여도를 크게 고양시키며, 인지적 · 사회적 · 정서적 성장 효과에 유의미한 중간에서 높은 수준의 효과 크기를 띤다(Alotaibi, 2024; Meyer et al., 2021).

AI-스마트 기기 통합 플랫폼의 또 하나의 강점은 교사의 교육자료화 및 데이터 기반 개별 지도 지원이다. AI는 유아의 모든 학습 패턴(성취도, 오답 유형, 집중 시간, 상호작용의 질 등)을 빅데이터로 누적 및 분석하여 각 유아의 강약점, 흥미군을 시각적 리포트나 대시보드로 교사에게 제공한다. 교사는 이 데이터에 근거해 개별화된 수업 계획과 중재 전략을 수립할 수 있으며, 빠르게 변화하는 유아의 학습 상태를 실시간 모니터링하고 즉각적 피드백을 제공할 수 있다(Shum & Luckin, 2019; Viberg et al., 2024). 이러한 분석 기반 지도 체계는 유아교육 현장의 실질적 포용성, 공정성, 효과성을 고도화한다는 점에서 큰 의의를 지닌다.

이처럼 AI와 스마트 기기가 융합된 학습 환경은 각 유아의 속도와 필요에 따른 '맞춤형 성장 경로(adaptive pathway)'를 설계하고, 그 경로에서 유아 스스로가 주도적으로 탐구하고 의미를 구성하게 함으로써 '존재하는 법 배우기'의 핵심 역량(창의성, 비판적 사고, 자기주도성 등)을 효과적으로 육성한다(Tayler, 2015; Samuelsson & Carlsson, 2008). 더불어 자동화된 데이터 수집과 실시간 피드백 체계는 개별 유아의 소외나 오개념 누락, 학습의 정체 구간을 최소화하는 데 실질적으로 기여한다. AI-기반 진단과 스마트 기기의 놀이적 · 게임적 경험 설계가 동시에 구현될 때 유아는 자기주도하에 능동적으로 학습에 몰입하며, 교사는 교육적 효율성과 포용적 실천을 동시에 추구할 수 있다.

최근 메타연구와 실증분석에서는 이러한 AI-스마트 기기 융합 모델이 유아의 동기, 참여, 자기조절, 탐구 능력, 협동적 의사소통, 사회성 등 교육의 전 영역에서 유의미한 효과를 창출함을 확인했고, 이는 곧 미래의 '개별화 · 포용적 · 창의적' 유아교육 환경을 설계하는 데 중요한 근거로 작용하고 있다.

4) AI와 스마트 기기 활용의 효과

AI와 스마트 기기를 활용한 유아교육은 혁신적 개인화 학습 환경과 다층적 상호작용을 가능하게 하며, 이는 유아의 전인적 성장 및 평생학습 역량 증진에 결정적 역할을 한다. 우선 AI는 유아 각자의 학습 진행 상황, 이해도, 오답 유형, 선호 스타일을 실시간으로 분석하여 적응형 맞춤 학습 경로(adaptive personalized pathways)를 제시함으로써 유아가 자신의 속도에 맞춰 핵심 역량을 내면화하도록 돕는다. Strielkowski 외(2024)는 최근의 '디지털 확산 급증(digital surge)'이 AI 기반 적응형 학습의 보편화와 교육의 지속 가능한 변혁을 촉진했음을 입증했으며, Tapalova 외(2022) 역시 AI가 다양한 사회적 · 경제적 맥락에서 24/7 개별화 교육, 실시간 피드백, 지속적 동기 자극, 가상 맥락 내 학습 등에서 큰 장점을 가진다고 밝혔다. 이러한 AI 주도 개인화는 모든 유아가 자신만의 학습 속도와 스타일에 맞는 교육을 경험하도록 하여 학습 효율성을 극대화할 뿐 아니라, 소외나 낙오를 예방하는 포용적 학습 환경 구현에 핵심적 기반을 제공한다.

한편, 스마트 기기는 직관적인 조작성과 다양한 감각 자극, 그리고 게임 기반(game-based) 및 멀티미디어 앱을 통한 몰입형 경험을 기반으로 유아의 학습 참여도와 몰입도를 비약적으로 높인다. Meyer 외(2021)는 네 가지 학습의 기둥(활동성, 몰입, 의미, 사회적 상호작용) 관점에서 실증 분석했을 때 상용 교육 앱의 다수가 실제로는 교육적 효과가 제한적임을 지적하면서도 활동적 상호작용과 의미 있는 몰입 경험을 촉진하는 앱은 유아의 참여와 학습 동기에 실질적인 긍정 효과가 있음을 확인했다. [그림 3-1]은 Meyer 외(2021)가 제시한 네 가지 학습의 기둥이다.

AI와 스마트 기기가 결합될 때는 실시간 데이터 분석 및 개별화 피드백이 교사와 보호자에게 즉각적으로 제공되어, 개별 유아의 학습 진도, 강점/약점, 흥미 영역 분석 등 세밀한 관찰이 가능해진다. Viberg 외(2024)는 AI 기반 교육의사결정지원시스템(AI-Educational Decision Support System: EDSS)이 교사 및 교육기관이 학습자 중심, 포용적이고 형평성 있는 지도 전략을 구현하는 데 결정적 도구가 되고 있음을 밝혔다. 이처럼 AI는 학습자 행위분석, 맞춤형 권고, 실시간 리포트 기능을 통해 교사-보호자-유아 모두를 위한 '상호작용적 진단

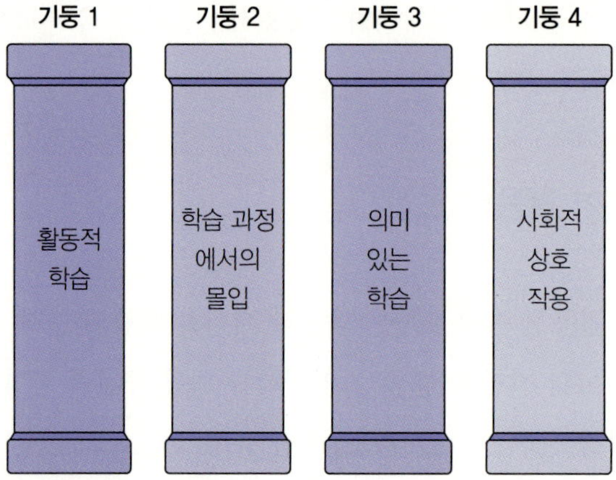

[그림 3-1] 네 가지 학습의 기둥
출처: Meyer et al.(2021).

과 피드백 생태계'를 실현한다.

그러나 AI와 스마트 기기 도입에는 중요한 현장적 고려사항도 존재한다.

첫째, 과도한 스크린 타임은 유아의 피로, 주의력 저하, 신체 건강 문제로 이어질 수 있기에(김병건, 2024), Kiviranta 외(2023)가 강조한 바처럼 신체 활동과 디지털 학습의 균형, 야외·놀이 학습 등 오프스크린 활동의 적극 배치가 병행되어야 한다.

둘째, AI와 스마트 기기 활용 시 개인정보 보호와 데이터 보안은 반드시 준수해야 할 필수 규범이다. Viberg 외(2024)는 유아교육 현장에서 AI가 학습자의 프라이버시, 공정성, 포용성, 데이터 편향 문제 등 윤리적 차원을 갖추어야 한다고 강조하며, 이는 법적·윤리적 기준에 따라 아동의 정보가 안전하게 처리되도록 관리될 필요가 있음을 시사한다.

셋째, AI와 스마트 기기의 의미 있는 도입 및 활용을 위해서는 교사의 디지털 역량 강화가 선행되어야 한다. 교사는 기술적 이해, 교육적 활용법, 그리고 AI 시스템의 편향성 및 한계에 대한 비판적 분석 역량까지 갖춰야 하므로(Kiviranta et al., 2023; Shum & Luckin, 2019) 예비 및 현직 교사 연수와 체계적 디지털 리터러시 교육이 필수적이다.

이러한 다양한 도전 요인에도 불구하고, AI와 스마트 기기는 앞으로도 유아교육의 핵심 혁신 도구로서의 지위를 지속적으로 확대해 나갈 전망이다(이용상 외, 2024). AI 기반 맞춤형 학습, 학습 몰입과 흥미 유발, 실시간 교사 지원, 포용성·형평성 증진 등은 미래 유아교육의 본질적 목표와도 완전히 부합하는 흐름이며, 유아들은 이러한 기술 환경에서 놀이와 학습의 경계를 뛰어넘어 창의적 자기주도학습자로 성장할 수 있다. 교사 역시 AI의 분석 및 피드백 지원을 통해 각 유아의 특성과 맥락에 맞는 차별화·개별화 지도와 포용적 장학이 가능해진다.

3. 온라인 학습 플랫폼과 자료 관리 시스템 활용 사례

최근 유아교육 현장에서 온라인 학습 플랫폼과 자료 관리 시스템(LMS)의 활용이 점차 확대되고 있다. 디지털 기술의 발전과 더불어 유아교육에도 효율적인 학습 관리와 다양한 콘텐츠 제공을 위한 온라인 시스템들이 도입되면서 교사와 학부모, 유아 간의 상호작용이 보다 원활해지고 있다. 특히 LMS는 학습 과정에서 교사의 역할을 보다 체계적이고 유연하게 할 수 있도록 돕고, 유아들에게는 개인화된 학습 경험을 제공하는 데 중요한 역할을 한다.

이번 절에서는 LMS의 유아교육에서의 활용 사례, 효과, 그리고 기술적 발전에 대해 다룬다. 이를 통해 LMS와 온라인 학습 플랫폼이 유아교육 현장에서 어떻게 활용되고 있는지, 그리고 이러한 것들이 유아에게 미치는 긍정적인 영향을 살펴보겠다.

1) 온라인 학습 플랫폼의 역할

온라인 학습 플랫폼은 디지털 교육 환경의 핵심 매개체로 자리 잡으면서 유아교육 현장에서 접근성과 유연성이라는 본연의 장점 위에 개인화된 학습, 상호작용적 경험, 실시간 피드백 및 진도 추적 등 다양한 혁신을 제공한다. 이들 플랫폼의 가장 큰 혁신은 인터넷 기반 시스템을 통해 유아-교사-부모가 시공간의 제약 없이 학습 활동에 능동적으로 참여하면서 학습 데이터를 실시간으로 공유 및 분석할 수 있다는 점에 있다. 플랫폼에서는 학습 콘텐츠의 즉시적 접근과 교사-학부모가 유아 개개인의 학습 상황을 손쉽게 모니터링하며, 결과에 대한 피드백을 빠르게 주고받을 수 있다. 이는 유아교육에서 자기주도성과 학습 효율성을 크게 끌어올린다는 점에서 주목할 만하다(Tapalova et al., 2022; Strielkowski et al., 2024).

클래스도조(ClassDojo)와 시소(Seesaw) 같은 플랫폼은 유아교육 현장에서 실제로 광범위하게 활용되고 있으며, 각각 커뮤니케이션과 디지털 포트폴리오 특화 기능을 통해 유아, 교사, 학부모 간 상호작용과 협력적 학습을 촉진한다. 클래스도조는 학부모와 교사가 유아의 학습 활동, 성취를 실시간으로 공유하고, 긍정적 피드백과 목표 설정으로 유아의 심리적 안전 및 자기효능감까지 높인다. 이는 디지털 학습 앱의 사회적 상호작용과 의미 있는 피드백이 유아의 동기와 자존감, 학습 몰입도를 실질적으로 증진할 수 있음을 시사한다. 시소는 유아가 스스로 작업(그림, 영상 등)을 기록 및 업로드하는 디지털 포트폴리오 시스템으로, 교사는 해당 작업에 피드백을 제공하고 학부모는 집에서 자녀의 학습 진행 상황과 성장을 체계적으로 확인한다. 이 과정에서 유아는 자기표현 능력과 자기주도적 학습전략을 자연스럽게 계발하며, 학습의 '주체적 의미화(meaning making)'를 경험하게 된다(Meyer et al., 2021; Stratigos & Fenech, 2020).

또한 칸아카데미키즈(Khan Academy Kids)와 같은 무료·인터랙티브 앱은 유아들이 수학, 읽기, 쓰기 등 다양한 영역에서 게이미피케이션된 활동을 통해 자연스럽게 실력과 흥미를 함께 키울 수 있도록 설계되어 있다. 게이미피케이션 시스템은 활동 완성 시마다 보상을 제공함으로써 아동의 학습 동기와 지속적 참여를 유도하고, 각 유아의 학습 진도 및 취약 영역을 플랫폼 내 데이터로 체계적으로 관리할 수 있다.

이러한 온라인 학습 플랫폼의 교육적 효과를 이론적으로 검증한 대표적 분석틀이 바로 네 가지 학습의 기둥이다. Meyer 외(2021)에 따르면, 실제 상용하는 유아교육 앱 다수를 평가했을 때, 게임 기반이나 인터랙티브 피드백 요소를 충분히 가진 앱이 기둥별 점수(특히 몰입, 사회적 상호작용 부문)에서 상대적으로 우수한 성과를 보였으나, 전반적으로 '교육적 질'은 아직 기대수준에 못 미치는 경우가 많았다. 특히 무료 앱(상업성, 산만한 시각적 요소 포함)은 유료 앱에 비해 몰입도 및 교육 본연 가치에서 유의미하게 낮은 것으로 나타나 유아교육용 플랫폼 설계 및 활용 시 질적 기준과 발달과학적 원칙의 반영이 필수적임을 시사한다.

온라인 플랫폼은 또 한 가지 핵심 혁신으로 학습 데이터의 추적 및 분석, 실시간 피드백을 기반으로 하는 개인 맞춤형·적응형 학습 경로 제시가 가능하다는 점이 강조된다. Tapalova 외(2022)의 연구와 Strielkowski 외(2024)의 연구에서는 AI, 빅데이터, 러닝애널리틱스(learning analytics)가 결합된 플랫폼이 유아 개개인의 학습 속도, 유형 오류, 선호·기피 영역 등을 실시간으로 진단 및 분석하여 각자의 수준과 특성에 딱 맞는 콘텐츠, 보충과제, 피드백을 즉각 제공할 수 있음을 다수의 대규모 실증 사례로 입증했다. 이는 유아가 기계적 반복이 아닌, 지속적 의미 생성과 자기주도적 성장 경험을 쌓을 수 있도록 돕는 내재적 동기 강화 장치로 작동하며, 교사는 이러한 데이터에 기반해 매우 신속하고 정밀한 맞춤형 중재 계획을 수립할 수 있다.

게다가 플랫폼 활용을 통한 실시간 보고서 · 포트폴리오 · 개인 리포트 기능은 교사와 부모에게 형평성 및 포용성 기반의 개별 지도, 소외 방지, 다양한 배경(언어, 문화, 특수 발달 등)에 따른 맞춤 지도 설계를 지원한다. Viberg 외(2024)의 연구는 AI 및 러닝애널리틱스 기반 의사결정 시스템이 유아 교실 현장의 공정, 포용, 다양성(Equality, Diversity, Inclusion: EDI) 증진에 큰 기여를 하고 있음을 강조했다.

다만 온라인 플랫폼 활용의 도전과제도 존재한다. 선행 연구들은 일부 앱의 산만한 디자인과 상업성, 접근성, 기기 격차, 부모-교사의 기술적 이해 부족이 유아의 몰입도, 집중, 데이터 활용 형평성에 일정 부분 부정적 영향을 미친다고 지적한다(Meyer et al., 2021; Stratigos & Fenech, 2020). 또한 AI 및 데이터 기반 분석 시스템 활용 시 개인정보 보호, 공정성, 프라이버시, 데이터 편향 등에 관한 다층적 점검과 윤리적 · 법적 기준 준수 역시 필수적으로 이루어져야 한다는 한계 역시 강조되고 있다(Viberg et al., 2024).

이상을 종합하면 온라인 학습 플랫폼은 자기주도적, 몰입적, 개별화된 유아 학습 경험을 실현하고, 교사-부모-유아 간의 소통과 협업, 실시간 피드백 체계, 포용적이고 형평성 높은 지도환경 구축 등 현대 유아교육의 혁신적 패러다임을 제시한다. 앞으로도 이 플랫폼은 AI, 러닝애널리틱스, 게이미피케이션, 포트폴리오 시스템 등 첨단 기술과 연계하여 모든 유아에게 '숨겨진 보물'을 최대한 이끌어 내는 핵심 기반이 될 것이다.

2) LMS의 역할

LMS는 온라인 학습에서 학습자 및 교사 모두에게 체계적이고 효율적인 학습 경험을 제공하는 핵심적 역할을 한다. 특히 유아교육 맥락에서는 실시간 학습 활동 관리, 개별 진도 추적, 맞춤형 학습 경로 제공, 그리고 교사-유아-보호자 간 의사소통이 중요한 키워드로 부각된다. LMS는 교사가 다양한 학습 자료를 손쉽게 업로드 및 배포뿐 아니라, 유아의 과제 제출, 학습 참여도, 결과물에 대한 피드백까지 일련의 학습 과정을 투명하게 추적할 수 있게 한다. 이러한 구조는 단순히 전달식 교수에서 벗어나 각 유아의 발달 특성, 진도, 흥미에 맞춘 적응형 교육을 실현하는 토대를 제공한다.

최신 연구들은 LMS와 AI 기술의 결합이 각 유아의 개별 학습 특성과 발달 속도에 기반하여 맞춤형 콘텐츠와 피드백을 실시간 제공할 수 있음을 보여 주고 있다. 이러한 기술 발전은 최근 디지털 교육 환경의 확산과 코로나19 이후 급속히 증가한 LMS 활용 흐름과도 밀접하게 연관되어 있다. Strielkowski 외(2024)는 학습 데이터 분석과 적응형 알고리즘을 통합한 LMS 시스템이 유아의 학습 수준, 참여 양상, 오개념, 선호도와 같은 다양한 정보를 실시간으로 수집 및 분석함으로써 지속적이고 체계적인 개별 학습 경로 제공이 가능해졌음을 강조한다. Tapalova 외(2022) 또한 LMS 기반 AI 시스템이 제공하는 24시간 학습 접근성, 가상 맥락에서의 상황 기반 학습, 단계별 성장에 따른 콘텐츠 자동 조정, 정교한 피드백 제공, 자기주도성 향상 등 다양한 맞춤형 학습 효과를 제시했다.

이처럼 진화된 LMS는 단순한 학습 효율성 향상을 넘어, 포용성과 형평성, 사회적 상호작용의 증진이라는 교육적 가치 측면에서도 주목할 만하다. Viberg 외(2024)는 AI 및 러닝 애널리틱스와 통합된 최신 LMS 환경에서는 초기 설계와 실행 단계부터 공정성과 문화 · 언어 다양성, 취약계층 접근성 등을 고려해야 한다고 강조한다. 특히 가정 배경, 언어 능력, 인지 발달 수준 등에서 차이를 보이는 유아들이 정보 접근, 피드백 수용, 상호작용 참여에서 소외되지 않도록 학습 자료와 알고리즘, 지원 체계의 설계 단계에서부터 형평성을 확보해야 한다는 점이 강조된다.

구글 클래스룸(Google Classroom)은 유아교육뿐 아니라 각급 유아교육 현장에서 그 대표성을 인정받는다. 학습 자료 업로드, 과제 배포, 제출물 관리, 실시간 피드백, 개별 학습 진도 추적, 집단별 · 개인별 협동학습까지 다양한 기능을 하나의 플랫폼에서 구현할 수 있다. 이는 유아가 자율적으로 수업에 참여하면서도 개별 발전 정도에 맞춰 도전하거나 보충학습을 할 수 있게 하고, 교사는 자동화된 대시보드와 데이터 시각화 기능을 통해 각 유아의 강약점을 손쉽게 파악하여 더욱 맞춤화된 지도를 실행할 수 있다.

무들(Moodle)은 더 다양한 퀴즈, 토론, 피드백 기능과 분석 대시보드를 통해 유아교육 현장에서 학습 활동을 체계적으로 관리하며, 유아별 세분화된 데이터 제공 및 자동화된 진도 분석으로 교사의 업무 부담을 경감시키는 동시에 각 유아가 자신의 학습 내용을 포트폴리오 형식으로 누적 및 관리하게 한다. 이러한 기능적 강점은 학습에 대한 자기주도성, 책임감, 자긍심을 고양하는 교육적 기반이 된다.

에드모도(Edmodo) 역시 교사–부모–유아 세 주체의 실시간 소통, 피드백, 동기부여, 학습 상황 데이터 공유 및 부모 참여 장려를 핵심 가치로 한다. 적극적인 커뮤니케이션 기능은 유아가 스스로 자신감을 갖고 학습에 임하게 하며, 부모 역시 학습 상황을 실시간으로 관찰하고 의견을 주고받음으로써 자기주도 및 가정-학교 연계 교육이 활성화된다. 이 과정에서 디지털 포트폴리오, 실시간 피드백, 의사소통 기능은 단순 기록 이상의 의미화, 사회적 상호작용, 관계 기반 학습 증진에 중추적 역할을 한다.

그러나 상용하는 LMS 및 그 기반 앱의 교육적 질에 대한 최신 분석(Meyer et al., 2021)은 활동성(active learning), 몰입성(engagement), 의미성(meaningfulness), 사회적 상호작용성(social interaction) 등 네 가지 학습의 기둥에서 상용하는 무료 앱, 플랫폼 다수가 기대보다 낮은 점수를 보여 준다고 지적했다. 특히 무료 서비스에서는 산만하거나 비본질적 요소(광고, 불필요한 그래픽 등)로 인해 몰입도와 의미성이 저하될 우려가 지적된다. 이는 개발 단계부터 발달 과학 및 교육학의 엄격한 기준을 준수하고, 실질적 상호작용성과 몰입을 설계하는 것이 매우 중요함을 시사한다.

또한 AI와 러닝애널리틱스가 통합된 LMS 시스템은 학습의 형평성과 포용성, 그리고 디지털 격차 해소라는 사회적·윤리적 과제를 함께 수반해야 한다는 점을 Viberg 외(2024)는 강조한다. 알고리즘의 편향성, 데이터 보안 문제, 개인정보 보호, 문화적 다양성의 수용 등은 LMS의 유아교육 현장 적용 과정에서 지속적인 점검과 개선이 요구되는 핵심 요소다.

궁극적으로 LMS는 유아교육의 디지털 전환을 이끄는 핵심 기반으로, 개별화된 학습 경로 설계, 실시간 데이터 분석 기반 피드백, 의미 중심·관계 중심 학습 환경 구축이라는 교육 혁신을 실현한다. LMS를 활용한 유아교육은 유아가 자율적이고 몰입적으로 학습에 참여할 수 있도록 조력하며, 각 유아의 강약점, 흥미, 발달 속도에 부합하는 최적의 상호작용과 교수전략을 설계할 수 있는 가능성을 제시한다. 이에 따라 LMS는 미래지향적 디지털 유아교육 생태계에서 핵심 인프라로 자리매김할 것으로 전망된다.

3) 온라인 학습 플랫폼과 LMS의 통합 활용

온라인 학습 플랫폼과 LMS는 각각의 고유한 장점[상호작용적 콘텐츠, 실시간 피드백(온라인 플랫폼), 체계적 자료 관리 및 학습 추적]을 지니고 있으나, 두 시스템의 통합적 활용은 유아교육에서 학습의 개인화와 효율적 관리, 그리고 참여 중심의 교수학습 환경 구현에 있어 결정적인 시너지를 창출한다. 이러한 통합은 단순히 도구의 '병행'이 아닌, 양방향 상호작용 강화, 맞춤형 피드백, 학습 데이터의 다각적 분석과 동시에 실시간 진도 관리를 가능하게 한다는 점에서 그 의미가 크다(Liu, Lomovtseva, & Korobeynikova, 2020; Xin et al., 2021).

시소와 구글 클래스룸의 결합은 이러한 통합적 접근의 대표적 사례로 주목된다. 시소는 유아가 자신의 학습 과정을 사진, 영상, 음성 등 다양한 방식으로 기록하고, 교사가 해당 결과물에 대해 즉각적이고 개별화된 피드백을 제공할 수 있게 한다. 이 과정에서 유아는 자기 표현력과 학습주도성을 기르게 되고, 교사는 구체적 증거에 기반한 평가 및 맞춤형 지원이 가능해진다. 구글 클래서룸은 교사가 학습 자료를 한 번에 배포, 과제를 관리 및 수집하며, 전체 학급의 학습진행 상황을 통합적 대시보드로 시각화함으로써 체계적 자료관리와 학습관리의 효율성을 극대화한다. 실제로 학습 자료를 구글 클래스룸에서 할당하고, 그 활동 결과물과 피드백은 시소에서 이루어지도록 연동하면 과제 배포-진행-피드백-포트폴리오 축적의 전 과정을 데이터 상호 연동 아래 구조화할 수 있다. 이러한 통합 플랫폼 환경은 학부모–교사–유아 3자 커뮤니케이션까지 실시간 지원해 가정-학교 연계학습 및 지속적 동기부여, 형평성 기반 개별화 지도를 가능케 한다(Liu et al., 2020; Stratigos & Fenech, 2020; Xin et al., 2021).

칸아카데미키즈와 무들의 연계 활용 또한 유아에게 게임 기반(게임화) 자기주도학습과 학습 진도 데이터 기반 관리의 효과적인 하이브리드 모델을 제공한다. 칸아카데미키즈는 유아 개개인의 관심과 발달 수준에 맞춘 맞춤형 인터랙티브 콘텐츠, 즉 적응형 학습 경로와 게이미피케이션된 보상 구조를 통해 학습의 몰입도를 극대화한다(Tapalova et al., 2022; Strielkowski et al., 2014). 이때 각 유아의 학습 진도와 활동 결과는 무들 LMS에 연동 및 누적되어 교사가 실시간으로 진도 추적 및 비교, 분석을 수행할 수 있으며, 부족한 부분이나 오개념이 발생한 경우 즉시 보충 자료 배포와 개인별 피드백 제공이 가능해진다. 무들의 자동화된 대시보드와 분석 보고서는 교사로 하여금 유아별 데이터 기반 의사결정을 할 수 있게 하며, 이는 곧 맞춤형 성장 경로 설계와 포용적 지도로 이어진다. 현재 연구들은 이러한 통합 플랫폼 활용이 자기주도성, 참여도, 형평성, 특히 학습 소외 예방 및 모든 배경의 유아에게 동등한 기회를 제공하는 데 있어 강력한 효과를 발휘함을 보여 준다(Liu et al., 2020; Viberg et al., 2024).

한편, 통합 활용의 효과는 단순히 상호운용성에 그치지 않으며, 학습에 대한 활동성, 몰입, 의미, 사회적 상호작용(네 가지 학습의 기둥)의 관점에서 볼 때 각 시스템이 가진 장점이 상호보완적으로 배가된다. 예컨대, 시소와 칸아카데미키즈는 각각 사회적 상호작용 및 몰입과 의미 구축 측면이 강점인 반면, 구글 클래스룸, 무들 등은 진도 관리, 조직화, 대시보드 제공과 같은 기술적 · 분석적 강점이 두드러진다(Meyer et al., 2021; Zhang et al., 2022). 따라서 두 체계를 통합하여 활용함으로써 전반적인 학습의 질과 교육 효과성이 크게 강화될 수 있다.

하지만 Meyer 외(2021)의 최근 연구에서는 현재 활용되고 있는 상용 교육 앱이나 통합 플랫폼들이 설계의 질에서 차이가 크다는 점이 문제로 지적된다. 따라서 유아에게 효과적인 학습 경험을 제공하기 위해서는 단순한 기술 적용을 넘어서 발달심리학과 교육학에 기반한 콘텐츠 구성, 목적에 맞는 피드백 방식, 데이터를 안전하게 공유하면서도 윤리적인 부분을 고려한 설계가 함께 이루어져야 함을 강조하고 있다.

또한 Viberg 외(2024)는 AI와 학습 데이터 분석 기술이 포함된 LMS가 모든 유아, 특히 언어적, 사회적으로 소외되기 쉬운 아동이나 다문화 가정의 유아를 배려하는 방향으로 개발되고 운영되어야 한다고 강조한다. 이를 위해서는 알고리즘의 편향 문제, 정보 접근의 차이, 디지털 기기 사용 능력의 격차 같은 문제들을 줄이기 위한 다층적인 고민과 체계적인 설계가 필요하다고 주장한다(김대희 외, 2024).

결론적으로, 온라인 플랫폼과 LMS의 결합은 유아교육에서 맞춤형 학습, 적극적인 참여, 데이터에 기반한 수업 방식을 실현하는 데 중요한 역할을 한다. 이 시스템은 교사와 유아, 가정이 함께 소통하고 성장할 수 있는 교육 환경을 만들어 주며, 단순히 효율만 높이는 것이 아니라 의미 있는 학습, 자기주도적 성장, 형평성 있는 교육, 깊이 있는 피드백 제공까지 가능하게 하는 미래형 유아교육의 핵심 기술로 자리 잡을 것이다.

4) 온라인 학습 플랫폼과 LMS 활용의 효과

온라인 학습 플랫폼과 LMS의 통합은 유아교육의 디지털 혁신에 핵심적 기반을 제공하며, 특히 개별화 학습(personalized learning), 실시간 진도 관리, 가정-학교 연계 강화, 효율적인 피드백 체계, 그리고 학습 동기·참여도 고양 등에서 매우 효과적인 시너지를 창출한다.

(1) 개별화 학습 및 실시간 관리

AI 기반 LMS와 온라인 플랫폼의 통합 활용은 유아교육에서 개별화 학습, 적응형 경로 설계, 실시간 학습 진도 관리를 실질적으로 구현하는 혁신적 수단으로 부상하고 있다. 이 시스템은 대량의 학습자 데이터를 수집 및 분석하여 유아 개개인의 학습 속도, 인지·정서 특성, 선호 스타일, 발달 단계별 취약 지점까지 정밀하게 파악한 후, 각자에게 최적화된 학습 콘텐츠와 피드백을 제공하는 구조로 작동한다. 이를 통해 교육자는 단일화된 집단 교수 대신, 데이터 대시보드에서 유아별 상세 진도와 이해도를 실시간으로 확인하면서, 수준별 학습 자료를 자동 배포하거나 보충 지도를 즉각 시행할 수 있다.

Tapalova 외(2022)의 실증연구에서는 AI-기반 학습 플랫폼이 24/7 학습 접근성과 실시간 피드백 제공, 개인 특성별 콘텐츠 자동 조정과 같은 '진정한 맞춤형 학습 경로'를 구체적으로 실현하고 있음을 결과로 제시한다. 연구에 따르면, 플랫폼은 유아가 언제 어디서든 자신의 페이스에 맞춰 반복학습하거나, 가상과 현실 맥락을 오가며 다양한 활동에 참여하게 하는 한편, 교사는 유아의 진도, 오답률, 집중 및 흥미 변화까지 세분화된 데이터로 파악해 '진단 → 맞춤자료 제공 → 피드백 → 재진단'의 순환 구조를 형성한다. 이는 전통적인 일률적 교수법의 한계를 뛰어넘어 유아 각자가 실제 학습의 주체로 성장할 수 있는 동력으로 작동한다.

Strielkowski 외(2024)는 '디지털 확산 급증'(특히 코로나19 이후)이 AI와 적응형 학습기술 발전을 가속화하면, 학생별 학습 스타일과 역량의 인정 및 교육 성과 극대화의 흐름이 유아교육 현장과 정책, 학문 지형 전반에 확산되고 있음을 방대한 계량 분석 결과로 규명했다. 이 연구는 1990~2023년까지 전 세계 학술계에서 'AI+개인 맞춤형 학습(adaptive learning)' 주제를 다룬 논문의 폭증만으로도 기술 기반 개별화 학습 전환이 단순 유행이 아니라 필연적 패러다임 전환임을 입증한다. 구체적으로 AI 시스템은 빅데이터, 러닝애널리틱스, 자연어 처리(NLP)를 결합하여 개별 유아의 학습 여정을 실시간으로 추적하고 분석하며, 오류 또는 오개념이 감지될 경우 즉각적인 맞춤형 힌트 또는 추가 자료를 제시함으로써 학습 취약점 보완과 개별 성장 경로를 동시에 보장한다.

이러한 엔진의 핵심 성과 중 하나는 유아기의 발달적 다양성과 불균등성을 조기에 진단-보정함으로써 소외 방지 및 포용적 성장 환경까지 함께 구축할 수 있다는 데 있다. 예를 들어, 학습 진단 대시보드에서 언어, 수리, 탐구 등 다양한 카테고리별로 유아의 취약 유형을 자동으로 분류하고, 그에 맞는 피드백을 실시간 제공할 수 있다. 이는 단순 반복이나 집단식 정답 제시가 아닌, 오개념 교정, 메타인지 강화, 개별 발달 지점에 맞는 심화 · 보충으로 이어진다는 점에서 교육적 가치가 높다.

하지만 현재 에듀테크(EduTech) 시장에서 널리 사용되는 앱과 플랫폼들은 실제로 개별화 수준이나 교육의 질 면에서 여전히 보완이 필요한 점들이 있다. Meyer 외(2021)가 실시한 대규모 앱 분석에 따르면, 특히 무료로 제공되는 인기 앱들 중 상당수가 '학습 몰입'이나 '의미 있는 학습 경험' 등 네 가지 학습의 기둥의 기준에 미치지 못하는 경우가 많았다. 오히려 산만한 디자인이나 핵심과 무관한 기능이 개별화된 학습이나 정교한 교수전략을 방해할 수 있다는 점을 지적하고 있다. 다시 말해 AI 기반 개별화 기술이 적용되어 있다 하더라도, 콘텐츠 개발 과정에서 발달심리학이나 교육학적 원칙이 제대로 반영되지 않으면 실제 유아교육 현장에서의 활용에 한계가 드러날 수 있다는 뜻이다.

Viberg 외(2024) 역시 정교하고 지속 가능한 맞춤형 학습을 실현하려면 단순한 기술적 정교함을 넘어, 데이터 윤리, 형평성, 프라이버시, 알고리즘의 공정성 등과 같은 사회적·문화적 맥락을 함께 고려한 시스템 설계와 운영이 필요하다고 강조한다. AI를 기반으로 한 교육 의사결정지원시스템(AI-EDSS)이 진정한 의미의 포용성과 형평성을 구현하기 위해서는, 데이터의 수집, 분석, 피드백 제공의 전 과정에서 학습자의 역사적·문화적 배경, 사회경제적 조건, 소외된 집단에 대한 고려가 지속적으로 이루어져야 한다는 것이다.

(2) 학부모 참여 및 가정-학교 연계

플랫폼과 LMS의 통합 시스템은 학부모가 자녀의 학습 과정을 실시간으로 확인하고, 교사와 더 긴밀하게 소통할 수 있게 해 줌으로써 기존의 가정-학교 연계를 더욱 심화시키는 중요한 역할을 한다. AI와 학습 분석(learning analytics) 기술이 결합된 시스템은 학습 데이터를 투명하게 공유하고, 자녀의 과제 제출 여부, 피드백 내용, 학업 현황 등을 언제 어디서나 확인할 수 있는 환경을 제공한다. 이처럼 디지털 기술을 활용한 소통은 가정에서의 학습 지원이나 정서적 격려를 위한 실질적인 자료가 될 뿐 아니라, 교사가 유아의 개별 상황을 더 정밀하게 이해하고 지도하는 데도 큰 도움을 준다(Gonzalez-DeHass et al., 2022).

Viberg 외(2024)는 AI-EDSS가 학부모, 교사, 학생 간 다채널 소통을 가능하게 하고, 맞춤형 학습 제안 및 공동 의사결정 구조 형성에 기여한다고 말한다. 특히 기술 발전과 함께 학습 소외 방지와 포용성 확대가 중요한 교육 목표로 부각되면서 가정-학교 연계의 역할과 범위도 더욱 넓어지고 있다. 단순히 정보 전달을 넘어서 학부모가 자녀의 학습에 적극적으로 참여하고, 의견을 공유하며, 학습 문제를 조기에 감지할 수 있는 실질적인 의사소통 수단이 되고 있다는 점에서 그 의미가 크다.

최근 연구들 또한 디지털 기반의 가정-학교 소통이 학부모의 적극적인 행동과 관계적 참여로 이어진다고 강조한다. 예를 들어, 모바일 앱이나 온라인 포털에서 과제를 확인하거나 메시지를 주고받는 활동은 참여도를 높이는 데 효과적이다. Gonzalez-DeHass 외(2022)는 학부모가 자녀의 디지털 학습에 더 깊이 관여할수록 양방향 소통에 대한 신뢰감이 높아지고, 가정-학교 연계도 더욱 강화된다고 분석한다.

Stratigos와 Fenech(2020)는 교육 앱과 플랫폼을 통한 디지털 문서화와 피드백 공유가 학부모의 실제 참여를 촉진하며, 자녀의 학습 경험과 발달 과정에 대한 이해를 넓혀 준다고 이야기한다. 이는 교사와 학부모 간의 공동 의사결정과 교육적 연계성을 강화하는 중요한 기반이 된다. 물론 콘텐츠 접근성, 형평성, 데이터 윤리, 교사의 업무 부담과 같은 새로운 과제들도 존재하지만, 이는 전통적인 수동적 방식과는 다른 능동적이고 지속적인 참여 방식이라는 점에서 분명한 차이가 있다.

Viberg 외(2024)는 포용성과 형평성 관점에서, AI와 러닝애널리틱스가 모든 학부모와 학습자에게 동등한 접근 기회를 제공할 수 있도록, 사회적 · 기술적 맥락을 고려한 시스템 설계와 평가가 필요하다고 강조한다. 특히 학부모와 학교 간의 신뢰와 상호존중, 공동의 목표 설정은 유아의 정서적 안정, 사회성, 학교 적응에 긍정적인 영향을 미치며, 이는 장기적인 학업 성과와 삶의 질에도 밀접하게 연결된다(Sheridan et al., 2010).

한편, Murray 외(2015)는 자녀가 학교에 입학하면서부터 학부모의 참여와 소통이 감소하는 현상도 지적하고 있으며, 디지털 기반의 시스템이 이러한 참여 감소를 어떻게 보완하고 지속 가능하게 만들 수 있을지에 대한 연구도 계속되어야 함을 시사한다. 따라서 기술적 도입만으로는 부족하며, 신뢰 형성, 의미 있는 소통, 교육 형평성을 함께 고려한 통합적 구조와 운영 체계가 필요하다는 점이 강조된다.

(3) 효율적 피드백 및 자기주도학습

플랫폼과 LMS의 통합 시스템은 교사가 유아 개개인의 학습 활동(작업, 프로젝트, 포트폴리오 등)을 실시간으로 수집 및 분석하고, AI 및 러닝애널리틱스 기반 알고리즘을 통해 즉각적이고 개별화된 피드백(예컨대, 취약 영역별 보충자료, 구체적 의견, 격려 메시지)을 자동 전송할 수 있게 한다. 이는 기존의 일반화된 그룹 피드백 구조에서 한 단계 진화한 '적응형 피드백' 체계를 의미한다. 실제로 Tapalova 외(2022)의 연구에서는 AI 기반 자동화 피드백 시스템이 반복-보정 학습, 자기평가 및 동기 고양, 학습자별 성장 경로 모니터링 등에 실질적으로 기여함을 실증한 바 있다.

피드백의 질과 구조는 자기주도적 학습(SRL) 능력의 근본적 발전에 직결된다. Nicol과 Macfarlane-Dick(2006)은 피드백의 7원칙 모델을 통해 효과적인 피드백이 '학습자 자기조절(self-regulation)'을 활성화함을 강조한다. 즉, 우수한 피드백은 학습자가 스스로 목표를 설정하고, 자신의 이해 수준을 점검하며, 추가 학습 방향과 전략을 설정하도록 이끈다. 디지털 시스템이 구조화된 피드백을 정교하게 제공하면 유아는 단순 지시 따르기 방식이 아니라 자기주도적 오류 보정 및 학습 경로 재설계가 가능해진다.

특히 적응형 피드백(adaptive feedback)은 유아의 이해도, 반응, 학습 진행 정보를 AI가 실시간 분석하여 각자에게 맞는 피드백 수단, 대상, 목표, 구체적인 전략을 최적의 조합으로 제공하는 것이 본질이다. 예를 들어, 학습 진도를 자동으로 추적하며 오개념이 반복될 때는 힌트 제공, 잘 이행된 작업에는 격려 메시지, 특정 개념 취약점에는 추가 자료 링크 등 다양한 피드백이 맞춤형으로 결합된다. 이러한 시스템은 유아가 자신만의 학습 오류 출현 패턴을 인식하고, 즉각적, 반복적으로 자기점검 → 수정 → 학습전략 재설계로 이어지게 한다. 딥 러닝 및 자연어처리 기반 AI의 발전은 이러한 피드백 특성을 더욱 신속하고 세밀하게 조절할 수 있게 한다(Bimba et al., 2017; Chang et al., 2023).

신경과학적 관점에서도 유아기는 외부 피드백에 의존한 행동 조정 학습이 매우 중요한 시기임이 확인된다. Meyer 외(2014)의 뇌전도 연구는 만 2.5세 유아가 피드백을 받는 동안 성인과 유사한 피드백 관련 부정성 신호(Feedback-Related Negativity: FRN)의 신경 반응을 보이며, 그 신경 차이(오답/정답에 대한 분화)가 학습 적응도와 밀접히 연관됨을 최초로 검증했다. 즉, 피드백에 대한 뇌 반응이 강할수록 반복 게임에서의 적응적 행동 조정이 더 잘 일어난다. 이는 조기 유아기에 제대로 설계된 구조적 피드백이 뇌 구조와 실행 기능, 즉 '자기조절' 역량 내재화에 핵심적 역할을 한다는 뒷받침이다.

또한 피드백의 통제권을 유아에게 부분적으로 위임(자기통제적 피드백)할 때 학습 효과가 더 향상된다는 실험 연구도 주목할 만하다. 외부 피드백을 받는 강도 및 시점을 유아가 스스로 결정할 경우, 자기조절적 동기와 학습 주체성, 오류에 대한 재구성 능력, 그리고 최종 성과가 모두 유의미하게 상승했다는 결과가 제시된다(Chiviacowsky & Wulf, 2002; Nicol & Macfarlane-Dick, 2006).

나아가 AI 기반 피드백 및 자기주도학습 촉진 전략은 최신 교육공학 논의에서 매우 중점적으로 논의되는 영역이다. Chang 외(2023)는 AI 챗봇 등을 활용할 때 단순 답변 구조를 넘어, 자기주도적 목표 설정, 자기평가, 데이터 기반 자기 피드백, 개별화된 러닝애널리틱스까지 통합된 SRL 촉진 원칙의 필요성을 제시한다. 즉, AI 시스템이 목표 전략 수립, 결과 조정, 모니터링, 자기점검 등 유아의 SRL 핵심 역량을 집중적으로 지원할 수 있도록 교사-인공지능 시스템(Artificial Intelligence System: AIS)-학습자 간의 협력 설계가 필요함을 강조한다.

세분화된 구체적인 사례와 한계도 주목해야 한다. Miller(2009)는 네 가지 유형의 컴퓨터 피드백(학습 자료 안내, 질문 재구성, 정보 추가, 정답 제공)을 적용한 컴퓨터 기반 평가(Computer-Based Assessment: CBA) 효과를 실험했고, 학생들은 전반적으로 긍정적 경험을 보고했지만, 실제 학습 촉진 효과는 유형마다 상이함을 보였다. 이는 피드백 질의 보장, 개별화 설계, 학생 참여성 반영이 중요함을 시사한다. Bimba 외(2017)의 리뷰 역시 적응형 피드백 효과가 도구의 설계 방식(학생 데이터 활용 여부, 목표의 명확성, 피드백 전달 전략)에 따라 큰 차이를 보임을 강조한다.

마지막으로, AI 기반 피드백 시스템이 교육의 형평성(equity)과 포용성(inclusion)에 악영향을 미치지 않기 위해, 문화 및 사회적 맥락, 데이터 편향 문제, 시스템 설계의 다양성과 투명성 등 다각적 배려가 필요함을 Viberg 외(2024)는 강조한다. 맞춤형 피드백 구조가 오히려 정보 빈곤층, 언어 소수, 사회적 약자에게 장애가 되지 않도록 AI-EDSS 설계 단계부터 접근성, 형평성, 프라이버시 등의 원칙이 엄격히 반영되어야 함을 시사한다.

(4) 학습 동기 및 흥미 · 참여도 고양

통합 온라인 플랫폼(온라인 학습 플랫폼과 LMS의 결합)은 학습 과정에 게이미피케이션, 멀티미디어, 상호작용적 요소(예: 실시간 퀴즈, 스토리텔링, 동영상, 시뮬레이션)를 효과적으로 융합함으로써 유아의 내재적 학습 동기, 흥미, 참여도를 비약적으로 강화한다. 이러한 요소들은 단순한 콘텐츠 다양화가 아니라 유아의 몰입(flow), 감정적 참여, 의미 생산, 그리고 사회적 상호작용까지 촉진시키는 핵심 메커니즘으로 작동한다. Meyer 외(2021)의 연구에 따르면, 인터랙티브 앱 및 플랫폼 기반 활동이 네 가지 학습의 기둥(활동성, 몰입, 의미, 사회적 상호작용) 가운데 특히 몰입과 사회적 상호작용을 효과적으로 강화함으로써 학습자의 흥미와 의욕, 참여 행동 모두에 긍정적 영향 을 미친다. 하지만 이때 질적으로 우수하고 포용적이며 발달 단계에 적합한 통합 도구의 정교한 설계가 필수적임도 동시에 강조된다(김병건, 김미정, 2020; Alotaibi, 2024).

① 게임 기반 학습과 동기 · 참여

메타분석 및 실험연구에 따르면, 게임 기반 학습(GBL)은 유아의 인지적 · 정서적 · 사회적 발달뿐만 아니라 동기, 흥미, 참여 행동의 유의미한 상승 효과를 보인다. Alotaibi(2024)는 GBL이 유아의 학습 동기와 참여도에 대해 '중간에서 높은 수준의 효과 크기'를 가지며, 이는 곧 유아가 놀이 중심·상호작용 중심 환경에서 자율적 탐색과 의미 있는 상호작용을 경험할 때 학습의 질과 몰입이 모두 강화됨을 시사한다. 구체적으로 게이미피케이션된 과제 및 플랫폼 상의 도전적 규칙, 즉각적 보상, 스토리텔링, 멀티센서리 체험 등은 유아의 내재적 동기(intrinsic motivation)와 감정적 연결(emotional engagement)을 촉진한다(Yu, Gao, & Wang, 2020).

Özhan과 Kocadere(2019)는 게이미피케이션 환경에서의 학습 흐름(flow experience)과 감정적 참여가 학습 동기와 성공의 결정적 매개변수임을 입증했다. 이 연구에 따르면, 유아가 학습 흐름 상태에 머물 때 학습 동기는 극대화되고, 이는 행동적 참여와 학습 성과 향상으로 연결된다. 학습 흐름 경험과 감정적 참여가 동기 변량의 68%를 설명하고, 이 세 요인이 학업 성공의 22%를 직접 예측하는 구조 모형을 제시한다. 즉, 유아교육에서 게이미피케이션 및 상호작용 플랫폼은 몰입과 정서적 연결을 바탕으로 동기-참여 행동-성취의 긍정적 선순환 구조를 만들어 낸다.

Pan(2023)의 대규모 분석 역시 온라인 학습 환경의 조성이 학습자의 동기와 행동적 참여를 직접적으로 강화함을 명확히 했다. 학습 동기는 플랫폼에서의 자율적 참여, 소그룹 협력, 피드백 경험 등을 통해 높아지고, 이는 유아가 수동적 학습자가 아닌 주체적 참여자로 성장하는 데 필수적이다. 플랫폼 기반 동기 고양 기제가 곧 실제 행동적 참여도의 매개자 역할을 한다는 구조 모형은 유아기 온라인 플랫폼 설계의 실제적·전략적 함의를 제공한다.

② 동기–참여 관계의 구조 및 설계적 시사점

Alemayehu와 Chen(2021)은 온라인 환경에서 동기, 자기효능감, 자기점검, 행동적 참여 간의 관계를 실증적으로 해명했으며, '동기는 참여도를 직접적으로 높이지만, 자기효능감과 자기점검을 매개로 한 간접 효과(indirect effect)가 결과적으로 더 강력함'을 밝혔다. 동영상을 활용한 실시간 상호작용이나 게이미피케이션 챌린지 등은 자기효능감을 높이고, 유아가 자기주도적 모니터링을 하게 만들어 최종적으로 행동적 학습 참여를 최대 78%까지 설명할 수 있음을 구조방정식모형(SEM) 분석으로 제시했다. 즉, 플랫폼–기반 동기유발 장치는 '즉시적 흥미'뿐 아니라 유아의 자기조절(자기감시) 역량 강화까지 촉진한다.

Meyer 외(2014)는 신경과학적 접근을 도입하여 만 2.5세 유아가 온라인 피드백–기반 게임을 수행할 때 뇌파 변화(피드백 관련 부정성, FRN)가 더 뚜렷할수록 적응적 행동 조정(behavioral adaptation)이 더 잘 나타난다는 사실을 밝혀냈다. 이는 효과적으로 설계된 게이미피케이션/상호작용 플랫폼이 곧 실제 뇌 신경-행동적 동기 시스템을 직접적으로 활성화함을 의미한다.

③ 포용성, 형평성 및 사회적 의미 확장

Viberg 외(2024)는 AI-기반 통합 플랫폼이 동기의 질 향상, 참여자의 다양성 존중, 교육의 형평성과 포용성 촉진에 기여하려면 게임/상호작용 구조가 사회적 맥락 · 문화적 다양성 및 역사적으로 소외된 집단을 반드시 고려해야 함을 강조한다. 실제로 유아교육의 게이미피케이션, 멀티미디어, 상호작용 플랫폼 설계는 콘텐츠의 난이도, 서사 구조, 인터페이스, 접근성 등에서 모든 학습자에게 공정한 기회를 제공해야만 진정한 동기 고양, 참여 증진, 의미형성이 실현될 수 있다. Viberg 외(2024)는 AI-EDSS에서 훈련 데이터의 편향, 사회문화적 맥락 누락, 시스템 설계-운영 전반에 걸친 감시와 평가의 필요성을 역설한다. 즉, 참여와 동기의 질적 향상은 포용성과 형평성이라는 디지털 교육의 새로운 윤리적 패러다임과 동행할 때 비로소 실질적 혁신으로 완성된다.

④ AI · 플랫폼 통합 유아교육에서의 실질적 구현

AI 기반 LMS와 온라인 학습 플랫폼, 그리고 AI-EDSS의 통합 활용은 유아교육의 포용성과 형평성 실현에 핵심적 역할을 수행한다. 우선 이러한 시스템은 학습자의 언어, 사회경제적, 신체적으로 다양한 배경을 데이터 기반으로 분석하여 맞춤형 개별화 학습 경로를 설계함으로써 소외 없는 포용적 교육 접근을 가능하게 한다(Hahn & Barnett, 2022). Viberg 외(2024)는 AI-EDSS가 공정성(Equity), 다양성(Diversity), 포용성(Inclusion)의 EDI 원칙에 기반해 구축될 때 모든 학습자가 자신만의 디지털 정체성과 성장 경로를 평등하게 보장받을 수 있음을 분석한다. 이는 기술적 수단이 단순히 교육 효율성을 넘어, 교육의 근본 목적 실현에 어떻게 기여할 수 있는지, 그리고 그 과정에서 '누구를 위한 기술인가'라는 질문이 반드시 함께 고려되어야 함을 일깨운다.

구체적으로 AI 및 학습 분석은 유아의 언어 사용, 사회정서적 상호작용, 신체 발달 지표 등 다차원 데이터를 실시간으로 수집 및 분석하여 발달 영역별 부진군 조기 발견과 개입, 다문화 · 다언어 배경 아동에 대한 언어 지원, 장애 · 저소득층 맞춤 지원 등 차별화된 전략을 자동화한다(Rosenberg, 2020; Souto-Manning et al., 2019). 예를 들어, AI-EDSS에서 자연어 처리, 대규모 언어모델, 빅데이터 분석이 결합될 경우, 학습 자료 기본 언어의 다양화, 현지화 및 문화화, 난이도 맞춤화 등으로 학습 '배제'를 미연에 막고, 진입장벽을 최소화하는 구조로 발전한다.

이런 기술적 기반 위에서 디지털 리터러시 역시 자연스럽게 강화된다. 유아들은 온라인 플랫폼에서 상호작용 및 협업학습, 멀티미디어 활용, 데이터 찾기, 문제 해결 등의 경험을 통해 데이터 탐색-활용-비판적 수용-프라이버시 인식 등 미래 사회의 핵심 역량을 초기에 내재화하게 된다. 권숙진(2021)은 컴퓨팅 사고력, 디지털 놀이, 촉각 미디어 등 실질적 디지털 역량 함양의 교수-학습 모델을 제안하면서 단순히 매체 익힘이 아닌 '디지털 주체성'이 곧 미래 주도성의 시작임을 강조한다. 유아교사들은 플랫폼 활용 과정에서 연령 및 발달 특성을 반영해 교수매체의 적합성, 안전성, 상호작용의 질을 세심하게 고려하는데, 이는 '미디어 교육'이 '평등한 성장 기반'이 되기 위한 실천적 조건이다(김대희 외, 2024; 안우리, 전홍주, 2019).

그러나 AI 기반 플랫폼과 EDSS가 포용 · 형평성 촉진과 함께 새로운 위험(편향, 소외, 윤리 문제)도 함께 동반함을 최근 연구들은 정말로 강조한다. Viberg 외(2024)는, ① 훈련 데이터 편향, ② 자동 의사결정의 불투명성, ③ 대상 집단의 맥락 부재 등으로 인해 기존의 불평등이 오히려 강화될 수 있음을 구체적인 사례를 들어 제시했다. 예를 들어, 언어 및 문화적 다양성, 소수집단의 지식, 목표, 가치 등이 시스템 설계나 피드백에 반영되지 않을 경우, '공정한 평등'이 아니라 '코드화된 불평등(coded inequity, algorithmic bias)'만 가중될 위험이 있다. AI 기반 학습 플랫폼이 형평성 및 포용성에 실질적으로 기여하기 위해서는 기술개발 초기 설계부터 사회기술적(socio-technical) 맥락과 문화적 다양성, 윤리 및 프라이버시, 장애 및 사회적 약자에 대한 특별 배려가 반드시 구조적으로 반영되어야 한다.

특히 여러 학자(Hahn & Barnett, 2022; Nolan & McBride, 2014; Souto-Manning et al., 2019)는 다문화, 다언어, 소외계층에 대한 실질적 포용을 위해 교사-가정-지역사회 협력, 현지화 · 문화화된 교수전략, 반차별 및 인간 중심 교육과정 구성의 중요성을 재차 강조한다. AI-EDSS의 예측/분석 기능이 자율성, 정체성, 놀이 중심, 상호 존중, 공간적 · 문화적 맥락과 긴밀하게 연결되어야 하며, 교사-학부모-아동의 실제 삶과 요구에 일방적으로 기술을 강요(techno-solutionism)하기보다는 현실성 있는 '공감과 실천'을 병행해야 한다는 것이다.

마지막으로, 보편적 · 공공적 디지털 환경에서 포용적 평등성과 디지털 리터러시가 동시에 강화될 때 유아들은 단순한 기술 사용자가 아니라 자기주도적 디지털 시민으로 성장할 수 있는 첫걸음을 내딛을 수 있다.

4. 앱 기반 학습 도구의 장단점 및 실제 수업 활용 방법

디지털 기술이 유아교육 분야에 본격적으로 도입되면서 앱 기반 학습 도구는 유아들이 보다 효율적이고 재미있게 학습할 수 있도록 돕는 중요한 도구로 자리 잡았다. 앱 기반 학습 도구는 아이들의 관심과 참여를 유도하며, 개인화된 학습 경험을 제공하는 동시에 교사의 수업 관리를 더욱 효율적으로 만들어 준다. 하지만 이러한 도구가 가져오는 이점만큼 몇 가지 단점도 존재한다. 이번 절에서는 앱 기반 학습 도구의 장단점을 살펴보고, 유아교육 현장에서 이것들을 어떻게 효과적으로 활용할 수 있을지 구체적인 활용 방법을 제시하고자 한다.

1) 앱 기반 학습 도구의 장점

앱 기반 학습 도구는 다양한 기능과 특성 덕분에 유아교육에 매우 유용하다. 이 도구는 디지털 기술을 활용하여 몰입도 높은 학습 경험을 제공하며, 개인화된 학습을 가능하게 한다. 앱 기반 학습 도구의 장점은 다음과 같다.

(1) 인터랙티브하고 몰입감 있는 학습 경험

앱 기반 학습 도구의 가장 큰 장점은 유아들이 직접 화면을 터치하거나 드래그하는 등 인터랙티브한 방식으로 학습 활동에 참여할 수 있다는 점이다. 이러한 상호작용 구조는 유아의 능동적 참여(active engagement), 몰입, 그리고 즉각적 피드백을 유도하며, 학습 과정 전반에 긍정적 영향을 미친다. Meyer 외(2021)는 대표적 어린이 교육 앱을 대상으로 네 가지 학습의 기둥(활동성, 몰입, 의미 구축, 사회적 상호작용)을 적용해 분석한 결과, 인터랙티브 요소가 유아의 몰입도와 주의 집중에 직접적으로 기여함을 실증적으로 밝혔다. 특히 게이미피케이션 요소(문제 풀이, 즉각적 보상, 체계적 도전 과제 등)는 유아가 문제를 즐기듯 풀면서 성취감과 의욕을 경험하도록 설계된다(정현주, 2018; 신일기, 최윤슬, 2015).

이러한 인터랙티브 환경은 단순히 정보 전달을 넘어서 반복학습(repetitive learning)과 자기주도적 시도(self-directed attempts)를 유도함으로써 유아의 기억력 강화 및 심층 학습에 긍정적 역할을 한다. Li 외(2024)는 디지털 게임 기반 학습이 '학습 동기'와 '몰입'의 매개효과를 통해 학습자의 실질적 참여와 성취도를 향상시키며, 몰입감 높은 디지털 환경이 문제 해결 능력, 인지적 지속성, 실제 학습 행동에 이르는 긍정적 선순환을 촉진할 수 있음을 새롭게 제시한다. 또한 게임형 앱에서의 다양한 미션, 과정 내에서의 즉각적 피드백, 성과에 기반한 보상 구조 등은 유아가 놀이를 즐기는 감각으로 학습에 반복적으로 참여하게 하며, 이는 장기기억 및 인지적 자발성에 매우 중요한 역할을 한다(김경록 외, 2011; 김정현 외, 2011; 신일기, 최윤슬, 2015).

앱 기반 상호작용의 효과는 특수 학습자(Special Educational Needs: SEN) 집단에서도 두드러진다. Ugalde 외(2021)에 따르면, 인터랙티브 학습 환경은 취약군 아동의 학업 참여도, 인지적 기능, 도구적 학습(예: 읽기, 쓰기, 수 개념)에까지 통계적으로 유의미하게 긍정적 효과를 미친다. 이들은 앱 기반 상호작용 요소가 포용적 학습 체계 구현, 즉 모든 아동에게 맞춤형·능동적 활동 기회를 제공함으로써 전통적 교수법의 한계를 극복한다고 보고했다(김병건, 2020).

그러나 앱의 모든 상호작용이 실제로 '질 높은 몰입 경험'을 제공하는 것은 아니다. Meyer 외(2021)는 실제 상용하는 앱 다수가 몰입(기둥 2) 및 학습적 의미(기둥 3) 영역에서 낮은 평가 점수를 받았음을 지적했고, 이는 개발 단계에서 발달과학에 기반한 설계와 잡음 없는 상호작용 구조가 얼마나 중요한지를 보여 준다. 특히 무료 앱은 광고, 본질적이지 않은 시각·음향 자극 등 산만한 요소가 많아 몰입도와 학습 효과가 저하될 수 있다. Kolak 외(2020) 역시 앱의 질 평가에서 효과성, 효율성, 학습 가능성, 사용자 만족도 등 다양한 하위 차원을 고려해야 하며, 단순 인터랙션 빈도보다 실제 교육적 잠재력이 중요함을 강조했다.

나아가 Nolan과 McBride(2014)는 게임 기반 학습(DGBL)에서 자율성, 플레이 경험, 유대감(affinity), 공간적 맥락 등의 요소가 유아기 교육과정에서 그려 내는 비형식적·포용적 배움의 중요성을 강조했으며, 표준화된 평가나 단순히 효율 모델만으로는 앱 기반 몰입 경험의 전면적 가치를 포착하기 어렵다고 주장한다.

마지막으로 앱 기반 인터랙티브 학습 경험을 모든 유아가 동등하게 누리기 위해서는 사회경제적 배경, 언어와 문화의 다양성, 디지털 소외 등 포용성 이슈 역시 반드시 함께 고려해야 한다. Viberg 외(2024)는 AI 및 학습 분석 기반 시스템이 교육의 포용성과 형평성을 실제로 증진하려면 앱 설계와 개발, 데이터 훈련, 평가의 전 과정에 걸쳐 사회기술적(socio-technical) 맥락과 다양한 유아의 요구가 반영되어야 함을 강조했다. 그리하여 진정한 몰입 및 인터랙션이 모든 배경의 유아에게 실질적 학습 기회와 주체성을 보장할 때 비로소 의미를 갖는다.

(2) 개인화된 학습 경로 제공

앱 기반 학습 도구는 유아 개개인의 학습 수준, 속도, 선호도를 세밀하게 반영하여 맞춤형 학습 경로를 제공하는 데 탁월한 강점을 지닌다. 특히 AI 기술과 학습 분석의 결합으로 앱은 유아의 실시간 학습 데이터를 분석하고, 이를 바탕으로 즉각적이고 적응적인 콘텐츠를 제공함으로써 개인화 학습의 핵심 기능을 구현한다. 예를 들어, 수학 앱에서는 유아가 복잡한 문제에서 어려움을 겪으면 문제 난이도를 자동으로 조절하거나 반복학습 기회를 증진시켜 유아가 스스로 주도적으로 실수-성장-도전의 고리를 경험하도록 설계한다. 이러한 경험은 유아의 자기주도적 학습습관은 물론, 학습 동기 및 탐구심까지 지속적으로 고양시키는 원동력이 된다.

① AI 기반 개인화

AI 및 러닝애널리틱스는 학습자별 데이터 프로파일링(individual learner profiling), 실시간 적응형 콘텐츠(adaptive content), 즉각적 맞춤 피드백(personalized feedback)을 가능하게 한다. Castro 외(2024)는 AI 기반 개인화 학습의 주요 동인을, ① 학습자 특성 진단, ② 콘텐츠 및 교수전략 맞춤화, ③ 평가 및 피드백 체계화, ④ 유저 인터페이스 및 접근성 최적화 등으로 제시하며, AI 자동화가 능동적 · 반응적 개입을 통해 최적의 학습 경험을 제공한다고 분석한다.

실제로 Outhwaite 외(2018)는 4~5세 유아를 대상으로 한 대규모 무작위 통제 실험(Randomized Controlled Trial: RCT)에서 구조화되고 인터랙티브한 수학 앱이 개인별 맞춤 문제 제시와 단계적 난이도 조절을 통해 표준적 수학 활동 대비 유의미하게 높은 성취 향상을 유도함을 실증했다. 그 결과, 앱 도입군은 기본 연산, 개념 이해, 복합적 문제 해결 등 광범위한 수학 영역에서 개인화 학습이 효과적으로 실현됨을 보여 주었고, 이러한 적응형 지원이 '평균적' 접근을 넘어 각 유아의 성장 경로 다양성을 최대한 존중하는 혁신임이 밝혀졌다.

Kim 외(2021)의 메타분석 결과도 모바일 기반 앱 개입이 유아의 수학, 문해력에서 +0.31 표준 편차(Standard Deviation: SD)의 학업 효과를 보였으며, 특히 학령기 전(前) 연령에서 효과 크기가 가장 뚜렷하게 나타났다. 이는 개인화 학습 경로와 발달 단계 맞춤형 콘텐츠가 긍정적 성취와 직결됨을 뒷받침하는 근거다. 또한 AI 맞춤형 시스템은 발달지연, 다문화 및 다언어, 특수교육 대상 아동에게도 실질적 학업 참여(instrumental learning)와 인지발달 개선(cognitive skill gains)을 보고하고 있다.

② 포용성, 형평성, 그리고 품질 보장

AI 및 앱 기반 개인화가 포용성(equity & inclusion)을 실질적으로 지원하려면 단순한 데이터 분석을 넘어 사회기술적 프레임과 문화적 맥락, 다양하고 역사적으로 소외된 집단의 요구까지 충분히 반영되어야 한다. Viberg 외(2024)는 AI-EDSS 설계, 운영, 평가의 전 과정에 교육적 형평성, 데이터 편향 점검, 다양한 학습자(언어/문화, 장애, 저소득층 등)의 실제 삶과 목표가 실질적으로 내재화되어야 함을 강조한다. 앱이 제공하는 개인화 경로가 모든 유아에게 공정하고 포용적이어야 한다는 사회적 책임은 AI 개발 및 활용의 원칙적 조건으로 강조되고 있다.

이때 앱 품질과 설계의 완성도는 매우 중요하다. Meyer 외(2021)는 실제 앱의 교육 효과가 설계 수준(상호작용, 참여 유도, 의미, 사회성 등 네 가지 학습)의 기둥에서 크게 다름을 밝혀냈으며, 질적으로 낮은 앱은 오히려 개입 효과가 미미하거나 부정적일 수 있음을 경고한다. Kolak 외(2020)가 개발한 앱 평가도구는 유아 발달 이론과 실제 이용 데이터에 기반하여 앱의 기능적(맞춤성, 평가-조절, 인터페이스 등) · 미적(디자인, 접근성) 품질을 세밀하게 분석함으로써 양질의 맞춤화는 곧 실질적 교육 잠재력임을 강조했다.

③ 실제적 실천과 한계

유아교육 현장 및 가정의 양쪽에서 앱을 통한 개인화 경로 지원은 기술적 가능성뿐만 아니라 교사의 교수-학습 설계 역량과 가정의 디지털 문화 및 지도력까지 유기적으로 작동해야 최대 효과를 발휘한다(김병건 외, 2020; Plowman, Stephen, & McPake, 2010). 앱이 제공하는 피드백과 적응 구조를 교사와 보호자가 함께 해석 및 보완할 때 유아의 자기주도성, 도전 정신, 긍정적 피드백 경험이 실제 인지 및 사회정서의 성장으로 연결된다(Hatch, 2010; Piasta et al., 2015).

AI 기반 개인화의 한계로는 데이터의 편향성과 평가 기준의 불균등, 프라이버시 보호 및 윤리 이슈, 기술 접근성의 격차 등이 존재한다. 특히 무료 앱과 유료 앱 간의 '교육적 품질' 격차가 존재할 수 있어 공공적 품질 관리와 포용적 접근 보장책이 병행되어야 한다.

(3) 언제 어디서나 가능한 학습

앱 기반 학습 도구의 가장 큰 강점 중 하나는 스마트폰이나 태블릿 PC와 같은 모바일 기기를 통해 언제 어디서든 학습이 가능하다는 점이다. 이는 전통적으로 학교, 교실이라는 물리적 공간과 정해 둔 시간에 국한되던 유아교육 패러다임을 넘어 유연한 학습 환경과 자기주도적 탐색의 가능성을 현저히 확장한다. 유아는 집, 도서관, 이동 중, 방과 후 등 다양한 맥락에서 자신의 학습 스타일과 생활 리듬에 맞추어 학습 활동에 접근할 수 있고, 교사와 학부모 또한 시공간을 초월하여 교육적 지원과 상호작용을 제공할 수 있다. 이러한 시공간의 유동성은 특히 원격 학습, 가정 기반 학습, 돌봄 사각지대 아동의 학습권 보장 등에서 탁월한 교육적 잠재력을 보여 준다(김경록 외, 2011; 정현주, 2018).

① 자기주도적 학습과 학습 시공간의 유연성

앱 기반 학습 환경은 유아들에게 자기주도적 학습을 자연스럽게 촉진할 수 있는 구조를 제공한다. 유아들은 자신의 흥미와 필요, 집중도, 신체 상태(피로도, 각성도 등)에 따라 능동적으로 학습 시간과 장소를 선택 및 조정할 수 있다. 이는 기존의 교사 중심 일률적 시간표에서 벗어나 학습자의 주도성, 자율성, 참여도를 극대화하는 핵심 요인으로 작용한다(민윤숙 외, 2019). Outhwaite 외(2018)는 앱 기반 수학 활동이 교사 주도 및 소집단 방식만큼이나 유아가 개별로 원하는 시간에 반복적으로 접근할 수 있어 학업성취도가 유의미하게 향상됨을 실증했다. 즉, 앱은 일대일 맞춤 수업을 시공간의 제약 없이 구현하며, 이는 유아기의 제한된 주의 및 에너지 역량, 개별적 발달차를 존중하는 매우 효과적인 접근 방법임을 시사한다.

Kim 외(2021)의 메타분석 역시 앱 기반 학습의 자기주도적 사용 가능성이 실제 수학·문해력 성취도 효과에 중요한 매개변수임을 밝혔다. 연구자들은 학령기 전 연령에서 주체적 접근성이 클수록 앱 개입 효과가 두드러지는 경향이 있음을 분석했다.

② 학부모 및 교사의 역할, 가정-학교 연결의 강화

언제 어디서든 사용 가능한 앱 기반 도구는 가정 내 학부모의 자녀 학습 지원 및 학교 밖 교육 연계 기회를 비약적으로 확장시킨다. 학부모는 앱 제공 진도, 기록, 피드백 데이터를 바탕으로 자녀의 학습 상태와 과제 달성도를 쉽게 파악할 수 있으며, 필요에 따라 맞춤형 격려나 반복학습 기회를 제공할 수 있다. 이는 단순히 '학습 보조' 기능을 넘어 학부모가 자녀의 학습 역량 발달, 태도, 자기주도성 증진에 실질적으로 기여할 수 있음을 의미한다.

동시에 교사는 앱 데이터를 통해 유아가 가정 또는 기타 장소에서 학습한 결과를 실시간으로 확인하고, 학교 및 교실 수업과의 연계, 개별 맞춤 지도 설계, 강약점 피드백 제공 등 가정-학교 연결(bridging home and school)을 강화할 수 있다. Kolak 외(2020)는 앱 내 진도 기록과 시각화 툴이 교사와 가정 모두에 '효율적 학습 진단, 지원, 계획'의 실질적 인프라를 제공한다는 점을 강조했다.

③ 시공간 유연성의 교육권 확대

앱 기반의 학습 환경은 언제 어디서나 접근이 가능하다는 특성 덕분에 교육의 형평성과 포용성을 실현하는 데 핵심적인 의미를 지닌다. 기존의 오프라인 중심 교육은 교실 접근의 제약, 교통 문제, 감염병 위기 상황(예: 코로나19), 돌봄의 불균형 등으로 인해 사회적 약자에게 구조적인 불이익을 초래해 왔다. Viberg 외(2024)는 AI와 앱 기술을 활용한 학습 도구가 시공간의 제약을 넘어 다언어 사용 아동, 저소득층 유아, 장애 아동, 이동 가정의 아동 등 다양한 학습자에게 개별화되고 포용적인 교육 기회를 실질적으로 제공할 수 있음을 강조한다. 이는 유아가 출신 지역이나 사회경제적 배경에 관계없이 평등한 발달 기회를 보장받을 수 있는 교육적 기반을 마련하는 것이다. 더불어 학습 데이터를 자동으로 분석하여 제공되는 맞춤형 피드백은 특수교육 대상, 결혼이주민 및 다문화 가정 아동과 같은 취약 계층이 자신의 속도에 맞춰 반복적이고 심화된 학습을 수행할 수 있도록 돕는다. 이러한 특성은 학습 주체로서의 자율성을 강화하고, 교육과정에서의 사회적 배제 문제를 완화하는 새로운 교육적 가치를 창출한다(Ugalde et al., 2021).

2) 앱 기반 학습 도구의 단점

앱 기반 학습 도구는 유아교육에 큰 장점이 있지만, 그에 따른 몇 가지 단점도 존재한다. 이를 이해하고 적절한 사용 방안을 마련하는 것이 중요하다.

(1) 과도한 스크린 타임의 문제

앱 기반 학습 도구의 활용이 유아기의 인지적·정서적·사회적 성장에 긍정적 효과를 가져올 수 있음에도 불구하고, 과도한 스크린 타임(excessive screen time)은 다양한 부정적 영향을 유발할 수 있다는 점에서 우려의 목소리가 지속적으로 제기되고 있다(김병건, 2024). 유아는 신체·두뇌 발달이 매우 활발한 시기에 있기 때문에 장시간 화면 노출로 인한 부작용은 성인에 비해 더욱 두드러질 수 있다.

① 인지발달 및 지능 저하

실제 종단연구에서는 과도한 화면 노출이 유아의 인지발달 저해 및 전반적 지능 저하와 유의미하게 연관되어 있음이 확인되었다. Zhao 외(2022)는 영유아를 대상으로 6년간 추적한 결과, 초기(36개월)부터 높은 수준의 스크린 타임을 유지한 집단과 36개월 이후에 급격히 증가한 집단 모두 만 6세 시점에서 전반적 지능지수(Full-Scale IQ) 및 인지효율성(cognitive proficiency index) 점수가 유의미하게 낮게 나타났고, 사회정서적 어려움 점수도 높아진다고 보고했다. 즉, 장기간의 과도한 화면 노출이 유아기의 핵심인 두뇌발달, 주의력, 실행 기능(executive function) 및 사회정서 건강에까지 부정적 영향을 미칠 수 있음을 시사한다. 이 연구에서 만성적 초기 노출군(early increasing)의 경우, 표준화된 지능검사에서 −6.68점에서 −10.56점 감소, 사회정서문제 점수에서는 2.62점 증가라는 유의미한 차이가 집계되었다.

② 언어, 의사소통 및 학습 역량 저하

유아의 언어발달 또한 장기간의 과도한 화면 노출의 직접적 영향을 받는다. Duch 외(2013)의 연구에 따르면, 일일 2시간 이상 화면에 노출된 영유아는 의사소통 점수(communication scores)가 낮아질 확률이 현저히 높았으며, 특히 교육 목적이 아닌 단순 시청(예: TV, 영상)에 더 취약했다. 이는 음성 · 신체 상호작용 빈도가 화면 시청 시간 증가와 비례해 줄어들기 때문에 유아기 언어 · 사회적 능력 성장이 저해될 수 있음을 보여 준다(이윤경, 2011).

③ 사회성 및 정서 조절력 약화

장기간 과도한 화면 노출이 유아의 사회성 기술(social skills) 및 적응 행동에도 부정적 영향을 미칠 수 있다. Hinkley 외(2018)는 2~5세 아동에게서 TV나 동영상 시청 시간이 늘수록 순응적 행동(compliant scores)이 낮아지는 역상관 관계를 발견했으며, 사회적 표현 · 적응 행동 전반에도 불리하게 작용함을 밝혔다. 반면, 실외 신체 활동(outdoor play) 시간이 많을수록 사회성 지표가 향상되는 양상을 나타냈다.

특히 화면 기반 활동이 친구, 가족과의 실제 상호작용 기회를 감소시켜서 공감 능력, 규칙 인지, 감정 조절력 등 미래 사회생활에 중요한 사회성의 발달을 저해할 수 있다는 점이 문제로 지적된다(이윤경, 2011).

④ 신체 활동 저하 및 운동능력 저하

앱 기반 학습 도구를 활용하더라도 '앉아서 사용하는' 시간이 잦고 길어지면 유아의 신체 활동 부족 및 운동능력 저하로 이어질 수 있다. Felix 외(2020)는 27개 유치원, 926명의 아동을 대상으로 한 조사에서 과도한 화면 사용군에서 운동능력 저하 위험이 72% 증가했다고 보고했고, 스크린 기반 좌식(screen-based sedentary) 행동이 지속될수록 신체 활동 관련 지표가 나빠진다고 밝혔다. 실제로 이 연구에서 장시간 미디어 노출군은 저운동 능력군에 속할 확률이 통계적으로 크게 높았다.

또한 Lanningham-Foster 외(2006)의 실험에서는 정적인 화면 활동(앉아서 하는 게임, TV 시청)은 에너지 소비량(energy expenditure)이 매우 낮고, 이는 오랜 시간 지속될수록 아동 비만 위험성, 근골격 발달 지연, 심혈관계 건강 악화 등 부가적 건강 문제로 연결될 수 있음을 시사한다.

⑤ 시각 건강 및 전반적 웰빙 악화

유아기의 눈 발달 과정에서 과도한 화면 주시는 시각 피로, 안구건조증, 근시 진행 촉진 등 생물학적 건강 문제를 유발할 수 있다. Byrne 외(2021)의 체계적 문헌고찰에서는 스마트폰, 태블릿 PC 등 개인형 디지털 기기 사용이 영유아기에 일반화되는 추세임을 강조하며, 화면 노출량과 시각 건강 발달 사이의 관계를 신뢰도 높게 측정해 제시할 수 있는 더 정교한 측정도구 및 정책 가이드라인 마련의 필요성을 지적했다.

⑥ 형평성과 포용성 측면의 위험

Viberg 외(2024)는 AI 및 앱 기반 학습 환경이 모든 유아에게 균등한 성장의 기회를 보장한다는 이상적 목표와 달리, 소외계층의 유아일수록 돌봄 및 감독 부재 등으로 인해 오히려 과도한 화면 노출 위험군에 포함될 수 있음을 경고했다. 따라서 AI 기반 앱 설계 및 정책 결정, 모니터링 체계 전반에서 디지털 웰빙(digital well-being), 사회기술적 위험 평가, 현장 맥락화(특히 취약군, 특수아동, 저소득층 등) 전략이 반드시 병행되어야 함을 강조한다.

(2) 기술의 의존성

앱 기반 학습 도구는 유아교육의 혁신적 도구임과 동시에 지나친 활용이 가져올 기술 의존성 문제에 대한 우려도 동시에 제기되고 있다. 특히 유아가 앱에서 제공하는 디지털 콘텐츠에만 의존하게 될 경우, 실제 세계의 다양한 경험이나 비기술 기반 교육방법을 소홀하게 될 위험이 있다. 이런 경향이 심해질 경우, 유아의 인지 · 사회 · 정서 · 신체 발달에 한계점이 발생할 수 있다는 점에서 균형 있는 접근의 필요성이 학계와 현장 모두에서 강조되고 있다.

① 인지 및 사회정서 발달의 한계

최근 종단연구에 따르면, 앱 및 디지털 매체 중심의 학습과 놀이에 과도히 노출될 경우에 유아의 인지적 성장 및 사회정서 기능 발달에 부정적 영향이 나타날 수 있다. Zhao 외(2022)는 6~72개월 영유아의 장기간 화면 노출군에서 전체 지능지수 및 인지효율성 지수의 감소, 사회정서적 어려움의 증가가 통계적으로 유의미하게 관찰된다고 보고했다. 특히 초기부터 높은 기술 노출에 유지된 군과 만 3세 전후에 급격히 노출된 군 모두 만 6세에서 −6.68점에서 −10.56점 수준의 IQ 저하와 2.62점의 사회정서 어려움 상승을 보였다.

이는 앱 기반 환경에만 지나치게 의존할 경우, 감각적 · 신체적 자극, 실시간 상호작용, 맥락적 문제 해결, 창의적 탐색 등 실제 세계 경험의 부족이 전인적 발달 저해로 이어질 수 있음을 보여 주는 실증적 근거다. Duch 외(2013)의 연구에서는 일일 2시간 이상 화면 기반 기술에 노출된 유아는 의사소통 평가 점수가 낮고, 아동지향적 미디어 노출이 오히려 언어발달에 부정적 영향을 미칠 수 있음을 밝혔다. 즉, 기술 중심 환경이 애초에 기대했던 것만큼 언어 학습 및 소통 능력 성장으로 자연스럽게 연결되는 것이 아님을 알 수 있다.

② 사회적 상호작용 및 창의적 문제 해결력 저하

앱 기반 도구의 장기적 · 고집적 사용은 유아의 사회적 상호작용 능력 및 창의적 문제 해결력의 발달을 제한시킬 수 있다. Hinkley 외(2018)는 TV나 비디오 등 스크린 기반 활동이 많을수록 유아의 순응 행동(compliant score)과 사회성(adaptive social behavior)이 의미 있게 저하됨을 확인했다. 반대로 실외 신체 놀이/상호작용이 많을수록 사회성 지표가 높아지는 현상이 관찰되어 실제 동적 활동과 사회적 경험의 필요성을 강조한다. 창의적 문제 해결 역시 최초의 경험, 탐색, 자유 놀이에서 비롯되는데, 기계적으로 지시 및 제공되는 앱 환경이냐, 혹은 직접 주변 세계와 상호작용하느냐에 따라 질적으로 차등적 효과가 나타난다.

③ 신체 경험 및 운동능력 저하 우려

기술 기반 학습에 대한 의존이 심화될수록 신체 활동 기회 감소, 운동능력 저하, 좌식 행동 증가 문제가 반드시 동반된다. Felix 외(2020)는 과도한 화면 노출군에서 운동능력 위험이 72% 증가했음을 실증적으로 보여 줬고, Lanningham-Foster 외(2006)는 정적인 화면 활동에 머무를 때 에너지 소비량이 극히 낮아져 유아 비만 및 근골격계 발달 지연의 위험성이 높아진다고 경고했다. 이는 '앱 활동 자체로 공부한다'는 논리가 오히려 신체적 기초체력과 건강 성장의 걸림돌이 될 수 있음을 시사한다.

④ 실제 경험 및 다양한 교수-학습 방법의 소홀 위험

앱은 본질적으로 매개 기술이자 하나의 도구로 설계되어야 함에도 앱 중심 환경에 지나치게 의존할 경우, 유아가 다양하고 실제적인 경험(자연 체험, 사회적 놀이, 실험, 토론 등)으로부터 소외될 수 있다. Undheim(2021)의 리뷰에서는 디지털 기술도 실제 놀이 및 탐색 경험의 일부로 통합될 때 효과가 크며, 기술 활용은 교사의 판단, 교육철학, 교육적 맥락에 맞춘 균형적 설계가 핵심임을 지적한다. 즉, 앱이 단독적·폐쇄적 학습 환경으로 전락할 경우 전인적 성장 저해라는 구조적 부작용이 불가피함을 환기한다. Hatzigianni와 Kalaitzidis(2018) 역시 교사 및 보호자의 역량과 교육관이 기술 활용의 질적 차이를 만들며, 융통성 있는 교수 전략과 더불어 실제 세계 경험을 통합할 필요성을 강조한다.

⑤ 형평성, 포용성 및 사회적 책임

AI 및 앱 기반 학습에서의 기술 의존성은 특정 집단 및 가정 환경에 따라 교육 형평성 문제 또한 심화시킬 수 있다. Viberg 외(2024)는 AI-EDSS의 설계, 배포, 활용 평가에서 사회기술적 관점이 반드시 내재되어야 한다고 주장했으며, '기술 도구가 누구를 위한 것인가' '그 활용 목적과 영향이 누구에게 돌아가는가'에 대한 비판적 사고 없이 기술만을 강조할 경우에는 사회적 취약군 아동이 오히려 수동적 학습자 혹은 디지털 소외계층으로 전락할 수 있다고 경고한다. 따라서 앱 활용의 철학과 실천이 개인의 맥락, 문화, 사회구조에 긴밀히 조응해야만 진정한 교육 혁신과 평등이 가능하며, 이는 모든 유아가 실제 세계 경험, 상호작용, 자기주도성, 창의력 등의 다양한 성장 기회를 균형 있게 누릴 권리와도 직결된다.

⑥ 결론 및 균형적 방향성

앱 기반 학습 도구는 유아에게 풍부한 학습 기회와 개별화 지원이라는 혁신을 제공하는 동시에 기술 의존성 심화라는 새로운 위험을 내포한다. 지나친 앱 의존은 실제 세계 경험,

사회적 상호작용, 창의적 문제 해결, 신체 활동 등 전인적 성장 영역을 저해할 수 있으므로 가족 · 기관 · 사회 차원의 균형적 접근이 요구된다. 최적의 활용을 위해서는 앱을 도구로 간주해 다양한 교수법, 실세계 경험, 사회적 놀이와 결합하는 혼합형 · 융합형 교육 전략이 필수다. 아동의 발달 단계, 가정 및 사회문화 맥락, AI 및 디지털 기기 설계의 한계 및 위험 등을 충분히 평가하여 교사와 보호자, 정책 설계자 모두가 능동적, 비판적으로 기술을 운용할 책임이 있다.

(3) 개인정보 보호 문제

앱 기반 학습 도구는 맞춤형 학습 경로를 제공하기 위해 유아의 방대한 데이터(학습 이력, 상호작용 패턴, 생체 신호, 위치 정보 등)를 수집 및 분석한다. 이러한 데이터 활용은 AI, 학습 분석, 추천 시스템 등 최신 기술 발전과 맞물려 교육 혁신의 핵심 동력으로 부상하고 있다. 그러나 동시에 유아 및 보호자의 민감한 개인정보가 적절히 보호 및 관리되지 않을 경우, 심각한 정보 유출 및 악용, 나아가 디지털 불평등과 윤리적 위협으로 이어질 수 있다는 위험이 대두되고 있다.

① 민감 정보의 과잉 수집과 불충분한 보안 조치

앱 기반 도구는 자체적으로 또는 제3자(외부 분석 플랫폼, 광고주 등)와 연계해 개인정보를 방대한 규모로 수집한다. 최근 모바일 헬스앱과 유사한 데이터 기반 교육 앱의 프라이버시 정책 연구에 따르면, 전체 앱 중 70%만이 프라이버시 정책을 갖추고 있었고, 87%는 사용자 데이터(위치, 행동 등)를 제3자와 공유하는 것으로 드러났다. 특히 52%만이 사용자의 명시적 동의를 요구했으며, 일부 앱은 동의 이전부터 이미 데이터를 수집하고 있는 문제점도 발견되었다(Alfawzan et al., 2021). 이는 유아의 개인정보가 보호받지 못할뿐더러, 학부모와 교사가 데이터가 정확히 어떻게 사용, 저장, 유통되는지 실질적으로 파악하기 어렵다는 점을 의미한다.

암 진단 · 관리 앱 역시 29%가 프라이버시 정책 부재, 39%가 매우 낮은 프라이버시 평가(50점 미만/100점)를 나타냈다(Benjumea et al., 2019). 즉, 다양한 교육 · 건강 목적의 앱 전반에서도 개인정보 보호의 제도 및 기술적 미비점이 구조적으로 드러나고 있음을 알 수 있다.

② 데이터 유출 및 악용의 실제 가능성

시장 조사 결과, 모바일 건강 · 피트니스 앱 사용자들의 개인정보가 실질적으로는 거의 보호되지 않거나 제3자 업체에 무방비로 노출되고 있음이 지적된다(McCarthy, 2013). 이는 단순히 정보 유출 위험을 넘어 영유아의 장기적 성장과 미래 기회(교육, 건강, 보험, 금융 등)에 지속적 영향을 미치는 디지털 프로파일링 및 감시 자본주의의 기반이 된다. 디지털 네이티브 세대인 유아의 개인정보가 조기부터 빅데이터 자산으로 누적될 경우, 해당 데이터가 영구적으로 추적(디지털 도식, digital dossier)되어 성인기 이후까지 편견, 차별, 불공정한 알고리즘 평가 등에 활용될 위험이 상존한다(Montgomery, Chester, & Milosevic, 2017).

특히 AI · 딥 러닝 기반 자동화 시스템에서 학습 데이터의 윤리적 관리 미흡은 편향(bias), 소외군 차별, 사회적 불평등 심화를 초래할 수 있다(Viberg et al., 2024). AI-EDSS 운용 시 적절한 개인정보 보호가 이루어지지 않으면 유아의 사회 · 문화적 맥락이나 취약계층 특성이 올바르게 반영되지 않고 오히려 불이익이 강화될 수 있음을 주의해야 한다.

③ 소외계층 · 취약 아동의 디지털 웰빙과 형평성

AI · 빅데이터 시대에 개인정보 보호 문제는 단순한 기술적 이슈에 그치지 않고, 교육 형평성, 포용성, 사회정의의 관점에서 재해석되어야 한다. Viberg 외(2024)에 따르면, AI-EDSS 및 앱 기반 시스템의 설계, 평가, 활용 전 과정에서 '어떤 집단의 자료가 우선시되는가' '누구를 위해, 누구의 목표를 위해 데이터가 쓰이는가'라는 사회기술적 · 문화적 맥락이 반드시 반영되어야 하며, 그 과정에서 역사적으로 소외된 집단(저소득, 다문화, 장애 등)을 위한 맞춤형 보호 조치가 필수적이다.

Montgomery 외(2017)는 아동에게 지나치게 이른 시기에 형성되는 '디지털 도식'이 교사 및 가정의 관리 역량이나 법이나 정책 수준에 따라 심각한 격차를 초래할 수 있음을 지적한다. 유럽연합(EU)의 「일반 개인정보보호법(General Data Protection Regulation: GDPR)」 등 국제적 규제가 등장했음에도, 실제 현장 앱에서 아동 및 청소년의 프라이버시 보장은 여전히 기대 수준에 훨씬 못 미친다는 평가가 주를 이룬다(Alfawzan et al., 2021; Benjumea et al., 2019; McCarthy, 2013).

④ 교사 및 학부모의 역할과 정책적 대응의 중요성

앱 사용 시 교사와 학부모는 제공 정보, 동의서, 데이터 활용 내역 등을 비판적으로 확인하고 신중히 승인해야 하며, 개인정보 활용 목적, 범위, 보관 기간, 외부 유통 여부 등 핵심 사안을 정확히 인지해야 한다. 하지만 실제로 많은 사용자(특히 미성년자, 보호자)는 앱이 제시하는 프라이버시 정책의 세부 내용을 충분히 숙지하지 못하는 한계가 있다. 이에 따라 공공기관 차원의 정책적 가이드라인 강화, 앱스토어 및 교육기관의 필수 평가 기준 도입, 개발사 및 제공자의 윤리적 책임 강화가 필수적이다.

Viberg 외(2024)는 AI 기반 교육 도구의 개인정보 보호 및 윤리성 평가를 '단편적 법적 준수'가 아닌, 전체적 맥락의 문화 · 사회 · 기술 융합적 관점(holistic socio-technical and cultural perspective)에서 재설정할 것을 제안한다. 이는 단순히 암호화, 동의서 제공의 기술적 '체크리스트'를 넘어 데이터 기반 교육 혁신이 궁극적으로 '누구에게, 어떤 교육적 가치 및 권리를, 어떤 윤리 기준에 따라 제공할 것인가'를 중심 과제로 삼아야 한다는 정책적 원칙이다.

(4) 앱 기반 학습 도구가 갖는 학습 깊이의 한계와 가능성

앱 기반 학습 도구는 유아에게 개별 맞춤형 학습, 높은 몰입도, 반복학습의 기회 등 여러 긍정적 특성을 제공한다. 그러나 기존의 상업용 앱의 다수는 단기적 목표 달성과 즉각적 보상(reward system)의 구조에 집중하여 깊이 있는 사고나 핵심 개념의 원리적 · 통합적 이해 촉진에는 뚜렷한 제약점이 반복적으로 지적되어 왔다.

① 상용하는 앱의 깊이 있는 학습 품질

Meyer 외(2021)는 유아용 앱 100종(최다 다운로드 인기 앱 및 실제 다수의 유아가 사용하는 앱)을 네 가지 학습의 기둥, 즉 ① 활동성, ② 몰입, ③ 의미 구축, ④ 사회적 상호작용을 기준으로 코드화해 정밀 분석했다. 연구 결과, 전체 앱의 심층적 학습 품질이 네 가지 영역 모두에서 전반적으로 낮았으며, 특히 무료 앱은 '주의 집중'과 '전체 평균' 지수가 유의미하게 저조했다. 이는 상용하는 앱이 '깊이 있는 능동적 탐구' '맥락적 문제 해결' '사회적 상호작용 기반 고등 사고' 등 고차원적 학습구조 설계가 미흡함을 실증적으로 뒷받침한다.

이러한 설계 미비는 실제 앱 경험에서 유아들이 즉시성, 단순성 위주의 반복적 조작에 익숙해질 가능성을 키우지만, 개념의 전반적 구조 이해 혹은 원리적 분석, 적용 역량 신장에는 한계를 초래함을 함의한다.

② 게이미피케이션 기반 학습의 양면성과 개념적 변화 가능성

현재의 앱 설계는 대개 게임 형식(단계별 미션, 점수, 즉각적 피드백 및 보상 등)이 주류를 이루며, 이는 유아의 참여도 및 동기를 증진하는 데 유의미한 효과가 있음이 여러 메타분석에서 일관되게 확인된 바 있다. 예를 들어, Alotaibi(2024)의 체계적 문헌고찰과 메타분석에 따르면 게임 기반 학습은 유아기의 인지적 · 사회적 · 정서적 학습 동기 및 몰입에 중간에서 높은 수준의 큰 효과 크기를 보인다고 제시한다.

그러나 '깊이 있는 학습(deep learning)'의 질이라는 관점에서는 게임의 구조와 설계 방향에 따라 실질적 효과가 결정적으로 달라진다. Nolan과 McBride(2014)는 표면적이고 표준화된 계량 모델(정답률, 반복, 점수 등) 중심의 게임 적용은 오히려 유아의 자율성, 개별적 탐구 플레이, 의미 있는 개념 정착 등 핵심 차원이 '은폐(curricular nullification)'될 수 있음을 비판했다. 즉, 단순히 점수 누적과 즉시적 보상 위주의 앱 환경은 개념적 연계, 논리 전개, 실제 상황 적용 등 고차원적 인지발달을 촉진하는 설계 요소가 부족할 수 있다.

③ 설계 혁신에 따른 개념적 이해 증진 사례

하지만 게임 기반 디지털 학습이 반드시 표면적 · 단기적 학습으로 한정되는 것은 아니다. Chen 외(2020)는 '다장르' 수업을 초등학교 4학년 학생을 대상(115명)으로 실험한 결과, 전통적 수업 대비 개념적 이해 및 논증력이 유의미하게 향상되고, 특히 저성취군의 개념적 이해 격차 해소에도 효과적임을 증명했다. 본 연구에서 게임적 요소를 다양한 장르(모의 상황, 경쟁형 등)로 풍부하게 재구성하고, 문제 상황 탐구와 논리 전개 등 고차적 요구 수준의 사고를 촉진하는 학습 흐름을 설계함으로써 학습의 깊이 및 질을 실질적으로 고도화할 수 있음을 실증적으로 보여 준다.

Sengupta 외(2015) 역시 개념 통합형 설계(SURGE Next 게임) 기반에서 '분산 인코딩(distributed encoding)' '기계적 반복과 원인-결과 논리 구조 연결' 등 설계 기반 원리를 통해 학생이 물리 개념을 점진적으로 이해 및 심화되고, 복잡한 인과관계를 실제로 연역 및 적용하게 하는 과정을 미시분석(microgenetic analysis)함으로써 깊이 있는 개념 변화가 게임 학습 내에서 실제 일어날 수 있음을 보여 주었다.

④ 비판적 한계와 미래적 개선 방향

이처럼 일부 게임 기반 학습의 혁신적 설계는 깊이 있는 학습의 가능성을 보여 주지만, 실제 상업용 · 확산형 앱의 다수는 여전히 '즉각 보상–표면 학습–파편 정보' 중심에 머무르는 경향이 크다. Viberg 외(2024)는 AI 및 데이터 기반 학습 도구의 설계 및 평가 과정에서 사회기술적 맥락화와 학습 목표의 다양성 및 형평성 고려가 필수임을 강조했다. 즉, 단선적 · 획일적 보상 메커니즘 대신, 창의적 문제 해결, 협력, 비판적 사고, 개념적 연결성 등 심층 학습 역량을 중시하는 포괄적 설계 원칙이 정책, 산업, 현장에 전면적으로 적용되어야 함을 시사한다.

유아기의 깊이 있는 학습 및 고차적 사고 발달을 위해서는 개발자 및 교육자 모두 아동 발달과학에 기반한 설계(예: 맥락 기반 문제 해결, 소셜 인터랙션, 자기주도 탐험)에 초점을 맞추고, 단편적 게임 보상이나 정답률에 얽매이는 기존의 설계에서 벗어나야 한다. 이는 교육의 형평성과 포용성 차원에서 특히 소외 · 취약 계층 아동에게도 질적으로 풍부한 심층 학습의 접근권을 보장하려는 노력이 병행되어야 함을 의미한다.

3) 실제 수업에서 앱 기반 학습 도구의 활용 방법

앱 기반 학습 도구를 수업에 효과적으로 활용하기 위해서는 교사의 지속적인 지도와 적절한 사용 관리가 필요하다. 다음에서는 실제 수업에서 앱 기반 학습 도구를 효과적으로 활용하는 방법에 대해 설명한다.

(1) 학습 목표와 연계한 유아교육 앱 선택의 학술적 고찰 및 실천 방안

앱 기반 학습 도구를 효과적으로 활용하려면 반드시 교수 · 학습 목표와 밀접히 연계된 앱 선택이 이루어져야 한다는 점이 여러 연구에서 중시되고 있다. 유아교육 현장에서 단순히 유명하거나 인기 있는 앱을 활용하는 것을 넘어 '우리 반 아이들의 발달 특성' '학습 목표' '교육적 필요'에 가장 부합한 앱을 체계적으로 선정 및 평가해야만 실제 교육 효과와 이후의 심층적 성장(인지, 사회성, 흥미 등)이 담보될 수 있다.

① 앱 선택 시 학습 목표와의 연계성의 중요성

학습 목표에 맞는 앱 선택이 중요한 이유는 각 앱이 제시하는 콘텐츠, 과제, 상호작용 방식이 교수 목표(예: 기초 수학, 기초 문해력, 창의적 탐구)와 일치하거나 상보적일 때 유아들의 학습 참여와 개념 습득이 극대화되기 때문이다. 예를 들어, 수학 교육을 목표로 한다면 단순히 연산이나 숫자 세기만 강조하는 앱보다는 수학적 추론, 문제 해결력, 개념적 이해까지 포괄하는 '체계적 피드백, 단계적 난이도, 직관적 조작' 구조를 가진 앱을 선택해야 하며, 언어 교육의 경우에는 문자 및 음성 인식, 독해, 발음, 문맥 이해 등 다양한 언어 기술을 다층적으로 자극할 수 있는 앱이 유리하다.

Meyer 외(2024)는 '네 가지 학습의 기둥(활동성, 몰입, 의미 구축, 사회적 상호작용)'이라는 발달과학적 틀에 근거해 대중적 유아용 앱을 평가한 결과, 앱의 기능이 학습 목표 및 유아의 실제 학습 과정과 제대로 연계되지 않으면 게임적 · 시각적 자극이 강하더라도 교육 효과는 질적으로 낮을 수 있음을 실증적으로 밝혔다.

② 앱 평가도구와 구체적 선정 기준의 실천적 활용

학습 목표와의 연계성을 확보하기 위해서는 교사와 교육자가 다음과 같은 구체적 평가도구 및 기준을 활용할 필요가 있다.

- **발달 이론 기반 평가**(developmentally grounded assessment): 유아는 짧은 집중 시간과 반복을 통한 학습이 특징이므로 해당 연령대에 적합한 지침, 피드백, 반복 구조 등을 점검해야 한다(Callaghan & Reich, 2018; Kolak et al., 2020).
- **교육적 유의미성**: 단순히 정답 유도 및 열거에 그치지 않고, 개념적 연결 및 이해를 촉진하는 콘텐츠 구조를 갖춘 앱을 우선 고려해야 한다(Harrison & Lee, 2018; Outhwaite et al., 2018).
- **교수-학습 목표와의 적합성**: 교사가 설정한 주제 및 과목(수학, 언어 등), 세부 목표(문해력, 비판적 사고 등)에 최적화된 앱을 선별해야 한다(Harrison & Lee, 2018; Kolak et al., 2020).
- **아동 참여 및 상호작용 유도**: 실제 수업에서 아이들이 주도적으로 탐색, 토의, 실험이 가능하며, 교사-아동, 아동-아동 간의 상호작용까지 보장하는 앱이 바람직하다(Nolan & McBride, 2014; Sengupta et al., 2015).

Kolak 외(2020)는 영국 프리스쿨 아동을 대상으로 한 앱 평가도구 개발 연구에서 교사 및 보호자가 앱의 교육적 잠재력을 구조화된 체크리스트를 통해 직접 검증할 수 있게 설계함으로써 '학습 목표와의 연계성-발달적 적합성-상호작용성' 등의 요소별 유의미한 차이를 파악할 수 있도록 했다. Harrison과 Lee(2018)도 수학 앱의 경우 16개의 세부 평가 기준(학습목표와의 적합성, 개념적 깊이, 피드백, 역동성 등)을 제시했으며, 상용되는 앱 다수는 이러한 세부 기준을 충분히 만족하지 못함을 지적했다.

③ 앱 평가도구 현황과 개선 과제

Papadakis(2020)의 체계적 문헌고찰에 따르면, 전 세계적으로 다양한 앱 평가도구가 존재하지만, 대부분 교사 및 학부모가 '실제 수업 맥락'에서 쉽고 신뢰도 높게 사용하기에는 미흡하다는 실증적 한계를 반복적으로 제기했다. 특히 학습 목표와 실제 앱의 기능을 구체적으로 연결하는 데 필수적인 체크리스트, 루브릭, 단순화된 자동화 평가도구의 발전이 요구된다.

Lee와 Kim(2015)의 연구 역시 '교수–학습 적합성' '화면 디자인' '기술적 요소' '경제, 윤리' 등 4대 영역을 아우르는 세부 설문 도구를 제시했고, 그 신뢰도가 높음을 확인했다. 교사와 보호자는 이를 참고해 대상 아동, 학습 목표, 실제 상황에 따라 세부 평가 기준을 조합하여 실질적으로 최적의 앱을 선별할 수 있음을 시사한다.

④ 포용성, 형평성 강조

최신 AI 및 학습 분석 기술이 발전함에 따라 앱 선택 및 도입 과정에서 형평성, 포용성, 사회적 맥락까지 고려하는 새로운 패러다임이 요구되고 있다. Viberg 외(2024)는 AI–EDSS와 관련해 '누구의 학습 목표(whose goals), 교육적 결정이 누구의 목소리와 맥락에서 정의되는가'에 대한 사회기술적 · 문화적 · 맥락적 설계가 불가피함을 역설했다. 즉, 학습 목표–앱 선택–실행 과정 모두에서 소외 · 취약 계층 아동의 특성과 인권, 디지털 웰빙을 평가 단계부터 내재화해야 진정한 교육적 형평성이 보장될 수 있다.

Outhwaite 외(2018)의 무작위 통제 실험에서도 학습 목표(기초 수학 이해도 증진)에 최적화되고 구조화된 앱이 실제 근거 기반 수학 성취도 향상뿐 아니라, '모든 수준의 아동'에게 골고루 효과가 나타나는 양상이 입증되었다.

(2) 앱 사용 시간 조절

앱 기반 학습은 유아 발달과 학습 환경의 혁신적 변화를 이끌어 냈지만, 과도한 스크린 타임이 유아의 인지 · 정서 · 신체적 성장에 뚜렷이 부정적 영향을 미칠 수 있음이 최근 대규모 종단 · 무작위 통제 연구를 통해 반복적으로 검증되고 있다. 이에 따라 교사의 적극적 시간 조절, 신체 활동과 놀이 중심의 균형 잡힌 학습 환경 구성, 체계적 모니터링과 가이드라인 마련이 유아교육의 필수 원칙으로 자리 잡아야 한다.

① 과도한 스크린 타임의 위험성

장기간 또는 빈번한 화면 노출이 유아의 인지발달(지능, 실행 기능 등) 저해와 사회·정서적 문제로 직접 이어질 수 있음을 보여 주는 실증 근거가 다양하다(김병건, 2024). Zhao 외(2022)는 6~72개월의 대규모 코호트 연구에서 초등 입학 전의 장기적 과다 노출군이 표준화 지능검사에서 −6.68점에서 −10.56점까지 저하, 사회정서 문제에서는 2.62점 상승 등 유의미한 역효과가 나타났음을 보고했다. 또한 이러한 위험은 화면 노출의 '총 시간'뿐 아니라, 유아기의 '시작 시점' 및 '노출 지속 기간'에 의해 더욱 강화됨도 밝혀 냈다.

Hinkley 외(2018)는 호주의 만 3세 유아 1,000여 명을 대상으로 조사한 결과, 일 평균 스크린 타임(앱, TV, 게임기 등 포함)이 113분이라는 결과를 제시했으며, 미국·호주 소아의학회 권장치(하루 2시간)를 훨씬 초과하는 경우가 대다수임을 지적했다. 신체 활동은 127분, 화면 노출은 113분으로 양립하지만, 실제로 두 조건을 동시에 준수하는 비율은 1% 미만으로 매우 낮았다. 이는 유아교육 현장에서 스크린 타임의 구조적 관리 개입 없이는, 과다 노출 및 신체 활동 부족이 불가피하다는 사실을 의미한다.

② 스크린 타임 제한의 실천적 운영 방안

이 같은 연구 결과에 비추어 볼 때, 유아교사와 교육기관이 체계적으로 앱 사용 시간을 제한하는 실천은 선택이 아닌 필수다. 대표적 운영 방안은 다음과 같다.

- **수업 및 일과 속 앱 사용 구간 단기화**: 앞에서 언급한 연구의 결과처럼 15분 내, 각 활동 단위에서 스크린 기반 활용 구간을 명확히 구획하고, 이후 즉시 신체적·사회적 놀이(역할놀이, 미술, 실외놀이 등)로 연결되게 스케줄을 짜야 한다.
- **앱–비(非)앱 활동 혼합 및 순환**: 단순히 시간 단축을 넘어 활동 구조 내에서 '앱–실물–신체–상호작용'이 반복 및 순환하도록 설계하여 앱의 교육 효과는 살리되, 건강과 전인적 발달을 모두 보장해야 한다.
- **앱 선택 시 내장형 제한 기능 활용**: 최근 교육 앱 및 태블릿 PC OS에는 사용 시간 제한, 자동 차단, 보호자 알림 등 통합 제어 기능이 내장되어 있으므로 교사는 이를 적극 활용해 무분별한 과다 사용을 기술적으로도 차단해야 한다.

③ 시간 조절의 과학적 측정 및 모니터링

Byrne 외(2021)의 체계적 문헌고찰에 따르면, 최신 스크린 타임 측정 도구의 상당수가 일상적 평균(언제, 얼마)만 보고, 내용, 상호작용 방식(공동 시청/비공동 시청) 등 '질적 의미'는 간과하는 경우가 많으며, 측정 도구의 신뢰도·타당도 검증도 매우 부족한 상태임이 드러났다. 즉, 단순 사용 시간만이 아닌 내용의 질, 앱의 교육적 목표, 상호작용 방식까지 종합적으로 평가 및 모니터링하는 체계가 병행되어야 한다.

또한 Outhwaite 외(2018)의 무작위 통제 실험에서는 앱 기반 수학 학습도 시의적절하고 제한된 시간, 균형적인 교육과정 내에서 실시될 때에만 일반 활동 대비 실질적 효과(수리력, 추론력 향상)를 보여 준다는 점을 부각했다. 이처럼 앱 시간 그 자체보다 활동 맥락 속에서의 유기적 설계, 과도한 연속 사용 방지가 실제 교육성과 및 아동 건강 양쪽 모두에서 결정적임을 시사한다.

④ 형평성과 포용성 증진

Viberg 외(2024)는 AI-EDSS, 학습 분석 등 데이터 기반 시간 및 활동 관리 기술이 교육의 형평성과 포용성 증진에 기여할 수 있지만, 이러한 기술조차 역사적으로 소외된 계층(저소득, 다문화, 장애 등)의 맥락을 고려하지 않으면 오히려 격차를 악화시킬 수 있음을 지적했다. 즉, 다양한 배경과 접근성을 고려하여 AI/앱시간 통제 기능도 현장 특성과 개별 아동 존중이 내재화되어야 한다는 사회기술적 관점이 명확히 요구된다.

Nolan과 McBride(2014) 역시 순수 계량주의(점수, 효율성, 시간 통제)만을 강조하는 표준화된 게임·앱 활용은 유아의 자율·창의·놀이 동기를 약화시킬 수 있으므로 균형 있는 시간 조절–놀이, 탐구, 상호작용의 재구성이 병행될 때 비로소 디지털 게임 기반 학습(Digital Game Based Learning: DGLB)의 전인적 교육 가치가 실현됨을 강조했다.

(3) 교사의 피드백과 상호작용

앱을 활용한 유아 학습 환경은 자동 기록 및 분석, 개별 맞춤 콘텐츠 제공 등 혁신적 장점이 있으나, 진정한 교육적 효과와 심화 학습을 위해서는 교사의 직접적 피드백과 인간적 상호작용이 반드시 결합되어야 한다. 특히 유아기는 메타인지, 자기조절, 특정 개념의 오류 교정 등 근본적 학습 변화가 교사와의 상호작용을 통해 촉진된다는 점에서 앱 데이터 분석을 바탕으로 한 교사의 세심한 피드백 및 대화 중심의 상호작용이 전인적 성장의 핵심 조건임이 강조된다.

① 앱 기반 학습 데이터와 교사의 해석적 피드백

현대 교육용 앱은 유아의 학습 이정표, 실수 패턴, 반복 행동, 속도 등 다층적 학습 데이터를 자동으로 기록 및 분석하는 기능을 보유한다. 이러한 데이터는 곧바로 맞춤 콘텐츠나 자동 피드백으로 연결될 수 있지만, 실제로는 교사라는 중재 주체의 해석이 필수적이다. 예를 들어, 유아가 수학 앱에서 반복적으로 특정 개념(예: 숫자 세기)에서 오답을 내는 경우, 교사는 앱이 기록한 구체적 오답 유형과 맥락(오류의 규칙성, 시간대, 몰입도 등)을 복합적으로 참고하여 단순 정답 안내가 아닌 오개념의 원인 분석, 개별 아동의 사고 흐름 파악, 그에 따른 추가 질문, 설명, 직접 시범 등 다각도의 피드백을 제공해야 한다.

이처럼 교사 중심의 해석과 상호작용이 결합될 때, 자동화된 데이터 피드백에서는 포착할 수 없는 고차적 사고, 사회정서 지원, 동기유발, 자기효능감 향상 등 질적 성장 효과가 구현된다. 실제로 Outhwaite 외(2018)는 구조화된 수학 앱 활용 실험에서 교사의 부가적 피드백(입체적 설명, 개별적 문제 풀이 보조 등)이 단순 앱 사용만으로는 얻을 수 없는 추론력과 문제 해결력의 확장을 이끌어 냈다고 보고했다.

② 피드백의 특징과 상호작용 품질의 학습 효과

최근 연구들은 피드백의 성격[비판적 피드백(critical feedback), 목표 설정 피드백(goal-setting feedback), 자기조절 촉진 피드백(self-regulation feedback), 즉각적 대화형 피드백(explicit talk feedback), 감정적 지지 피드백(relational feedback) 등]이 학습자의 동기, 행위 변화, 심층적 학습 결과에 미치는 영향을 실증적으로 분석하고 있다.

Hunter와 Springer(2022)는 대규모 교사 평가 데이터에서 목표 설정 피드백이 추후 교사의 역량 증진에 독립적으로 기여함을 밝혔는데, 이는 유아 피드백에서도 마찬가지로 단순히 정답 설명을 넘어 향후 학습 방향, 실수 극복 전략, 자기점검법 등을 함께 안내할 때 효과가 극대화됨을 시사한다. Jons(2018)의 연구에서는 협력적 피드백 대화(conversational feedback)가 학생의 자기평가, 자기조절을 유도하고, 실질적으로 역량 향상 및 자기반성 촉진과 연결됨을 보여 주었으며, [그림 3-2]처럼 교사-유아-앱 간 삼중 상호작용(triadic feedback)이 '지속 가능한 피드백(sustainable feedback)'의 실천임을 시사한다. 유아기, 초등

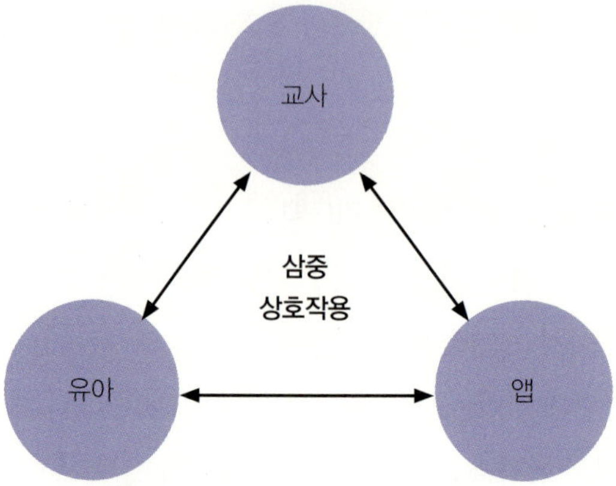

[그림 3-2] 교사-유아-앱 간 삼중 상호작용
출처: Jones (2018).

기의 DGBL 환경에서도 Nolan과 McBride(2014)는 공식적 평가(정답/오답) 피드백만이 아니라, 놀이, 공감, 맥락 대화 중심의 피드백이 진정한 학습 심화와 창의성 증진에 결정적임을 강조한다.

Heron 외(2021)는 피드백이 단순히 정보 전달이 아닌, 교사와 학습자 사이의 신뢰 회복, 감정 및 의미 교환을 포함하는 '관계적 상호작용(relational feedback talk)'이어야 학습 효과가 지속됨을 강조하며, 교사의 피드백 문해력(feedback literacy)과 피드백 대화(feedback talk)의 품질이 미시적 학습 순간을 좌우한다고 분석했다.

③ 개별화 피드백

AI 및 학습 분석 기반 서포트 시스템은 아동의 실시간 데이터 분석, 자동 피드백 제공에 혁신을 가져왔지만, Viberg 외(2024)는 이 과정에서 데이터 편향, 자동 추천의 불평등 효과, 시스템 설계의 맥락 결여 등 형평성 위협을 누차 경고한다.

진정한 포용적 교육을 위해서는, ① 교사가 앱 데이터에만 의존하지 않고, ② 각 아동의 문화, 언어, 사회적 맥락, 학습 동기, 신체·정서 상태 등을 통합적으로 고려하며, ③ 다양한 환경의 유아 모두에게 맞춤화된 피드백과 상호작용 기회를 실질적으로 제공하는 것이 AI-EDSS와 교사 피드백의 '보완적 통합'임을 강조한다.

특히 앱 기반 평가나 피드백이 소외계층 또는 특수한 지원이 필요한 유아에게 역차별이나 '무관심한 표준화'로 작동하지 않도록 교사가 매 순간 데이터의 의미뿐 아니라 누구를 위한 학습인지 누구의 성장 목표가 실현되는지를 비판적으로 점검해야 한다. 이는 단순히 앱 활용이 아닌, 교사의 피드백 문해력과 사회적 책임이 교육의 공정성 및 포용성 완성의 열쇠임을 시사한다.

④ 피드백과 상호작용의 구체적 실천

앱 사용 이후 유아가 오답 혹은 미완성 과제를 경험했을 때, '왜 틀렸는지?' '어떻게 하면 다음에는 더 잘할 수 있는지?' '무슨 점이 어려웠는지?'를 아동의 언어와 맥락에 맞추어 질문하고, 실수 과정을 차분히 설명한 후 직접적 시범이나 추가 활동(역할놀이, 실물 조작 등)과 연결하는 방식이 효과적이다. 또한 앱 데이터(반복된 오답, 진행 속도)와 관찰 소견을 직접 결합해서 정서적 격려(예: "괜찮아, 다시 해 보자."), 경험 공유(예: "선생님도 어렸을 때 이 부분이 어려웠어!"), 자기주도 탐색 자극 등 인간미 넘치는 개별 피드백이 병행될 때 유아의 학습 동기 및 참여도가 비약적으로 향상됨이 다양한 교실 사례와 연구에서 나타난다(Hunter & Springer, 2022; Outhwaite et al., 2018).

Meyer 외(2021)는 대부분의 상업용 앱의 설계를 보면 사회적 상호작용과 피드백 등 네 가지 학습의 기둥 중 사회적 상호작용(기둥 4)이 현저히 부족함을 경고하며, 앱 사용 이후 또는 활용 중 교사의 적극 중재와 대화형 피드백을 통해 교육적 공백을 반드시 메워야 함을 강조하고 있다. Kolak 외(2020)도 앱 교육 효과 평가에서, 피드백 · 상호작용 질이 교육적 잠재력의 핵심 기준임을 도구 개발 및 대규모 평가로 입증한 바 있다.

(4) 앱 기반 학습과 창의적 활동의 결합

앱 기반 학습의 효과를 극대화하려면 유아가 디지털 환경에서 습득한 지식이나 경험이 실제 세계의 창의적 활동과 유기적으로 결합되도록 하는 교사의 실천적 기획이 결정적으로 중요하다. 실제로 유아가 앱을 활용해 동물의 특징을 학습한 뒤, 동물 그림 그리기, 종이 인형 만들기 등 손으로 오감적 경험을 하는 활동으로 확장한다면 이는 단순히 정보 습득을 넘어 깊이 있는 개념 내면화와 현실 세계와의 연결을 촉진할 수 있다.

① 앱 학습의 한계 보완과 창의적 활동의 통합적 의미

최근 연구에 따르면, 시중의 '교육용 앱'의 상당수는 능동적 탐구, 참된 의미의 맥락, 사회적 상호작용 등 심층적 학습 요소를 충분히 구현하지 못한다는 구조적 한계가 있다고 지적한다. 특히 Meyer 외(2021)는 앱의 네 가지 학습의 기둥(활동성, 몰입, 의미 구축, 사회적 상호작용)의 '의미 있는 연결과 상호작용'이 현저히 약한 것으로 나타났음을 실증적으로 밝혔다. 이러한 한계는 앱 내 활동만으로는 유아가 개념을 실제로 이해하거나 실생활에서 적극적으로 적용하기 어렵게 만드는데, 바로 이 지점에서 앱-현실 창의 활동의 결합이 발달과 교육 효과를 극적으로 증진시킬 수 있다.

Oers(2003)도 효과적인 유아교육의 기준은 획일적 지식 전달이 아니라, 유아 스스로 다양한 문화적 자원을 이용해 놀이와 활동에 참여하며 사고와 행동을 접목하는 데 있음을 강조한다. 놀이와 창의 활동은 개별적 지식을 실제 세계, 또래 및 교사와의 상호작용 속에서 자연스레 연결짓는 분산적 인지(distributed cognition)의 핵심 장으로, 앱에서 배운 내용을 다양한 오감 놀이, 만들기, 역할놀이와 통합하는 것은 진정한 배움의 미시적 순간을 확장한다.

② 디지털–실물 경험의 균형과 전인적 성장 지원

Zevenbergen(2007)은 디지털 네이티브 세대인 유아가 성장 과정에서 디지털 기술과 현실적 공간 및 경험이 분리된 채로 머문다면 유아교육 현장 맥락이나 가정 · 사회 환경에 따라 불평등이 심화될 수 있다고 경고한다. 따라서 앱에서 동물의 정보를 배운 뒤, 실물 그림 그리기, 종이접기, 체험학습 등 현실감 있는 창의적 확장 활동을 조직함으로써 디지털 경험의 일방성, 표면성을 극복할 수 있다.

창의 활동은 아동 개개인에게 자기주도성, 신체 감각, 협업 능력, 감정 표현의 기회를 동시에 제공한다. Tavernier와 Hu(2020)의 연구처럼, 태블릿 PC 기반 창작 앱을 실제 수업에서 활용한 뒤 직접적 상호작용, 손 놀이, 모둠 미술 등 다양한 실물 활동을 연계할 때 유아의 자율성, 유능감, 사회성, 몰입이 실질적으로 높아짐이 관찰된다.

특히 놀이 기반 교육에서는 디지털 학습으로 촉발된 호기심이나 질문을 손으로 만들고, 만지고, 직접 실험하면서 재창조하는 과정이 유아기의 인지-정서-사회성을 골고루 함양하는 데 중요하다.

③ 형평성과 포용성, 그리고 문화적 맥락의 고려

Viberg 외(2024)는 AI–EDSS 등 첨단 디지털 기반 교육 지원 도구의 설계와 실행 과정에서도 내용, 방법, 목적 모두에서 "누구를 위한 교육, 어떤 가치와 목표를 우선시할 것인가?"

라는 사회문화적 · 포용성 관점이 반드시 내재되어야 함을 강조한다. 즉, 앱에서 제시하는 디지털 활동, 후속 창의 체험, 그 연결 과정까지도 교사 및 학부모가 각 아동의 배경(사회, 문화, 언어, 가정 환경 등)과 개별 학습 목표에 따라 맞춤형 융합 활동을 기획할 필요가 있다.

이러한 포용적 설계는 단순히 앱 사용법, 예시 활동의 전달을 넘어서 각 아동이 경험하는 세계의 실질적 다양성, 접근성, 맥락적 의미를 조직적으로 반영하는 방식이어야 한다.

④ 창의적 확장 활동의 실천적 전략

교사는 앱에서 구체적으로 동물의 정보, 과학 원리, 이야기 등을 학습한 후, 다음을 개발 및 실행할 수 있다.

- 동물 모양 색칠하기
- 사진, 포스터 만들기
- 모래, 점토로 동물 형상 빚기
- 동물의 움직임을 표현하는 신체 놀이
- 주변 환경 관찰 과제 등 현실적 오감 활동

동시에 또래와의 협동을 통해 만들기, 역할극 등 사회적 상호작용 중심 창의 놀이를 배치함으로써 앱 중심 활동의 한계를 극복하고 전인적 학습 경험을 실현할 수 있다. 앱과 실물 활동의 결합은 궁극적으로 유아가 지식, 감정, 행동, 사회적 관계의 융합적 경험을 형성하도록 돕는 가장 효과적인 전략임이 교육학, 발달심리학 등의 다양한 최신 연구에서 반복적으로 강조된다.

앱 기반 학습 도구는 유아교육에 혁신적인 변화를 가져오고 있으며, 유아들이 보다 효율적이고 흥미로운 방식으로 학습할 수 있도록 돕는다. 이러한 도구들은 개인화된 학습, 흥미 유발, 실시간 피드백 등 많은 장점을 제공하지만, 과도한 스크린 타임이나 기술 의존성 등의 단점도 존재한다. 교사는 앱을 수업에 효과적으로 활용하기 위해 적절한 사용 시간과 앱 선택을 신중히 결정하고, 교사의 피드백과 상호작용을 통해 학습 효과를 극대화해야 한다. 앱 기반 학습 도구는 유아들에게 창의적이고 자기주도적인 학습을 촉진할 수 있는 중요한 도구로, 균형 잡힌 사용을 통해 유아들의 지적 발달을 더욱 촉진시킬 수 있다.

5. 특수한 요구를 충족하는 장애 유아 지원 도구

유아교육에서 장애를 가진 유아들을 위해 특수한 요구를 충족시키는 기술은 매우 중요하다. 장애 유아는 신체적, 감각적, 인지적 또는 정서적 장애로 인해 전통적인 학습 방식만으로는 교육을 받기 어려운 경우가 많다. 이러한 유아들에게 맞춤형 학습 환경을 제공하고, 그들의 학습 능력을 최대한 발휘할 수 있도록 돕는 것이 중요하다. 이를 위해 특수교육 도구, 앱, 소프트웨어, AT 기술 및 접근성 기능이 중요한 역할을 한다.

이번 절에서는 장애 유아를 지원하는 디지털 도구와 기술을 소개하며, 이를 통해 장애 유아들이 학습 과정에서 겪을 수 있는 장벽을 허물고, 평등한 학습 기회를 제공할 수 있는 방법을 다룬다. 각 기술 도구들이 장애 유아의 특수 요구를 어떻게 충족시키는지, 그리고 교사들이 이를 어떻게 활용할 수 있는지에 대해 구체적으로 살펴본다.

1) 장애 유아를 위한 앱 기반 도구

모바일 앱은 장애 유아들이 일상에서 쉽게 접근하고 사용할 수 있는 매우 유용한 도구다. 이 앱들은 유아들이 자기주도적 학습을 할 수 있도록 돕고, 효율적인 학습과 의사소통을 가능하게 한다. 각기 다른 장애 유아의 특수 요구를 충족시키기 위한 다양한 앱이 존재한다.

(1) 소리와 그림을 결합한 앱

① 비언어적 의사소통 및 자기표현 촉진

픽텔로(Pictello)와 같은 소리-그림 결합 앱은 사진, 이미지, 음성 녹음 기능을 활용하여 언어장애 및 자폐 스펙트럼 장애(ASD)를 가진 유아가 자신의 생각을 구체적으로 '보여 주고 들려줄' 수 있는 개별화 의사소통의 통로를 제공한다. 이러한 접근은 전통적인 언어 중심 혹은 구두 지시 방식만 활용하는 것에 비해 유아의 다양한 표현 욕구를 받아들이고, 실제 활동이나 감정, 요구를 더욱 직접적으로 전달하도록 돕는다(Lubas, Mitchell, & Leo, 2014; Mirenda, 2003). 특히 자폐 스펙트럼 장애를 가진 유아는 언어적 한계가 크기 때문에 자기주도적 이야기 생성 및 재구성 경험은 의사소통 기술의 촉진뿐만 아니라 놀이, 사회적 참여로의 연결 고리로 작용할 수 있다.

② 증거 기반 효과

이러한 앱 기반 접근법은 '사진' 혹은 '그래픽 심벌'을 통해 소통하는 그림 교환 의사소통 시스템(Picture Exchange Communication System: PECS) 혹은 출시된 다양한 AAC 기기와 맥락적으로 연결된다. PECS의 메타분석 결과, 자폐 스펙트럼 장애 유아의 의사소통 행동(특히 요청 · 요구 등 도구적 소통)에서 단기적이고 유의미한 향상이 반복적으로 입증되었으며, 사진과 실물 심벌을 매체로 활용하는 점에서 픽텔로의 원리와 상당히 유사하다(Flippin, Reszka, & Watson, 2010; Mirenda, 2001, 2003; Sievers, Trembath, & Westerveld, 2018). 다만 음성 출력 기능이 결합된 전자형 AAC(예: 픽텔로)는 말, 그림, 개인 경험의 다중 양식 전달을 동시에 지원함으로써 개별 아동의 특성(언어능력, 인지, 자폐 스펙트럼 장애 심각도 등)에 맞는 맞춤 소통을 가능하게 한다.

특히 Chapin 외(2021)는 동영상과 결합된 시각 장면 디스플레이(앱 기반 AAC)가 자폐 스펙트럼 장애 유아의 동적 의사소통(turn-taking)의 빈도를 현저하게 증가시켰음을 보여 주면서 앱 기반 멀티미디어 소통 도구가 초기 사회적 상호작용의 촉진과 대화 참여 확장에도 효과적임을 시사했다.

[그림 3-3] 픽텔로

출처: Pictello 공식 홈페이지(https://www.assistiveware.com/products/pictello?utm_source=chatgpt.com); Pictello 사용 영상(https://www.youtube.com/watch?v=jLPV5m2bwNY&utm_source=chatgpt.com)

③ 언어능력 및 사회-정서 발달의 촉진 효과

사진, 그림, 음성의 결합은 단순히 사물-요구 소통을 넘어 이야기 및 경험 공유(narrative sharing), 자기표현, 정서 이름 붙이기, 타인과의 감정 교환 등으로 학습의 심층화가 가능하다. AAC 기반 시스템의 대규모 분석에서, 언어 산출력이 제한적인 아동도 음성과 시각적 피드백을 통해 점진적으로 어휘 확장, 상호작용 시도 증가, 자기효능감 향상 등 긍정적 변화를 경험할 수 있음이 나타났다(Chapin et al., 2021; Gordon et al., 2011; Sievers et al., 2018).

④ 단계적 학습 및 자율성 신장

픽텔로는 유아들이 직접 사진을 찍고, 이미지를 선택하거나 자신만의 이야기를 구성하며, 여기에 본인 또는 교사가 음성 설명을 추가할 수 있게 한다. 이는 구체적 조작(이미지 선택)과 상징적 사고(이야기 만들기), 그리고 실행 통제 경험(녹음, 재생, 공유 등)을 동시에 부여하며, 맞춤형 단계적 학습을 가능하게 한다. Tavernier와 Hu의 연구에 의하면, 유사한 창작 앱 환경에서 유아의 자율성(autonomy)과 유능감(competence), 사회적 유대감(relatedness)이 통계적으로 유의미하게 향상됨을 확인했으며, 교사의 직접적 상호작용 지도와 결합할 때 디지털 만들기 활동의 교육적 효과가 극대화됨을 보여 준다(Tavernier & Hu, 2020).

⑤ 한계와 형평성 고려

AAC 기반 앱 및 PECS의 효과 연구에서는 단기적·도구적 소통(요구 등)은 높지만, 일상적·사회적 교류로의 일반화 및 장기 유지에서는 제한점이 발견된다. 또한 아동별로 인지, 언어, 행동의 특성, 가정 환경, 교사의 지원 정도에 따라 결과 변이가 크며, 예측 요인(인지, 모방, 주의 등), 중재자(교사 및 부모의 지식)의 역할이 매우 중요함이 나타났다(Sievers et al., 2018; Gordon et al., 2011).

유아교육 현장에서 효과적이고 공정한 AAC 앱(예: 픽텔로) 활용을 위해서는 앱 선택, 설계, 지도의 전 과정에서 개별 아동의 특성, 사회문화적·가정 맥락, 교사의 전문성, 기술 접근성 등 형평성과 포용성의 원리가 반드시 내재되어야 한다. Viberg 외(2024)는 AI 및 보조기술 기반 의사결정의 형평성 강화를 위해 아동-가정-유아교육 현장 중심의 맞춤 설계와 다문화적이고 다양한 욕구 반영의 중요성을 강조하고 있다. Lubas 외(2014)는 사용자 중심 디자인(user-centered design)과 지속적인 피드백 순환을 통한 앱 개발이 실제 임상적 효과 및 사용자(아동, 교사, 가족) 만족도를 동시에 높일 수 있음을 제안한다.

⑥ 실제 교사-상호작용 및 놀이 맥락에서의 확장

마지막으로, 픽텔로 등에서는 교사, 보호자와의 협동적 이야기 만들기, 실제 역할놀이 연계, 놀이 중심 상호작용과 결합될 때 본연의 교육적 효과가 강화된다. Vygotsky의 분산된 인지 이론에 따르면, 놀이와 실제 활동에 음성·사진 데이터의 창의적 조합을 더하는 것은 유아의 종합적 발달에 가장 이상적인 환경으로 작동할 수 있다(Oers, 2003).

(2) 카메라 기반 보조 앱

비 마이 아이즈(Be My Eyes)와 같은 시각장애 지원 앱은 시각 정보의 실시간 공유를 통해 유아가 주변 환경과 보다 주체적으로 상호작용할 수 있게 하며, 이는 단순한 기술적 편의 그 이상으로 현대 포용적 교육에서 핵심적 함의를 가진다. 특히 유아교육 현장에서의 앱 활용은 자립성, 자기 표현, 참여 기회의 확대, 그리고 디지털 공정성 등 다층적 차원에서 조망될 필요가 있다.

① 시각적 정보 접근성과 유아의 탐색 자립성

비 마이 아이즈는 시각장애 유아가 정체, 색상, 공간 등 즉각적으로 파악하기 어려운 정보를 실시간으로 자원봉사자와 연계해 제공받음으로써 일상에서의 주도적 탐색(예: 교실에서 필요한 물건 찾기, 창의적 놀이의 재료 구분)을 가능하게 한다. 이는 단지 활동의 효율성을 높이는 데 그치지 않고, 유아로 하여금 자신의 환경에서 주체적 선택과 행동 경험을 축적하게 하여 궁극적으로 자기결정권과 자립성 개발의 토대가 된다.

특히 Vygotsky의 '분산된 인지' 이론에서 볼 때, 환경, 도구, 사람이 통합적으로 유아에게 학습 경험을 제공하는 것이 바람직한데, 비 마이 아이즈는 인간 봉사자와 디지털 도구를 결합하여 최적의 분산된 인지적 지원을 실현한다는 점이 주목된다(Ores, 2003).

② 포용적 교육, 공정한 기술 접근성, 그리고 사회문화적 함의

최근 AI 및 보조 기술 기반 교육 지원 시스템 논의에서는 디지털 도구가 실제로 포용적(inclusive)이고 공정(equitable)하게 설계 및 배포되는 것이 필수임이 반복적으로 강조된다. Viberg 외(2024)는 AI-EDSS 등 첨단 지원 기술이 신체 및 인지적 취약성을 가진 학생(예: 시각장애 유아)의 현실적 욕구와 맥락을 충분히 고려하지 않는 한 오히려 기존의 불평등을 심화할 위험이 있다고 경고한다. 따라서 비 마이 아이즈와 같은 앱의 개발 및 운영 단계에서는 사용자(유아, 가족)의 다양성과 특수 요구, 언어적 · 문화적 맥락, 데이터 편향 및 접근성의 문제까지 구조적으로 내재화해야 한다.

실제로 단순한 시각 교정(시력 교정)만으로는 간과될 수 있는 고차원 시각 기능 결손(higher visual function deficits)이 시각장애 유아, 특히 뇌성 시각장애(Cortical Visual Impairment: CVI) 유아에게서 빈번히 발생한다는 López-Ulloa 외(2021)의 연구 결과는 시각 정보의 맥락화, 개별화 지원의 필요성을 구조적으로 뒷받침한다. 비 마이 아이즈가 실시간 설명, 구두 피드백, 맞춤형 안내를 결합하는 구조는 단순한 시각 대체를 넘어 시지각 정보처리, 실생활 맥락 이해, 사회적 의사소통을 동시에 지원한다는 측면에서 현대 포용적 교육의 요구와 부합한다.

③ 유아 발달에 미치는 긍정적 효과와 교육적 실천 전략

비 마이 아이즈를 포함한 시각 지원 앱의 현장 적용은, ① 실물 탐색 영역 확장, ② 일상 놀이 · 학습 맥락에서의 자기주도화, ③ 협동적 상호작용 경험 강화 등 전인적 발달 효과를 가져온다. Tavernier와 Hu(2020)의 모바일 앱 현장 실험에서도 교사-유아 간 개방적 상호작용, 자율적 기기 사용 과정이 유아의 자율성, 유능감, 관계성 등 심리사회적 성장에 실질적으로 긍정 효과를 부여함이 관찰되었다. 즉, 교사와 보호자가 중재자로서 시각 지원 앱의 특성을 충분히 이해하고, 놀이, 탐색, 일상생활에 능동적으로 연결하면 시각장애 유아의 사회 참여와 집단 내 자기효능감 향상이 가능하다.

[그림 3-4] 비 마이 아이즈

출처: 비 마이 아이즈 공식 홈페이지(https://www.bemyeyes.com); 비 마이 아이즈 사용 예시 이미지(https://www.vonage.kr/resources/customers/be-my-eyes/?utm_source=chatgpt.com).

아울러 Nolan과 McBride(2014)는 DGBL(디지털 게임 · 앱 기반학습)의 도입에서 '누구의 경험, 우선순위, 목표가 구현되는가'라는 비판적 관점이 항상 요구되며, 유아 개개인이 스스로 공간을 탐색하고, 놀이를 기획하며, 소속감과 주체성을 키우는 활동이 보장되어야 함을 강조한다. 이는 비 마이 아이즈가 유아의 개인적 · 사회적 맥락 안에서 주도적 의미 형성의 통로로 활용될 수 있음을 시사한다.

④ 기술 활용의 주의점과 미래 과제

연구에 따르면, 스마트폰 등 모바일 기기의 과도한 사용은 오히려 시각 증상(시력 저하, 안구 증상 등)의 위험 요인으로 밝혀져 있다. Wang 외(2020)는 장시간 사용 규제와 패턴 모니터링의 필요성을 강조함으로써 시각장애 유아의 기술 활용 역시 시간, 빈도, 사용 맥락에 따라 세심하게 조절되어야 함을 시사한다. 따라서 비 마이 아이즈와 같은 앱도 적절한 사용 가이드, 오프라인 활동과의 균형, 자기조절 습관 형성 등을 동반해야 진정한 교육적 · 발달적 효과가 실현될 수 있다.

(3) 의사소통 장애 유아를 위한 아바즈 AAC 앱의 역할과 교육적 · 발달적 확장

아바즈(Avax) AAC와 같은 앱 기반 보완 대체 의사소통(AAC)은 청각장애, 언어 지연 등 복합적 의사소통에 어려움을 겪는 유아가 시각적 아이콘, 이미지, 텍스트-음성 변환 등 다양한 매체를 통해 자신의 생각과 감정을 표현할 수 있게 한다. 이는 단순히 언어의 결손을 보완하는 기술적 도구를 넘어서 유아기의 핵심 발달 과업인 사회적 상호작용, 놀이, 자기주도성, 참여 경험 전반을 질적으로 변혁하는 기반이 된다(Light & Drager, 2007; Light & Mcnaughton, 2015; Meinzen-Derr et al., 2021).

① AAC의 언어 · 의사소통 발달 효과

최근 무작위 임상 연구에 따르면, 시각적 보조(아이콘, 심벌 등)를 제공하는 기술 지원형 AAC 중재 그룹은 전통적 치료 그룹 대비 표현 언어의 길이(mean length of utterance), 대화 내 발언교대 빈도, 어휘의 다양성 등에서 유의미한 성장을 보였다. 구체적으로 6개월 추적 관찰 결과, 기술-보조 앱(아바즈와 구조 · 기능상 유사)에 참여한 청각장애(난청, 농) 유아의 표현언어의 길이에서 대조군 대비 약 6배 이상의 증가를 보였다(통계적으로 매우 유의; Meinzen-Derr et al., 2021). 이는 시각 · 이미지 중심의 보조적 언어 기반이 청각 의존적 언어 습득보다 더 넓은 학습 참여 경로를 제공한다는 점을 명확히 시사한다.

AAC 도구 활용 아동은 실물 심벌-텍스트-이미지를 조합하여 자기주도적 메시지 선택, 경험 및 요구 전달, 사회적 상호작용의 능동적 기획이 가능하다(Light & Mcnaughton, 2015; Saturno et al., 2015). 이는 자기효능감, 정서 표현, 놀이 참여 등 전반적 발달에도 긍정적으로 영향을 미친다.

② 조기 개입, 동등 기회 제공

전통적으로 유아기(특히 3세 미만)의 '비상징적' 아동에게는 AAC 도입이 미루어져 왔으나, 최근 연구에서는 능동적 상징 사용 여부에 관계없이 조기에 AAC 도입이 언어·사회성 발달에 있어 결정적 전기임을 강조한다. 즉, 일반적으로 이해되는 '전제 능력'(예: 참조적 상징 사용)이 없더라도, 비언어적 의사소통 전략(아이콘 선택, 몸짓, 시선 추적 등)이 즉시 실질적인 의사소통 경험으로 조직될 수 있다는 사실이 반복적으로 입증되고 있다(Cress & Marvin, 2003;

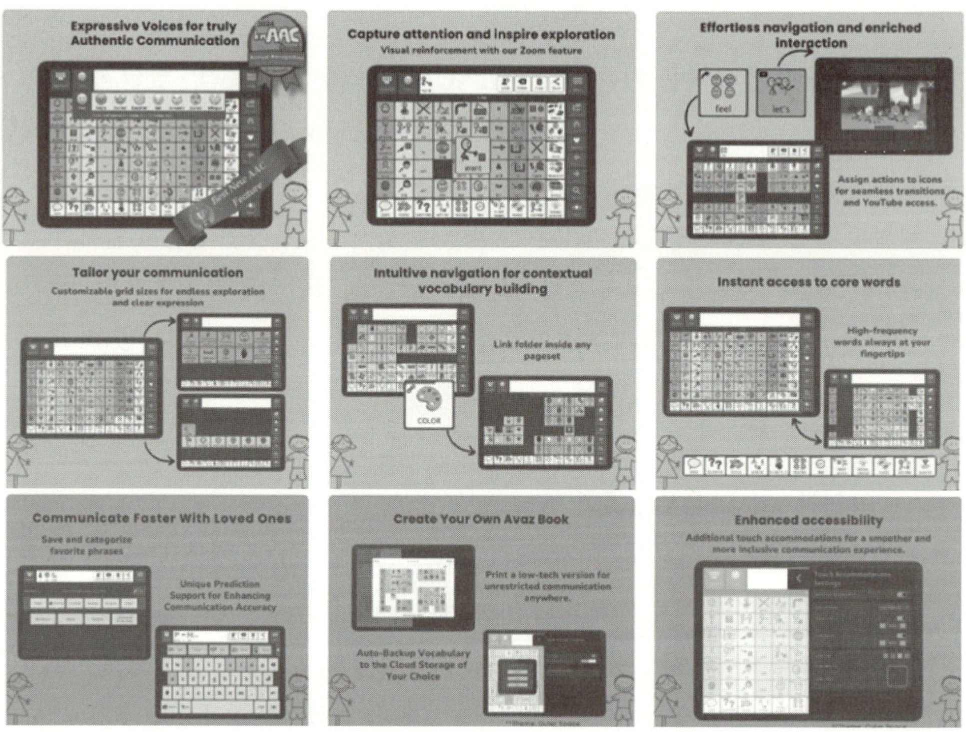

[그림 3-5] 아바즈 AAC

출처: 아바즈 AAC 공식 홈페이지(https://avazapp.com/products/avaz-aac-app/?utm_source=chatgpt.com).

Meinzen-Derr et al., 2021; Vaccari & Marschark, 1997). 부모와 교사가 AAC 기반 상호작용에 신속히 적응할수록 아동의 사회성·정서 발달, 자기표현력, 가족 내에서의 유대감도 유의미하게 증진된다.

뿐만 아니라 청각장애 유아의 약 90%는 청인 부모에게서 태어나(Vaccari & Marschark, 1997) 초기 가정 내 의사소통 격차 해소가 평생의 사회성·정서 발달, 학업 기초, 자기주도성 확립에 결정적이다. 아바즈 AAC와 같은 앱은 비(非)청각 중심 환경에서도 효과적인 언어적·비언어적 상호작용, 다양한 문화·언어 맥락의 적용 가능성에서 실질적 포용성을 보장한다.

③ AAC의 심리사회적·맥락적 효과

최신 AAC 연구에서는 기능적 언어 기술의 향상을 넘어, ① 실생활 맥락 내 참여도(participation), ② 심리적·정서적 웰빙, ③ 환경적·사회적 지원망과의 결합을 통합적으로 추구해야 한다고 강조한다(Light & Drager, 2007; Light & Mcnaughton, 2015).

유아기의 AAC 활용은 또래와의 협동 놀이, 이야기 만들기, 표현 예술 활동 참여의 질을 높여 아동의 사회적 소속감, 협업 능력, 창의성까지 확장할 수 있다. 실험 교실 연구에서도 아동의 자율감(autonomy), 유능감(competence), 관계감(relatedness) 등의 심리 역량이 디지털 보조 앱 중재에서 뚜렷하게 증진됨이 입증되었다(Tavernier & Hu, 2020).

실제 사례 연구에서는 AAC 도구 내 이미지-표현 추천 시스템(아바즈 AAC의 자동화된 템플릿, 문장 구성 등)이 언어·인지 능력 차이와 무관하게 아동 스스로 일상적 요구, 감정, 생각을 즉각적이고 상황 맞춤형으로 표현할 수 있게 하며, 교사-가정과의 상호작용 일상화로 이어진다(Saturno et al., 2015).

④ AI-EDSS 및 포용적 설계의 중요성

AI 분석 기반 교육 보조 기술(AI-EDSS)의 도입은 AAC 앱의 개인화, 맥락화, 접근성 측면에서 큰 도약을 가져왔다. 그러나 Viberg 외(2024)는, ① 데이터 편향, ② 문화적·언어적 맥락 미반영, ③ 역사적 소외 집단의 요구 미반영 등 소프트웨어 설계 및 배포의 '비(非)포용성'이 실제 교육 격차를 악화할 수 있음을 경고하며, 포괄적 사용성 평가, 다양성 반영, 사회기술적 맥락 내 적용의 실현이 반드시 선행되어야 함을 강조한다.

⑤ 적용상의 도전 과제와 미래 발전 방향

낮은 인지 수준, 부모 및 교사의 기술 숙련도, 맥락 변화의 적응성, 앱 디자인상의 접근성 장애 등은 AAC 인터벤션의 효과 실현에 주요 변이 요인으로 작용한다. 따라서 실제 유아교육 임상 현장에서는 아동–가정–교사–개발자 간의 협력적 맞춤 설계(co–design), 점진적 도입, 습관화된 사용 행동 교육, 환경 맥락(놀이, 가정, 사회) 맞춤 운영 등 통합적 접근 전략이 요구된다(Light & Mcnaughton, 2015; Tavernier & Hu, 2020).

특히 디지털 기기 과용과 시각 불편, 주의 분산 등 잠재적 부작용에 대한 적절한 사용 시간, 오프라인–온라인 활동의 균형 유지, 자기조절 능력 형성 등이 병행되어야 한다는 점도 강조된다.

2) 보조공학 기술

보조공학(AT)은 장애 유아들이 학습 환경에 접근하고 학습 과제를 수행할 수 있도록 돕는 장비나 기술을 말한다. AT 기술은 유아의 장애 유형에 맞춰 맞춤형 도구를 제공함으로써 유아들이 학습 과정에서 겪을 수 있는 어려움을 최소화하고, 포용적인 교육 환경을 만드는 데 중요한 역할을 한다.

(1) 음성 인식 소프트웨어

음성 인식 소프트웨어는 신체 운동능력이 제한되거나 손목 질환 등으로 인해 전통적인 입력 방식이 어려운 유아들에게 컴퓨터 사용 및 텍스트 작성의 접근성을 크게 높이는 AT 도구로 자리매김하고 있다. 드래곤 내추럴리 스피킹(Dragon Naturally Speaking)과 같은 해결책은 유아가 음성으로 디지털 기기와 상호작용하고, 텍스트 입력이나 명령 실행이 가능하도록 지원함으로써 학습의 자기주도성, 자기효능감, 참여 기회를 실질적으로 확장한다.

① 음성 인식 기술의 교육적 효과와 실용성

최근 음성 인식 소프트웨어는 인공신경망 기반의 고성능 엔진과 결합하여 텍스트 자동 변환, 실시간 피드백, 음성 명령 실행 등 다양한 기능을 유아 중심 교육 환경에서 제공한다. Shadiev와 Liu(2022)의 연구에서는 드래곤 내추럴리 스피킹 등 음성 인식 기술이 학습자의 언어 · 인지적 역량을 강화할 뿐 아니라, 디지털 기기에 대한 정서적 거부감 완화, 사용자 만족도 증진 등 긍정적 효과를 반복적으로 입증하고 있음을 보여 주었다. 특히 신체적 제한이 있는 유아들에게 텍스트 입력 및 컴퓨터 명령이 가능해지면서 기존과 달리 외부의 도움 없이 과제 수행, 정보 검색, 학습 자료 작성 등 자기주도적 · 자립적 학습 행위가 가능하다.

② 신체적 · 의사소통 장애 유아의 포용적 접근성 보장

드래곤 내추럴리 스피킹 등 음성 인식 기반 소프트웨어는 손의 운동이 제한된 유아(예: 뇌성마비, 근육 질환, 사고 후 재활)뿐 아니라, 일상적인 키보드-마우스 입력에 어려움을 느끼는 다양한 아동층에게 포용적 정보접근성을 제공한다. 이처럼 음성 입력을 통한 텍스트 변환 및 명령 인식은 유아의 자율적 디지털 기기 활용 역량을 실질적으로 강화하고, 교육의 형평성과 공정성을 실현하는 지원 환경의 한 축이 된다.

Viberg 외(2024)는 AI 및 AI 기반 AT의 발전이 학습 분석, 사용자 정의, 신체적 · 인지적 다양성에 맞춤화된 지원을 제공할 수 있으나, 데이터 편향, 비문화적 설계의 위험도 함께 상존함을 경고하며, 포용성과 형평성 기반의 설계, 도입, 평가 체계의 필요성을 강조한다. 실제로 신체적 · 정서적 제약을 가진 집단의 요구와 맥락이 기술 디자인 전반에 내재되지 못하면 디지털 격차나 소외의 위험이 오히려 심화될 수 있다.

③ 음성 인식 활용 교육의 정서적 · 동기적 효과와 실천 전략

음성 인식 기술을 이용한 디지털 과제, 글쓰기, 정보 검색 등은 다양한 놀이와 창의 활동 속에서 개별 유아의 자율성, 유능감, 관계성 등 심리적 · 정서적 역량도 함께 증진시킨다. Tavernier와 Hu(2020)의 현장 연구에 따르면, 모바일 · 디지털 장치 기반의 학습활동에서 아동 개인의 조작 루틴 형성, 직접 상호작용, 피드백 경험 등은 참여 동기와 몰입도를 효과적으로 높이며, 교사의 주도적 피드백과 결합할 때 학습 효과가 극대화된다.

특히 자기 손으로 입력이 어려운 아동이 음성-텍스트 변환 시스템을 활용해 자신의 생각을 표출하는 경험은 자기표현력과 학습 참여 의욕을 동반 향상시키는 주요 기제로 작용한다. 이는 신체적 제약을 지닌 유아의 사회적 소속감, 자기효능감 강화를 이끄는 핵심 통로로 평가된다.

④ 기술적 한계, 형평성, 건강(시각) 안전 고려

음성 인식 시스템의 단점에는 정확도 저하, 잡음 환경에서의 오류 인식, 다양한 언어 · 억

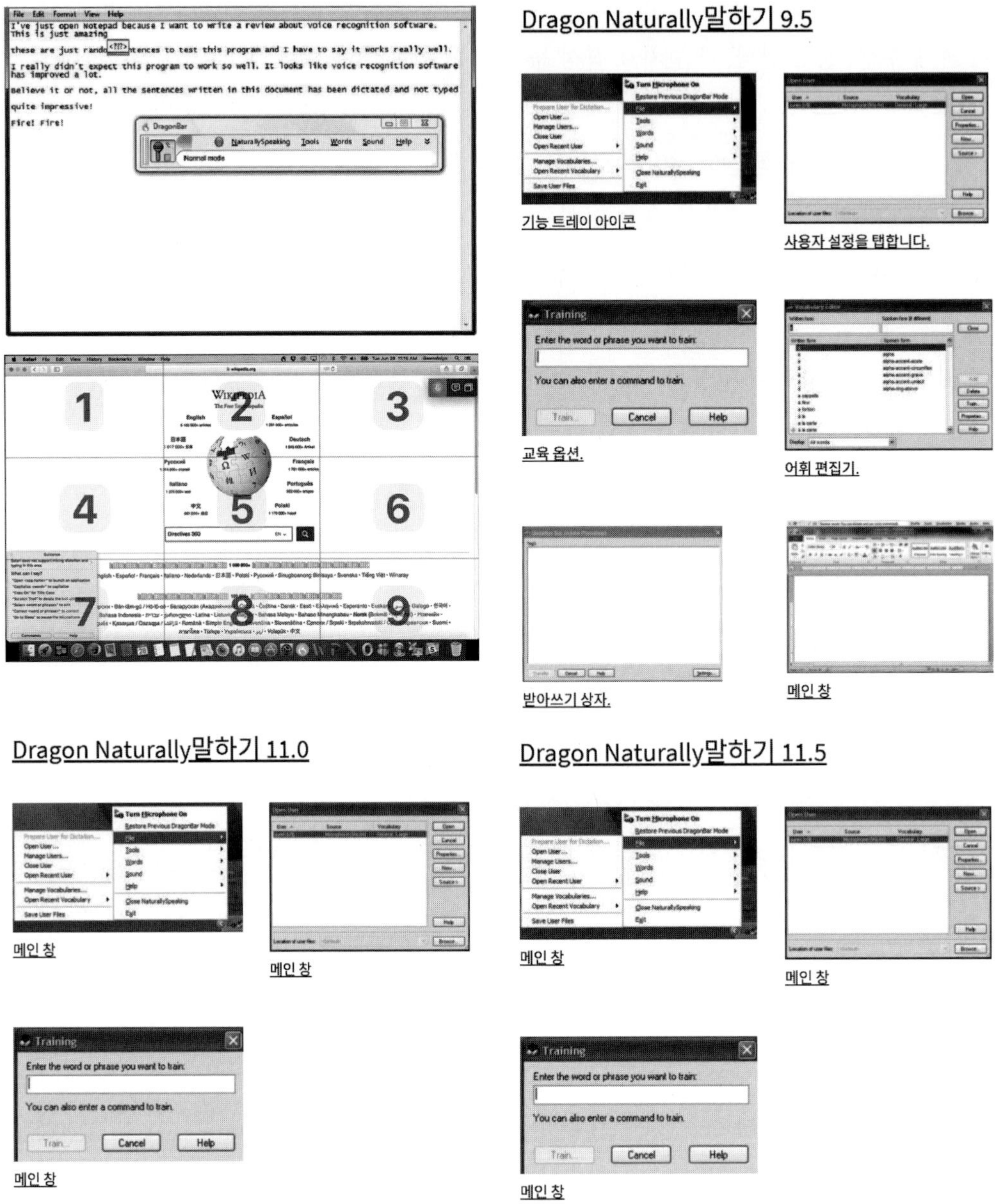

[그림 3-6] 드래곤 내추럴리 스피킹

출처: Zhang & Ng (2011); 페이블 홈페이지(https://makeitfable.com/community-content/how-does-speech-recognition-software-work/); 드래곤 내추럴리 스피킹 홈페이지(https://dragon-naturallyspeaking.software.informer.com/screenshot/).

양 미지원 등 기술적 제약이 존재한다. Shadiev와 Liu(2022)의 메타분석 결과, 현재 상용 음성 인식 시스템의 '완벽 대응률'은 실험실 환경에서는 높으나, 실제 교실 및 가정의 다양한 잡음 환경에서는 오인식 · 누락 발생 또한 무시할 수 없는 수준임이 반복적으로 지적되었다.

또한 모바일 기반 소프트웨어의 과용은 Wang 외(2020)의 연구에서 확인되었듯, 장시간 사용 시 어린이에게 안구 피로, 시력 저하, 안구 건조 등 부정적 건강 증상 위험이 유의미하게 증가함이 밝혀졌다. 따라서 유아 대상 음성 인식 소프트웨어 역시 적정 사용 시간 규제, 기술적 오류 관리, 보조 입력(터치 등)과 혼합 운영, 전인적 건강 모니터링이 병행되어야 한다.

⑤ 평등한 접근과 실제 실천을 위한 제언

음성 인식 기술 도입 시 다음의 사항을 종합적으로 점검해야 한다.

- 개별 아동의 신체적 · 인지 · 언어 능력 차이
- 다언어 및 다양한 억양에 대한 지원성
- 가정-교육 환경 내 기술의 접근성 및 안내 체계
- 사용 습관 형성을 위한 실천 전략(교사 주도로 점진적 도입, 피드백 습관화, 부모-치료사 연계 등)

이러한 사회기술적 관점이 현장 교육과 AT 연구 전반에 내재화될 때, 음성 인식 도구를 활용한 아동의 자기주도 · 포용 학습 환경이 실질적으로 구현될 수 있다.

(2) 디지털 확대기

CCTV 매그니퍼(CCTV magnifier)와 같은 디지털 확대기는 시각장애 유아들이 텍스트, 이미지, 다양한 학습 자료를 손쉽게 인식하고 읽을 수 있도록 돕는 핵심 보조 기기다. 원문의 기술적 설명을 넘어 최신 연구들은 이 기기가 유아기와 아동기에 있는 시각장애 학생의 독립적 학습권 확보, 가독성 강화, 자기주도적 학습 지원이라는 측면에서 다각도의 이점을 강조한다. 특히 뇌성 시각장애(CVI)와 같은 복합 시각 손상군에서도 조기 중재와 맞춤형 기기 활용이 발달적 다양성 및 사회적 포용성을 증진시키는 것으로 보고된다.

① 근거리 시각 활동에서의 효과와 학습의 접근권 보장

디지털 확대기는 전통적 광학 확대기 대비 텍스트와 이미지의 배율 조절, 색상 대비 변화, 밝기/명암 조절 등 다양한 가변 기능을 제공함으로써 학령기 혹은 미취학 시각장애 아동의 근거리 시각 활동(책 읽기, 미술 활동, 학습 자료 탐색 등) 수행률을 현격히 높인다. Taylor 외(2017)의 무작위 교차 실험에서는 휴대용 전자 확대기(Portable Electronic Vision Enhancement Systems: P-EVES)가 아동의 독서 속도와 정확도, 일상 과제 완수 능력을 기존 광학 확대기 대비 통계적으로 유의하게 향상했음을 보여 준다. 이는 유아들이 크고 선명한 텍스트를 실시간으로 조절하고 확인함으로써 타인 없이 자기주도적 활동이 가능하며, 효과적 접근성(access to learning materials)이 실질적으로 보장됨을 의미한다.

② 색상 대비, 맞춤형 시각 지원과 실질적 포용성 확대

CCTV 매그니퍼의 색상 반전 및 대비 조절 기능은 단순히 확대를 넘어 저시력군(예: 심한 근시, 망막 질환)뿐만 아니라 CVI, 대비 민감도 저하 아동에게도 학습 환경 내에서 접근성과 참여도를 증진시킨다. CVI군의 경우, 시각 정보처리 및 인지도 자체가 어려워 대표적으로 명암, 대비, 동적 자극에 대한 예민도가 떨어지는데, 확대기 본연의 색상 대비 커스터마이징은 이러한 한계를 일정 부분 보완할 수 있다. Newcomb(2010)의 연구에서도 기능적 시각 평가는 진단뿐 아니라, 실제 유아교육 적응 전략과 적합 보조 도구 설계의 출발점이 되어야 함을 강조하면서 아이별로 최적화된 확대기 설정이 학습 성과 향상에 결정적으로 작용함을 시사한다.

③ 장기적 시지각 발달, 인지적 · 운동적 성장, 사회적 적응

시각장애 아동의 시지각 기능은 단일 장애 유형이 아니라 시력, 대비 민감도, 색상 분별, 시야, 안구운동 등 여러 하위 요소가 결합되어 나타난다. Matsuba와 Jan(2006)의 대규모 장기 추적조사에서는 유아기~초등기까지의 조기 기능적 개입(확대기 포함)은 시력 향상뿐만 아니라 인지적 수행, 독립적 보행 등 전인적 발달 성과에 선형적으로 기여함이 실증된다. 특히 50% 이상 아동이 수년간 기능적 시력 및 대비 민감도에서 유의미한 개선을 보였고, 이는 곧 학습 태도, 교실 내 사회 참여, 또래와의 상호작용 등 일상 적응에도 지속적으로 긍정 효과를 미쳤다.

④ 형평성과 포용성 기반 AT 설계와 접근성의 현실

모든 시각장애 아동이 CCTV 매그니파에 동일한 수준으로 활용할 수 있는 것은 아니며, 그 효과 또한 개인에 따라 차이가 있다. Viberg 외(2024)는 AI-EDSS 등 최근의 첨단 기술도 디지털 형평성과 사회문화적 맥락을 초기 설계 단계에서부터 충분히 반영하지 않으면 오히려 저소득층이나 사회적으로 소외된 집단의 정보 접근 불평등을 더욱 심화시킬 수 있다고 지적한다. 실제로 디지털 확대기의 가격, 조작 방식, 언어와 문화적 적합성, 그리고 사용자의 편의성과 적합성 등 모든 요소는 유아 개인, 가족 상황, 교육 환경의 특수성에 맞춰 세심하게 설계되어야 진정한 포용적 접근이 가능하다(Solebo & Rahi, 2013). 또한 교육 정책이나 AT 도구의 도입 시에는 단순한 학습 성과 향상을 넘어서 공정성, 지속 가능한 활용 조건, 디지털 웰빙까지 포괄적으로 고려해야 한다는 점이 지속적으로 강조되고 있다.

⑤ 장치 과용, 디지털 웰빙 적정성의 주의점

스마트폰, 태블릿 PC 등 디지털 장치의 과용은 시력 저하, 안구 피로, 근거리 시야/조절장애 등 부정적 영향을 미칠 수 있다. Wang 외(2020)의 메타분석에 따르면, 어린이에게서 장기 스마트 기기 과용군이 안구 불편, 시각 피로, 시력 저하 등의 위험 요인 증가와 확실히 연관됨이 확인되었다. CCTV 매그니파는 기본적으로 학습권 증진을 위한 도구지만, 적정 시

[그림 3-7] 디지털 확대기(CCTV 매그니퍼)

출처: CCTV 매그니퍼 공식 홈페이지(https://www.lowvisionsupply.com/collections/desktop-video-magnifiers).

간 사용, 오프라인 활동과의 균형, 정기적 시력 검진과의 병행이 필요하며, 장시간 노출은 반드시 규제되어야 한다. 교사 및 보호자는 사용 시간, 환경 모니터링, 주기적 습관 피드백 등 통합 관리 시스템을 병행해야 한다.

(3) 터치스크린과 대체 입력 장치

터치스크린 및 대체 입력 장치는 운동 기능에 제한이 있는 유아들에게 학습 및 디지털 환경에서의 접근성을 실질적으로 확대한다. 스위치, 음성, 시선 제어 등의 대체 입력은 신체적 한계를 보완하는 기술로, 유아의 자기주도성과 참여 경험을 중시하는 현대 교육 패러다임과 직결된다. 하지만 이러한 기술의 효과성, 사용상의 주의점, 그리고 모든 아동에 대한 형평성 있는 보급의 과제도 함께 논의되어야 한다.

① 접근성 확대와 자기주도적 활동의 기회 증진

스위치 입력, 시선 추적, 음성 명령 등 대체 입력 장치는 손과 발의 사용이 어려운 유아들에게 디지털 기기, 교구, 학습 자료와의 상호작용을 실질적으로 가능하게 한다. 특히 시선 추적 기반 보조 기술(gaze-based assistive technology)은 중증 지체장애 및 언어장애가 동반된 아동에게서도 일상적 컴퓨터 사용, 놀이, 의사소통, 창작 활동 등에서 자기주도적 참여 기회를 크게 늘린 것으로 확인된다.

Borgestig 외(2017)는 10명의 중증 지체장애 아동에게 시선 제어 장치 개입을 9~10개월 제공한 결론으로, 모든 아동이 목표한 불연속적 과제 수행을 달성했고, 부모와 교사 만족도 역시 매우 높았음을 보고한다. 장치의 일상적 자율 사용과 목표 달성률의 상승은 AT 기반 대체 입력 장치가 궁극적으로 유아의 독립성, 참여성, 삶의 질 향상에 기여함을 보여 준다.

② 포용성과 형평성 관점에서 본 기술 설계와 도입 과제

AI, 시선 추적, 터치 인터페이스 등 첨단 AT 기술은 이론적으로 포용적 교육을 실현하는 데 핵심 도구로 간주되지만, 실제 적용에서는 데이터 편향, 언어·문화 다양성의 미반영, 물리적·사회적 접근성 부족, 설계 단계에서의 취약계층 요구 미반영 등의 요인이 기존의 정보 격차와 교육적 불평등을 더욱 심화시킬 수 있는 위험이 존재한다. Viberg 외(2024)는 AI-EDSS의 기획, 개발, 평가 전반에 걸쳐 사회문화적 맥락과 기술적 요소가 통합적으로 반영되어야 한다고 강조하며, 특히 역사적으로 배제된 유아 집단의 실질적인 접근 보장과 디지털

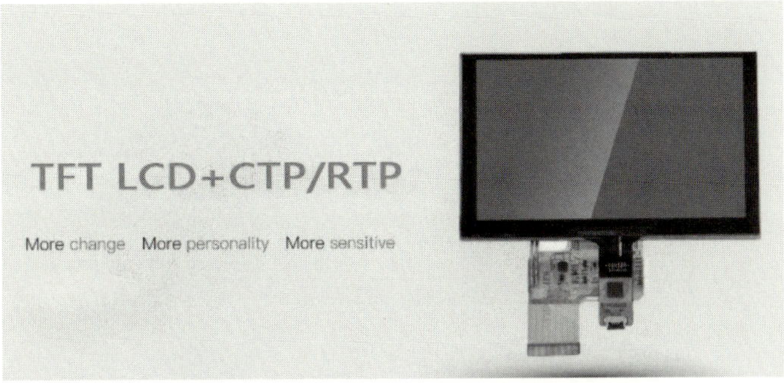

[그림 3-8] 터치스크린과 대체 입력 장치
출처: WIWO 터치스크린 홈페이지(https://ko.china-touchscreen.com/info/touch-screens-and-traditional-input-devices-89519858.html).

웰빙 확보가 반드시 수반되어야 함을 지적한다(Viberg et al., 2024; Witte et al., 2018). 나아가 국제적 차원에서도 AT 제공 프레임워크에서는 정책과 서비스 설계 전반에 걸쳐 저소득층 및 다언어 · 다문화 아동이 가격, 기술, 사회 환경 측면에서 고품질의 보조 기기를 공평하게 이용할 수 있도록 다층적 접근성(multi-layered accessibility) 기준을 마련할 필요성이 제기되고 있다(Witte et al., 2018).

③ 신체적 · 시지각적 건강 및 발달에 미치는 영향과 주의점

터치스크린, 태블릿 PC, 스마트 기기의 지나친 사용은 유아의 시각 건강에 부정적 영향을 줄 수 있음이 반복적으로 나타난다. Wang 외(2020)는 아동 및 청소년을 대상으로 한 메타분석에서 장시간 스마트 기기를 사용한 그룹의 시력 저하(근시), 안구 피로, 기타 시각적 불편 증상이 유의미하게 높았음을 확인했다. 한편, 터치스크린 기반 활동이 유아의 미세 운동감각 및 수행 능력 향상에 대한 긍정적 기대와 달리, Lin 외(2017)는 24주간 실험에서 터치스크린 사용군이 수동 놀이군보다 미세운동의 정교성, 통합성, 수의적 조작에서 성장률이 오히려 낮았다고 보고한다. 따라서 대체 입력 및 터치스크린 기술은 아동의 건강 발달 특성에 따라 적정 사용 시간, 입력 방법의 혼합 설계(예: 스위치+음성+터치), 정기적 피드백 및 일상 활동과의 균형 유지가 반드시 병행되어야 한다.

④ 중복장애와 맞춤형 AT의 필요성

시각 · 운동 장애를 복합적으로 가진 유아, 특히 CVI, 다중감각장애를 가진 경우에는 '표

[그림 3-9] 시선 추적 기반 보조 기술 장치

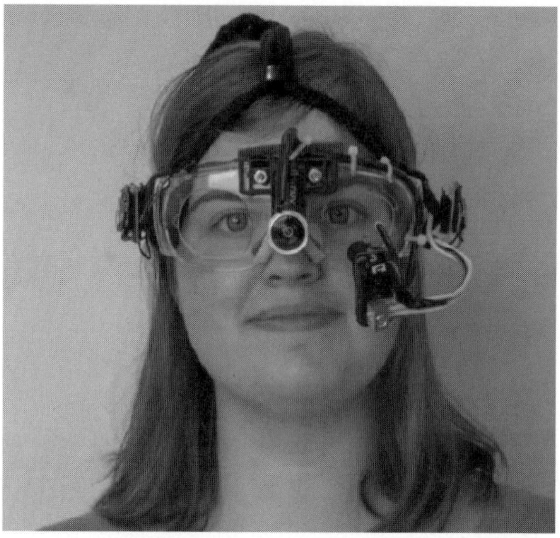

[그림 3-10] 헤드 마운트형 시선 추적 장치

출처: 울트라 애널리틱스 홈페이지(https://www.ultralytics.com/ko/blog/exploring-how-computer-vision-can-be-used-for-gaze-detection).

준 입력 장치'만으로는 학습의 접근성이 극히 낮다. Fazzi 외(2007)는 CVI 유아군에게서 시력 저하, 대비감도 감소, 시야 결손, 안구운동 장애, 시지각적 결함 등이 복합적으로 나타나 입력 장치 선택 시 보다 맞춤형 진단–기기 매칭–다감각적 접근이 필요함을 강조한다. Newcomb(2010) 역시 기능적 시각 평가와 통합적 재활 프로그램을 통해 개별화된 대체 입력 장치의 적합성 및 교육 효과 검증이 중요하다고 주장한다.

⑤ 장기적 효과와 지속적 서비스 및 정책적 지원

AT 도구 및 대체 입력 장치는 단기적 기술 학습만이 아니라, 장기적으로 삶의 질, 사회적 참여, 자아존중감, 학업 성공으로 이어질 수 있다. Alper와 Raharinirina(2006)의 메타분석은 AT 활용이 단기 성취뿐만 아니라, 유아에서 성인에 이르기까지 장애 극복 의도(overcome intention), 자기효능감 증진, 사회적 통합의 동력임을 실증한다. 동시에 기술에 대한 동기 저하, 환경 부적합, 서비스 부재 등이 AT의 도입 실패, 중도 포기, '장치 방치(technology abandonment)'의 주요 원인임을 지적하면서 지속적 교육 · 서비스 · 동행 지원 체계의 중요성을 강조한다.

3) 접근성 기능

접근성 기능은 기본적인 운영 체제나 소프트웨어 내에 내장된 기능으로, 장애 유아가 기술을 보다 편리하고 효율적으로 사용할 수 있도록 지원한다. 현대의 스마트 기기와 소프트웨어는 대부분 접근성 기능을 포함하고 있으며, 유아들이 기술을 사용하는 데 있어 장벽을 낮추는 역할을 한다.

(1) 화면 낭독 기능

화면 낭독 기능, 즉 스크린 리더(screen reader)는 시각장애 유아에게 단순히 정보를 '음성 변환'해 주는 보조 기기를 넘어, 디지털 사회에서의 기본적 학습권 및 참여권을 실질적으로 보장하는 핵심적 접근성 기능이다. 스마트폰, 태블릿 PC, 컴퓨터 등 다양한 디지털 매체에 내장된 보이스오버(VoiceOver), 내레이더(Narrator)와 같은 스크린 리더는 유아들이 텍스트, 웹페이지, 디지털 서적, 교육 자료 등에 실질적으로 접근할 수 있도록 함으로써 교육 격차와 정보 소외를 줄이는 데 중요한 역할을 하고 있다.

① 텍스트-음성 변환의 교육적 효과와 포용적 학습 환경 조성

화면 낭독 기능은 시각장애 아동이 대면 환경에 한정되지 않고, 음성을 통해 역동적으로 디지털 콘텐츠를 탐색, 이해, 학습할 수 있게 한다. 이는 단순히 독서 지원을 넘어 디지털 기반 자기주도학습, 사회적 참여, 정보 활용 능력을 실질적으로 확대한다. 최근 학계에서는 화면 낭독 등 AI 기반 접근성 기술이 모든 학습자에게 포용적이고 형평성 있는 교육 기회를 마

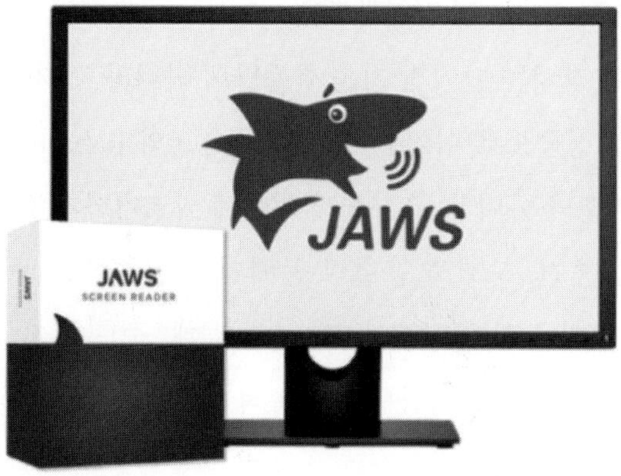

[그림 3-11] 화면 낭독 기능(스크린 리더)

출처: JAWS 프로그램 공식 홈페이지(https://www.freedomscientific.com/products/software/jaws/).

련하는 데 필수임이 반복적으로 강조된다. 하지만 Viberg 외(2024)는 도구의 설계 과정에서 역사적으로 소외된 집단의 특수 요구와 맥락이 충분히 반영되지 않으면 기존의 교육 격차가 심화될 수 있다고 경고한다. 따라서 유아 대상의 화면 낭독 기능 개발 및 평가에서는 문화적 · 언어적 다양성, 개별 장애 패턴, 실제 사용 환경 등을 반드시 통합적으로 고려해야 한다.

② 시각장애의 다양성 및 CVI에 맞는 맞춤형 기능의 필요성

시각장애 유아 집단은 단순히 저시력, 맹뿐만 아니라, CVI처럼 고차원의 시각 기능 결손을 동반하는 경우가 매우 많다. Fazzi 외(2007)는 유아 시기의 CVI에서 시력 저하뿐 아니라, 대비감도 저하, 시야 결손, 시지각적 인지 장애 등 복합적 특성이 동시에 나타난다고 밝혔다. Watson 외(2007)의 종단연구에서도 CVI 아동은 개별적으로 시력과 대비감도가 다르고, 일부 아동에게서만 장기간의 자연적 또는 중재적 개선이 확인된다. 즉, 화면 낭독 기능이 단순 음성 출력이나 텍스트 인식만으로는 유아 개인의 발달 특성, 지각 · 인지 능력, 사용 습관을 충분히 지원하지 못할 수 있으므로 기능적 시각 평가(Functional Visual Assessment: FVA)와 맞춤형 음성 안내, 사용 난이도 조절, 인터페이스의 '접근성 계층화' 등이 반드시 병행되어야 한다.

③ 독립적 학습 및 놀이 기회의 확대와 심리사회적 발달

화면 낭독 기능은 유아의 일상 독서, 정보 해석, 자기표현 등에서 타인의 직접적 도움 없이 스스로 의사결정하고 학습에 참여할 수 있는 경험을 제공한다. 이는 자기효능감, 자율성, 학습 동기, 사회성 등 심리사회적 발달 영역에도 긍정적 영향을 미친다. Ravenscroft 외(2019)는 유아교육 현장의 교사들이 시각장애 아동의 포용적 교육 동참 의지와 자기효능감이 충분히 강화될 때 실질적 통합교육이 가능하며, 다양한 접근성 도구(스크린 리더 등)와 결합된 실천적 연수 및 지원이 필요함을 보고했다. 즉, 화면 낭독은 유아 중심의 정보 접근권뿐 아니라, 교사·가족 공동체의 포용적 실천 역량 강화에도 결정적으로 작용한다.

④ 기술 활용의 한계, 건강 위험, 디지털 웰빙

스마트폰과 태블릿 PC 등 디지털 기기에서 화면 낭독 기능의 활용이 확대됨에 따라 기술 의존이 가져오는 건강상의 부작용도 함께 고려해야 한다. Wang 외(2020)의 메타분석에 따르면, 유아 및 아동이 장시간 스마트 기기를 사용할 경우, 시력 저하, 눈의 피로, 안구 건조 등의 시각 관련 부정 증상 발생 위험이 통계적으로 유의미하게 증가하는 것으로 나타났다. 이러한 결과는 화면 낭독 기능을 주요 학습 도구로 활용하는 시각장애 유아 역시 적절한 사용 시간 관리, 청취·촉각·신체 활동의 균형 유지, 그리고 가족과 교사에 의한 건강 상태 추적 관찰이 필수적임을 보여 준다. 따라서 기술적 유용성에만 초점을 맞추기보다는 디지털 웰빙과 오프라인 활동 간의 균형을 고려한 정책적·실천적 지침 마련이 중요하다는 점이 강조된다.

⑤ 형평성, 접근권, 정책적 보장과 미래 과제

다양한 AT 기기(예: 스크린 리더, 점자 단말, 초점 조절 장치 등)는 실제 아동-가정-유아교육 현장별로 비용, 접근성, 서비스 품질, 사회적 수용성 등에서 차별이 존재하며, 형평성에 대한 국제적 기준과 보편적 서비스 체계 구축이 시급하다. AI-EDSS와 같은 최신의 접근성 기술 역시 기술적·사회적 맥락 안에서 끊임없는 평가와 개선, 사용자 피드백의 구조적 시스템화가 반드시 뒷받침되어야 한다. 아울러 개별 유아의 사용 맥락과 발달 수준, 가족 및 교사의 교육 역량, 기타 환경적 요인까지 포괄하는 통합적 AT 정책이 견고하게 자리 잡아야 한다.

(2) 색상 대비 및 텍스트 크기 조정 기능

색상 대비 및 텍스트 크기 조정(글자 확대) 기능은 단순한 편의 선택사항을 넘어 시각장애 유아들의 정보 접근, 학습 참여, 독립적 생활을 실질적으로 보장하는 핵심 보조 기능이다. 스마트폰(iOS, 안드로이드) 및 다양한 컴퓨터 운영 체제에 내장된 이 기능들은 유아 개개인의 시력 상태, 시지각 특성, 사용 맥락에 따라 맞춤 설정되어 포용적이고 형평성 있는 교육 환경 구현에 절대적 역할을 한다.

① 텍스트 크기 및 색상 대비 최적화의 기능적 효과와 개별 맞춤성

시각장애 유아는 일반적으로 저시력, 대비 민감도 저하, CVI, 시지각 이상 등을 복합적으로 경험하며, 이로 인해 일반적인 크기 및 색상 조합의 텍스트 접근에 큰 제약이 있다. 실제 CVI 유아의 58%가 대비 민감도, 47%가 시각 추적 기능 저하 등 복수의 시각적 문제를 나타낸다는 점이 임상적으로 확인됐다(Fazzi et al., 2007; Good, Hou, & Norcia, 2012; Watson et al., 2007). 텍스트 크기를 충분히 확대하고, 배경–글자 색상 대비를 높여 주면 남아 있는 시각 기능(잔존 시력, 투시 자극 등)을 최대한 활용할 수 있으며, 이는 곧 자기주도적 독서, 디지털 정보 탐색, 멀티미디어 학습의 실효적 기반이 된다.

Arditi(2004)의 실험연구에서도 사용자가 개별 시력 특성과 취향에 맞게 글꼴 크기, 굵기, 자간, 색상 조합을 조정할 수 있는 인터페이스 제공 시 모든 참가자에게서 실질적 가독성(legibility)이 증가되는 점이 일관되게 보고되었다. 다만 고가독성 표준 폰트와 비교해 가독성의 추가 향상 효과는 개인별 차이가 있어 진단 기반의 맞춤 방식이 중요함이 제시된다.

② CVI 및 중복장애 아동에 맞춘 맥락적 적용

저시력 아동 외에 CVI 등 중복장애군에서는 색상·대비 조정이 단순하지 않고 더욱 맞춤화되어야 한다. CVI 유아의 경우 시력 저하와 함께 색상 및 대비감도, 시각 추적, 시야 범위, 인지적 시지각 등 다차원적 장애가 동반되며, 고대비 색상(예: 노랑–검정, 흰색–파랑) 및 크기 확대는 남아 있는 기능적 시각의 활용과 시각적 주의 유지, 정보 해석 전략을 가속화시킨다(Cohen–Maitre & Haerich, 2005). Good 외(2012)는 CVI 아동 34명을 대상으로 한 연구에서 공간 색상 대비 기능 저하가 주된 시지각 장애임을 발견하고, 맞춤 색상·대비 설정이 실질적인 학습 접근성 향상과 직접 연결된다는 점을 확인했다.

③ 접근성의 교육적·정책적 의미와 형평성 이슈

색상 대비 및 텍스트 크기 조정의 접근성과 품질은 시각장애 유아의 학습권·정보권 차

[그림 3-12] 색상 대비 및 텍스트 크기 조정 기기

출처: 인핸스드 비전 홈페이지(https://www.enhancedvision.com/low-vision-product-line/amigo-portable-electronic-magnifier.html).

원에서 국제적 정책으로 인식되고 있다. Witte 외(2018)는 AT의 균등한 제공, 고품질 및 저비용화, 서비스 정책 체계화가 전 세계적 과제임을 강조하며, 이미지 기반 정보, 멀티미디어 자료까지 아우르는 진정한 평등 접근 실현이 필요하다고 지적했다. Viberg 외(2024) 또한 AI · 적응형 접근성 기술이 개인 맞춤형 학습 경로 제공에 기여할 수 있으나, 설계 · 데이터 · 평가 과정에 역사적 소외 집단과 문화적 · 언어적 다양성이 포함되지 않으면 오히려 정보 격차가 심화될 수 있다고 경고한다.

현실적으로 점차 복잡해진 교육 · 의사소통 환경에서 색상과 크기 조절만으로는 다양한 정보(이미지, 그래픽, 동영상 안내 등)까지 포괄적 접근성을 확보하기 어렵고, 국제 웹 접근성 표준 준수(예: W3C) 가 실질적으로 이행되지 않아 시각장애 유아의 웹 정보 접근률은 여전히 18% 수준에 머문다는 보고도 있다(Lüchtenberg, Kuhli–Hattenbach, Sinangin, Ohrloff, & Schalnus, 2008).

④ 건강 · 디지털 웰빙 고려

장기적으로 색상 대비와 텍스트 확대는 시각장애 유아의 정보 접근과 독립성 증진에 긍정적이지만, 지나친 스마트폰 및 디지털 기기 사용은 새로운 건강 문제를 야기할 수 있다. Wang 외(2020)는 메타분석을 통해 스마트폰 과다 사용 아동군에서 시력 저하, 눈의 피로, 근시 등 위험이 통계적으로 확실히 높다는 사실을 입증했다. 즉, 접근성 확대 기능이 효과적임에도 적정 사용 시간 관리와 실생활-온라인 환경 간의 균형, 안과적 정기검진 및 건강 모니터링이 반드시 병행되어야 함을 시사한다.

⑤ 실천 및 정책 시사점

뇌 시각장애 평가(CVI Range)와 같은 기능적 시력 평가도구로 아동의 특성을 정확히 진단한 후, 개인별로 색상 및 크기의 최적화를 지원하는 적응형 소프트웨어 개발과 교사 · 보호자 대상 연수, 표준화된 접근성 정책, 경제적 격차 해소 등 입체적 · 지속적 관리 시스템이 필요하다. Ravenscroft 외(2019)의 연구에서는 교사의 보수 · 실무 연수가 시각장애 아동의 포용적 교육 실현과 접근성 도구의 질적 활용에 매우 중요하다고 분석했다. 실효성 높은 정책 · 현장 연계와 함께 유아가 직접 자신에게 '더 편한' 색상 및 크기 조합을 시도 및 선택할 수 있는 주체적 참여 시스템이 기반이 되어야 한다.

(3) 음성 제어 기능

음성 제어 기능(시리, 구글 어시스턴트 등)은 운동능력에 어려움이 있는 유아들에게 핵심적인 보조 수단으로 자리 잡았다. 이 기능은 손을 사용할 수 없는 아동이 음성만으로 앱을 실행하거나 설정을 변경하고 정보를 검색하는 등 다양한 디지털 활동에 직접 참여할 수 있게 하여 자기주도적 학습과 디지털 자기효능감 증진을 촉진한다. 단순한 편의 기능을 넘어 AI 기반 접근성 확대 도구로서 교육적 형평성과 사회적 포용에 기여하는 가치가 주목된다.

① 자기주도성 및 독립성 증진

음성 제어 기능은 아동이 타인의 도움 없이 디지털 기기 조작, 정보 탐색, 앱 활용을 직접 수행할 수 있도록 하여 자율적 과업 관리 능력과 자기표현 기회의 실질적 확대를 이끈다. 이러한 경험은 주체적 학습 태도, 자신감, 자기효능감 전반을 향상시키며, 기술 친화적 환경에서 성장하는 유아의 심리적 · 사회적 발달을 촉진한다. 첨단 AT를 활용한 아동 및 가족 경험에 대한 메타연구에서도 기능적 독립성 증진이 가족의 돌봄 부담 경감, 심리적 변인 개선과 직결됨이 반복적으로 나타난다(Nicolson, Moir, & Millsteed, 2012).

② 포용적 접근성과 교육의 형평성

음성 제어 기반의 접근성 기능 도입은 전통적 입력 장치(키보드, 마우스, 터치 등) 이용이 제한적인 신체·운동 장애 아동에게 동일한 학습 환경과 정보 접근 기회를 제공한다. Viberg 외(2024)는 AI 및 자연어 처리 기반 보조 도구가 역사적으로 소외된 집단에 맞춘 데이터 설계, 평가의 통합 없이는 오히려 정보 격차를 확대할 수 있다고 지적하면서 사회기술적·문화적 맥락이 반영된 윤리적 설계와 사례 중심의 평등성 확보가 필수적임을 강조한다. 따라서 음성 제어 기능이 실제 현장에서 포용적 교육을 가능케 하려면 표준화된 시스템 제공과 함께 유아 맞춤형 언어, 문화 감수성, 개별 신체 기능 등의 요소를 통합적으로 고려해야 한다.

③ 발달 특성 및 중복장애 아동에 대한 세심한 지원 필요성

지체장애 아동 중 상당수가 CVI, 저시력, 시지각–인지적 결손 등 복합 혹은 중도·중복장애를 동반하는 경우가 많다. CVI 아동은 단순히 운동 제약에 더해 시력 저하, 대비감도 약화, 시야 결손, 시지각적 인지장애 등 다차원적 제약을 겪으며, 이 경우 음성 제어와 추가 AT(화면 낭독, 색상 대비 등)의 통합적 지원이 병행되어야 한다(Fazzi et al., 2007; Good et al., 2012; Watson et al., 2007). 유아별 기능적 시력 평가 및 정확한 진단을 토대로 본인의 특성을 반영한 음성 피드백 안내와 멀티모달 접근이 설계되어야 진정한 접근성이 보장된다.

④ 가족 및 교사 지원, 환경의 중요성

음성 제어 등 AT의 효과적 사용은 개별 아동의 역량뿐만 아니라 가족, 교사 등 실질적 지원 네트워크 구축 여부에 따라 성패가 달라진다. Nicolson 외(2012)는 AT가 아동의 독립성과 가족의 돌봄 부담 감소에 장기적으로 긍정적인 효과를 미친다고 밝혔으며, 치료사와 AT 전문가의 참여, 교사의 연수와 태도 개선이 현장 채택률과 활용 효율을 결정짓는 핵심 변수임을 발견했다. Ravenscroft 외(2019)의 실증연구에 따르면, 교사의 포용적 교육 태도와 추가 연수가 병행될 때 시각·운동 장애 아동의 실제 통합교육 효과가 유의미하게 상승하는 것으로 나타난다.

⑤ 건강, 디지털 웰빙, 과도 노출의 조절 필요

기기의 음성 제어 기능 활용 자체는 신체적 부담을 줄이지만, 장시간 스마트폰·태블릿 PC 사용이 동반될 경우, 시력 저하, 안구 피로, 시각적 불편 등 건강 위험 요인이 상승할 수 있음이 메타분석에서 확인되었다. Wang 외(2020)는 아동 및 청소년 대상 스마트폰 과다 사용군에서 시력 저하 및 안구 증상 발병률이 통계적으로 유의미하게 높다고 보고했다. 따라서 적정 사용 시간 규제, 휴식·운동 병행, 가족 모니터링, 오프라인 활동과의 균형 등 통합적인 건강 관리가 반드시 병행되어야 하며, 정책적으로도 디지털 웰빙을 공식 연계한 접근성 제도가 구축되어야 한다.

⑥ 실천, 정책적 시사점과 미래 방향

음성 제어 기능이 진정한 포용적 접근성을 실현하기 위해서는 국제 표준화된 AT 제공 체계, 경제적 보급, 사용자 및 전문가 연수 강화, 데이터 다양성 확보 등 입체적인 정책·실천 전략이 요구된다. Witte 외(2018)는 AT 접근성 확장을 위해 저소득 및 다문화 집단의 가격 장벽 해소, 고품질-저비용 제품 개발, 서비스 정책-현장 연계 표준 구축이 시급함을 강조한다. 실질적 평등성과 포용성이 결합된 음성 제어 기능 설계 및 배포가 미래 접근성, 교육 정책의 실현의 핵심 관건이 될 것이다.

장애 유아를 지원하는 도구와 기술은 그들의 학습 환경을 최적화하고, 평등한 교육 기회를 제공하는 중요한 역할을 한다. 앱, 소프트웨어, AT 기술, 접근성 기능은 각 장애 유아의 특수 요구를 충족시키는 데 필수적인 도구로, 유아들이 자기주도적으로 학습하면서 사회적 상호작용을 할 수 있도록 돕는다. 교사는 이러한 도구와 기술을 적절하게 활용하여 장애 유아들에게 개별화된 교육을 제공하고, 그들의 강점과 잠재력을 최대한 발휘할 수 있도록 지원해야 한다. 장애 유아를 위한 AT 기술과 접근성 기능은 그들이 자립적이고, 효율적으로 학습할 수 있도록 돕는 데 중요한 역할을 한다. 다양한 보조 기기는 충청남도 보조 기기 센터 홈페이지(http://www.cnat.or.kr/index.php)를 추가적으로 참조하면 도움이 될 것이다.

제4장

발달 단계에 따른 디지털 교육 접근법과 게이미피케이션

디지털 교육 접근법은 유아의 발달 특성을 면밀히 고려하여 설계되어야 하며, 게이미피케이션 전략은 학습 동기부여와 참여 증진에 효과적인 도구로 활용된다. 이 장에서는 유아의 인지 · 감각 · 사회적 발달 단계에 따른 적절한 디지털 교육 방법과 함께 게임 요소를 접목한 게이미피케이션 전략, 그리고 과잉 자극을 예방하는 방법을 모색한다. 또한 장애 유아의 특수한 발달 및 학습 요구를 반영한 교수법도 함께 살펴본다.

먼저 유아는 발달 단계에 따라 주의 집중 시간, 감각 처리 능력, 언어 및 사회성 발달 수준 등이 다르다. 이에 따라 디지털 교육 접근법은 유아의 연령과 발달 수준에 맞게 콘텐츠를 단순화하고, 시각 및 청각 자료를 적절히 조합하여 제공해야 한다. 예를 들어, 3세 미만의 유아는 짧은 시간 동안 강렬한 시각적 자극과 간단한 소리 효과가 포함된 콘텐츠가 효과적일 수 있다. 그러나 이 경우 지나친 자극으로 인한 과잉 자극을 예방하기 위해 화면 전환이나 애니메이션 효과의 빈도를 조절하고, 중간 중간 휴식 시간을 마련하는 것이 중요하다(Edwards et al., 2020; Undheim, 2021).

게이미피케이션 전략은 유아의 학습 동기를 높이는 데 큰 역할을 한다. 게이미피케이션된 수업은 보상 시스템, 도전 과제, 레벨업 등의 요소를 포함하여 유아들이 스스로 문제를 해결하고 목표를 달성할 수 있도록 유도한다. 예를 들어, 알파벳이나 숫자 학습 앱에서는 정답을 맞힐 때마다 스티커나 포인트를 주어 아이들이 즐겁게 학습에 임하도록 설계할 수 있다. 이러한 보상 체계는 단순한 점수 체계를 넘어 학습 과정에서 작은 성공 경험을 반복적으로 제공함으로써 자기효능감을 높여 준다. 그러나 게이미피케이션 요소가 지나치면 오히려 학습의 본질보다 보상에 집착하는 부작용이 발생할 수 있으므로 교사는 게임 요소와 학습 내용의 균형을 신중하게 조절해야 한다(Alotaibi, 2024; Nolan & McBride, 2014).

특히 장애 유아의 경우에는 일반 유아와 달리 개별적 발달 특성과 학습 요구가 존재한다. 예를 들어, 자폐 스펙트럼 장애를 가진 유아는 과도한 감각 자극에 민감할 수 있으므로 게이미피케이션 콘텐츠를 설계할 때 자극을 최소화하고, 명확하고 일관된 피드백을 제공하는 것이 중요하다. 또한 시각장애나 청각장애를 가진 유아는 AT 기술과 연계된 맞춤형 인터페이스를 통해 학습 자료에 접근할 수 있도록 해야 한다(Börnert-Ringleb, Casale, & Hillenbrand, 2021; Kumaş, 2024). 이와 같이 장애 유아에 맞춘 교수법은 각 유아의 강점과 약점을 고려한 개별화된 학습 계획 수립으로 이어져야 하며, 교사는 지속적으로 학부모 및 전문가와 협력하여 학습 자료와 수업 방법을 보완해 나가야 한다.

디지털 교육 접근법과 게이미피케이션 전략을 효과적으로 구현하기 위해서는 교사의 전문성 향상이 필수적이다. 교사는 최신 디지털 도구와 교육 소프트웨어 사용법을 숙지하고, 유아의 발달 단계와 특성을 분석하여 적절한 교수법을 적용할 수 있어야 한다. 이를 위해 정기적인 연수와 동료 교사 간 정보 공유, 그리고 실제 사례 연구를 통한 지속적인 자기계발이 필요하다. 또한 수업 전 사전 준비 단계에서 유아들의 반응과 학습 환경을 면밀히 관찰하고, 필요시 수업 도중 간단한 피드백을 통해 학습 활동을 조정하는 유연함도 요구된다(김병건, 김미정, 2020; Etscheidt, Schmitz, & Edmister, 2021).

결국 유아의 발달 단계에 따른 디지털 교육 접근법과 게이미피케이션 전략은 학습의 질을 높이고, 유아들이 적극적으로 참여하는 포용적 학습 환경을 조성하는 데 핵심적인 역할을 한다. 교사는 유아들의 발달 특성에 맞춰 디지털 도구를 활용하고, 게임 요소를 적절히 접목하여 즐겁고 효과적인 학습 경험을 제공해야 하며, 동시에 과도한 자극을 예방하고 장애 유아의 개별적 필요를 충족하는 맞춤형 교수법을 지속적으로 발전시켜 나가야 한다.

1. 유아의 발달 특성과 디지털 미디어

유아의 발달 특성은 인지발달, 감각발달, 그리고 사회적 발달 단계로 구분할 수 있다. 이와 같은 발달 단계에 따라 디지털 미디어가 유아에게 미치는 영향과 적합한 도구의 선택은 매우 중요한 요소다.

먼저 인지발달 단계에서는 유아들이 주변 환경을 인식하고, 문제 해결 능력 및 기억력을 발달시키는 과정이 핵심이다. 이 시기에는 구체적이고 단순한 개념부터 시작하여 점차 추상적인 개념을 이해하는 단계로 나뉜다. 디지털 미디어는 이미지, 동영상, 애니메이션 등 다양한 시각적 자료를 제공함으로써 유아들이 추상적인 개념을 구체적으로 이해할 수 있도록 돕는다. 예를 들어, 간단한 퍼즐 게임이나 인터랙티브 스토리 앱은 유아들이 문제를 해결하면서 인지능력을 향상시킬 수 있도록 설계되어 있다. 또한 디지털 미디어는 즉각적인 피드백을 제공하여 유아가 스스로 성취도를 확인하고, 반복학습을 통해 기억력을 강화할 수 있게 한다(Anderson & Subrahmanyam, 2017; Barr & Kirkorian, 2023; Clemente-Suárez et al., 2024).

감각발달 측면에서는 시각, 청각, 촉각 등의 다양한 감각을 동시에 자극하는 콘텐츠가 유아에게 효과적이다. 유아들은 특히 생생한 색상, 명확한 소리, 그리고 단순한 조작법을 가진 디지털 도구에 흥미를 느낀다. 터치스크린 기반의 태블릿 PC나 인터랙티브 화이트보드 등은 유아들이 손으로 직접 만지고 반응을 확인할 수 있는 기회를 제공한다. 이러한 도구들은 유아의 감각 통합 발달에 도움을 주며, 학습의 몰입도를 높이는 역할을 한다. 단, 과도한 자극이나 빠른 화면 전환은 유아들의 감각 과부하를 일으킬 수 있으므로, 콘텐츠의 자극 강도와 전환 속도는 유아의 발달 단계에 맞추어 조절해야 한다(김병건, 2024; Barr & Kirkorian, 2023).

사회적 발달 단계에서는 유아들이 또래와의 상호작용, 의사소통, 감정 조절 등을 학습한다. 디지털 미디어는 그룹 활동이나 협동 게임, 온라인 커뮤니케이션 기능 등을 통해 유아들이 사회적 기술을 익힐 수 있는 환경을 제공한다. 예를 들어, 협동학습 앱이나 멀티미디어 스토리텔링은 유아들이 서로 의견을 나누고 문제를 함께 해결하도록 유도한다. 이와 같은 활동은 유아들의 사회적 유대감을 형성하고, 의사소통 능력을 자연스럽게 발전시키는 데 큰 역할을 한다. 또한 VR이나 AR을 활용한 콘텐츠는 유아들이 다양한 상황을 경험하게 하여 사회적 역할을 연습할 수 있는 기회를 제공한다(Alotaibi, 2024; Edwards et al., 2020; O'Byrne et al., 2018).

디지털 미디어를 유아교육에 도입할 때는 각 발달 단계에 맞는 콘텐츠와 도구 선택이 필수적이다. 인지발달 초기 단계에서는 간단한 조작법과 직관적인 인터페이스를 가진 도구를, 감각발달 단계에서는 다채로운 시각 및 청각 자극을 제공하는 도구를, 그리고 사회적 발달 단계에서는 상호작용을 촉진하는 도구를 선택하는 것이 바람직하다. 이와 같은 접근법은 유아 개개인의 발달 특성을 반영하여 맞춤형 학습 환경을 조성하는 데 기여할 수 있다.

또한 디지털 미디어 사용 시에는 학습 목표와 콘텐츠의 적절한 균형이 필요하다. 단순히 자극적인 효과에만 치중할 경우, 유아들이 학습에 집중하지 못하거나 과잉 자극으로 인해 부정적인 반응을 보일 수 있다. 따라서 교사는 콘텐츠 선정 시 유아의 발달 단계와 학습 목표를 면밀히 고려하여 적절한 자극과 명확한 피드백이 제공되는 도구를 선택해야 한다. 이와 함께 일정 시간마다 휴식 시간을 마련하거나 화면 사용 시간을 제한하는 등의 관리 전략도 병행되어야 한다(김병건, 2024; Barr & Kirkorian, 2023; Christakis, 2011).

결론적으로, 유아의 발달 특성과 디지털 미디어의 관계는 복합적이며, 인지 · 감각 · 사회적 발달 각 측면에 맞는 도구 선택과 콘텐츠 구성이 필수적이다. 이를 통해 유아들이 디지털 매체를 통해 보다 효과적으로 학습할 수 있고, 전반적인 발달에 긍정적인 영향을 미칠 수 있다. 교사는 유아의 발달 단계를 면밀히 분석하고, 그에 맞는 디지털 도구와 콘텐츠를 제공함으로써 포용적이고 맞춤형 학습 환경을 조성해야 한다.

2. 장애 유형에 따른 발달 특성 및 접근 방법

특수교육은 장애 유아의 개별적 특성을 반영하여 학습 기회를 제공하는 것을 목표로 한다. 각 장애 유형에 따른 발달 특성과 학습 요구는 일반 유아와는 크게 다르며, 이에 따른 접근 방법도 세심하게 설계되어야 한다. 여기서는 주요 장애 유형(시각장애, 청각장애, 자폐 스펙트럼 장애, 지적장애 등)에 대한 발달 특성과 그에 따른 디지털 교육 접근 방법을 살펴본다.

먼저 시각장애 유아의 경우, 시각적 정보의 제한으로 인해 다른 감각, 특히 청각과 촉각을 통해 정보를 습득하게 된다. 이들에게는 텍스트를 음성으로 변환해 주는 스크린 리더, 점자 디스플레이, 그리고 음성 명령 기능을 갖춘 보조 소프트웨어가 매우 유용하다. 이러한 보조 기술은 시각 정보를 대체할 수 있는 수단으로서 유아들이 디지털 콘텐츠에 접근하는 데 큰 도움을 준다. 또한 콘텐츠 제작 시에는 고대비 색상, 큰 글꼴, 명확한 아이콘 등을 활용해 접근성을 높여야 한다. 교사는 시각장애 유아가 디지털 미디어를 통해 정보에 접근할 때 보조 도구의 사용법을 충분히 안내하고, 정기적인 점검과 업데이트를 통해 최적의 학습 환경을 제공해야 한다(Judge, 2006).

청각장애 유아는 소리 정보를 효과적으로 받아들이지 못하므로 시각적 자료와 자막, 수화 영상 등의 보조 자료가 필수적이다. 교육용 앱이나 소프트웨어에서 음성 대신 텍스트나 이미지, 애니메이션을 통해 내용을 전달하면 청각장애 유아도 학습 내용을 명확하게 이해할 수 있다(Lersilp et al., 2018). 또한 실시간 대화형 수업에서는 수화 통역 서비스를 도입하거나 영상 콘텐츠에 자막을 제공하는 등의 접근 방법을 적용할 수 있다. 교사는 청각장애 유아의 학습 상황을 면밀히 관찰하고, 필요시 개별 지도를 통해 학습 격차를 최소화할 수 있도록 노력해야 한다.

자폐 스펙트럼 장애를 가진 유아는 사회적 상호작용 및 의사소통에 어려움을 겪는 경우가 많으며, 감각 자극에 민감한 특성을 보인다. 해당 유아들은 반복적이고 예측 가능한 학습 환경을 선호하며, 갑작스러운 자극 변화에 대해 불안감을 느낄 수 있다. 따라서 디지털 콘텐츠는 구조적이고 일관된 형식을 갖추어야 하며, 복잡한 애니메이션이나 과도한 소리, 밝은 색채의 사용은 최소화해야 한다. 게이미피케이션 요소를 도입할 때에도 과도한 자극 없이 명확한 목표와 보상 체계를 통해 안정적인 학습 경험을 제공하는 것이 중요하다. 또한 자폐 스펙트럼 장애를 가진 유아의 경우 개별 학습 계획을 수립해서 그들의 특성과 관심사에 맞는 맞춤형 콘텐츠를 제공하는 것이 효과적이다(Börnert-Ringleb, Casale, & Hillenbrand, 2021). 교사는 자폐 스펙트럼 장애 유아의 행동 패턴과 반응을 면밀히 분석하여 학습 자료를 지속적으로 수정하고 보완하는 노력을 기울여야 한다.

지적장애 유아는 인지 처리 속도가 느리며, 개념 이해와 문제 해결에 어려움을 겪는 경우가 많다. 이들에게는 간단하고 반복적인 학습 활동, 시각적 자료를 통한 단계적 학습이 효과적이다(Judge, 2006). 디지털 미디어는 이러한 유아들에게 친숙한 아이콘, 그림, 간단한 조작법을 통해 학습 내용을 전달할 수 있으며, 실시간 피드백을 제공하는 기능이 학습 동기를 높이는 데 도움이 된다. 또한 지적장애 유아의 경우에는 교사의 개입이 중요하므로 디지털 도구 사용 시 교사의 적극적인 지도가 필수적이다. 교사는 학부모 및 특수교육 전문가와 협력하여 유아의 개별 발달 상황에 맞는 교육 프로그램을 지속적으로 수정 및 보완해야 한다(Börnert-Ringleb et al., 2021).

이외에도 여러 장애 유형에서 공통적으로 중요한 것은 AT 기술의 활용이다. 최신 AT 기기와 소프트웨어는 사용자 맞춤형 접근성 기능을 제공하여 유아들이 자신의 특성에 맞게 디지털 기기를 사용할 수 있도록 지원한다(권충훈 외, 2024; 김남진, 김용욱, 2017). 예를 들어, 음성 명령, 확대 기능, 터치 감도 조절 등은 각 장애 유형에 따라 개별 맞춤형으로 설정할 수 있다. 이러한 기술은 장애 유아가 교육 콘텐츠에 접근할 수 있는 장벽을 낮추며, 학습의 효율성을 높인다.

또한 특수교육 접근 방법에서는 교사의 역할이 매우 중요하다. 교사는 장애 유아의 발달 특성을 면밀히 파악하고, IEP를 수립해 디지털 도구와 미디어를 효과적으로 활용할 수 있도록 지도해야 한다. 이를 위해 정기적인 평가와 피드백, 그리고 학부모와 전문가와의 긴밀한 협력이 필요하다. 교사는 또한 디지털 콘텐츠 제작 시 장애 유아의 특성을 반영한 맞춤형 디자인 원칙을 적용하고, 학습 활동 중 발생할 수 있는 문제점을 신속히 파악하여 수정하는 역할을 수행해야 한다.

결론적으로, 특수교육 고려는 각 장애 유형에 따른 발달 특성과 학습 요구를 세심하게 분석하고, 이에 맞는 디지털 접근 방법과 보조 기술을 도입하는 것을 의미한다. 시각, 청각, 자폐, 지적장애 등 각 유형별로 적절한 보조 도구와 접근 방식을 적용함으로써 모든 장애 유아가 동등하게 디지털 교육의 혜택을 누릴 수 있도록 해야 한다. 이와 같은 노력은 장애 유아의 학습 능력을 향상시키고, 전반적인 교육 포용성을 높이는 데 결정적인 역할을 할 것이다.

3. 놀이 기반 학습과 디지털 도구의 융합

유아들은 놀이를 통해 자연스럽게 세상을 탐색하고, 사회적 상호작용 및 인지 능력을 발달시킨다. 이러한 놀이 기반 학습은 디지털 기술과 결합될 때 기존의 놀이 경험을 확장하고 학습 효과를 극대화할 수 있다. 최근 여러 교육 현장에서 디지털 도구를 활용한 놀이 기반 학습 사례가 나타나고 있으며, 이는 유아들이 스스로 문제를 해결하고 창의성을 발휘하는 데 크게 기여하고 있다(Bird & Edwards, 2015; Edwards & Bird, 2017).

우선 태블릿 PC와 인터랙티브 화이트보드를 활용한 놀이 활동은 유아들의 참여를 유도하는 대표적인 사례다. 예를 들어, 교실에서는 유아들이 태블릿 PC를 이용해 간단한 퍼즐 게임이나 그림 그리기 앱을 통해 문제 해결 능력과 미적 감각을 기를 수 있다. 이러한 앱은 단순한 조작법과 직관적인 인터페이스를 갖추고 있어 유아들이 놀이를 즐기면서도 자연스럽게 학습 내용을 습득하도록 돕는다. 인터랙티브 화이트보드는 그룹 활동에 적합한 도구로, 여러 명의 유아가 동시에 참여해 팀 단위로 문제를 풀거나 역할놀이를 통해 사회적 상호작용을 증진시킬 수 있다(이은희, 2016; Madanipour & Cohrssen, 2019).

또한 AR 기술을 접목한 놀이 기반 학습도 주목할 만하다. AR을 활용하면 유아들이 현실 세계에서 실제로 보이는 물체 위에 디지털 콘텐츠가 겹쳐서 나타나는 경험을 할 수 있다. 예를 들어, 동화책 속 캐릭터나 자연 속 동물들이 AR 앱을 통해 3D 모델로 나타나면서 유아들은 책 속 이야기를 보다 생생하게 체험할 수 있다. 이러한 경험은 단순한 읽기 활동을 넘어서 관찰력과 상상력을 자극하고, 창의적인 이야기 만들기 활동과 연계되어 효과적인 학습 환경을 제공한다(Fan, Antle, & Warren, 2020; Madanipour & Cohrssen, 2019).

또한 게이미피케이션 요소가 포함된 놀이 기반 학습 활동도 효과적이다. 학습 내용을 게임 형식으로 제공하여 유아들이 미션을 수행하거나 포인트와 보상을 받는 방식은 학습 동기를 크게 향상시킨다. 예를 들어, 알파벳이나 숫자 학습 앱에서 정답을 맞힐 때마다 스티커나 포인트를 제공하고, 특정 목표를 달성하면 캐릭터가 변신하는 등의 보상 시스템은 유아들이 지속적으로 도전하면서 학습에 몰입할 수 있도록 유도한다(Yang et al., 2020).

이와 같이 놀이 기반 학습과 디지털 도구의 융합은 유아들이 자연스러운 놀이 활동 속에서 스스로 학습할 수 있는 기회를 제공하며, 교사는 이러한 경험을 토대로 개별 유아의 발달 수준에 맞춘 피드백과 추가 지원을 제공할 수 있다. 중요한 점은 디지털 도구가 놀이를 강제하거나 제한하는 도구가 아니라, 유아의 창의성과 호기심을 자극하는 보조 수단으로 활용되어야 한다는 것이다. 따라서 교사는 디지털 도구 선택 시 학습 목표와 놀이의 본질을 고려하여 유아들이 즐겁고 안전하게 학습할 수 있는 환경을 조성해야 한다.

마지막으로, 이러한 사례들은 유아교육 현장에서 디지털 기술이 단순한 정보 전달 수단을 넘어 놀이와 학습의 융합을 통해 아이들의 전인적 발달을 촉진하는 역할을 수행할 수 있음을 보여 준다. 앞으로도 다양한 디지털 도구와 창의적인 놀이 기반 활동의 결합을 통해 유아들이 더욱 풍부한 경험을 누리고, 자기주도학습 능력을 키울 수 있는 환경이 마련되어야 할 것이다.

4. 장애 유아가 참여할 수 있는 놀이 및 활동 변형

장애 유아는 각기 다른 발달 특성과 학습 요구를 가지고 있기 때문에 일반 유아가 참여하는 놀이 활동을 그대로 적용하기 어려운 경우가 많다. 이에 따라 특수교육에서는 장애 유아의 특성을 고려한 맞춤형 놀이 및 활동 변형이 필요하다. 디지털 기술과 AT 도구를 활용하면 장애 유아도 자신에게 적합한 방식으로 놀이 기반 학습에 참여할 수 있도록 지원할 수 있다.

예를 들어, 자폐 스펙트럼 장애를 가진 유아의 경우 과도한 자극을 피하고 예측 가능한 패턴과 반복적인 활동이 효과적이다. 이들에게는 복잡한 인터페이스 대신, 단순하고 일관된 디자인의 앱이나 게임이 적합하다(Jung & Sainato, 2013). 게이미피케이션이 적용된 활동에서 단계별 목표와 명확한 보상 체계를 도입하면 유아들이 안정감을 느끼면서 활동에 참여할 수 있다. 또한 자폐 스펙트럼 장애 유아들은 사회적 상호작용에서 어려움을 겪을 수 있으므로 소규모 그룹 활동이나 개별 활동으로 전환하여 교사가 세심하게 관찰하고 지원할 수 있도록 해야 한다(Robins et al., 2012).

청각장애를 가진 유아의 경우, 음성 대신 자막이나 시각적 피드백을 강화한 놀이 활동이 필요하다. 예를 들어, 그림 맞추기나 퍼즐 게임 등에서 화면상에 글자나 아이콘을 통해 지시사항을 제공하면 청각 정보가 부족한 유아도 쉽게 참여할 수 있다. 또한 수화 통역이나 시각적 보조 자료를 포함한 디지털 콘텐츠를 활용하면 청각장애 유아들이 사회적 상호작용 및 의사소통 능력을 발달시키는 데 큰 도움이 된다.

시각장애를 가진 유아의 경우는 화면의 시각적 정보 대신, 음성 안내와 촉각적 피드백을 중점적으로 제공해야 한다. 예를 들어, 점자 디스플레이나 스크린 리더와 연동된 놀이 활동은 시각 정보를 보완할 수 있다. 이러한 활동은 유아들이 다양한 감각을 통해 정보를 습득할 수 있도록 하며, 교사는 이를 통해 개별 유아의 학습 진행 상황을 세밀하게 관찰할 수 있다(Heuvel et al., 2016).

지적장애나 발달지연을 가진 유아들에게는 단계적이고 반복적인 놀이 활동이 효과적이다. 디지털 기기를 활용한 간단한 게임이나 상호작용형 앱은 유아들이 자신에게 맞는 속도로 활동에 참여하도록 돕는다(Robins et al., 2012). 예를 들어, 숫자나 알파벳 학습 앱에서 큰 그림, 단순한 조작법, 그리고 즉각적인 피드백을 제공하면 지적장애 유아들도 스스로 학습 목표를 달성할 수 있다는 자신감을 갖게 된다. 이러한 활동은 유아들의 인지적 부담을 줄이고, 학습의 즐거움을 극대화하는 데 기여한다.

또한 특수교육에서는 놀이 활동을 진행할 때 교사의 역할이 매우 중요하다. 교사는 유아 개개인의 특성을 면밀히 분석한 후, 일반 놀이 활동을 장애 유아에 맞게 변형하여 제공해야 한다. 디지털 기술을 활용하면 이러한 변형 과정을 보다 세밀하게 조정할 수 있다. 예를 들어, 일반적인 협동학습 게임을 소규모 그룹 활동으로 전환하거나 개인별 맞춤형 피드백 시스템을 도입하여 유아들이 자신의 속도에 맞춰 활동할 수 있도록 지원할 수 있다.

특히 AT 기술의 도입은 장애 유아가 놀이 활동에 적극적으로 참여할 수 있는 환경을 조성하는 데 큰 역할을 한다. 최신 보조 기기들은 사용자의 특성에 맞게 인터페이스를 조정할 수 있으며, 음성 명령, 촉각 피드백, 점자 출력 기능 등 다양한 접근성 옵션을 제공한다(Heuvel et al., 2016). 이러한 기술들은 유아들이 디지털 기기를 통해 자신에게 맞는 학습 경험을 얻도록 돕고, 장애로 인한 학습 격차를 최소화하는 데 기여한다.

결론적으로, 특수교육 적용을 위한 놀이 및 활동 변형은 장애 유아가 자연스럽게 놀이를 통해 학습할 수 있도록 하는 데 필수적이다. 디지털 기술과 AT 도구를 적절히 활용하면 장애 유아도 일반 유아와 같이 자기주도적 학습에 참여할 수 있으며, 개별적 특성에 맞춘 맞춤형 활동을 통해 자신감을 키울 수 있다. 교사는 지속적으로 장애 유아의 반응과 발달 상황을 관찰하고, 이를 바탕으로 놀이 활동을 변형하여 제공해야 하며, 학부모 및 특수교육 전문가와의 협력을 통해 효과적인 학습 환경을 구축하는 것이 중요하다. 이러한 노력을 통해 장애 유아도 모두가 동등하게 학습할 수 있는 포용적 교육 환경을 마련할 수 있을 것이다.

5. 게임 디자인 요소를 활용한 동기부여

게이미피케이션은 게임의 설계 원칙과 요소를 비게임 환경에 적용하여 사용자의 참여와 동기를 유도하는 전략이다. 이는 단순히 재미있는 게임을 만드는 것이 아니라, 게임이 가진 몰입감, 도전 의식, 보상 체계 등을 활용해 학습이나 업무, 건강 관리 등 다양한 분야에서 긍정적 변화를 이끌어 내기 위한 방법론이다(Brigham, 2015; Erümit & Yilmaz, 2021; Strmecki, Bernik, & Radošević, 2015). 특히 유아교육 현장에서 게이미피케이션은 학습자들이 스스로 문제를 해결하고, 목표를 달성하는 경험을 통해 자기효능감을 높이며, 지속적으로 동기부여를 받을 수 있도록 설계된다(Rivera & Garden, 2021; Zhao et al., 2021).

기본적으로 게이미피케이션은 몇 가지 핵심 게임 디자인 요소를 기반으로 한다.

첫째, 미션(mission)은 학습자가 수행해야 하는 구체적 과제를 의미한다. 미션은 명확한 목표를 제공하고, 과제를 달성함으로써 학습자는 자신이 어떤 단계를 완료했는지 인식하게 된다. 예를 들어, 알파벳 학습 게임에서 'A부터 E까지의 글자 찾기'와 같은 미션을 설정하면 유아들은 이 목표를 달성하기 위해 집중하면서 학습하게 된다.

둘째, 보상(reward) 시스템은 학습자가 미션을 완료하거나 특정 목표를 달성할 때 즉각적이고 긍정적인 피드백을 제공한다. 보상은 포인트, 배지, 스티커, 가상 화폐 등 다양한 형태로 나타날 수 있다. 보상 체계는 학습 과정에서 작은 성공 경험을 누적시켜 자기효능감을 높이는 데 매우 효과적이다. 예를 들어, 맞힌 문제마다 별점을 주거나, 특정 점수를 획득하면 '레벨업(level-up)'과 같은 추가 보상을 제공함으로써 유아들은 지속적으로 도전하고 노력하도록 동기부여된다.

셋째, 레벨업 시스템은 학습자가 일정 기준에 도달할 때마다 다음 단계로 진행할 수 있도록 하는 구조다. 이는 유아들에게 자신이 성장하고 있다는 시각적 · 정서적 증거를 제공한다. 레벨업을 통해 학습자는 자신의 진행 상황을 명확하게 인지하며, 점차 난이도가 상승하는 도전을 즐길 수 있다. 예를 들어, 초급 단계에서 알파벳을 익힌 후, 중급 단계로 넘어가 단어를 조합하거나 간단한 문장을 구성하는 활동을 경험하게 되는 방식이다.

또한 경쟁 요소와 협력 요소도 게이미피케이션의 중요한 구성 요소다. 경쟁 요소는 유아들이 서로의 성과를 비교하면서 도전 의식을 고취시키고, 협력 요소는 팀 단위의 미션 수행을 통해 사회적 상호작용을 촉진한다. 이와 같은 요소들은 유아들이 혼자만의 학습이 아니라, 또래와 함께 목표를 달성하는 경험을 통해 사회성과 의사소통 능력을 기르는 데 도움이 된다(Manzano-León et al., 2021; Papp, 2017; Olsson, Mozelius, & Collin, 2015; Villagrasa et al., 2014).

이러한 게임 디자인 요소들이 결합될 때, 게이미피케이션은 학습자가 즐겁게 학습에 몰입할 수 있는 환경을 조성한다. 학습 과정에서의 즉각적인 피드백과 보상은 유아들에게 성공 경험을 지속적으로 제공하며, 이는 학습 동기를 강화하는 주요 요인으로 작용한다. 또한 미션과 레벨업 체계는 유아들에게 명확한 학습 목표와 성취감을 부여하여 어려운 과제에 대한 두려움을 줄이고 도전 정신을 고취시킨다(Papp, 2017; Zhao et al., 2021).

게이미피케이션의 효과는 단순한 재미를 넘어 학습자의 집중력, 문제 해결 능력, 그리고 자기주도학습 능력을 향상시키는 데 있다. 연구에 따르면, 게임 요소를 접목한 학습 활동은 전통적인 강의식 수업보다 학습자들의 참여도와 만족도가 높으며, 학습 결과에도 긍정적인 영향을 미치는 것으로 나타났다. 이는 학습자들이 단순히 수동적으로 정보를 받아들이는 것이 아니라, 적극적으로 학습 과정에 참여하면서 스스로 지식을 구성하게 되는 과정을 촉진하기 때문이다(Papp, 2017; Rivera & Garden, 2021)

또한 게이미피케이션은 학습자 간의 상호작용을 촉진하는 중요한 도구이기도 하다. 경쟁과 협력을 통해 유아들은 또래와 함께 문제를 해결하고, 서로의 성과를 공유하면서 사회적 유대감을 형성할 수 있다. 이러한 상호작용은 학습 내용의 심화와 다양한 관점의 수용에 기여하며, 창의적 사고를 발전시키는 데 중요한 역할을 한다(Papp, 2017; Strmecki et al., 2015;

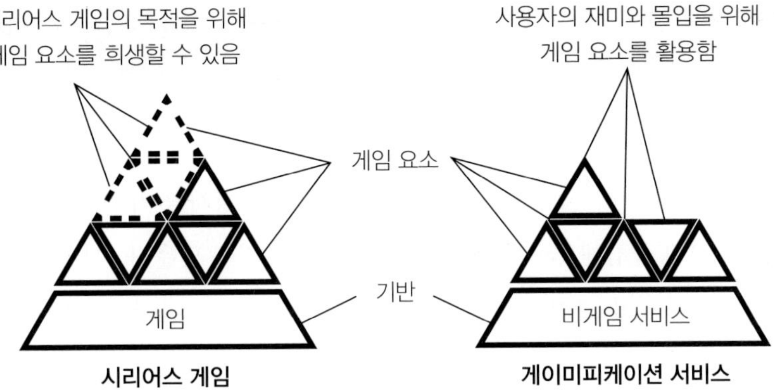

[그림 4-1] 시리어스 게임과 게이미피케이션의 공통점과 차이점
출처: 박형재(2011)의 내용을 수정 · 보완함.

Rivera & Garden, 2021).

마지막으로, 게이미피케이션은 개별 학습자의 수준에 맞춘 맞춤형 학습 경로를 제공할 수 있다는 점에서도 큰 장점을 가진다. AI 기반의 학습 분석 도구와 결합하면 각 유아의 학습 패턴과 성과를 실시간으로 분석하여 개인별 맞춤형 미션과 보상을 제공할 수 있다. 이는 학습자가 자신의 능력에 맞는 도전을 경험하며, 지속적으로 성장할 수 있는 환경을 마련하는 데 기여한다(Hassan et al., 2019; Rivera & Garden, 2021; Zhao et al., 2021).

종종 게이미피케이션은 시리어스 게임(serious game)과 동일시되기도 한다(김병건, 김미정, 2020). [그림 4-1]처럼 이 둘의 차이는 기반(base)을 무엇으로 하는가의 차이다. 시리어스 게임은 실제 게임을 기반으로 하지만, 게이미피케이션은 게임이 아닌 것에 게임적 요소를 적용하는 것을 의미한다.

결론적으로, 게임 디자인 요소인 미션, 보상, 레벨업, 그리고 경쟁 · 협력 요소를 활용한 게이미피케이션은 학습자에게 강력한 동기부여 효과를 제공한다. 이러한 전략은 유아들이 즐겁고 자발적으로 학습에 참여하게 하며, 반복적인 성공 경험을 통해 자기효능감을 증진시켜 준다. 교사와 교육 개발자는 학습 목표와의 연계를 명확히 하고, 개별 학습자의 특성을 반영한 맞춤형 게이미피케이션 활동을 설계하여 게이미피케이션의 교육적 효과를 극대화할 필요가 있다.

6. 유아에게 맞춘 게이미피케이션 활동 및 실습 예시

유아에게 맞춘 게이미피케이션 활동은 놀이와 학습의 경계를 자연스럽게 넘나들면서 유아들이 학습 과정에 즐겁게 참여하도록 유도하는 데 초점을 맞춘다. 이와 같은 활동은 유아들의 발달 특성과 흥미를 고려하여 설계되며, 간단하면서도 직관적인 인터페이스를 통해 접근성을 높인다.

예를 들어, 알파벳 학습을 위한 게이미피케이션 활동에서는 유아들이 화면에 나타나는 알파벳과 관련된 그림이나 동물 캐릭터를 터치하여 올바른 답을 선택하는 미션이 주어진다. 정답을 맞히면 화면에 별, 스티커, 혹은 점수가 즉시 표시되어 보상을 받게 되고, 일정 점수 이상을 획득하면 레벨업을 통해 다음 단계로 넘어가는 구조로 설계된다. 이러한 활동은 유아들에게 명확한 목표와 보상을 제공하여 학습에 대한 동기를 지속적으로 부여한다 (Brigham, 2015).

또 다른 예시로, 숫자 학습 게임을 들 수 있다. 게임 내에서 유아들은 간단한 덧셈이나 뺄셈 문제를 풀면서 퍼즐을 완성하는 미션을 수행한다. 문제를 풀 때마다 즉각적인 피드백과 함께 보상이 주어짐으로써 반복적인 활동을 통해 자연스럽게 숫자 개념과 계산 능력을 익히게 된다. 이 과정에서 유아들은 자신이 얼마나 발전했는지 시각적으로 확인할 수 있어 학습 과정에 대한 만족감과 자신감을 느낄 수 있다(Brigham, 2015; Papp, 2017).

또한 협동형 게임 활동은 유아들이 또래와 함께 문제를 해결하면서 사회적 상호작용을 증진시킬 수 있는 좋은 예시다. 예를 들어, 소그룹으로 진행되는 미션 기반 게임에서는 각 그룹이 일정 시간 내에 주어진 미션을 완료하면 팀 점수를 획득하고, 이를 통해 전체 순위가 결정된다. 이러한 활동은 유아들이 팀워크와 의사소통 능력을 기르도록 돕고, 서로의 성공을 격려하는 분위기를 조성한다(Challco et al., 2015; Villagrasa et al., 2014).

실습 활동 시간에는 교사가 사전에 각 게이미피케이션 활동의 목적과 진행 방법을 상세히 설명하고, 유아들이 직접 체험할 수 있는 기회를 마련한다. 예를 들어, 간단한 게임 앱을 활용해 미션 수행, 보상 획득, 레벨업 등의 과정을 시연하고, 유아들이 스스로 터치하고 선택하면서 게임을 진행할 수 있도록 한다. 실습 후에는 유아들이 느낀 점을 공유하고, 무엇이 재미있었는지, 어떤 부분이 어려웠는지에 대해 간단한 피드백을 나누도록 한다. 이를 통해 교사는 각 유아의 학습 상황을 파악하고, 필요한 경우 추가 지도를 제공할 수 있다.

이와 같이 유아에게 맞춘 게이미피케이션 활동 및 실습 예시는 학습 동기를 높이고, 놀이를 통해 자연스럽게 학습 내용을 습득하도록 유도하는 효과적인 방법이다(Brigham, 2015). 교사는 활동 설계 시 유아들의 발달 단계와 관심사를 반영하여 지나치게 복잡하거나 자극적인 요소는 배제하고, 유아들이 쉽게 접근할 수 있는 직관적인 디자인을 적용해야 한다. 또한 활동 후 충분한 피드백과 토론 시간을 마련하여 유아들이 자신의 학습 경험을 재확인하고, 앞으로의 학습 방향에 대해 긍정적인 인식을 가질 수 있도록 도와야 한다.

7. 게임 인터페이스와 피드백 시스템의 접근성 강화

장애 유아가 게이미피케이션 기반 학습 활동에 원활하게 참여할 수 있도록 하려면 인터페이스와 피드백 시스템의 접근성이 매우 중요하다. 이러한 접근성 강화는 장애 유아가 게임을 통해 학습할 때 복잡한 조작법이나 불필요한 자극 없이 명확하고 간단하게 학습 목표에 도달할 수 있도록 도와준다.

먼저, 인터페이스 접근성 측면에서 장애 유아를 위한 게임 디자인은 직관적이고 단순해야 한다. 예를 들어, 시각장애 유아의 경우 고대비 모드와 큰 글꼴, 명확한 아이콘을 적용해 화면의 정보를 쉽게 인식할 수 있도록 해야 한다. 스크린 리더와 연동된 디자인을 도입하면 터치나 제스처에 따른 피드백을 음성으로 제공하여 사용자가 자신의 선택을 즉각적으로 확인할 수 있다. 또한 터치 영역을 넓게 설정하고, 복잡한 메뉴 구조 대신 단일 페이지에서 모든 중요한 기능에 접근할 수 있도록 구성하는 것이 좋다(Strmecki et al., 2015; Zhao et al., 2021).

청각장애 유아를 위한 인터페이스는 음성 안내 대신 시각적 요소를 강화해야 한다. 예를 들어, 효과음이나 음성 피드백 대신 화면에 자막이나 아이콘의 색상 변화, 애니메이션 효과를 통해 피드백을 제공한다. 이러한 시각적 피드백은 유아가 자신의 행동 결과를 즉각적으로 인지하여 올바른 방향으로 학습을 진행할 수 있도록 돕는다(Olsson et al., 2015; Villagrasa et al., 2014).

지적장애나 발달지연이 있는 유아를 위해서는 게임의 인터페이스를 단계적으로 설계하여 한 번에 하나의 활동에 집중할 수 있도록 해야 한다. 메뉴 옵션을 최소화하고, 명확한 시각적 지시와 함께 간단한 터치 조작만으로 진행되는 구조가 효과적이다. 예를 들어, 문제 풀이 게임에서 각 단계별로 명확한 목표와 보상을 제공하여 유아가 자신의 진행 상황을 쉽게 이해하고, 반복적인 피드백을 통해 성공 경험을 누릴 수 있도록 한다(Hassan et al., 2019; Manzano-León et al., 2021).

피드백 시스템의 경우, 즉각적이고 긍정적인 피드백을 제공하는 것이 중요하다. 정답을 선택했을 때, 화면에 나타나는 큰 배지, 별, 혹은 애니메이션 효과는 유아에게 강력한 동기 부여가 된다. 피드백은 단순히 점수나 텍스트로 표시되는 것을 넘어서 학습 과정 전반에 걸쳐 유아가 자신의 성취를 인식하고 다음 단계로 나아갈 수 있도록 격려하는 역할을 해야 한다. 예를 들어, 잘못된 선택을 했을 경우에도 부드러운 애니메이션과 함께 "다시 도전해 보자."와 같은 격려 메시지를 제공하면 유아는 실패에 대한 두려움을 줄이고 지속적으로 학습에 참여할 수 있다(Brigham, 2015).

또한 접근성 강화에는 사용자 맞춤형 설정 기능이 필수적이다. 각 유아의 장애 유형과 발달 수준에 따라 인터페이스의 크기, 색상, 애니메이션 속도, 피드백의 형태 등을 조절할 수 있도록 옵션을 제공하면 보다 개인화된 학습 환경을 조성할 수 있다(김병건, 김미정, 2020). 이러한 설정은 교사나 보호자가 사전에 유아의 특성을 고려해 조정할 수 있도록 하며, 학습 진행 중에도 유연하게 변경이 가능해야 한다.

실제 사용성 테스트를 통해 장애 유아들이 인터페이스를 어떻게 인식하고 조작하는지, 그리고 피드백 시스템이 얼마나 효과적으로 작동하는지를 주기적으로 점검하는 것도 중요하다(Ibáñez-Espiga, Serio, & Kloos, 2014). 교사와 개발자는 유아 및 보호자와 긴밀히 소통하여 실사용 환경에서 발생하는 문제를 신속하게 파악하고 개선하는 절차를 마련해야 한다. 이를 통해 장애 유아가 게임 기반 학습 활동에 보다 원활하게 참여할 수 있도록 지속적으로 시스템을 보완해 나갈 수 있다.

결론적으로, 장애 유아 관점에서 게이미피케이션 인터페이스와 피드백 시스템의 접근성 강화는 그들이 학습 활동에 적극적으로 참여하고, 성공 경험을 누리며, 자기효능감을 증진할 수 있도록 하는 핵심 요소다. 단순하고 명확한 인터페이스, 다양한 보조 기능 및 사용자 맞춤형 설정 옵션, 그리고 즉각적이고 긍정적인 피드백 체계가 결합될 때 장애 유아도 게이미피케이션된 학습 도구를 통해 즐겁고 효과적으로 학습할 수 있다. 이러한 접근성 강화 전략은 포용적 교육 환경을 구축하는 데 결정적인 역할을 할 것이다.

8. 개별 유아의 발달 특성 및 장애 유형에 따른 콘텐츠 조정

장애 유아는 신체적 · 인지적 · 감각적 특성이 일반 유아와 다르기 때문에 이들의 학습 접근법은 개별 발달 특성과 장애 유형을 면밀히 분석하여 맞춤형 콘텐츠로 조정되어야 한다. 이러한 맞춤형 콘텐츠 조정은 장애 유아가 학습 내용에 효과적으로 접근하고, 스스로 강약점을 극복할 수 있도록 돕는 중요한 요소다(Hassan et al., 2019).

먼저, 장애 유아의 발달 특성을 평가하기 위해서는 정기적인 평가와 개별화 교육(IEP)이 필요하다(Hunt & Farron-Davis, 1992). IEP를 통해 각 유아의 인지능력, 언어 이해, 사회적 상호작용, 감각 처리 능력 등을 면밀히 분석하고, 이를 바탕으로 학습 목표와 콘텐츠 수준을 조정한다. 예를 들어, 지적장애나 발달지연이 있는 유아의 경우 복잡한 텍스트나 추상적 개념 대신 구체적이고 시각적인 자료를 활용하여 이해도를 높인다. 또한 반복학습과 단계적 접근을 통해 개념을 점진적으로 습득할 수 있도록 한다.

시각장애를 가진 유아의 경우, 콘텐츠는 큰 글꼴, 고대비 색상, 명확한 아이콘 등 시각적 요소를 강화하여 디자인한다. 텍스트 중심의 자료보다는 이미지나 그림, 도표를 활용해 정보를 전달하며, 음성 안내 기능과 점자 자료를 보완적으로 제공한다. 이렇게 구성된 콘텐츠는 시각장애 유아가 보조 기기를 통해 정보에 쉽게 접근할 수 있도록 돕는다.

청각장애 유아의 경우에는 음성 정보를 시각적 자료로 전환하는 것이 중요하다. 영상 콘텐츠에 자막이나 수화 해설을 추가하고, 음성 대신 텍스트, 그래픽, 애니메이션 등을 활용해 정보를 전달한다. 이와 같은 콘텐츠는 청각장애 유아가 학습 내용을 보다 명확하게 인식하고, 독립적으로 학습할 수 있는 환경을 제공할 수 있다.

자폐 스펙트럼 장애를 가진 유아는 사회적 상호작용과 의사소통에서 어려움을 겪는 경우가 많으므로 콘텐츠는 예측 가능하고 구조적이며 일관된 디자인으로 구성되어야 한다(Ingersoll & Dvortcsak, 2006). 불필요한 자극이나 복잡한 애니메이션을 줄이고, 명확한 단계별 지침과 피드백을 제공하는 것이 효과적이다. 예를 들어, 반복학습 활동이나 시각적 스토리텔링 콘텐츠를 통해 자폐 스펙트럼 장애 유아가 안정감을 느끼고, 학습목표를 달성할 수 있도록 한다.

또한 주의력 결핍 과잉행동장애(ADHD)를 가진 유아는 주의 집중 시간이 짧고, 산만하게 되기 쉽기 때문에 콘텐츠는 짧고 간결하게 구성하고, 다양한 인터랙티브 요소를 통해 주의를 끌어야 한다. 미션 기반의 짧은 활동, 즉각적인 피드백, 그리고 보상 시스템을 도입하면 유아들이 자신의 성취를 실시간으로 인식하고 동기를 유지할 수 있다(Papp, 2017; Manzano-León et al., 2021).

이외에도 각 장애 유형에 따라 학습 스타일이 다르므로 콘텐츠의 전달 방식도 다양하게 조정되어야 한다. 예를 들어, 일부 장애 유아는 촉각 자극을 통해 정보를 습득하는 경우가 있어 터치나 촉각 피드백이 가능한 디지털 도구와 연계한 콘텐츠를 제공하면 효과적이다. 반대로 시각 또는 청각에 의존하는 유아에게는 그에 맞는 보조 자료를 강화하여 제공하는 것이 필요할 것이다.

콘텐츠 조정을 위해서는 기술적인 도구뿐 아니라 교사와 특수교육 전문가, 학부모 간의 긴밀한 협력이 필수적이다(Ingersoll & Dvortcsak, 2006). 정기적인 피드백 회의와 관찰 기록을 통해 각 유아의 학습 진행 상황을 지속적으로 모니터링하고, 필요에 따라 콘텐츠를 수정 및 보완하는 체계를 마련해야 한다. 이를 통해 장애 유아가 자신의 발달 속도에 맞춰 안정적으로 학습할 수 있는 환경을 제공할 수 있다.

마지막으로, 장애 유아를 위한 맞춤형 콘텐츠는 단순히 학습 정보를 전달하는 것을 넘어서 정서적 안정감과 자존감을 높이는 역할도 수행해야 한다(Ibáñez-Espiga et al., 2014). 긍정적인 피드백, 소소한 성공 경험, 그리고 반복적인 학습 활동을 통해 유아들은 자신감을 쌓고, 학습에 대한 흥미와 동기를 지속적으로 유지할 수 있다. 따라서 개별 유아의 발달 특성과 장애 유형에 따른 콘텐츠 조정은 장애 유아가 포용적인 교육 환경에서 동등하게 학습할 수 있도록 돕는 핵심 전략으로 자리 잡아야 한다

9. 보조 기술 및 맞춤형 인터페이스 활용 사례

보조 기술과 맞춤형 인터페이스는 장애 유아가 디지털 교육 콘텐츠에 보다 원활하게 접근할 수 있도록 지원하는 중요한 도구다. 이러한 기술은 각 장애 유형에 맞춘 사용자 인터페이스를 제공하고, 학습 과정에서 발생하는 물리적·인지적 장벽을 효과적으로 극복할 수 있도록 설계되어 있다(Flanagan, Bouck, & Richardson, 2013). 다음에서는 실제 유아교육 현장에

서 활용되고 있는 보조 기술 및 맞춤형 인터페이스의 사례들을 살펴본다.

먼저, 시각장애 유아를 위해 활용되는 대표적인 보조 기술은 스크린 리더와 점자 디스플레이다. 스크린 리더는 화면에 표시된 텍스트를 음성으로 변환하여 읽어 주고, 점자 디스플레이는 컴퓨터나 태블릿 PC의 텍스트 정보를 점자로 출력해 준다. 예를 들어, 한 유치원에서는 시각장애 유아를 위해 맞춤형 앱을 개발하여 스크린 리더와 연동된 사용자 인터페이스를 제공하고 있다. 이 앱은 고대비 색상과 큰 글꼴, 명확한 아이콘을 사용하여 정보의 가독성을 높였으며, 터치 제스처에 따라 음성 안내와 점자 출력 기능이 동시에 작동하도록 설계되었다. 이러한 맞춤형 인터페이스는 시각장애 유아가 콘텐츠를 쉽게 인식하고 학습할 수 있도록 도와준다.

청각장애 유아를 위한 사례로는 자막 기능과 시각적 피드백을 강화한 교육용 소프트웨어가 있다. 한 학교에서는 청각장애 유아들이 참여할 수 있도록 모든 영상 콘텐츠에 자동 자막과 아이콘 피드백을 제공하는 소프트웨어를 도입했다. 이 소프트웨어는 사용자가 선택한 옵션에 따라 중요한 음성 정보를 텍스트와 그래픽으로 변환하여 실시간으로 화면에 표시한다. 이를 통해 청각장애 유아들은 음성 정보의 부재를 보완할 수 있으며, 수업 내용을 효과적으로 이해할 수 있다(Zhao et al., 2021).

자폐 스펙트럼 장애 유아를 대상으로 한 맞춤형 인터페이스는 단순하고 일관된 디자인, 예측 가능한 인터랙션 패턴이 특징이다. 한 특수학교에서는 자폐 스펙트럼 장애 유아들을 위해 복잡한 메뉴 대신 큰 버튼과 단일 페이지 구조를 갖춘 학습 앱을 개발했다. 이 앱은 각 학습 단계마다 명확한 목표와 보상 체계를 제공하며, 지나치게 화려한 애니메이션이나 불필요한 자극을 배제한 디자인을 채택했다. 결과적으로 자폐 스펙트럼 장애 유아들은 앱 사용 중 불안감을 최소화하고, 안정된 환경에서 학습할 수 있게 되었다(Challco et al., 2015).

또한 ADHD나 발달지연이 있는 유아들을 위한 맞춤형 인터페이스 사례도 있다. 이러한 유아들을 위해서는 간단한 조작법과 명확한 시각적 지시가 중요하다. 한 교육기관에서는 ADHD 유아들이 참여할 수 있도록 짧고 집중적인 학습 활동과 즉각적인 피드백을 제공하는 앱을 개발했다. 이 앱은 각 활동이 완료될 때마다 시각적 보상(예: 애니메이션 효과, 점수 증가)을 통해 유아들이 자신의 성과를 바로 확인할 수 있도록 구성되어 있으며, 사용자가 필요에 따라 텍스트 크기, 색상, 애니메이션 속도 등을 조절할 수 있는 옵션을 제공한다(Hassan et al., 2019).

이와 같은 보조 기술과 맞춤형 인터페이스 활용 사례는 장애 유아가 디지털 학습 도구에 보다 쉽게 접근하고, 독립적으로 학습할 수 있는 환경을 마련하는 데 큰 도움이 된다. 교사와 개발자는 사용성 테스트를 통해 장애 유아의 실제 사용 환경과 반응을 면밀히 조사하고, 이를 기반으로 인터페이스를 지속적으로 개선해 나가야 한다. 학부모와 전문가의 피드백을 적극 반영하여 개별 유아의 특성에 맞는 맞춤형 설정을 제공하는 것이 중요하다.

결론적으로, 보조 기술 및 맞춤형 인터페이스는 장애 유아가 교육 콘텐츠에 동등하게 접근할 수 있도록 지원하는 핵심 도구다. 이러한 사례들은 장애 유아의 학습 효율을 극대화하고, 포용적 교육 환경을 실현하는 데 필수적인 역할을 수행하며, 향후 더욱 발전된 기술과 사용자 맞춤형 옵션이 추가될 때 그 효과는 더욱 증대될 것으로 기대된다.

10. 과잉 자극 가설

과잉 자극 가설(overstimulation hypothesis)은 디지털 미디어와 기타 외부 자극이 유아에게 과도하게 제공될 때 그 자극이 유아의 집중력, 정서 조절, 신경 발달 등에 부정적인 영향을 미칠 수 있다는 이론이다. 이 가설은 특히 유아기와 같은 신경계가 급격히 발달하는 시기에 환경으로부터 받는 자극의 양과 강도가 학습과 발달에 중요한 영향을 준다는 점에 주목한다. 즉, 유아가 받는 자극이 적절한 수준을 넘어설 경우 오히려 뇌의 발달을 방해하거나, 과도한 피로감, 불안감, 주의력 결핍 등의 부정적인 결과를 초래할 수 있다는 것이다 (Christakis et al., 2004).

1) 과잉 자극 가설의 기본 개념과 발달적 영향

과잉 자극 가설은 초기 아동 발달 연구에서부터 논의되어 왔으며, 특히 현대사회에서 디지털 기기와 인터넷을 통한 다채로운 콘텐츠의 등장으로 인해 더욱 중요한 문제가 되고 있다. 디지털 기기를 통해 제공되는 이미지, 동영상, 애니메이션, 소리 등은 유아의 감각을 동시에 자극할 수 있으므로 유아의 두뇌는 한꺼번에 많은 정보를 처리해야 하는 상황에 놓이게 된다. 이러한 환경은 유아가 정보의 양에 압도되어 학습의 효율성을 떨어뜨리고, 장기적으로는 주의력 문제나 정서적 불안정으로 이어질 위험이 있다(김병건, 2024; 이경숙 외, 2005; Clemente-Suárez et al., 2024; Kabali et al., 2015; Mansouri et al., 2022; Zhao et al., 2022).

과잉 자극 가설의 핵심은 단순히 자극의 양에만 초점을 두는 것이 아니라, 자극의 질과 지속 시간, 그리고 유아 개인의 발달 상태를 함께 고려해야 한다는 점이다(김병건, 2024; Chirstakis, 2011). 예를 들어, 짧은 시간 동안 강렬한 자극은 일시적인 흥분 상태를 유발할 수 있지만, 장시간 지속되는 자극은 유아의 신경 시스템에 지속적인 부담을 주어 피로감과 집중력 저하를 초래할 수 있다(Aida et al., 2012; Ravinder et al., 2016; Radesky et al., 2014; Shimizu, Bueno, & Miranda, 2014). 이때 유아는 신경계가 과도하게 자극받고, 과민 반응을 보일 수 있으며, 그 결과 불안감, 심리적 스트레스를 경험하게 된다.

2) 감각적 부하와 정보처리의 문제

과잉 자극 가설은 유아들이 정보의 선별 능력이 미숙한 상태에서 다양한 자극을 동시에 받게 될 때 어떤 정보가 중요한지, 어떤 정보는 무시해야 하는지 판단하기 어렵게 만든다는 점을 강조한다. 이로 인해 유아들은 주의력을 분산시키고, 학습의 핵심 포인트를 놓치게 될 수 있다. 예를 들어, 빠른 화면 전환이나 과도한 애니메이션 효과, 소리의 반복 등은 유아에게 과도한 감각적 부하를 주어 신경계의 과민 반응을 유발할 수 있다. 이러한 과도한 자극은 유아가 정보를 제대로 처리하지 못하게 하며, 집중력 저하와 같은 문제를 초래할 수 있다(Anderson & Subrahmanyam, 2017; Clemente-Suárez et al., 2024; Mansouri et al., 2022; Ravinder et al., 2016).

3) 정서적 영향과 발달적 불균형

과잉 자극 가설은 유아들의 정서적 안정에도 영향을 미친다고 주장한다. 특히 감각적으로 과도한 자극에 지속적으로 노출된 유아는 불안을 느끼고, 과민 반응을 보일 수 있다(Mansouri et al., 2022; Ravinder et al., 2016; Wiik et al., 2011). 이러한 정서적 불안정성은 유아의 발달에 부정적인 영향을 미치며, 심리적 스트레스를 증가시키는 요인이 될 수 있다. 예를 들어, 자극이 지나치게 강하고 지속되면 유아는 자극에 적응하기 어렵게 되고, 심리적 피로가 쌓일 수 있다. 또한 과도한 자극은 유아들이 자신을 통제하거나 감정을 관리하는 능력을 방해할 수 있다. 이는 유아의 정서 조절 능력 발달에 장기적으로 부정적인 영향을 미친다(Favieri, Marini, & Casagrande, 2021; Janiri et al., 2021; Thompson & Calkins, 1996; Warne et al., 2022).

4) 과잉 자극과 디지털 기기의 영향

현대사회에서는 디지털 기기와 관련된 콘텐츠의 양과 질이 빠르게 증가하고 있다. 유아교육에서의 디지털 콘텐츠는 유아들에게 흥미로운 학습 경험을 제공할 수 있지만, 동시에 과잉 자극을 유발할 위험이 크다. 예를 들어, 빠르게 전환되는 이미지나 과도한 애니메이션 효과, 소리가 결합된 디지털 게임과 같은 콘텐츠는 유아에게 과도한 자극을 줄 수 있다. 또한 유아는 이러한 자극을 효율적으로 처리하기보다는 감각적으로 압도되어 주의력 문제를 경험할 수 있다(Clemente-Suárez et al., 2024; Mansouri et al., 2022; Ravinder et al., 2016).

디지털 미디어는 전통적인 교육 방식보다 훨씬 많은 양의 자극을 유아에게 제공하며, 이러한 자극이 일정 수준을 초과하면 유아는 과잉 자극에 의해 학습 효율성이 떨어질 수 있다. 예를 들어, 유아가 다양한 디지털 미디어를 통해 여러 자극을 동시에 받으면 정보처리가 방해받고 학습의 핵심 포인트를 놓치게 된다. 따라서 디지털 기기와 콘텐츠 사용이 유아의 학습과 발달에 긍정적인 영향을 미치기 위해서는 그 강도와 시간을 적절히 조절해야 한다(Anderson & Subrahmanyam, 2017; Clemente-Suárez et al., 2024; Gou & Perceval, 2022).

5) 과잉 자극과 디지털 기기 사용 제한의 필요성

과잉 자극 가설은 디지털 콘텐츠 사용에 대한 관리의 필요성을 뒷받침한다. 연구에 따르면, 일정 시간 이상 디지털 기기를 사용하는 것이 유아의 수면, 주의력, 그리고 전반적인 발달에 부정적인 영향을 미칠 수 있으며, 따라서 적절한 휴식과 오프라인 활동이 병행되어야 한다(Gou & Perceval, 2022; Paulus et al., 2021). 이와 같은 연구 결과는 유아교육 현장에서 디지털 콘텐츠의 사용 시간과 자극의 강도를 신중히 조절할 필요성을 강조한다.

또한 과잉 자극 가설은 디지털 콘텐츠를 기획할 때 유아의 발달 단계와 개인차를 고려하여 자극의 강도와 빈도를 조절하는 것이 필수적임을 시사한다. 디지털 기기와 콘텐츠를 제공하는 교육자는 유아의 발달 수준과 인지적 특성을 고려하여 적절한 학습 자극을 제공해야 한다(Cristia, Seidl, & Bremner, 2015). 예를 들어, 짧은 시간 동안 강렬한 자극보다는 적절한 간격을 두고 제공되는 자극이 유아에게 더 효과적일 수 있다. 이를 통해 유아는 자극에 과도하게 반응하지 않고 학습에 보다 집중할 수 있다.

6) 교육적 · 가정적 관리 전략

과잉 자극 가설은 디지털 콘텐츠 사용에 대한 관리가 필요하다는 점을 강조한다. 교육자와 학부모는 유아들이 디지털 기기를 사용하는 시간을 제한하고, 그 사용 시간을 체계적으로 관리해야 한다. 연구에 따르면, 유아가 디지털 기기를 사용할 때 시간을 제한하고, 그 시간 동안 적절한 콘텐츠만을 제공하는 것이 중요하다. 또한 디지털 기기 사용 후 휴식을 제공하고, 오프라인 활동을 통해 유아들이 정서적으로 안정될 수 있도록 돕는 것이 바람직하다. 교육자와 학부모는 유아의 발달 단계와 정서적 상태를 고려하여 균형 잡힌 교육 환경을 제공해야 한다(Clemente-Suárez et al., 2024; Gou & Perceval, 2022; Paulus et al., 2021).

과잉 자극 가설은 유아의 발달에 중요한 자극 관리의 필요성을 강조하며, 디지털 기기와 콘텐츠의 적절한 사용이 유아의 학습과 발달에 긍정적인 영향을 미칠 수 있다는 중요한 메시지를 전달한다. 디지털 기기와 콘텐츠의 과도한 사용은 유아의 집중력, 정서 조절, 학습 효율성에 부정적인 영향을 미칠 수 있기 때문에 교육자와 학부모는 유아가 적절한 자극을 받도록 신경 써야 한다. 과잉 자극 가설은 유아들이 건강하고 안전하게 발달할 수 있도록 돕기 위한 경고로, 디지털 환경에서의 적절한 자극 관리의 중요성을 일깨워 주는 개념으로 자리 잡고 있다.

11. 감각 과민이나 주의력 결핍 유아를 위한 맞춤형 콘텐츠 및 휴식 설계

장애 유아 중 감각 과민이나 주의력 결핍을 보이는 아동은 일반 유아보다 디지털 콘텐츠에 노출될 때 더 민감하게 반응할 수 있다(구효진, 강남식, 2007; 김세연, 박수현, 2011; Shimizu et al., 2014). 이러한 아동은 지나친 자극에 쉽게 압도되어 집중력이 떨어지고, 불안이나 스트레스 반응을 보일 가능성이 크다. 따라서 장애 유아를 위한 디지털 교육 콘텐츠는 세밀하게 조절되어야 하며, 적절한 휴식 시간과 안정적인 환경이 반드시 마련되어야 한다(Clemente-Suárez et al., 2024).

먼저 감각 과민을 보이는 아동의 경우, 디지털 콘텐츠의 자극 강도를 낮추는 것이 우선이다. 화면의 밝기, 색상 대비, 소리의 크기 등을 조절하여 아동이 쉽게 피로감을 느끼지 않도록 해야 한다. 예를 들어, 고대비 색상이나 강렬한 애니메이션 효과 대신 부드러운 색상과 천천히 전환되는 애니메이션을 활용하면 감각 자극을 완화시킬 수 있다. 또한 자극적인 효과가 포함된 콘텐츠는 짧은 시간 동안만 노출시키고, 중간에 충분한 휴식 시간을 제공하는 것이 중요하다(Clemente-Suárez et al., 2024; Paulus et al., 2021).

주의력 결핍을 보이는 아동의 경우, 콘텐츠는 단순하고 명확한 구조로 구성되어야 한다. 복잡한 메뉴나 다단계 선택은 주의 분산을 유발할 수 있으므로 한 번에 한 가지 활동에 집중할 수 있도록 디자인해야 한다. 또한 유아들이 쉽게 따라올 수 있도록 단계별로 목표를 제시하고, 각 단계마다 즉각적인 피드백과 보상을 제공하는 것이 효과적이다. 이를 통해 아동은 자신의 진행 상황을 인식하고, 성취감을 느끼며 계속해서 활동에 참여할 수 있다(김경미, 김진미, 2007; Clemente-Suárez et al., 2024).

특히 장애 유아의 경우, 일반 유아보다 휴식 시간의 필요성이 크다. 디지털 콘텐츠 사용 후 일정 시간 동안 눈과 뇌를 쉬게 하는 휴식 시간을 필수적으로 마련해야 한다(Clemente-Suárez et al., 2024). 예를 들어, 15분간의 집중 활동 후 5분간의 휴식 시간을 권장하거나 활동 중간에 간단한 스트레칭이나 신체 활동을 포함시켜서 아동이 자극에서 벗어나 안정 상태로 전환할 수 있도록 유도한다. 이러한 휴식 시간은 아동의 피로를 줄이고, 다시 학습에 집중할 수 있는 기회를 제공한다(김경미, 김진미, 2007; Clemente-Suárez et al., 2024).

또한 교사는 아동의 반응을 주의 깊게 관찰하고, 필요에 따라 콘텐츠의 자극 강도를 실시간으로 조절할 수 있어야 한다. 이를 위해 교육용 소프트웨어나 앱에는 사용자의 반응을 모니터링하는 기능을 포함시켜 아동이 불안해하거나 과민 반응을 보일 경우 자동으로 자극을 줄이거나 휴식 모드로 전환하는 기능을 도입할 수 있다. 학부모와 교사는 정기적으로 아동의 학습 상태와 반응을 평가하고, 그 결과에 따라 콘텐츠를 수정하거나 추가적인 휴식 시간을 마련하는 등의 조치를 취해야 한다.

또한 감각 과민이나 주의력 결핍 아동을 위한 맞춤형 콘텐츠는 IEP에 따라 설계되어야 한다(구효진, 강남식, 2007; 김경미, 김진미, 2007; Cristia et al., 2015). 각 아동의 발달 수준과 요구를 반영하여 적절한 학습 목표와 자극 수준을 설정하고, 이에 맞춰 콘텐츠를 조절하는 것이 필요하다. 예를 들어, 특정 아동이 시각적 자극에 매우 민감하다면 텍스트와 단순한 이미지 중심의 콘텐츠를 제공하고, 복잡한 애니메이션이나 빠른 화면 전환은 배제하는 방식으로 구성할 수 있다.

결론적으로, 장애 유아 중 감각 과민이나 주의력 결핍을 보이는 아동에 대한 디지털 콘텐츠는 그들이 과도한 자극에 노출되지 않도록 세밀하게 조절되어야 하며, 주기적인 휴식 시간과 안정적인 학습 환경이 반드시 마련되어야 한다. 이러한 맞춤형 접근은 아동의 학습 효율을 높이고, 불필요한 스트레스와 피로를 줄여서 전반적인 발달에 긍정적인 영향을 미칠 것이다. 교사와 학부모는 지속적인 관찰과 피드백을 통해 아동의 상태를 모니터링하고, 필요시 콘텐츠 및 활동을 즉각적으로 조정하는 유연한 대처 전략을 마련해야 한다. 이를 통해 장애 유아도 디지털 교육의 혜택을 안전하게 누릴 수 있는 환경을 조성할 수 있다.

제5장

디지털 교육 환경 구축 및 운영 전략

1. 디지털 기기 관리, 보안, 개인정보 보호

디지털 교육 환경 구축 및 운영 전략은 안전하고 효과적인 학습 공간을 조성하는 데 필수적이다. 이를 위해 기술적 인프라, 보안 시스템, 기기 관리, 콘텐츠 제공, 교사 역량 강화 등 여러 측면에서 체계적인 접근이 필요하다. 또한 장애 유아의 학습 특성을 고려한 맞춤형 지원 방안을 마련함으로써 모두가 동등하게 교육 혜택을 누릴 수 있는 포용적 환경을 조성해야 한다.

우선 안전한 디지털 학습 환경 구축을 위해 안정적인 네트워크 인프라와 최신 소프트웨어, 하드웨어를 확보하는 것이 중요하다. 학교나 교육기관은 고속 인터넷과 보안 해결책을 도입하여 외부 침입 및 데이터 유출 위험을 최소화해야 한다. 또한 기기 관리 시스템을 통해 학생들이 사용하는 태블릿 PC, 컴퓨터, 인터랙티브 화이트보드 등의 상태를 주기적으로 점검하고, 소프트웨어 업데이트 및 바이러스 검사 등을 실시하여 기기의 안정성을 확보해야 한다.

콘텐츠 측면에서는 학습 자료의 질과 접근성을 높이는 것이 핵심이다. 교육 콘텐츠는 연령대와 발달 단계에 맞게 구성되어야 하며, 지나치게 자극적인 요소는 배제하여 유아들의 과잉 자극을 예방해야 한다(김병건, 2024; Christakis 2007). 특히 장애 유아의 경우, AT 기기와 연동된 콘텐츠나 접근성 기능(예: 스크린 리더, 자막, 점자 출력)이 포함되어야 한다. 이를 위해 교사와 콘텐츠 개발자가 협력하여 모든 유아가 쉽게 접근할 수 있는 맞춤형 자료를 제작하는 것이 중요하다.

디지털 학습 환경의 운영 전략에서는 교사와 학부모, IT 담당자가 긴밀하게 협력하는 체계가 필요하다. 교사는 정기적인 연수와 워크숍을 통해 디지털 교육 도구와 운영 방법을 지속적으로 학습하며, 학부모와도 소통을 강화하여 가정에서도 일관된 학습 지원이 이루어지도록 해야 한다. 또한 IT 담당자는 네트워크와 기기의 지속적인 모니터링 및 유지 보수를 통해 문제 발생 시 신속하게 대응할 수 있는 체계를 구축해야 한다.

장애 유아의 학습 특성을 고려한 환경 조성은 더욱 세밀한 접근이 필요하다. 장애 유아는 각자의 특성에 따라 추가적인 지원이 요구되므로 IEP를 바탕으로 맞춤형 학습 공간을 마련해야 한다. 예를 들어, 시각장애 유아를 위해 고대비 모드와 스크린 리더를 지원하고, 청각장애 유아를 위해 자막과 수화 해설을 제공하는 등 보조 기술이 통합된 환경을 구축한다. 또한 장애 유아가 사용하는 기기는 일반 기기와는 별도로 관리하여 접근성 기능이 제대로 작동하는지 주기적으로 점검해야 한다.

마지막으로, 디지털 교육 환경의 효과적인 운영을 위해서는 정기적인 평가와 피드백 시스템이 필요하다. 교사는 수업 후 학생들의 반응과 학습 성과를 분석하여 환경 개선에 반영하고, 학부모와 전문가의 의견을 수렴한다. 이러한 평가 결과를 토대로 학습 자료와 기기, 보안 시스템 등을 지속적으로 업데이트하고 보완하면 안전하고 효과적인 학습 환경을 유지할 수 있다.

결국 디지털 교육 환경 구축 및 운영 전략은 기술적 안정성과 콘텐츠 품질, 그리고 교육 참여자 간의 협력 체계를 중심으로 이루어져야 한다. 장애 유아의 특수 요구를 반영한 맞춤형 지원 방안을 포함한 포용적 환경을 마련함으로써 모든 유아가 동등한 학습 기회를 누리고, 안전하고 효과적인 교육 경험을 할 수 있도록 하는 것이 궁극적인 목표다.

2. 교실 내 디지털 환경 조성 및 공간 활용법

교실 내 디지털 환경 조성은 학생들이 디지털 기기를 효과적으로 활용하여 학습할 수 있는 최적의 공간을 마련하는 것이다. 이를 위해 물리적 공간의 배치, 기기 배분, 학습 도구의 설치 및 관리 등이 고려되어야 한다.

첫째, 교실 내 공간 배치는 학생들이 디지털 기기에 원활하게 접근할 수 있도록 설계되어야 한다. 교실은 디지털 기기의 위치와 학생의 시야를 고려해 배치되어야 하며, 기기 간 간격을 충분히 확보하여 학생들이 기기를 조작할 때 서로 간섭이 없도록 한다. 예를 들어, 태블릿 PC이나 노트북을 사용한 학습 활동 시 학생들이 편안하게 앉을 수 있도록 원형 혹은 U 자형 배열을 적용하면 교사가 각 학생에게 개별 지도를 하기도 용이하다(Liang et al., 2005).

둘째, 기기 배분 및 관리는 교실 내 디지털 환경 조성의 핵심 요소다. 각 학생이 기기에 접근할 수 있도록 충분한 수의 디지털 기기를 준비하고, 기기 사용 시 각 기기의 배터리, 소프트웨어 상태, 네트워크 연결 등을 주기적으로 점검한다. 이를 위해 교실 내 기기 관리함이나 전용 보관함을 마련하여 사용하지 않을 때 기기를 안전하게 보관하고, 분실이나 도난을 방지하는 것이 중요하다(Liang et al., 2005; Kabali et al., 2015). 또한 기기 사용 시 교사와 IT 담당자가 협력하여 실시간으로 기기의 상태를 모니터링할 수 있는 시스템을 도입하면 더욱 효과적이다.

셋째, 디지털 학습 도구의 설치 및 활용 역시 중요한 부분이다. 인터랙티브 화이트보드, 스마트보드, 대형 스크린 등은 교실 중앙에 설치하여 수업 시 모든 학생이 한눈에 정보를 볼 수 있도록 배치한다. 이러한 도구들은 수업 자료를 효과적으로 전달하는 동시에 학생들의 참여와 상호작용을 촉진한다(Hennessy, 2011). 또한 학습 공간 내에는 충전 스테이션이나 Wi-Fi 라우터 등 디지털 기기의 원활한 작동을 보장할 수 있는 부수적인 설비도 함께 설치해야 한다.

넷째, 교실 내 분위기 조성은 디지털 환경의 효과를 극대화하는 데 중요한 역할을 한다. 교실 내 벽면이나 칠판에 디지털 학습 자료, 포스터, 다이어그램 등을 배치하여 학생들이 자연스럽게 학습 자료에 노출되도록 하고, 디지털 기술과 관련된 상호작용을 촉진한다. 또한 학생들이 디지털 기기를 사용할 때 발생할 수 있는 소음이나 시각적 혼란을 최소화하기 위해 학습 구역을 명확히 구분하고, 조용한 학습 공간과 그룹 활동 공간을 구분하는 등의 배려가 필요하다.

이와 같이 교실 내 디지털 환경 조성과 공간 활용법은 학생들이 편안하고 효과적으로 디지털 기기를 활용할 수 있도록 물리적 · 기술적 요소를 통합한 전략이라고 할 수 있다. 교사는 이러한 환경에서 학생들이 집중력 있게 학습하고, 디지털 기기를 통해 창의적이고 능동적인 학습 활동에 참여할 수 있도록 지원해야 한다.

3. 학부모와의 협력 및 커뮤니케이션 전략

학부모와의 협력은 디지털 교육 환경을 성공적으로 구축하고 운영하는 데 있어 중요한 역할을 한다. 학부모와의 원활한 소통은 학생들의 학습 진행 상황을 공유하고, 가정에서도 일관된 교육 지원이 이루어지도록 돕는다. 이를 위해 체계적인 커뮤니케이션 전략과 협력 체계를 마련하는 것이 필수적이다.

첫째, 정기적인 소통 채널 구축이 필요하다. 교육기관과 교사는 학부모와의 소통을 위해 이메일, 모바일 메신저, 온라인 포털, SNS, 그리고 정기 학부모 회의 등 다양한 채널을 활용할 수 있다(Gonzalez-DeHass et al., 2022; Kuusimäki, Uusitalo-Malmivaara, & Tirri, 2019; Mestry & Grobler, 2007). 이러한 채널을 통해 학생들의 학습 진도, 기기 사용 현황, 그리고 보안 및 개인정보 보호 관련 사항 등을 주기적으로 공유하며, 학부모의 의견과 건의를 수렴한다. 또한 온라인 커뮤니티나 학부모 전용 앱을 도입하여 실시간 피드백과 정보 교환이 이루어지도록 하면 더욱 효과적이다(Johnson & Rogers, 2023).

둘째, 투명한 정보 공개가 중요하다. 학부모에게 학교의 디지털 교육 정책, 기기 관리, 보안 및 개인정보 보호 방침 등에 대해 명확히 설명하고, 관련 자료를 제공하여 학부모의 신뢰를 구축해야 한다. 정기적인 뉴스레터나 학교 홈페이지 게시물을 통해 최신 소식과 교육 현황을 업데이트하고, 보안 사고나 기기 관리 이슈 발생 시 신속하게 공지하는 등 투명한 정보 공개를 실천해야 한다(Houri, Thayer, & Cook, 2019).

셋째, 개별 상담 및 협력 프로그램을 운영하여 학부모와의 직접 소통을 강화할 수 있다. 학부모 상담 시간을 정기적으로 마련하거나 디지털 교육 관련 워크숍 및 세미나에 학부모를 초청하여 최신 교육 도구와 보안 관리 방법, 자녀의 학습 지원 방법 등을 함께 논의한다. 이를 통해 학부모는 자녀의 디지털 학습 환경에 대해 더 깊이 이해하고, 가정에서도 적극적으로 지원할 수 있는 역량을 갖추게 된다(Barge & Loges, 2003).

또한 학부모와의 협력은 단순한 정보 전달을 넘어 학부모의 의견을 적극적으로 반영하는 피드백 시스템을 구축하는 것도 중요하다. 설문조사, 온라인 포럼, 그리고 정기 간담회 등을 통해 학부모가 제시하는 문제점과 개선 방안을 수렴하고, 이를 학교 운영 및 교육 정책에 반영함으로써 학부모와의 신뢰와 협력 관계를 강화할 수 있다.

넷째, 비상 상황 대비도 중요한 커뮤니케이션 전략의 일부다. 디지털 기기 관리나 보안 사고와 같은 비상 상황 발생 시 신속하고 정확한 정보 전달과 함께 학부모의 불안 해소를 위한 대응 매뉴얼을 마련하고, 이를 사전에 공유하는 것이 필요하다. 이러한 대응 체계는 학부모가 학교의 안전 관리와 학생 보호에 대해 신뢰할 수 있는 기반을 마련해 준다.

결론적으로, 학부모와의 협력 및 커뮤니케이션 전략은 디지털 교육 환경의 성공적인 운영을 위해 필수다. 정기적인 소통 채널 구축, 투명한 정보 공개, 개별 상담 및 협력 프로그램 운영, 그리고 비상 상황 대비 등의 전략을 통해 학부모와 학교 간 긴밀한 협력 체계를 마련하고, 가정에서도 학생들이 안정적이고 효과적으로 학습할 수 있도록 지원하는 것이 중요하다.

4. 과잉 자극 예방을 위한 환경 설정 및 콘텐츠 선정 기준 마련

과잉 자극 예방은 유아들이 디지털 콘텐츠를 사용하면서 경험할 수 있는 부작용을 최소화하고, 건강한 학습 환경을 유지하기 위한 핵심 과제다. 과도한 자극은 유아의 집중력 저하, 신경 발달 혼란, 정서 불안 등을 유발할 수 있으므로 교실 환경 설정과 콘텐츠 선정에 있어 신중한 기준 마련이 필요하다.

첫째, 교실 환경 설정에서는 조명, 소음, 화면 크기, 배치 등을 고려하여 유아들이 학습 중 과도한 자극을 받지 않도록 해야 한다. 자연광과 인공 조명이 적절히 조화된 환경은 눈의 피로를 줄이고, 화면의 밝기와 대비가 조절된 디지털 기기 사용이 가능하도록 돕는다. 또한 학습 구역과 휴식 구역을 명확히 구분하여 집중 시간이 끝난 후에는 유아들이 자연스럽게 휴식을 취할 수 있도록 유도하는 것이 중요하다. 이를 위해 교실 내에 간단한 스트레칭이나 명상 활동을 할 수 있는 공간을 마련하거나 휴식 시간을 정기적으로 설정하는 프로그램을 도입할 수 있다(Swart et al., 2023).

둘째, 콘텐츠 선정 기준은 유아의 발달 단계와 학습 목표에 부합하면서도 과잉 자극을 예방할 수 있는 자극 강도와 전환 속도를 고려해야 한다. 콘텐츠는 너무 빠른 화면 전환이나 과도한 애니메이션 효과를 피하고, 간결하고 명료한 디자인을 채택하는 것이 바람직하다. 색채는 눈에 부담을 주지 않는 부드러운 톤을 사용하며, 소리의 경우에도 급격한 볼륨 변화나 자극적인 효과음 대신 안정적인 배경음악과 부드러운 음성 안내를 활용하는 것이 좋다. 콘텐츠 제작 시 유아들의 신경 발달 상황과 주의 집중 시간을 고려하여 10~15분 단위로 짧은 학습 회차와 충분한 휴식 시간을 배분하는 것이 효과적이다(김병건, 2024; Christakis, 2011; O'Byrne et al., 2018).

또한 콘텐츠 평가 및 피드백 시스템을 마련하여 실제 사용 시 유아들이 느끼는 자극 정도를 지속적으로 모니터링하고, 필요한 경우 즉각적으로 조절할 수 있는 체계를 구축해야 한다. 교사는 정기적으로 유아들의 반응을 관찰하고, 학부모와의 상담을 통해 자극 강도에 대한 피드백을 수렴하여 콘텐츠의 개선 방향을 모색할 수 있다. 이를 통해 교실 내에서 디지털 콘텐츠가 학습에 긍정적인 영향을 미치면서도, 과도한 자극으로 인한 부정적 결과를 예방할 수 있다(Browne et al., 2021).

셋째, 교육 정책과 지침 마련을 통해 학교 전체에서 일관된 과잉 자극 예방 기준을 마련하고, 모든 교직원과 학부모가 이를 준수하도록 하는 것이 중요하다. 교사와 IT 담당자는 정기적인 워크숍과 연수를 통해 최신 연구 결과와 사례를 공유하고, 학습 환경 개선을 위한 실질적인 방안을 도출해야 한다. 이러한 정책과 지침은 디지털 교육 환경의 전반적인 품질을 높이고, 유아들이 안전하고 효과적으로 학습할 수 있는 기반을 제공한다.

결론적으로, 과잉 자극 예방을 위한 교실 환경 설정 및 콘텐츠 선정 기준 마련은 유아의 건강한 발달과 효과적인 학습을 위한 필수적인 요소다. 학습 공간의 물리적 환경 조성, 콘텐츠 자극 강도와 전환 속도 조절, 정기적인 평가와 피드백 시스템, 그리고 교육 정책 마련을 통해 유아들이 안정적으로 학습할 수 있는 디지털 환경을 구축할 수 있다.

5. 물리적·기술적·심리적 지원을 포함한 학습 환경 개선 전략

장애 유아가 디지털 교육 환경에서 효과적으로 학습할 수 있도록 지원하기 위해서는 물리적 · 기술적 · 심리적 지원이 모두 통합된 맞춤형 전략이 필요하다. 이러한 전략은 장애 유아의 특성을 면밀히 파악하고, IEP를 바탕으로 설계되어야 한다.

첫째, 물리적 지원 측면에서는 장애 유아가 사용하는 디지털 기기 및 학습 도구의 배치와 접근성을 개선하는 것이 핵심이다. 예를 들어, 시각장애 유아를 위해 고대비 화면, 큰 글꼴, 점자 디스플레이와 연동된 기기를 제공하고, 청각장애 유아에게는 자막 및 시각적 자료를 강화한 디스플레이를 마련한다(Bong & Chen, 2021; Rao, Torres, & Smith, 2021). 또한 장애 유아 전용 학습 공간을 마련하여, 일반 학급과 구분된 환경에서 보다 집중적으로 학습할 수 있도록 지원한다(Börnert-Ringleb, Casale, & Hillenbrand, 2021). 이러한 물리적 환경은 장애 유아가 기기에 원활하게 접근할 수 있도록 하며, 학습 효율을 높이는 데 기여한다.

둘째, 기술적 지원은 AT 기기와 맞춤형 인터페이스를 통해 실현된다. 최신 AT 기기는 장애 유아의 개별적 요구에 맞춰 다양한 접근성 선택지(음성 명령, 확대 기능, 터치 감도 조절 등)를 제공하며, 이를 통해 유아들이 디지털 콘텐츠에 보다 쉽게 접근할 수 있도록 돕는다. 예를 들어, 한 학교에서는 청각장애 유아를 위해 자막 기능이 강화된 교육용 앱을 도입하고, 시각장애 유아에게는 스크린 리더와 연동된 맞춤형 소프트웨어를 활용하여 정보 전달의 효율성을 높이고 있다. 이와 같은 기술적 지원은 장애 유아의 학습 격차를 줄이고, 모든 학생이 동등하게 디지털 교육의 혜택을 누릴 수 있도록 하는 데 큰 역할을 한다(Bong & Chen, 2021; Börnert-Ringleb et al., 2021).

셋째, 심리적 지원은 장애 유아의 자존감과 학습 동기를 높이는 데 필수적이다. 장애 유아는 일반 유아보다 학습 과정에서 좌절감을 경험할 가능성이 높으므로 긍정적인 피드백과 격려, 성공 경험을 반복적으로 제공하는 것이 중요하다. 교사는 장애 유아가 학습 중 겪는 어려움을 세심하게 관찰하고, 개인별 맞춤형 지도를 통해 작은 성취라도 인지하고 칭찬하는 전략을 마련해야 한다. 또한 정기적인 상담 프로그램이나 심리 지원 프로그램을 운영하여 장애 유아가 정서적 안정감을 유지하고, 학습에 대한 자신감을 회복할 수 있도록 돕는다(Kuusimäki et al., 2019).

이와 같은 물리적 · 기술적 · 심리적 지원은 상호보완적인 역할을 하며, 장애 유아가 포용적 교육 환경에서 안정적으로 학습할 수 있도록 하는 데 필수적이다. 교사와 특수교육 전문가, 그리고 학부모는 정기적으로 협력하여 장애 유아의 학습 진행 상황과 심리 상태를 모니터링하고, 필요한 경우 즉각적인 지원을 제공할 수 있는 체계를 마련해야 한다. 이를 위해 학교 내에서는 정기적인 회의와 상담을 통해 장애 유아의 요구 사항을 공유하고, 최신 보조기술 도입 및 맞춤형 교육 프로그램을 지속적으로 개선해 나가는 것이 중요하다.

결론적으로, 장애 유아 지원을 위한 학습 환경 개선 전략은 물리적 · 기술적 · 심리적 지원이 통합된 맞춤형 접근법을 통해 모든 장애 유아가 안전하고 효과적으로 학습할 수 있는 환경을 조성하는 데 목적이 있다. 이러한 전략은 장애 유아의 학습 능력을 극대화하고, 포용적 교육을 실현하는 데 필수적인 요소로 작용하며, 지속적인 평가와 개선을 통해 더욱 발전될 수 있다.

제6장

평가 및 피드백: 디지털 교육의 효과 측정

디지털 도구를 활용한 유아 학습 평가는 놀이처럼 재미있게 접근할 수 있고, 각자에게 맞는 방법으로 배움을 확인할 수 있다는 점에서 전통적 평가와 뚜렷이 구별된다. 디지털 평가는 단순히 문제를 맞히거나 틀리는 것만 보는 것이 아니라, 아이가 어떤 방식으로 참여하고 얼마나 성장했는지, 그리고 어떤 것을 더 연습해야 할지 실시간으로 살펴보고 도와주기 때문이다.

먼저 디지털 평가 방법은 두 가지로 나눌 수 있다. 정량적 평가는 예를 들어 문제 풀이 점수, 퀴즈 결과, 활동 참여 횟수처럼 숫자를 이용해 배운 정도를 나타내는 방식이다. 온라인 퀴즈나 게임은 아이가 몇 문제를 맞혔는지, 얼마나 빠르게 풀었는지를 자동으로 기록해 준다. 이를 통해 교사는 아이가 어떤 부분을 잘하고, 무엇을 어려워하는지 바로 알 수 있다. 이것은 직접 기록하거나 일일이 채점하는 것보다 훨씬 빠르고 정확하다(Bearman, Nieminen, & Ajjawi, 2022; Blundell, 2021).

반면에 정성적 평가는 아이가 어떻게 생각하고, 어떤 과정으로 활동을 했는지, 또래와의 협동이나 창의적 표현은 어땠는지를 세심하게 관찰하는 방법이다. 예를 들어, 디지털 포트폴리오에 그린 그림과 놀이 영상, 역할놀이 장면이 저장되면 교사는 아이의 상상력, 의사소통, 문제 해결력까지 자세히 기록할 수 있다. 숫자로 드러나지 않는 아이의 개성이나 특성, 사회성, 감정 표현도 꼼꼼히 알아볼 수 있다는 장점이 있다. 이 과정에서 교사가 아이와 함께 이야기를 나누며 느낀 점도 중요한 평가 자료가 된다(Bagnato et al., 2011; Blundell, 2021; McConnell, 2000).

디지털 평가도구의 또 다른 강점은 즉각적인 피드백이다. 아이가 문제를 풀면 바로 "정답이에요!" "한 번 더 도전해 볼까요?"처럼 결과와 함께 설명, 힌트, 칭찬 배지를 화면에 띄워준다. 아이는 곧바로 어느 부분을 잘했는지, 어떤 점을 고치면 좋은지 알 수 있어 학습에 대한 흥미가 더 커진다. 이런 빠른 피드백은 도전 의욕을 높이고, 스스로 배움의 방향을 바로 바로 바꾸는 데 도움을 준다(Marinho, Fernandes, & Pimentel, 2021). 특히 언어, 미술, 수 조작, 논리 등 여러 분야에서 다양한 형태로 피드백을 줄 수 있다.

장애 유아에게는 개별 맞춤형 평가와 피드백이 특히 중요하다. 예를 들어, 시각장애가 있는 유아에게는 화면을 읽어 주는 소리 안내와 큼직한 그림, 청각장애가 있는 유아에게는 또렷한 자막과 시각적 효과 등 아이의 발달 특성과 감각적 요구에 따라 도구를 조정해야 한다. ADHD, 자폐 스펙트럼 장애 등 감각처리나 사회성에 어려움을 가진 아이들은 활동 시간이 짧고 적절한 휴식이 포함되어야 하며, 빠른 화면 전환이나 강한 소리 대신 차분하고 반복적인 활동이 더 도움이 된다. 실제로 ADHD나 자폐 스펙트럼 장애를 가진 유아들은 일상 속 감각 민감성, 주의력, 사회적 참여에서 또래와 뚜렷이 다른 양상을 보이며, 이에 맞는 맞춤형 중재와 디지털 환경 조절이 필요하다는 연구가 반복적으로 보고되고 있다(Dunn & Bennett, 2002).

디지털 평가 시스템이 효과적으로 작동하려면 교사와 가족이 아이의 기록과 반응을 함께 살피고, 필요한 경우 개별 학습 목표를 세워 추가 지원이나 놀이 활동을 제공해야 한다. 이때 누락되는 정보가 없도록, 데이터(점수, 영상, 일지 등)를 모두 모아 종합적으로 해석하는 것이 필요하다. 그리고 디지털 평가 자료는 잘못된 정보가 들어갈 수도 있기 때문에 반드시 교육 전문가가 내용을 점검하고 믿을 수 있도록 관리해야 한다. 예를 들어, 소셜 미디어 플랫폼에서는 비전문가가 올린 관련 정보 중 절반 이상이 오해를 줄 수 있는 수준이었다는 결과가 있다. 따라서 디지털 평가도구를 고를 때 신뢰성과 검증 여부를 꼼꼼히 확인해야 한다(Browne et al., 2021).

마지막으로, 평가–피드백–지도는 자연스럽게 연결되어야 한다. 디지털 도구를 통해 모은 모든 결과는 유아가 잘할 수 있도록 돕는 밑바탕이 되어야 하며, 숫자가 나타내지 못하는 '유아의 진짜 변화'와 '성장 과정'을 보는 것이 핵심이다. 이를 위해 교사와 부모가 함께 협력하고, 필요할 때는 전문가와 상담해 평가도구가 제대로 작동하는지 항상 살핀다. 유아는 모두 다르기 때문에 나에게 맞는 평가와 피드백이 곧 즐거운 성장 경험으로 이어진다.

결론적으로, 디지털 도구를 활용한 평가는 놀이와 배움을 동시에 즐기며, 각자가 잘하는 것과 어려운 점을 발견하고, 꼭 필요한 도움과 칭찬을 받을 수 있는 똑똑하면서 신나는 방법이다. 모든 아이가 자신의 속도와 방식으로 배우고, 교사와 가족의 지지 속에 건강하게 성장할 수 있도록 디지털 평가와 피드백이 한몫한다.

1. 디지털 기반 평가도구 소개 및 활용법

디지털 기반 평가도구는 유아교육 현장에 근본적인 변화를 가져왔다. 이러한 도구는 전통적인 총괄평가를 넘어 다차원적이고 개별화된 과정 중심 평가를 실현한다는 점에서 그 의

의가 크다. 디지털 평가는 정량적 데이터(예: 정답율, 참여 빈도, 점수 등)와 정성적 기록(예: 놀이 과정, 상호작용 영상, 언어적 · 비언어적 표현)을 실시간으로 수집 및 분석함으로써 유아의 행동 변화와 성장 과정을 보다 세밀하게 추적할 수 있다. 특히 유아의 언어 · 인지발달 수준, 사회적 상호작용, 정서적 반응 등 다양한 영역을 포괄해 교수–평가 계획에 정교하게 반영할 수 있다는 점이 강조된다(Bagnato et al., 2011; Blundell, 2021; Yeung, Ng, & Abi–Jaoude, 2022).

1) 실시간 · 다차원적 과정 평가의 확장

온라인 퀴즈, 전자 포트폴리오, LMS 등은 유아의 놀이, 그림, 협동 작업 영상 등 다양한 자료를 즉시 저장하고 자동으로 분석한다(Blundell, 2021). 이 과정에서 단순히 결과(정답/오답)만 보는 것이 아니라, 놀이 참여 방식, 반복 시도, 상호작용 패턴 등 전 과정을 실시간으로 기록할 수 있다. 이러한 과정 중심의 데이터는 개별 유아의 홍미, 사회적 · 감정적 특성, 강약점까지 교육자에게 심층 정보를 제공한다.

2) 정량 데이터와 정성 데이터의 통합적 활용

자동 채점, 참여 기록, 응답 속도 등 디지털 도구가 제공하는 수치화된 데이터는 즉각적이고 객관적이다. 동시에 사진, 음성 녹음, 활동 동영상 등 포트폴리오 자료가 축적되어 교사가 유아의 성장 과정을 다각적으로 해석할 수 있다. 이처럼 정량 · 정성 데이터의 유기적 결합은 단순 점수화나 등급 매김을 넘어 아동의 학습 접근 방식, 지원의 필요성, 환경 반응 등 맥락적 해석을 가능하게 한다(Merrell, 1996).

3) 즉각적 피드백과 자기주도성 강화

디지털 평가도구는 학습자에게 실시간으로 피드백(정답/오답 안내, 보상, 팁 등)을 제공한다. 이 즉각적 응답은 유아가 자신의 행동 결과를 명확히 인식하도록 하며, 잘못된 시도에도 재접근 동기를 유발한다. 피드백이 즉각적일수록 자기조절 및 자기주도적 학습 태도 형성에 긍정적 효과를 미친다는 연구가 다수 보고되고 있다(Miller, 2009).

4) 개별화, 조기 개입, 특수유아 지원

디지털 누적 데이터는 각 유아의 강약점, 지속적 관심 영역, 반복적인 어려움을 명확히 분석할 수 있게 한다. 조기 중재 및 유아특수교육에서는 '평가–지도–피드백'의 연계가 핵심인데, 디지털 평가가 이를 효과적으로 지원하는 것이 주요 장점이다. ADHD와 자폐 스펙트럼 장애를 가진 아동의 경우, 감각 · 주의 처리에 특이성이 두드러지며, 디지털 환경에서의 행동 · 감각 반응 기록은 맞춤형 지원 설계의 기초 자료로 활용된다(Dunn, & Bennett, 2002; Sanz–Cervera et al., 2017). 실제 ADHD 아동은 또래에 비해 감각 과민, 회피, 추구 등 다양한 영역에서 이질적 프로파일을 보이고, 이는 일상생활 기능장애와도 유의미하게 연관된다는 실증 결과가 반복적으로 확인되었다(Rani et al., 2022).

5) 신뢰성, 타당성 및 교육적 비판성의 과제

모든 디지털 평가도구가 교육적 가치나 신뢰성을 갖는 것은 아니다. 상업용 앱, 소셜미디어 등에서 제공되는 정보 중 상당수는 비전문가가 제작하여 실제로 ADHD 등 주요 주제에 대해 50% 이상이 '오해 또는 허위 정보'로 분류된다는 조사 결과도 있다(Yeung et al., 2022). 아울러 현재 시중에 존재하는 디지털 미디어 활용 평가도구들은 유아 대상 신뢰성 · 타당성 검증, 전체 가족 단위, 취약 집단 대상의 포괄성 등에서 여전히 미흡함이 지적되고 있다. 따라서 도구 선택 시에는 단순히 편의성, 접근성보다는 제작자의 전문성, 학술적 근거, 발달 적합성, 구체적 검증 여부를 엄격히 따지는 자세가 필수적이다.

6) 발달 적합성, 환경 조절, 휴식 관리

유아는 성인에 비해 감각 자극(화면 밝기, 소리)과 집중 시간에 취약하다. 특히 감각 과민, 정보 산만이 심한 ADHD, 자폐 스펙트럼 장애를 가진 아동은 과도한 애니메이션, 빠른 전환, 강한 소리가 학습 관여도 저하 및 스트레스를 유발할 수 있다. 따라서 활동 시간은 짧게 설정하고(예: 15분 집중 후 5분 휴식), 필요한 경우 신체 움직임, 조용한 환경, 단순화된 인터페이스 등 환경 조절이 반드시 동반되어야 한다.

7) 교사와 보호자의 해석 및 통합적 활용 역량

디지털 평가는 자동으로 생성되는 데이터를 단순 점수나 숫자로 해석하는 데에서 그쳐서는 안 된다. 교사와 보호자는 포트폴리오, 관찰 일지, 상호작용 맥락, 면담 등 다양한 자료를 유기적으로 통합 및 해석하여 아동의 발달 상태와 환경적 요인까지 함께 고려해야 의미 있는 평가가 완성된다. 이러한 해석 역량이 뒷받침될 때에만 디지털 평가가 '아이의 성장 과정'을 진정으로 포착하고, 신속하고 정밀한 교육적 중재에 연결될 수 있다.

8) 활용법 요약

디지털 평가도구를 보다 효과적이고 의미 있게 활용하기 위해 지켜야 할 원칙들을 정리하면 다음과 같다.

- 자동화된 결과, 포트폴리오, 관찰의 종합적 분석
- 즉각적 피드백과 활동 주기, 감각 자극, 휴식 관리 등 세밀한 환경적 요소 설정
- 유아별 누적 데이터를 바탕으로 맞춤형 지도, 중재, 가정 연계 방안 설계
- 도구의 신뢰성 및 타당성, 제작자의 전문성, 발달 적합성, 가족 · 문화적 맥락 검증
- 단순 점수화나 줄 세우기 평가가 아닌 아동의 전체 성장 경로와 개별 맥락 해석 중심의 접근

따라서 디지털 평가도구는 유아의 학습 및 발달 파악에 강력한 교육적 수단이지만, 그 효과는 도구의 선택, 환경 조절, 해석 및 활용 역량에 따라 좌우된다. 신뢰성 있고 검증된 도구와 교육자의 전문성이 결합될 때 디지털 평가가 진정한 교육 혁신의 촉매가 될 수 있다.

2. 학습자 맞춤형 피드백 전략

유아교육 맞춤형 피드백 전략의 핵심은 모든 아이가 각기 다른 발달 특성과 학습 과정을

가지고 있다는 점이다. 단일한 방식이나 일괄적 반응에서 벗어나 놀이와 상호작용 속에서 각 유아의 강약점, 관심, 반복적인 행동, 감각적 특이성을 세밀히 관찰하여 그에 맞는 피드백을 제공해야 한다. 특히 초기 아동기는 경험과 놀이의 질, 주변 어른과의 상호작용이 평생 학습 태도와 정체성에 미치는 영향이 크기 때문에 교사의 피드백은 단순한 칭찬이나 점수 전달을 넘어서서 유아 스스로 자신의 배움과 감정을 탐색하는 길잡이이자 유연한 조력자로 작동해야 한다(Samuelsson, & Carlsson, 2008; Tayler, 2015).

전통적 평가는 대부분 잘했는지 못했는지를 일괄적으로 알리는 방식이라 성장 방향을 세밀하게 포착하기 어렵다. 반면에 디지털 기반 또는 놀이 기반 맞춤형 피드백은 다음과 같은 면에서 우위를 가진다.

첫째, 디지털 도구를 활용하면 태블릿 PC, 앱, 포트폴리오 등 다양한 매체에서 놀이하는 순간을 즉각적으로 기록하고, 실시간으로 메시지(예: "잘했어요!" "한 번 더 해 볼까요?")나 관련 활동 자료를 제공할 수 있다. 피드백이 즉각 제공되면 유아는 자신의 시도와 실수를 긍정적으로 받아들이며, 실패 체험도 자연스러운 배움의 일부로 체득하게 된다(Coogle et al., 2022; Nicol & Macfarlane-Dick, 2006). 이는 자기조절 학습과 지속적인 도전에 큰 동기를 제공한다.

둘째, 개별적 피드백은 단순히 정답을 알려 주는 데에서 멈추지 않는다. 유아의 참여 태도, 감정 표현, 사회적 상호작용까지 포괄적으로 해석하고, 아이가 보여 준 시도(예를 들어, 또래와의 협동이나 끝까지 포기하지 않으려는 태도)를 핵심 성장 지표로 삼는다. 놀이 기록, 소통 장면, 작업 결과를 포트폴리오로 남기고, 이를 바탕으로 아이의 발달 궤적과 개인적 특성을 면밀히 분석해야 한다. 실제 발달장애(ADHD, 자폐 스펙트럼 장애 등) 유아의 경우 감각 민감성, 사회적 맥락에 따른 반응, 반복 행동 등에서 뚜렷한 차이가 확인되며, 맞춤형 피드백의 필요성은 더욱 크다. 예를 들어, 소음이나 강한 시각 자극에 민감한 아동에게는 조용하고 단순한 시각 자료 중심의 피드백이, 언어 처리가 강점인 경우에는 스토리텔링 방식의 설명이 더 효과적이다(Sanz-Cervera et al., 2017; Rani et al., 2022).

셋째, 진정한 맞춤형 피드백은 교사의 주관적 해석, 수작업 기록을 넘어 축적된 데이터(활동별 반응 시간, 반복 경향 등)와 실질적 관찰을 연결하는 통합 평가 시스템을 수립해야 한다. 유아교육 현장의 해결책으로는 디지털 포트폴리오, LMS 기반 분석 자료, 그리고 실시간 영상 기록 등이 있다. 이는 교사와 부모가 아이의 성장 경로를 눈에 보이는 형태로 공유하고, 가정-기관-지역사회가 통합적으로 아이의 발달을 지원할 수 있게 만든다(Undheim, 2021).

넷째, 연구에 따르면 맞춤형 피드백 제공의 중요성 뒤에는 미디어와 SNS를 통한 정보 신뢰성 문제가 늘어난다. 실제로 ADHD 등 발달장애 관련 소셜미디어(틱톡 등) 콘텐츠 절반 이상이 비전문가에 의한 잘못된 정보다(Yeung et al., 2022). 따라서 맞춤형 피드백은 반드시 근거 중심 자료와 전문가 검토를 기반으로 해야 하며, 시중 디지털 평가지나 앱을 신뢰성 있게 선정하고 지속적으로 검토하는 교사의 노력이 필수다.

다섯째, 좋은 피드백은 자주, 반복적으로, 구체적 상황에 맞게 제공되어야 한다. 수업 종료 후 그날의 활동을 돌아보는 짧은 대화, 포트폴리오를 함께 보는 시간, 가정에서 부모와 연계할 수 있는 확장 활동 안내 등 다양한 통로를 병행함으로써 자기주도적 성장과 긍정적 학습 경험을 지속적으로 지원할 수 있다.

이와 같은 방식으로 맞춤형 피드백 전략을 실천하면 유아는 자신만의 배움 방식을 스스로 탐색하고, 실패를 두려워하지 않으며, 자기 정체성과 자율적 학습 태도를 자연스럽게 내면화한다. 교사의 역할은 일관된 관찰, 데이터 관리, 맥락 해석, 정확한 피드백 설계로 확장된다. 유아 맞춤형 피드백은 표면적 결과의 전달에 머물지 않고, 각 아동 내면의 성장과 변화를 이끄는 실제적 동력이 된다.

3. 실시간 모니터링과 데이터 분석을 통한 수업 개선

유아교육에서 실시간 모니터링과 데이터 분석은 교사가 유아 개개인의 발달 특성과 학습 과정을 정밀하게 이해하고, 효과적으로 수업을 조정하거나 개별화 전략을 적용하는 데 핵심적인 도구다. 디지털 기기와 온라인 플랫폼은 유아의 활동 데이터를 자동으로 수집할 수 있는 환경을 제공하며, 이를 바탕으로 교사는 유아의 놀이 참여도, 문제 해결 과정, 사회적 상호작용 등 다양한 질적 · 양적 정보를 즉시 분석할 수 있다. 이러한 시스템은 단순 기록을 넘어 유아교육 현장의 교육적 판단력과 지도 전략을 향상시키는 실질적 기반이 된다.

실시간 모니터링 시스템은 흔히 LMS, 교육용 앱, IoT 기반의 인터랙티브 장비 등으로 구현된다. 예컨대, 수 · 조작 활동이나 상호작용 놀이를 진행할 때 유아의 작업 시간, 선택 유형, 반복 횟수 등이 자동적으로 기록되고, 교사는 실시간 대시보드에서 이 데이터를 확인할 수 있다. 이 과정을 통해 특정 개념이나 활동에서 반복적으로 어려움이 나타나는 유아나 주도적으로 확장 활동을 시도하는 유아를 즉각적으로 포착할 수 있다. 실제 국내 연구에서도 유아-교사 상호작용 기반 스마트 기기 활용 수업에서 실시간 피드백과 데이터 활용이 유아의 수업 몰입도와 집중력 증진에 긍정적인 효과가 있었음이 보고되었다(Undheim, 2021).

이렇게 수집된 활동 데이터는 통계적 분석과 시각화를 통해 교사에게 직관적 정보를 제공한다. 예를 들어, 각 유아의 학습 참여 빈도, 문제 해결 소요 시간, 상호작용 횟수 등은 바 차트나 비교 표 형태로 시각화할 수 있으며, 이를 통해 발달적 특성과 성취 패턴을 한눈에 파악할 수 있다. 데이터에 기반한 분석 결과는 학습 목표 달성에 효과적인 수업 구성 요소와 개선이 요구되는 활동이나 환경 조건을 구체적으로 제시하는 역할을 한다. Undheim(2021)의 연구에서는 온라인 학습 플랫폼의 데이터 분석 기능이 교사의 평가 신뢰도를 높이고, 보다 정밀한 개별화 수업 설계에 기여함을 밝혔다.

뿐만 아니라 실시간 모니터링과 데이터 분석은 유아 개개인의 흥미, 진도, 특성에 따라 즉각적으로 맞춤형 수업 전략을 만드는 데 결정적인 역할을 한다. 유아가 특정 활동에서 반복적으로 어려움을 겪거나, 비표준적 행동(예: 충동적 탐색, 반복적 감각추구 등)이 두드러질 때, 실시간 데이터는 교사가 즉각 개입해 활동을 재구성하거나 추가적인 중재 전략을 마련하는 기반이 된다. 특히 ADHD나 자폐 스펙트럼 장애 등 발달적 특성이 뚜렷한 경우, 실시간 활동 데이터 분석을 통해 감각적 반응 패턴, 사회적 참여 맥락, 반복 행동 양상 등 세밀한 개별 차이를 신속히 파악하고, 이에 맞는 지원 전략(예: 자극 환경 조절, 활동 시간 변경)을 능동적으로 적용할 수 있다(Rani et al., 2022; Sanz-Cervera et al., 2017). 최근 ADHD 아동의 경우, 일반 아동에 비해 감각 민감성, 운동 탐색, 사회적 참여 등에서 뚜렷한 차이를 보인다는 점이 반복적으로 확인되고 있으며, 이는 객관적 데이터 기반의 즉각적 모니터링과 분석이 더욱 중요함을 시사한다.

실시간 데이터 분석 결과는 교사뿐만 아니라 학부모와의 소통에도 매우 유용하다. 활동 기록, 주간 보고서, 디지털 포트폴리오 등으로 학부모는 자녀의 놀이 참여 현황, 관심 영역, 성장 과정 등을 세부적으로 확인할 수 있고, 이를 바탕으로 가정 내 연계학습이나 맞춤형 지원이 가능하다. 유아특수교육 영역에서도 데이터 기반 소통은 학부모의 만족감과 참여도를 높이고, 유아의 실제적 성장과 포용적 환경 조성에 긍정적 영향을 미치는 것으로 나타났다(김정민, 2010).

이와 같은 실시간 모니터링 및 데이터 분석 시스템은 수업 후 평가와 개선 과정에서도 높은 유용성을 가진다. 교사는 활동 종료 직후 데이터 분석을 통해 몰입도가 높거나 어려움이 많은 활동 영역을 구체적으로 파악하여 다음 차시 수업 운영과 목표 수립에 반영할 수 있다. 정기적인 교육자 협의 및 사례 공유 역시 데이터 기반 분석을 통해 더 체계적으로 이루어지며, 이는 전체 교육 품질 향상으로 이어진다.

한편, 디지털 기반 실시간 분석은 교육적 신뢰성과 해석 타당성 확보가 필수적이다. 최근 연구에 따르면, 소셜미디어 등 비전문가가 생산하는 교육 및 건강 관련 데이터의 상당 부분이 오해를 유발할 수 있으며(Yeung et al., 2022), 유아교육 환경에서는 데이터의 신뢰성, 시스템의 발달 적합성, 개인정보 보호 문제 등을 면밀히 검토하는 교사와 기관의 전문적 판단이 반드시 수반되어야 한다.

종합하면 유아교육에서 실시간 모니터링과 데이터 분석은 놀이와 학습 속에서 개별 유아의 성장과 참여를 구조적으로 이해하고, 이에 따라 역동적 · 맞춤형 수업 운영 및 포용적 지원 체계를 구축하는 데 핵심적 역할을 한다. 이는 단순한 디지털 도구 활용을 넘어 유아교육 현장의 전문성, 학부모 연계, 아동 개별화 실천이라는 세 축을 뒷받침하는 실질적 교육 혁신 동력임을 확인할 수 있다.

4. 게이미피케이션 및 과잉 자극 관리와 연계한 평가 사례 분석

게이미피케이션과 과잉 자극 관리(overstimulation management)는 유아교육 현장에 디지털 매체가 본격적으로 도입되면서 반드시 함께 고려해야 할 평가 전략으로 자리 잡고 있다. 이 두 전략은 학습 동기를 촉진하는 동시에 유아의 신경생리적 안정과 건강한 학습 환경을 조성하기 위한 상호보완적 접근이다.

1) 게이미피케이션 평가 사례

게이미피케이션 요소를 설계에 반영한 디지털 평가도구는 유아의 참여도 및 몰입도, 자기주도성 신장을 유도한다. 예컨대, 게임 내 미션을 완수하면 점수와 보상을 받고, 이를 단계별로 기록 및 시각화하는 시스템은 유아의 내재적 동기를 고양시킨다. Nolan과 McBride(2014)는 게임 기반 학습(GBL)이 표준화 평가 방식에 내재된 단점(획일성, 주도성 상실 등)을 극복하고, 자율성, 흥미, 상호작용, 자기표현을 중심에 놓을 때 긍정적 평가 경험으로 이어짐을 지적한다. 실제로 우리나라의 현장에서는 한글 자음 · 모음 학습, 숫자 · 도형 구별 활동 등에 게임 구조를 적용해 유아가 실패에 대한 두려움보다 도전의 연속성을 경험하도록 설계한 사례가 보고되고 있다.

2) 과잉 자극 관리 연계

디지털 콘텐츠의 과도한 시각적 · 청각적 자극, 빠른 화면 전환, 강도 높은 애니메이션 등은 유아의 집중력 저하 및 신경 피로, 심지어 불안정한 행동 정서 반응까지 유발할 가능성이 높다. Sanz-Cervera 외(2017)와 Rani 외(2022)의 연구에 따르면, ADHD 또는 자폐 스펙트럼 장애를 가진 아동 집단에서는 감각 정보처리(특히 청각, 시각, 촉각 등)의 민감성과 과부하 경향이 비장애 아동보다 두드러진다. 특히 교실 맥락에서는 과도한 시각 · 청각 자극이 학습 과제 몰입, 자기조절, 사회참여의 장애 요인임이 확인되고 있다. 이러한 결과는 게이미피케이션을 적용할 때, 다양하고 극적인 자극 대신 안정적이고 절제된 환경 구성이 필요하다는 함의를 제공한다.

실제 국내 사례에서도 화면 전환 속도와 애니메이션을 줄이고, 부드러운 색상, 반복성 있는 시각 패턴, 점진적 과업 구조를 적용한 디지털 평가도구가 유아의 유지 집중력, 과제 지속시간을 유의미하게 향상시켰다고 보고된다. 이는 발달적 특성이 다양한 유아 집단 모두에게 과잉 자극 관리를 평가 설계 단계부터 필수적으로 적용해야 함을 시사한다.

3) 게이미피케이션과 과잉 자극 관리의 통합적 평가 전략

디지털 평가에서 게이미피케이션과 과잉 자극 관리 전략을 동시에 설계 및 운영하는 모델도 활발히 시도되고 있다. 예를 들어 미션 수행 중 실시간 자극 반응(예: 시각 · 음향 자극에 대한 반영 시간, 움직임 빈도)을 모니터링하여 과도한 반응이나 산만 행동이 감지되면 보상 속도나 난이도를 조절하는 방식이다. 이러한 시스템은 전통적인 일방향 평가보다 학습의 유연성과 개별화 지원 효과를 높인다. ADHD 또는 자폐 스펙트럼 장애를 가진 진단 아동을 포함한 연구에서는 신경 발달장애 아동이 비장애 아동에 비해 감각 자극 흡수와 사회참여, 신체 인식에 어려움이 더 크므로 맞춤형 자극 수준 조절과 실시간 반응 기반 평가 시스템이 필수적임도 강조된다.

4) 평가 정책 및 도구 개발의 시사점

결국 게이미피케이션과 과잉 자극 관리가 통합된 평가 사례 분석은 단순한 참여 독려나 점수화 수준을 넘어 유아기의 개별성, 신경 발달 특성, 상호작용적 성장 환경의 중요성을 실천적으로 반영하는 구체적 실행 모델을 제공한다. 이러한 전략의 현장 적용 경험, 데이터 기반 특성 분석, 실제 성공 요인(단계별 보상, 자극 통제 옵션, 실시간 반응 모니터 등)은 이후 디지털 평가도구 개발과 유아교육 정책 수립에서 핵심적 설계 기준이 될 것이다. 이와 함께 디지털 미디어를 통한 교육 정보 확산에서 비전문가의 생산물(특히 SNS 기반 ADHD 관련 정보 등)이 오해와 왜곡의 위험성을 갖고 있으므로 실증 기반의 신뢰성 높은 평가도구 및 교육 자료의 개발 및 감독 체계 강화도 필수적이다(Yeung et al., 2022).

요약하면 게이미피케이션과 과잉 자극 관리의 유기적 통합은 유아의 개별성과 환경의 적합성을 바탕으로 학습 동기 고양과 신경생리적 안정, 자기주도적 성장, 평가 및 피드백 신뢰성 향상을 동시에 달성하는 핵심 전략임을 국내외 사례 및 한국 논문, 그리고 최신 연구들이 뒷받침하고 있다.

5. 개별 특성을 반영한 평가도구 개발 및 보조공학 활용 피드백 기법

장애 유아 평가에서 개별 특성을 반영한 평가도구 개발 및 보조공학(AT) 활용 피드백 기법은 포용적·효과적 교육을 실현하는 핵심 전략이다. 이 접근은 단순히 장애 유아의 불리함을 보상하는 수준을 넘어 각 아동의 신경 발달, 감각 처리, 참여 욕구의 실제적 맥락을 데이터 기반으로 반영하고, 성장과 참여를 구체적으로 지원한다는 점에서 중요하다. 최근 연구와 정책은 표준화 검사–배점 중심 평가의 한계를 비판하면서 장애 유아의 발달 생태, 실제 놀이와의 상호작용, 기능적 참여 성과에 초점을 둔 개별화 평가와 지속적 모니터링의 방향으로 전환되고 있다.

1) 개별 특성 기반 평가도구 개발

장애 유아의 개별 특성을 반영한 평가도구는 신체적 접근성, 인지 처리, 감각 프로필, 사회참여 등 다양한 요소가 통합적으로 반영되어야 한다. 예를 들어, ADHD와 자폐 스펙트럼 장애를 가진 아동은 감각 처리(예: 청각, 시각, 운동감각), 자기인식(proprioception), 맥락별 사회참여 등에서 집단별로 다르게 특성을 보이기 때문에 평가도구는 각 장애의 특이적 반응성(예: 과잉 감각–회피, 감각 추구 경향, 맥락별 사회 관여) 측정이 가능해야 한다(Dunn & Bennett, 2002; Rani et al., 2022; Sanz–Cervera et al., 2017).

특히 감각 특성[아동 감각 특성 평가–2(Child Sensory Profile–2) 등] 활용은 ADHD 아동의 감각 조절 문제와 그로 인한 기능적 참여 제한을 손쉽게 파악할 수 있는 진단–평가 기법이다(Dunn & Bennett, 2002; Rani et al., 2022). 자폐 스펙트럼 장애를 가진 아동에게서는 환경 맥락에 따른 사회참여/감각적 반응 변화, 의사소통–사회성의 질적 패턴 관찰이 중요하며, 이는 교실·가정에서의 실제 행동을 기록하는 방식(관찰 평가, 포트폴리오 등)과 결합될 때 평가 신뢰도가 높아진다(Neisworth & Bagnato, 2004). 이러한 도구의 설계 및 집행과정에서 교사, 특수교육 전문가, 가족 등 다학제적 팀의 참여가 필수적이며, IEP에 근거한 주기적 목표–성과 검증이 병행되어야 한다(Etscheidt, 2016).

2) AT 기술 활용의 실제와 효과

AT의 도입은 장애 유아에게 평가 및 피드백 접근성을 극적으로 확장한다. 단순한 시각·청각 지원 기구(확대기, 구조화된 자막, 음성 안내 등)에서부터 디지털 기기(터치패드, 맞춤형 인터페이스)나 실시간 반응 모니터링 시스템까지 폭넓게 적용되고 있다. AT 활용의 직접 효과로는 다음과 같은 결과가 보고되고 있다(Desideri et al., 2016; Etscheidt, 2016; Lersilp et al., 2018).

- 신체장애, 청각장애, 시각장애, 발달지연 등 다양한 특성을 가진 유아에 대해 맞춤형 AT 지원(예: 점자도구, 수어 · 자막 보조, 터치 반응형 게임 방식)이 높은 평가 효과성을 보임
- 실시간 평가(예: 터치 · 음성 입력 즉시 기록-분석, 보상 시스템 연동)는 즉각적 피드백 가능, 자기인식 향상, 동기 증진 효과가 확인됨
- AT 서비스의 질은 사용 편의성, 유지 관리, 전문 지원 체계, 맞춤형 피드백 등에서 참여자와 보호자의 높은 만족도를 얻음(단, 서비스 연결과 기술 지원이 불충분하면 효과가 저하될 수 있음)

특히 AT는 초기 조기 선별(early identification)과 조기 중재(early intervention) 체계와 결합할 때 교육 환경의 포용성(incusivity), 개별 아동의 요구 맞춤, 장기적 성장에 극대화된 잠재 효과를 가지게 된다. 이에 따라 진단-지원-평가를 포괄하는 서비스 연계형 AT 모델과 다학제적 협력 체계 구축이 장애 유아 평가의 미래 표준으로 제시된다(Hunt, 2021).

3) 맞춤형 피드백 및 데이터 신뢰성의 확보

효과적인 피드백 체계는 실시간 반영성, 긍정적 강화, 반복학습 유도, 자기주도적 성장 지원 등 네트워크적 특성을 지녀야 한다. 예를 들어, 평가 과제 수행 과정에서 음성 · 시각적 피드백, 게이미피케이션된 보상 요소, 쉬운 과제 반복 기회 등이 즉각적으로 제공될 때 장애 유아 집단은 실패나 오류 경험이 동기 저하 대신 성장 및 도전의 자극이 되도록 경험한다.

동시에 교사가 수집한 관찰 및 디지털 평가 데이터는 정량화(점수, 소요 시간, 반응 형태 등)와 정성적 설명(참여 양상, 사회 관여, 전략 및 동기 등)이 통합되어 해석되어야 한다. 이는 표준화 검사 위주 평가의 한계를 보완하며, 유아 개별 환경-발달 특성을 최대한 반영한 평가 · 피드백 모델의 구축으로 이어진다(Bray & Cooper, 2007).

한편, ADHD 등 장애 관련 정보가 소셜미디어(예: 틱톡) 등에서 급속 확산되고 있으나, 실제로 상당 비율이 오류, 오해에 기반한 것으로 판명되었다. 연구에 따르면, 인기 높은 ADHD 영상의 절반가량이 오해를 유발하는 정보이고, 전문가가 제공한 사례는 적은 편이다. 이는 평가도구 · 피드백 설계에서 검증된 근거 기반 전략, 신뢰성 있는 콘텐츠 엄선의 중요성을 명확히 보여 준다(Yeung et al., 2022).

4) 지속적 개선과 다학제적 협력의 필요

AT 및 평가도구의 효과는 단회적 개발로 완성되지 않는다. 실제 활용 과정에서의 피드백, 학생, 보호자, 전문가의 의견 수렴, 정기적 기능 업데이트와 유연한 지원 체계가 제도적으로 구축되어야 한다. 또한 환경적(시설 · 기술 접근성) · 사회적(동료 관계, 참여 문화) · 정책적(IEP 연계, 예산 등) 맥락이 개별 아동의 실제 평가–학습 경험에 미치는 영향 역시 지속적으로 모니터링되어야 한다(Kuutti et al., 2021).

요약하자면 장애 유아의 평가에 있어서는 다음과 같은 원칙이 요구된다.

- 신경발달적 특성, 감각 · 행동 · 사회참여 프로필에 맞는 개별화 평가도구 개발
- 평가 접근성과 피드백의 즉시성, 개인화, 적정화가 가능한 AT 활용
- 정량 · 정성 정보 통합, 믿을 수 있는 피드백, 다학제적 모니터링 등으로 신뢰성, 포용성 제고
- 근거 기반 평가와 정보 선별, 주기적 개선 체계, 환경 · 사회 맥락 연계 강화

이런 시스템 구축을 통해 장애 유아는 오롯이 자기주도적이고 참여중심의 성장 경험을 누릴 수 있고, 평가의 본래 목적(개별성 지원, 잠재력 실현, 포용적 환경 조성)이 실천될 수 있다.

제7장

미래 교육과 디지털 혁신

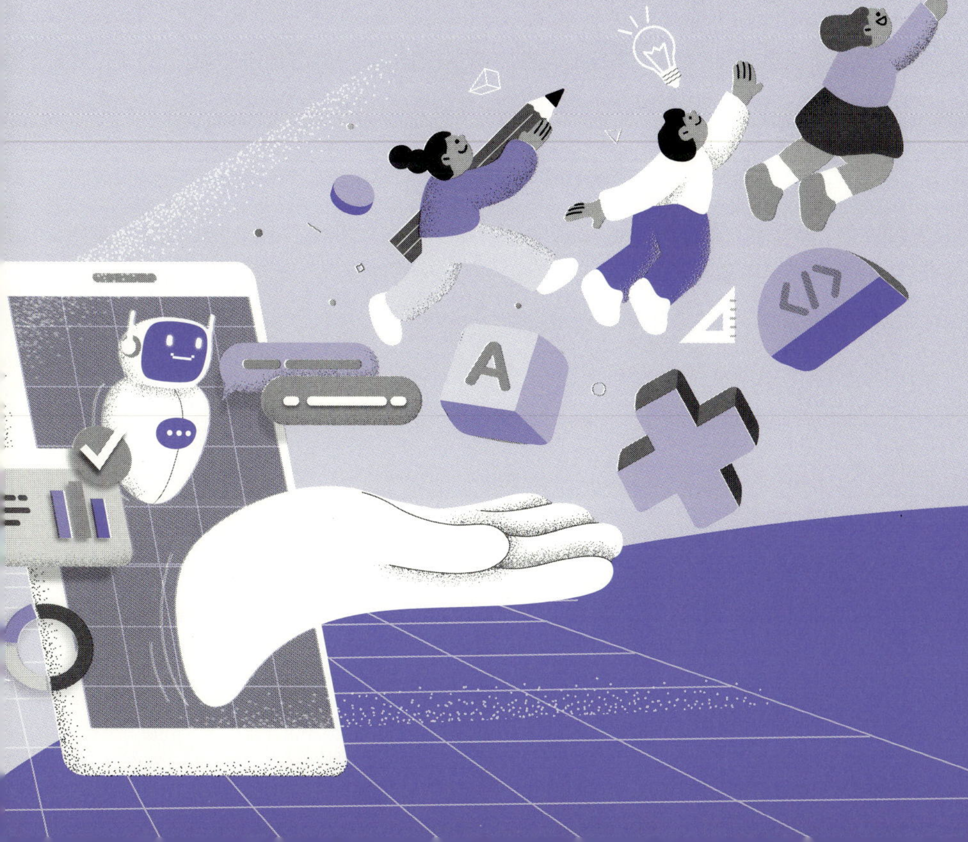

미래 교육은 첨단 정보통신 기술, AI, 빅데이터, AR 및 VR 등 기술의 융합을 축으로 전례 없는 변화를 맞이하고 있다. 이 변화는 학습 환경, 교수법, 평가 방식의 혁신을 넘어 교육의 목적과 철학, 그리고 교육의 핵심 주체인 학습자와 교사의 역할까지 근본적으로 재구조화하는 방향으로 진행될 전망이다.

가장 두드러진 미래 교육의 특징은 학습자 중심의 맞춤형 교육이 주류로 부상한다는 점이다. AI 및 빅데이터 기반의 LMS는 개별 유아의 학습 선호, 진도 및 취약점에 맞는 최적화된 경로를 설계할 수 있으며, 이를 통해 유아들은 자신의 수준과 속도에 맞춰 주체적으로 학습에 참여할 수 있다(Ally, 2019; Laborda, Uzunboylu, & Ross, 2016). 특히 이러한 시스템은 지속적인 진단 및 피드백, 실시간 데이터 분석을 토대로 교사가 각 유아의 발달 특성에 따라 맞춤형 지도 계획을 수립하도록 지원한다(Valverde-Berrocosoet al., 2021). 이는 전통적으로 일률적이고 집단 중심적이었던 교육 방식과 대비되는 근본적 전환이라고 할 수 있다.

VR, AR 등 XR 기술의 도입은 유아교육에서도 혁신적인 변화를 예고한다. 유아는 XR 환경을 통해 가상 박물관 방문, 실험실 시뮬레이션, 역사적 사건 재현 등 실제로 체험하지 못했던 상황을 몰입적으로 경험하며, 이를 통해 복잡한 개념도 직관적으로 이해할 수 있다(Madanipour & Cohrssen, 2019). AR 등 디지털 기술은 학습자의 탐구심과 호기심을 효과적으로 자극하고, 특히 유아기 발달 특성에 부합하는 상호작용적이고 놀이적인 학습 환경을 제공한다. 실제로 AR 기반 학습이 놀이와 연결될 때 유아의 참여도와 학습 효과가 극대화될 수 있음을 여러 연구가 시사한다.

디지털 놀이 역시 실제 놀이만큼 유의미하게 작동하며, 유아들이 디지털 환경에서 창의적 생산자(creator)로 성장할 수 있음을 보여 주는 연구들도 늘고 있다. 다만 AR · XR 기술이 아직 유아교육에 대규모로 실증된 것은 아니므로 구체적인 효과성 검증과 유아교육 현장 적용의 신중한 설계가 병행되어야 한다.

미래 교육에서 교사는 더 이상 지식의 단순 전달자가 아니라, 학습 설계자 및 가이드로서의 역할이 부각된다. 디지털 도구의 효과적 선택 · 설계 · 활용 능력, 빅데이터의 분석 · 해석 역량 등 폭넓은 전문성이 요구되며, 유아의 발달 특성과 교육적 맥락을 이해하여 맞춤형 교수전략을 구현하는 것이 핵심이다. 교사의 디지털 전문성을 체계적으로 신장시키기 위해서는 정기적 연수, 전문 네트워크, 협업 역량 강화, 최신 교육 플랫폼에 대한 지속적 접근이 필요하다. 현행 교사 교육에서 발견되는 디지털 역량의 한계와 간헐적 · 수동적 기술 적용 경향은 미래 교육 혁신에서 반드시 극복해야 할 과제임이 반복적으로 지적되고 있다(김병건 외, 2020; Ally, 2019; Loveless, 2011; Kara & Cagiltay, 2017).

또한 교사의 신념, 지식, 실천의 총체가 곧 유아의 디지털 학습 경험에 결정적 영향을 미침을 주목해야 한다. 교사는 '디지털 놀이도 실제 놀이이며, 학습의 중요한 일부'임을 인식하고, 자신의 교육관을 시대적 변화에 맞춰 재정립해야 한다.

미래 디지털 교육의 성공을 위해서는 학습 환경의 물리적 · 심리적 안전성이 확보되어야 하며, 연령과 발달에 적합한 인터페이스, 개인정보 보호 · 보안 시스템, 적정한 화면 시간 조절 및 과잉 자극 방지 등이 필수적이다(김병건, 2024; Kurdziel, Duclos, & Spencer, 2013; Valverde-Berrocoso et al., 2021). 디지털 활동은 유아의 심신 발달에 미치는 영향(특히 수면, 실제 놀이, 대면 상호작용과의 균형)을 고려하여 설계되어야 한다. 예를 들어, 유아기의 낮잠은 기억력 증진과 학습 지속에 결정적이며, 적절한 휴식이 수반될 때 디지털 학습이 효과적으로 정착할 수 있다.

미래 유아교육에서 디지털 스토리텔링은 창의성, 언어력, 소통 역량, 디지털 리터러시 신장에 효과적인 교수전략으로 널리 활용될 전망이다. 스토리텔링은 단순히 정보 전달이 아닌 상호작용, 놀이, 감정 표현의 통로로서 유아의 전인적 성장에 기여하며, 디지털 미디어를 통해 그 효과가 극대화될 수 있음이 국제적 메타분석을 통해 제시되고 있다. 실제로 간단한 디지털 영상 제작, 음성 녹음, 앱 중심의 스토리텔링 등은 유아의 몰입과 자기주도성, 또래와의 협력학습을 동시에 촉진한다(Purnama et al., 2022).

기술 혁신이 일으키는 미래 교육의 변화는 필연적으로 교육철학과 정책, 교사 교육, 가족 · 사회 협력의 재설계를 요구한다. 교사, 개발자, 정책입안자, 학부모 등 다수의 이해관계자가 긴밀히 협력하여 기술 선택과 적용의 목적성을 설정해야 하며, 다양한 문화적 · 사회적 배경을 포용하는 디지털 교육 인프라가 구축되어야 한다(Laborda et al., 2016; Selwyn & Facer, 2014; Weisberg & Dawson, 2023).

총괄적으로 미래 디지털 혁신은 비장애 유아교육을 맞춤형, 몰입형, 창의적 학습으로 도약시키는 핵심 동인이다. 그러나 기술 자체가 아닌 '교육의 목적' '교사의 전문성' '아동 중심성' '사회적 가치'와의 동시적 정합이 미래 유아교육 혁신의 실질적 성공을 보장한다. 지속적 연구와 실증적 검증, 체계적 교사 역량 개발, 포용적 인프라 구축이 병행될 때 모든 유아가 차별 없이 성장할 수 있는 미래 교육 환경이 실현될 것이다.

1. AI, 빅데이터 등 미래 기술이 교육에 미치는 영향

21세기 들어 AI, 빅데이터, 사물인터넷(Internet of Things: IoT), 클라우드 컴퓨팅 등 첨단 기술들이 급격히 발전하면서 교육 분야에도 큰 혁신이 일어나고 있다. 이러한 미래 기술은 교육의 접근 방식, 학습 내용 전달, 평가 방법, 그리고 학습 환경 자체를 재정의하는 역할을 하고 있다. 기술 혁신은 학습자 중심의 개별화 교육, 교사의 역할 변화, 그리고 스마트 클래스룸 등 새로운 교육 패러다임을 실현하는 데 중요한 역할을 하고 있으며, 앞으로도 교육 시스템의 구조와 기능에 근본적인 변화를 가져올 것이다.

1) AI의 역할과 맞춤형 학습

미래 교육에서 AI는 단순히 기술 도입을 넘어 교육의 본질적 구조와 학습 경험 자체를 변화시키는 핵심 도구로 작동한다. AI는 학습자의 학습 패턴, 반응 속도, 정답률, 선호도 등 다차원적인 데이터를 실시간으로 분석해 각 개인에게 최적화된 학습 경로와 콘텐츠를 제공한다. 이러한 맞춤형 데이터 기반 학습은 학생마다 다른 학습 속도, 강약점을 고려하여 교육과정을 적응적으로 변화시킨다는 점에서 전통적인 교실 수업의 획일성을 근본적으로 극복한다(Maghsudi et al., 2021; Murtaza et al., 2022; Strielkowski et al., 2024; Taşkın, 2025).

구체적으로 AI 기반 학습 플랫폼은 다음과 같은 방식으로 맞춤형 학습을 실현한다.

첫째, LMS나 지능형 튜터링 시스템이 학생의 상호작용 데이터를 수집 및 분석하여 개별 학습자의 강점 및 취약점을 신속하게 파악한다. 예를 들어, 어떤 아동이 수학 문제 풀이에서는 빠르지만 응용 문제에서 반복적으로 실수한다면 AI는 해당 취약 영역에 특화된 보충학습 자료나 연습 문제를 자동으로 제안한다. 이 과정은 실시간으로 이루어지므로 학생은 자신의 부족한 부분에서 즉각적인 피드백과 반복 기회를 얻고, 강점이 있는 영역에서는 심화 학습을 진행할 수 있다(Maghsudi et al., 2021; Murtaza et al., 2022; Taşkın, 2025).

둘째, 이러한 AI의 맞춤형 학습 기능은 연령이나 발달 단계에 크게 구애받지 않는다. 유아부터 고등학생까지 다양한 수준의 학습자가 각자의 필요에 따라 지원을 받을 수 있다는 점에서 그 적용성이 매우 넓다. 특히 유아교육에서 AI 기반 디지털 스토리텔링, 놀이 중심의 디지털 활동 등은 유아가 흥미롭고 몰입적으로 학습에 참여하도록 돕고, 교사는 이러한 학습 데이터를 바탕으로 교수전략을 정교하게 조정할 수 있다(Purnama et al., 2022; Undheim, 2021).

셋째, AI 기반 맞춤형 학습의 잠재력은 자기주도적 학습과 교육 형평성 확대에서도 두드러진다. AI는 반복학습, 개별 진도 조절, 다양한 학습 스타일 지원 등을 통해 학생이 자신의 학습 여정에 주체적으로 참여하도록 한다. 더불어 학습자 특성에 맞춘 실시간 피드백과 개별화된 진단-평가 체계 덕분에 교사는 상시적으로 학생의 학습 진척 상황을 점검할 수 있고, 이는 나아가 교육격차 해소에도 긍정적으로 작용할 수 있다(Strielkowski et al., 2024; Taşkın, 2025).

현장 연구에 따르면, 맞춤형 교육이 성공적으로 정착하기 위해서는 기술 자체의 진보뿐 아니라 교사의 디지털 역량과 반성적 실천이 핵심적이다. 교사는 AI가 제공하는 학습 처방 및 데이터를 해석하여 정서적 · 사회적 · 창의적 측면까지 고려한 교육적 결정을 내려야 하며, 단순한 알고리즘 추천이 아동의 전인적 성장 목표와 어떻게 연계되는지에 대한 전문적 판단이 필수적이다. AI 기반 시스템이 교사의 역할을 대체하는 것이 아니라, 데이터 기반 피드백과 분석 도구로서 교사의 교육 실천을 보조 및 증강하는 방식으로 설계되어야 한다(Chiu et al., 2023; Undheim, 2021).

한편, AI 맞춤형 학습은 여전히 몇 가지 도전 과제에 직면해 있다. 첫째, 데이터와 알고리즘 편향 문제로 인한 학습자별 불공정, 차별적 결과가 발생할 수 있고, 둘째, 사회적 상호작용 부족, 내적 동기 약화 등 교육의 질에 영향을 미칠 수 있는 요소도 존재한다. 셋째, 디지털 인프라 접근성 격차(디지털 격차) 역시 AI 기반 교육의 포용성 실현에서 반드시 해결해야 할 과제다(Taşkın, 2025; Weisberg & Dawson, 2023).

결론적으로, AI는 학습자 개별 특성에 최적화된 맞춤형 학습 경로를 실시간으로 제공하여 자기주도적 학습, 형평성, 교수-학습 혁신을 가능하게 한다. 그러나 진정한 혁신을 위해서는 AI와 교사의 교육적 판단, 디지털 리터러시, 윤리적 설계, 실제 학습 환경과의 유기적 결합이 필수적이며, 이 과정에서 유아교육 현장, 연구자, 정책입안자의 통합적 접근과 지속적 검증이 병행되어야 한다.

2) 빅데이터를 통한 교육 정책 및 교수법 개선

교육 정책 및 교수법 개선에 있어 빅데이터의 역할은 단순한 데이터 집적을 넘어 실제 유아교육 현장과 시스템 전반을 정밀하고 과학적으로 혁신하는 핵심 동인이다. 빅데이터는 학생들의 학습 이력, 온라인 활동, 디지털 상호작용, 평가 결과 등 다양한 교육 데이터를 통합적으로 수집 및 분석함으로써 개별 학습자 및 집단 단위 모두에서 효과적인 교수법과 최적의 학습 환경을 객관적으로 식별할 수 있게 한다. 이를 통해 교육 당국이나 학교는 정책 설계, 자원 배분, 교수법 개선의 근거 자료를 확보할 수 있고, 궁극적으로 교육의 질과 형평성을 동시에 향상시킬 수 있다(Ang, Ge, & Seng, 2020; Luan et al., 2020).

빅데이터 기반 정책 설계의 구체화 또한 필요하다. 빅데이터는 대규모 학습자 집단의 행동, 성과, 선호 패턴을 실시간으로 분석해 교육정책의 객관성과 실효성을 높인다. 예를 들어, 특정 교수법(예: 디지털 스토리텔링, 협력학습)이 어느 환경, 어느 학습자군에서 효과적인지 대규모 데이터를 기반으로 실증 검증이 가능하다. 실제로 유아교육 연구에서도 실증적 데이터 분석을 통해 디지털 교수법 도입 효과, 교사의 실천적 신념 변화, 교실 내 혁신 활동의 차이를 밝혀 내어 국가 또는 기관 차원의 교육과정 개선 근거로 적극 활용되고 있다(Kara & Cagiltay, 2017; Undheim, 2021). 또한 빅데이터 기반 정책은 지역 간 교육 격차나 사회적 취약 집단의 학습 패턴을 정량적으로 드러냄으로써 자원 배분의 형평성을 높이는 데 실질적 기여를 한다.

교수법 개선 측면에서 빅데이터는 집단 수준의 성과 추적과 함께 개별 학생의 학습 특성, 진도, 반복 오류 패턴 등을 분석해 최적화된 수업 설계와 개입 전략을 도출할 수 있다. 예를 들어, 학생의 디지털 활동 로그, 평가 상호작용, 참여도 등의 데이터를 분석하면 어떤 교수법이 몰입도와 학습 효과를 동시에 높이는지 객관적으로 도출할 수 있다(Ang et al., 2020). 더불어 AI와 연계한 학습 분석을 통해 학생 각각의 학습 스타일, 강약점, 학습 동기 변화를 실시간 추적함으로써 맞춤형 피드백과 개별화된 학습 경로를 설계할 수 있다(Maghsudi et al., 2021; Taşkın, 2025). 이는 전통적으로 교사의 직관에 의존하던 교수전략이 과학적 근거에 의해 정제 및 개선될 수 있음을 의미한다.

특히 유아교육 등 현장 맥락에서는 디지털 테크놀로지 활용이 실질적으로 교육 효과를 내기 위해 교사의 신념, 디지털 활용 역량, 교육 환경이 긴밀하게 연결되어야 함이 반복적으로 보고되고 있다(Kara & Cagiltay, 2017; Valverde-Berrocoso et al., 2021). 빅데이터 분석은 교사 연수, 지원 및 교육과정 설계에 있어서도 맹목적 기술 도입이 아닌, 실제 수업 현장에서 효과적인 교수법이 무엇인지 학술적, 실증적으로 접근할 것을 요구한다.

그러나 기술과 데이터에 기반한 교육 혁신이 무조건 긍정적인 효과만을 가져오는 것은 아니다. 빅데이터 분석 결과에 근거한 정책 또는 교수법 선택이 특정 집단이나 문화적 맥락에 편향적일 수 있고, 사회경제적 격차에 따라 디지털 접근성 자체가 상이해 또 다른 불평등을 키울 소지 역시 내포한다. 이에 따라 데이터 기반 교육 정책 및 교수-학습 혁신은 개인정보 보호, 데이터 해석의 질적 통제, 윤리적 기준 확립과 같은 지침과 함께 병행되어야 하며, 교사와 정책 담당자 모두가 분석 결과를 맹목적으로 수용하지 않고 유아교육 현장 맥락에서 충분히 검증하고 해석할 비판적 태도가 필요하다.

결론적으로, 빅데이터는 현대 교육에서 교수법의 정밀화, 맞춤형 학습 실현, 정책 설계의 과학적 근거 제공 등 다층적 혁신을 가능하게 한다. 하지만 데이터 해석의 한계와 편향, 디지털 격차와 윤리 문제 등 잠재적 위험 역시 내재되어 있다. 따라서 빅데이터를 활용한 교육정책 및 교수법 개선은 기술적 도구로서의 가능성뿐 아니라, 교육적 가치, 유아교육 현장 실천, 사회적 맥락을 고루 고려하는 통합적 접근과 지속적 평가가 반드시 수반되어야 한다

3) 교사의 역할 변화: 데이터 분석가와 학습 설계자

AI와 빅데이터의 도입이 교사 역할에 미치는 구조적 변화는 단순히 기술 도구 활용을 넘어 교사를 교육적 데이터 분석가이자 학습 설계자, 그리고 동기와 자기조절을 지원하는 학습 코치로 재정의한다. 먼저 AI와 빅데이터는 학생 개인의 학습 이력, 평가 결과, 학습 스타일, 상호작용 데이터 등 대규모 데이터를 실시간으로 수집 및 분석함으로써 교사가 개별 학생의 특성과 요구를 정밀하게 파악할 수 있게 한다. 예컨대, LMS 기반의 AI는 학생의 문제풀이 속도, 개념 이해도, 참여도, 반복 오류 유형까지 다차원 데이터를 시각화하여 제공한다. 이에 따라 교사는 단순히 데이터를 소비하는 존재를 넘어 다양한 데이터 패턴의 교육적 함의와 한계, 해석의 맥락까지 숙고하는 데이터 분석가로서의 전문성이 요구된다(Ally, 2019; Ang et al., 2020).

이와 함께 교사는 AI 및 빅데이터 분석 결과를 활용하여 학생 개인별로 최적화된 학습 경로, 과제, 피드백, 도전 기회를 설계하는 학습 설계자(learning designer)로서 중심적 역할을 맡게 된다. 이때 학습 설계는 학생의 발달 단계와 학습 맥락, 디지털 활용 역량, 자기주도성까지 고려한 적응적이고 역동적인 형태로 진화한다. 실제로 최근 연구에서는 교사의 디지털 리터러시, 데이터 해석력, 교육적 상상력, 윤리적 판단력이 서로 긴밀하게 결합되어야 맞춤형 학습 설계가 실질적으로 구현됨을 강조한다. 일례로, 디지털 스토리텔링이나 프로젝트

기반 학습의 경우 개별 학생의 표현력, 창의성, 흥미를 다각도로 면밀히 분석한 뒤, 맞춤형 스토리 미디어와 자기주도적 과제 경로를 설계해 주는 교사의 역할이 부각된다(Purnama et al., 2022).

AI와 빅데이터 활용을 통한 개별화 교육이 현실화됨에 따라 교사는 학습 지원 코치(learning coach)로서의 정서적 · 관계적 · 동기유발적 역할 역시 강화된다. 최근 실험연구에 따르면, AI 챗봇 기반 학습 환경에서조차 '교사의 적극적 · 정서적 지원'이 학생의 자율성, 관계욕구 충족과 학습 동기, 자기효능감에 결정적 영향을 미친다(Chiu et al., 2023). 즉, AI가 제공하는 자동화된 맞춤 피드백만으로는 학생의 지속적 몰입, 목표 설정, 자기조절을 충분히 이끌기 어렵고, 교사의 고유한 동기유발, 피드백, 심리적 안전망 제공, 공동체성 지지 등이 필수 불가결하다. 이러한 역할 변화는 교사에게 새로운 전문성 확보를 강력히 요구한다. 구체적으로, ① 데이터 리터러시(수집 · 분석 · 해석 능력), ② 적응적이고 개별화된 학습 설계, ③ 디지털 도구 및 AI 플랫폼 활용 능력, ④ 데이터 윤리, AI 편향성 경계 인식 등 폭넓은 영역의 역량을 체계적으로 개발해야 한다.

나아가 교사는 기술에 단순히 종속되거나 도구적으로만 접근하지 않고, AI 및 빅데이터의 추천 결과를 교육 목표, 개별 학생의 맥락, 사회–정서적 발달 목표와 유기적으로 접합시키는 주체로 재정의된다. 교사의 반성적 실천, 교육적 해석과 재구성 능력 없이는 AI와 빅데이터의 잠재력이 현실적 교육혁신으로 연결되기 어렵다는 점이 반복적으로 강조되고 있다.

결국 AI와 빅데이터는 교사의 역할을 지식 전달자에서 데이터 해석자, 개별화 학습 설계자, 정서적 지원자까지 다면적, 통합적으로 확장시킨다. 미래 유아교육 현장에서는 교사의 기술적 역량과 교육적 통찰, 사회적 감수성이 풍부하게 만나는 지점에서 진정한 변혁의 힘이 발휘될 것이다.

4) 교육 환경의 변화: 클라우드와 IoT 기반의 스마트 클래스룸

클라우드 컴퓨팅은 교육의 '언제, 어디서나' 학습을 현실화한다. 학생들은 태블릿 PC, 노트북 등 다양한 디바이스를 통해 중앙 서버에 저장된 콘텐츠와 학습 자료를 획기적으로 손쉽게 접근할 수 있으며, 교사는 학생의 학습 진도, 수행 결과, 참여 상황을 실시간 통합적으로 모니터링하고 피드백, 보충 자료, 개별화된 과제 분배가 가능하다. 이로서 플립드 러닝, 블렌디드 러닝, 원격/하이브리드 수업 등 학습자 중심, 유연 교육 모델의 실질적 토대가 마련된다.

이와 같은 클라우드 기반 환경은 집단 학습 경험의 투명성(학습 결과물, 수업 피드백, 포트폴리오의 실시간 공유)과 공동체적 상호작용도 한층 강화시키며, 대용량 및 다차원 학습 데이터의 수집 및 분석을 통한 맞춤화, 평가, 정책 개발의 효율성도 극대화한다. 결과적으로 클라우드 기반 시스템은 디지털 자원 접근성의 형평성(특히 농산어촌 지역, 취약계층)에 중요한 역할을 할 수 있으나, 유아교육 현장 적용의 실제적 한계(인프라 구축, 비용, 네트워크 품질)도 반드시 염두에 두어야 한다(Ang et al., 2020; Luan et al., 2020; Valverde-Berrocoso et al., 2021).

IoT 기반 스마트 클래스룸을 통한 실시간 학습, 환경 데이터의 활용과 적응도 고려될 필요가 있다. IoT는 스마트 센서와 장치(스마트보드, 웨어러블, 출석 및 환경 센서 등)를 통해 학습자의 출결, 몰입, 활동 패턴, 공간 사용 현황, 교실 내 환경(온도, 조도, 소음 등)까지 정교하게 실시간 모니터링할 수 있게 한다. 이러한 세밀한 데이터 수집은 크게 두 가지 교육 패러다임 전환을 가능케 한다.

첫째, 교사는 다수 학생의 상태, 참여 수준, 위험 신호(낮은 집중도, 학습 포기 조짐 등)를 자동 감지하는 시스템 기반으로 선제적 개입과 맞춤 피드백이 가능하다. 이는 기존의 대규모 학급에서 개별 학생의 학습 파악에 소요된 시간 및 노력 대비 학습 효율 및 지원의 질이 획기적으로 높아지는 구조적 변화다. 실제 사례에서 대학 캠퍼스에 IoT 센서를 대규모로 설치하여 시간별 또는 과목 · 학생 특화 출석 데이터를 기반으로 공간 활용 최적화(강의실 예약, 비용 절감 등) 및 개별 학생 참여도 개선에 실질적 효과가 나타났음이 보고되고 있다(Sutjarittham et al., 2019).

둘째, IoT 기반 시스템은 학생 스스로가 자신의 학습 데이터(집중 시간, 활동 로그 등)를 시각적으로 인지할 수 있도록 지원하여 자기주도학습 역량 및 동기부여 측면에서도 긍정적 영향을 미친다(Badshah et al., 2023). IoT와 AI의 연계는 실시간 환경에 반응하는 적응형 교수-학습(예: 집중도 저하 시 자동 콘텐츠로 전환 및 알람, 개별 난이도 조정)도 실현하게 한다.

이처럼 급변하는 교사, 학생, 교육 환경의 구조적 변화와 더불어 해결해야 할 과제를 생각해야 한다. 우선 교사 역할의 진화이다. 이러한 클라우드 및 IoT 환경에서 교사는 단순 지식 전달자를 넘어 데이터 해석자, 학습 설계자, 실시간 피드백 코치로 변모해야 한다. 교사는 수집된 풍부한 학습 · 참여 데이터를 기반으로 개별 학생 수준에 맞는 맞춤 경로 설계, 즉각적 피드백, 사회-정서적 지지 제공 등 보다 고차원적 역량이 요구된다. 연구는 실제로 디지털 기술 및 데이터 해석에 대한 교사 연수 및 지원이 부족할 경우, 스마트 클래스룸 혁신이 표면적 · 형식적 변화에 그칠 수 있음을 지적한다(Valverde-Berrocoso et al., 2021).

교육 형평성, 윤리 및 데이터 거버넌스 또한 중요한 해결 과제다. IoT와 클라우드가 대규모 데이터 집적 및 분석에 기반하므로 개인정보·빅데이터 윤리, 알고리즘 신뢰도, 플랫폼 접근성/적정성 등에 대한 제도적 대비가 반드시 병행되어야 한다. 학생/교사 데이터의 보안·프라이버시 확보는 법적·윤리적 우선과제이며, 기술 활용 과정에서 기존 취약계층의 정보 격차가 심화될 가능성도 상존한다. 따라서 교사, 학생 모두의 디지털 리터러시 강화, 데이터 이해 및 비판적 해석력 함양도 필수적이다.

학습 경험의 혁신과 한계를 극복하기 위한 시도도 이루어져야 한다. 스마트 클래스룸은 일방적·교사 중심적 강의에서 벗어나 데이터 기반 자기주도학습, 프로젝트형 협력, 실시간 튜터링, 창의적 문제 해결력 신장 등 고차원적 학습 경험 설계가 가능함을 시사한다. 특히 AI·빅데이터와 연계 시 개별 학생의 특성이나 패턴을 분석한 '적응형 경로' 설계 및 운영 효과는 계속 입증되고 있다. 다만 학습 데이터의 지나친 계량화 및 기계적 자동화는 학생의 정서성 및 사회성, 교사–학생의 인간적 상호작용의 약화를 초래할 수 있음을 고려해야 한다.

결론적으로, 클라우드 및 IoT 기반 스마트 클래스룸 환경은 학습 접근성, 유연성, 맞춤형 지원, 교육 자원의 최적화 등 새로운 수준의 교육 경험을 제공할 수 있는 혁신적 동인이다. 학습자와 교사가 실시간 데이터를 기반으로 상호작용하고, 대규모 학급, 다양한 환경에서도 개별화, 효율화, 형평성 증진이 가능하다는 점에서 미래 교육의 핵심 인프라로 부상하고 있다. 그러나 기술 생태계 정착을 위해서는 디지털 역량 및 윤리 강화, 데이터 기반 교육의 인간적 가치 상실 방지, 교사 전문성 재정립 등 다층적 조치가 반드시 병행되어야 한다.

5) 미래 기술의 도입에 따른 도전 과제

미래 기술(예: AI, 빅데이터, 클라우드, IoT)의 도입은 교육 혁신의 촉진제이지만, 동시에 개인정보 보호, 데이터 보안, 윤리적 관리라는 복합적 도전 과제를 수반한다. 최근 연구들은 이러한 이슈가 단순한 기술적 과제에 그치지 않고, 교육적 신뢰, 형평성, 사회적 신뢰 구축의 토대임을 반복적으로 강조한다.

우선 개인정보 보호와 데이터 보안의 중요성이 강조되어야 한다. 스마트 교육환경, AI 기반 개별화 학습 시스템, 클라우드 기반 LMS 등은 학습자 이력, 행동 패턴, 민감한 정보 등 대규모 데이터를 실시간으로 축적한다. 이에 따라 무단 접근, 유출, 오남용 등 개인정보 침해 위험도 기하급수적으로 증가하고 있다(백영균, 2024; 이용상 외, 2024; Maghsudi et al., 2021).

클라우드 환경에서는 데이터 암호화, 다중 인증, 접근 권한 통제, 정기적 보안 업데이트와 같은 예방적 기술 조치가 필수적이다(Yang, Xiong, & Ren, 2020). 그러나 기술적 조치만으로는 충분하지 않으며, 체계적 개인정보 보호 정책과 데이터 생애주기 관점의 안전 관리가 필요하다. 학생 데이터는 민감할수록 별도의 고도의 보호 정책이 요구되며, 실질적으로 학생 및 학부모가 정보에 대한 접근, 수정, 삭제 등 통제권을 행사할 수 있도록 절차적 장치가 마련되어야 한다(Hakimi, Eynon, & Murphy, 2021).

특히 IoT 센서, 캠퍼스 네트워크 등에서 수집되는 실시간 운영 데이터의 경우, 정확한 동의 절차와 데이터 최소 수집 원칙을 지켜야 하며, 데이터 활용에 투명성이 반드시 수반되어야 한다.

이와 발맞춰 법적 · 제도적 준수와 유아교육 현장 준비도의 향상도 수반되어야 한다. 개인정보보호, 교육 데이터 거버넌스는 글로벌 차원에서 강화되는 추세다. 유럽의 「일반 개인정보보호법(GDPR)」, 미국의 「가족 교육권 및 프라이버시에 관한 법률(Family Educational Rights and Privacy Act: FERPA)」, 국내의 「개인정보 보호법」 등 엄격한 규제를 실효적으로 이행하지 않을 경우, 교육기관은 법적 · 사회적 신뢰를 크게 상실할 수 있다. 그러나 실제 학교 · 대학 현장은 정책 미비, 관리 책임자 부재, 실질적 교사 연수 부족 등 구조적 한계에 처해 있으며, 이는 기술 도입이 오히려 학생의 안전을 저해하거나 불균등한 결과를 초래할 위험을 키운다(Ang et al., 2020; Cate, 2006; Hakimi et al., 2021; Yang et al., 2020).

따라서 교육기관과 교사는 최소 다음과 같은 체계를 갖춰야 한다.

- 데이터 수집 · 활용 목적, 방식, 보관기간의 명확한 고지와 자발적 동의 절차
- 개인정보처리 전담 조직 및 전문 인력 확보
- 법적 · 윤리적 기준 준수를 위한 교사 및 행정가의 지속적 연수와 점검
- 주기적 시스템 점검 및 사건 발생 시 신속 대응 프로세스 구축

알고리즘 편향, 공정성, 데이터 소유권 등에 대한 윤리적 문제 또한 해결해야 할 과제다. AI, 빅데이터 기반 맞춤형 교육 시스템은 학습 성과를 극대화할 수 있지만, 입력 데이터와 알고리즘 한계에 따라 차별 및 편향이 내재될 수 있다. 예를 들어, 특정 집단의 데이터가 불균형하게 반영되면 추천 시스템이 기회의 불평등을 심화할 수 있다. 이러한 문제를 완화하려면 입력 데이터의 질적 · 양적 검토, 알고리즘 감사, 결과의 투명한 설명, 인간 중심 의사

결정권 보장 원칙을 반드시 지켜야 한다(Taşkın, 2025).

아울러 데이터 소유권과 책임 소재 역시 해결 과제다. 학생, 학부모, 학교, 기술 제공자 간의 명확한 권한 · 책임 규정이 마련되어야 하며, 디지털 트레이스 데이터의 거버넌스 또한 즉각적 이익(개별 맞춤화)을 넘어 장기적으로 윤리성 · 공공성 측면에서 심층적으로 논의되어야 한다(Hakimi et al., 2021; Weisberg & Dawson, 2023).

교사와 교육기관의 역할도 시대에 맞게 재정의되어야 한다. 연구에 따르면, 미래 기술 환경에서 교사는 단순히 '수동적 수용자'가 아니라, 데이터 활용, 정책 준수, 윤리 보장을 아우르는 '적극적 조정자' '윤리적 리더'로 변화해야 한다(Ally, 2019). 디지털 교사는 「개인정보 보호법」, AI 원리, 데이터 윤리에 대한 깊은 이해와 시스템 설계 및 운영 참여 역량, 반성적 실천능력을 갖추는 것이 필수적이다. 또한 교사 양성 프로그램에서는 기술 통합 역량뿐 아니라, 공정성, 정의, 이해관계자와의 협업을 동시에 강조하는 '디지털 정의교육'이 강화되어야 한다.

결국 미래 기술의 도입으로 인한 개인정보 보호, 보안, 윤리 과제는 교육적 혁신의 필수 동반자이자, 무시할 수 없는 사회적 책임이다. 기술적 · 제도적 · 교육적 대응이 균형적으로 병행되어야 하며, 데이터 기반 교육의 본질적 윤리성과 학생 중심의 권익 보호, 공정성 확보를 실질적으로 구현하기 위해 교사, 교육기관, 정책 담당자, 기술 제공자 모두의 적극적이고 협력적인 노력이 요구된다. 이러한 통합적 접근만이 지속 가능한 스마트 교육 생태계의 신뢰를 보장할 것이다.

2. 글로벌 교육 트렌드와 국내 적용 가능성 분석

글로벌 교육 트렌드는 디지털 혁신과 함께 지속적으로 변화하고 있으며, 개인 맞춤형 학습, 원격교육, 협력학습, 그리고 평생학습의 개념이 중심을 이루고 있다. 이러한 트렌드는 전 세계적으로 기술의 발전과 함께 교육 방식이 기존의 획일적인 방식에서 벗어나 학습자의 다양한 요구와 능력을 반영하는 방향으로 발전하고 있음을 보여 준다. 특히 디지털 기술의 발전은 교육의 패러다임을 바꾸는 중요한 동력으로 작용하고 있으며, 이는 학생들에게 보다 유연하고 개인화된 학습 경험을 제공하고 있다.

1) 개별 맞춤형 학습의 확산

개별 맞춤형 학습은 AI, 빅데이터, 클라우드, IoT 등 디지털 기술의 발전으로 학습자의 성향, 인지 · 행동 데이터, 실시간 반응을 기반으로 학습 경로와 콘텐츠를 개인화하는 방향으로 고도화되고 있다. 이러한 모델은 단순히 문제가 아니라 수집, 분석, 적용까지 다단계의 알고리즘, 데이터 마이닝, 학습 분석 기술이 연결되며 진화 중이다. 특히 AI 기반 알고리즘은 학생의 활동 로그, 오류 유형, 선호도, 참여 양식을 실시간으로 파악해서 부족한 영역에는 보충 자료와 추가 피드백, 숙련된 부분에는 자동으로 심화 과제를 제공한다. 이는 LMS, MOOC, 스마트 교실 등 다양한 교육 플랫폼에서 구현되며, 적응형 튜터링 시스템, 예측 기반 추천 엔진 등으로 구체화된다.

AI 맞춤형 시스템의 핵심은 '실시간 데이터 수집과 분석–즉각적 피드백–적응적 콘텐츠 제공'에 있다. 예를 들어, AI는 학습자의 연속 행동과 패턴을 인식해 최적 난이도, 유형별 자료, 효과적 피드백을 시의성 있게 제공할 수 있다. 알고리즘은 학생의 학습 스타일, 혼합지수, 약점(예: 특정 과목에서 반복적으로 드러나는 오개념)까지 자동으로 추출하여 이를 조합해 진로 추천, 학습 경로 자동 재설계, 맞춤형 모둠 학습까지 실현한다.

이러한 시스템은 학생의 SRL 역량, 몰입, 동기와 같은 내재적 동인을 높인다. 학생들은 개별 목표, 진도, 시간, 방식 설정이 가능하며, 필요한 시점에 실시간 피드백과 리마인더를 받음으로써 학습의 효율성과 지속성을 동시에 경험한다. 최근 AI–개인화 시스템의 실증연구에서는 복잡한 오답 패턴까지 신속하게 진단하고, 적응적 자원 할당, 참여 유도, 학습 탈락 방지 등에서 통계적으로 유의미한 효과를 검증하고 있다(Taşkın, 2025). 특히 원격 · 유연 학습 환경, 학습 격차가 큰 집단, 다양한 문화권 · 언어권 학생에게 개인화 기반의 성장 경험을 제공한다는 점에서 기존의 일방향 · 전달식 교육의 한계를 극복하는 특징을 지닌다.

교사의 역할 또한 데이터 기반 교육 환경에서 본질적으로 변화한다. 기존의 일방적 지식 전달자를 넘어서 교사는 AI 진단 결과에 근거한 데이터 해석자, 전략적 설계자, 공정성 감시자, 정서 지지자 역할을 동시에 수행하게 된다. 디지털 교사를 위한 역량 프로파일(Competency Profile for the Digital Teacher: CPDT) 연구에서는 미래형 디지털 교사의 핵심 역량으로, ① 학습 분석 기반 관찰 및 피드백 능력, ② 알고리즘 기반 교수설계력, ③ AI · 데이터 윤리 민감성, ④ 학습자 배경 및 맥락에 기반한 비판적 해석력, ⑤ 기술–교수–인간성 균형 감수성 등을 강조한다(Ally, 2019; Valverde–Berrocoso et al., 2021). 이를 위해서는 초기 교사 교육과 현직 연수 모두 데이터 리터러시, 편향 인식, 디지털 윤리 역량을 필수적으로 갖추도록 구조적으로 전환해야 한다.

반면, AI · 빅데이터 기반 개별화 학습의 확산에는 데이터 윤리, 공정성, 기술-인간의 균형 등 복합적 문제가 상존한다. 우선 대규모 디지털 추적 정보 수집 과정에서 개인정보 보호와 데이터 주체성(정보 소유권, 활용 통제 등) 문제가 뚜렷하다. 동의 · 투명성 · 거버넌스 미비, 알고리즘 편향, 추천 체계의 현장 맥락 완전 부적합 등은 새로운 불평등 이슈를 야기한다. 예컨대, 소수집단이나 학습 부진 학생에게 오진단, 기회 차단, 배제 효과가 강화될 수 있다. 이러한 도전은 자동화보다 교사의 비판적 개입과 데이터 리터러시 강화, 학생과 학부모의 데이터 이해 및 참여, 체계적 설명가능성 확보를 통해서만 극복이 가능하다(김대희 외, 2024; 백영균, 2024; 이용상 외, 2024; Valverde-Berrocoso et al., 2021).

특히 기술 통합 공정성 교수법(tech-infused equity pedagogy)과 디지털 공정성 교수법(digital equity pedagogy)의 병행 적용이 요청된다. 교사 양성(예비, 현직) 프로그램에는 데이터 기반 교육이 평가, 예측, 추천에만 머무르지 않고, 사회적 약자 포용성, 인간적 성장, 비판적 데이터 해석 등 전인적 목표로 확장되어야 한다(Weisberg & Dawson, 2023).

결론적으로, AI · 빅데이터 기반 개별 맞춤형 학습은 학습자 중심과 적응성, 포용성과 수월성, 데이터 기반의 실시간 성장 경험을 동시에 추구하는 미래형 교육 혁신의 중핵이다. 그러나 데이터 거버넌스, 윤리, 공정성, 인간적 상호작용 · 의사결정권 보장 등 다층적 과제가 충분히 병행되어야 지속 가능한 혁신이 될 수 있다. 기술 중심에서 인간 중심으로, '데이터-기술-공정성-인간성'의 통합적 패러다임이 필수적이라는 점을 강조해야 한다.

2) 원격교육과 온라인 학습의 활성화

코로나19 팬데믹은 전 지구적 차원에서 원격교육과 온라인 학습의 급속한 전환을 촉진하면서 교육 혁신의 가속화와 구조적 한계 모두를 동시에 드러내는 계기가 됐다. 팬데믹 이전까지만 해도 디지털 교육은 제한적 · 보조적 도구에 머물렀으나, 2020년 이후 실시간 강의, 디지털 과제, 온라인 평가 등 거의 모든 교수-학습 과정이 온라인 플랫폼에 의존하는 시대로 급변했다.

우선 원격교육 환경은 시간 및 공간의 제약을 없앰으로써 학습자의 자율성, 맞춤성, 몰입 경험을 극대화했다. 온라인 플랫폼(Zoom, LMS, MOOC, 개방형 교육 자료등)은 실시간으로 동기식 수업과 비동기식 자료 제공, 인터랙티브 콘텐츠, 다양한 피드백 시스템을 결합하여 학생이 각자의 생활 맥락에 맞추어 개별화된 학습을 설계 및 실천할 수 있게 한다. 특히 농촌·소외 지역 등 전통적으로 교육 기회가 제한된 학생들에게 새로운 진입 경로를 제공하고, 이동이 제한된 장애 학생, 직장인, 학부모 등 비전형 학습자에게도 교육 기회를 확장한다.

또한 온라인 환경은 언어, 문화, 국가의 장벽을 허물고, 다양한 배경의 학습자가 동일 수업에서 글로벌 프로젝트, 다언어 토론, 문화 교류를 실시간으로 경험할 기회를 제공한다. 이는 다문화 감수성, 비판적 사고, 글로벌 의사소통 역량 확장에 긍정적으로 작용한다.

이와 같은 큰 장점에도 불구하고 디지털 격차, 교수-학습의 질, 평가, 윤리 등 해결해야 하는 도전 과제들은 산적해 있다.

(1) 디지털 격차

원격 교육의 가장 심각한 한계는 가용 인터넷, 기기, 소프트웨어 등 디지털 인프라의 불균형이다. 가정 환경, 지역, 사회경제적 배경에 따라 학습 참여 기회 자체가 박탈되기도 한다. 디지털 격차(digital divide)는 '교육 기회의 평등'을 명목으로 시작된 원격교육이 오히려 계층 간 학습 격차를 확대할 수 있음을 시사한다.

(2) 교사 역량, 모델 한계

대다수의 교사는 온라인 수업 경험, 디지털 도구 활용력, 데이터 기반 학습 설계와 피드백 제공 역량에 미숙하거나 해당 역량의 지속적 전문성 개발 구조가 매우 취약하다. 팬데믹 이전부터 ICT 활용 훈련은 비체계적이었고, 위기 상황에서 대규모 원격수업이 시작되면서 실제 학교·현장 교육의 디지털 적용 수준도 크게 드러났다. 유연하고 효과적인 원격교육의 정착을 위해서는 교사의 전문성 모델 재구조화, 실천적 디지털 리터러시 강화, 현장 중심의 연수 체계가 필수적이다(김병건 외, 2020; Ally, 2019).

(3) 교수-학습 상호작용과 정서적 지원 약화

비대면 온라인 환경은 즉각적 반응, 상호 피드백, 공동체 소속감, 정서적 유대의 가능성을 제한한다. 이에 따라 학습 몰입도, 동기, 사회적 상호작용이 저하되고, 일부 학생은 피로감, 고립감, 정서적 소외를 경험한다(Valverde-Berrocoso et al., 2021).

(4) 평가의 신뢰성과 공정성

온오프라인 혼합 평가에서는 부정행위 탐지, 실시간 모니터링, 다양한 포트폴리오와 동료평가 등 디지털 평가 기술이 동반되나, 데이터 기초 취약, 개인정보 보호, 평가 신뢰성 등 새로운 윤리 · 기술 문제가 부각된다.

특히 온라인 학습 데이터 활용(디지털 추적 정보)과 데이터 기반 교육은 개인정보 보호, 동의, 데이터 소유권, AI/알고리즘 편향 등 복합적이고 윤리적인 쟁점을 동반한다는 점에서 추가적인 사회적 합의와 거버넌스 체계가 절실히 요구된다(Hakimi et al., 2021).

언급한 바를 기반으로 추후 미래 과제에 대해 논의해 보자.

- **교사의 디지털/데이터 전문성**: 미래의 디지털 교사는 단순한 온라인 수업 운영을 넘어 빅데이터 · AI · 디지털 피드백 · 자기주도학습 지원 등 '미래형 역량'을 갖춰야 한다.
- **공정성 · 사회정의 교수법의 통합**: 온라인 플랫폼 기반 교육이 오히려 소수집단 · 취약 계층의 소외, 데이터 편향, 디지털 격차를 심화시키지 않도록 '기술 통합 공정성 교수법'이 반드시 병행되어야 한다(Weisberg & Dawson, 2023).
- **지속 가능한 혁신과 윤리 거버넌스**: 디지털 시대의 원격교육은 단순히 도구 도입을 넘어 학습자 주권, 데이터 책임성, 장단기 윤리 검토가 수반되는 생태계를 토대로 삼아야 한다. 평가와 통계적 이점을 넘어서 기술과 인간성의 균형적 융합이 필요하다는 연구적 합의도 점차 심화되고 있다.

결론적으로, 원격교육과 온라인 학습은 코로나19이라는 전환점을 계기로, ① 유연성, ② 접근성, ③ 글로벌 네트워크, ④ 새로운 학습 경험으로 교육의 장을 넓혔다. 그러나 디지털 격차, 교사 역량, 정서 및 상호작용 등 구조적 한계를 해결하지 않는다면 미래형 교육의 지속 가능성은 보장할 수 없다. 기술적 혁신과 함께 공정성, 포용성, 윤리 시스템이 통합된 교육 생태계의 구축이 앞으로의 핵심 과제가 될 것이다.

3) 협업학습과 프로젝트 기반 학습

협업학습과 프로젝트 기반 학습(Project-Based Learning: PBL)이란 학생이 집단 내에서 실제적 문제를 정의, 분석, 해결하면서 지식을 함께 구축하는 학습 전략이고, 이런 과정은 디지털 협업 환경과 빅데이터 기반 분석 및 피드백의 발전으로 더욱 복잡하게 진화하고 있다. 하지만 기존의 설명은 구조와 효과를 일정 수준에서 제시하는 데 그쳤고, 다음과 같은 한계를 보인다.

- 협업의 질적 특성(평등성, 상호성 등)과 실제 집단 역학(기여 불균형, 역할 분배, 상호 피드백)에 대한 심층 분석 부족
- 디지털 도구, 빅데이터, AI 등의 실제 작동과 교육 효과에 대한 통합적 논의 부족
- 공정성, 포용성, 데이터 윤리 등 미래적 도전과 교사 역할에 대한 구체적 근거와 시사점 미흡

따라서 연구 결과를 토대로 이를 좀 더 입체적이고 구체적으로 분석해야 한다.

(1) 협업학습과 PBL의 구조 및 집단 역학

협업학습과 PBL은 단순히 학생을 팀에 배치하는 것으로 끝나지 않는다. 최근 연구들은 집단 내 협업 구조에서 '평등성(equality)과 상호성(mutuality)'이 매우 중요한 예측 변수임을 반복적으로 확인한다. 실제로 위키 기반 협업 글쓰기 프로젝트에서 구성원의 참여 비율과 상호작용이 높을수록 학습자 스스로가 더 깊이 학습했다고 인지하고, 결과물에 대한 만족감, 협업 과정에 대한 태도가 좋아진다(Lai et al., 2016). '분업이 잘된 팀' '상호 기여가 충실했던 집단'은 실제 학습 성과 측정에서 통계적으로 더 우수한 결과를 보인다.

이런 측면은 PBL에서도 마찬가지다. 프로젝트는 지식 구축(knowledge building)을 공동 목표로 두고, 각자가 고유 역할을 통해 지식 체계와 산출물(보고서, 프레젠테이션, 디자인 결과물 등)을 집단적으로 생성하도록 유도한다. 온라인 위키, 개념도, 포럼 등 다양한 웹 기반 도구가 지식의 시각화 · 공유 · 재구성 과정에 쓰이며, 학생들은 단순 정보 수집 및 전달을 넘어 협상, 토론, 재구성(조합)적 역량까지 확장하게 된다(Biasutti & El-Deghaidy, 2015; Chang et al., 2003).

(2) 디지털 기반 협업학습 및 PBL의 확장과 실제 구현 방식

코로나19 이후 협업학습 및 PBL을 지원하는 디지털 플랫폼(예: 구글 워크스페이스, 위키, 포럼)과 온라인 프로젝트 관리 시스템이 급속히 확산됐으며, 멀티모달(텍스트, 음성, 영상)의 동시적 상호작용, 실시간 피드백, 성장 경로의 가시화가 핵심 특징으로 자리 잡았다. 예를 들

어, 대규모(전 세계 1만여 명)의 학생과 교사가 참여하는 지식공동체(Knowledge Community: KC) 시스템은 동시적 · 비동시적 협업 프로젝트 학습이 가능한 환경을 제공하며, 다양한 국적 · 문화권 학생들이 문제정의, 탐구, 결과 산출 및 피드백까지 협력적으로 경험할 수 있도록 설계되었다(Tan & Chan, 2008). 또한 웹 기반 협업 탐구(Web-supperted Collaborative Learning: WSCL)는 학생이 개념도, 문제정의, 증거자료를 공유하며 상호 피드백을 주고받는 방식을 통해 단순 집단 학습이 아닌 깊이 있는 탐구, 비판적 사고, 메타인지 증진을 유도한다(Chang et al., 2003).

이와 같은 디지털 환경의 도입으로 현실 학교에서 시간, 공간, 지식적 배경이 다른 학습자들이 국제적 · 학제적 팀으로 융합하여 프로젝트 수행, 전문 지식 공유 경험 등 기존 환경에서 불가능했던 다양성과 확장성을 얻게 되었다(Başer et al., 2017).

(3) 데이터, 분석, AI와 평가 문제

협업학습과 PBL에서 개별 평가는 항상 핵심 쟁점이었는데, 최근에는 LMS 등에서 축적되는 디지털 트레이스 데이터(클릭, 채팅, 편집, 피드백 등)를 기반으로 학습자별 행동 및 기여 데이터를 정교하게 수집 및 분석한다. 이를 활용해 실시간 개입(피드백), 자기 · 동료 평가, 과정 기반 평가의 혁신이 가능하다(Ang et al., 2020). 예측 · 처방 기반 러닝애널리틱스, 빅데이터 분석, 알고리즘 기반 추천이 실제 협업학습의 질과 공정성 제고에 활용되는 사례가 확산되고 있다(Luan et al., 2020).

그러나 이런 데이터 기반 시스템의 확장에는 개인정보 보호, 동의, 데이터 소유권, 평가의 신뢰성 등 윤리적 · 법적 쟁점이 동시에 따라온다. 연구들은 디지털 트레이스 데이터 활용이 평가의 공정성 및 유효성을 획기적으로 높일 수 있지만, 데이터 주체(학생)의 프라이버시, 처리 과정의 투명성, 알고리즘 편향 등 문제에 대한 명확한 거버넌스와 중장기적 윤리 기준이 필수임을 강조한다(Hakimi et al., 2021). 데이터에 근거한 개입과 분석은 단순히 기술적 개선이 아닌, 전방위적인 교육 생태계 차원의 논의와 설계가 반드시 뒤따라야 한다.

(4) 교사의 전문성, 공정성과 포용성, 미래 역량

디지털 · 협업 기반 미래 교육의 가장 결정적 변수는 교사 전문성이다. 연구들은 미래의 디지털 교사가 '기술–교수–콘텐츠'의 융합적 맥락설계자, 데이터 기반 학습평가자, 집단 동역학 관리자이자, 공정성을 추구하고 윤리적인 리더로서의 역할을 모두 갖추어야 한다고 강조한다(Ally, 2019; Loveless, 2011).

특히 교사는 기술 도입에 대해 단순히 도구 습득이 아니라, 다음의 사항을 종합적으로 실천해야 한다.

- 메타인지, 심화 탐구, 집단적 반성 구조 설계
- 디지털 격차 · 접근성 문제의 적극 관리
- 공정성 · 포용성 관점에서의 의사결정(역할 배분, 과제 난이도, 피드백 등)
- 과정 중심 평가 도입, 평가 편향 예방, 동료 평가 내재화

공정성 · 포용성의 관점에서는 기술을 통해 사회적 약자 · 소외 학생도 참여와 성장의 기회를 갖도록 하는 '기술 통합 공정성 교육법', 디지털 환경 자체의 위험과 편향을 비판적으로 다루는 '디지털 평등 교육법(digital equity pedagogy)'의 융합이 필요하며(Weisberg & Dawson, 2023), 이는 교사 양성, 현직 연수, 유아교육 현장 실천 모두에서 체계적으로 추진되어야 한다.

(5) 도전과 미래 방향

협업학습과 PBL이 확장됨에 따라 발생하는 대표적 도전으로는 다음의 사항이 있다.

- 집단 내 기여 불균형, 무임승차
- 온라인 협업 시 산만함, 효율적 의사소통의 어려움
- 디지털 인프라 및 활용 능력 격차(지역, 계층, 기관 간)
- 데이터 기반 평가의 객관성, 윤리성

이를 극복하려면 교사의 집단 과정 설계력, 과정별 피드백 및 개입력, 디지털 평가 역량, 그리고 시스템 차원의 데이터 윤리 · 거버넌스가 함께 강화되어야 한다. AI 분석 기술은 객관적 기여도 측정, 실시간 과정 지원, 패턴 예측 등에서 중요한 돌파구를 제공할 것으로 기대되지만, 결국 최종 목표는 학생의 창의적 문제정의 · 해결력과 비판적 집단 지성, 공동체적 성장임을 잊어서는 안 된다. 즉, 협업학습과 PBL의 실질적 효과성, 지속 가능성은 디지털 · AI 기술과 집단 역학 · 인적 전문성 · 공정성 · 윤리가 균형 있게 통합된 구조적 혁신에

달려 있다. 기술은 수단일 뿐이며, 집단적 지식 창출과 의미 있는 협력 경험, 평등과 포용의 미래 교육 비전을 실현하는 데 중점을 두어야 한다.

4) 국내 적용 가능성 분석

우리나라는 이미 높은 수준의 디지털 교육 인프라, 에듀테크 생태계, 첨단 디지털 플랫폼의 빠른 도입 경험, AI · 빅데이터 시범 적용 등을 갖추고 있다. 2010년대의 스마트 교육 정책, 코로나19 기간 동안의 전국적 원격수업 전환, 광대역 인터넷 · 스마트 기기 보급, 데이터 중심 행정 지원이 대표적이다(Jung, 2020). 이러한 강점 덕분에 해외 사례와 비교해도 개별 맞춤형 학습, 원격교육, 협업 · 프로젝트 기반 학습 등 글로벌 트렌드를 적용할 수 있는 기반은 확실히 충실하다.

하지만 단순한 인프라와 플랫폼 도입만으로는 세계적인 '교육 혁신 선도' 국가로 도약하기 어렵다. 구조적 · 문화적 변화, 포용성 강화, 교사 · 학생 역량, 데이터 활용 및 윤리 체계 등 본질적 혁신 과제에 대한 입체적 점검이 필요하다.

(1) 맞춤형 학습: AI와 빅데이터, 교사 역량, 윤리

우리나라는 이미 다양한 에듀테크 플랫폼, AI 학습 튜터링, 교육 빅데이터 시스템을 운영하거나 시험 적용 중이다. 하지만 학교 현장에서의 AI · 빅데이터 분석은 대부분 진단용 평가, 성적 관리에 머물러 있다. 개별 성장 데이터에 기반한 동적 학습 경로, 실시간 피드백, 맥락별 지원 등 고도화는 아직 미흡하다. 무엇보다 교사 집단의 데이터 리터러시(수집, 분석, 활용/의사결정)가 구조적으로 개선되어야 하며, 이는 디지털 교사의 미래 역량(복합적 맥락에서의 도구, 설계, 분석력, 윤리 및 공정성, 감수성)과 직결된다.

연구 결과에 따르면, 미래형 디지털 교사는 단순히 도구 숙련을 넘어서 AI · 데이터 분석 기반의 진단, 맞춤형 지도, 비판적 조정, 데이터 윤리 실천(투명성, 동의, 소유권 등)까지 동시에 요구받는다(Ally, 2019; Hakimi et al., 2021). 또한 데이터 기반 개인화 학습에서 실제 학습 경로 설계 알고리즘은 사회문화적 · 언어적 맥락, 윤리, 편향 문제에 충분히 고려되어야 하며, 관련 거버넌스와 책임성 확보도 필수다. '교육 빅데이터'의 정교한 분석과 활용은 학습자 개별화와 평생교육, 국가 디지털 혁신에 긍정적 파급력을 갖지만, 데이터 윤리와 현장 적용의 신뢰성도 반드시 병행되어야 한다(Ang et al., 2020; Luan et al., 2020).

(2) 원격교육: 인프라, 콘텐츠의 질, 몰입 및 포용

우리나라의 원격교육 인프라는 세계적으로도 높은 수준이고, 코로나19 기간 신속한 대처 능력으로 긍정적 평가를 받았다(Jung, 2020). 그러나 고도의 네트워크와 기기 보급에도 불구하고, 실제 수업에서는 상호작용 · 몰입 · 참여 촉진, 자기주도학습 콘텐츠의 다양성 등의 측면에서 구조적 한계가 드러났다. 정보기기 접근 격차, 지역별 · 계층별 질 격차 등은 여전히 현존하며(김성완 외, 2021; Kim, 2014), 비동기 심화형 학습 콘텐츠, 혼합형 · 참여형 원격 수업모델, 상호 피드백 시스템 계발이 부족하다.

이런 한계를 극복하려면 단순 스트리밍 강의에서 벗어나 진짜 상호작용과 탐구, 피드백이 결합된 원격 · 혼합형 모델 확산, 디지털 소외계층 조치 강화, 플랫폼, 콘텐츠, 평가의 통합적 설계가 필수적이다. 특히 기술 인프라의 양적 확대만이 아니라 '포용적 교육'을 실질적으로 구현하는 체계적 접근(차별 없는 기기 제공, 접근성 보조장치, 맞춤형 지원 등)이 병행되어야 한다.

(3) 협업학습 및 PBL: 전환된 교사의 역할, 집단역학, 평가 연계

우리나라의 교육제도는 전통적으로 교사 중심, 표준화된 교수 및 평가에 방점을 두고 있어 협업학습, PBL, 온라인 프로젝트형 협력학습 문화는 지원 기반이 약한 편이다(Jung, 2020). 일부 자유학기제, 혁신학교, 에듀테크 플랫폼에서 디지털 기반 PBL 및 협업학습이 시범 운영되고 있으나, 다수의 일반 학교에서는 여전히 '개별 과제'에 머무른다.

글로벌 연구에 따르면, 협업학습과 PBL의 실질적 효과성은 집단 내 '평등성과 상호성'의 높은 수준, 실시간 역할 배분, 과정 중심 피드백, 동료 평가 등 구조 · 과정 혁신에 달려 있다(Biasutti & El-Deghaidy, 2015; Lai et al., 2016; Tan & Chan, 2008). 이를 위해서는 교사들의 디지털 협업 도구의 활용력, 협업 수업의 설계력, 평가 체계(루브릭, 동료 평가 등) 구축 능력 등 전문성의 고도화가 필수적이다. 디지털 협업 환경에서 소수자, 소외 집단의 참여 및 성장, 공정성 담보 등 포용적 집단 학습을 위한 노력이 반드시 병행되어야 하며, 대학입시 및 학교 평가 구조 자체가 '과정 중심 역량과 집단적 문제 해결력'을 평가하는 체제로 전환되어야 한다.

(4) 데이터 · AI 활용에 따른 윤리, 공정성, 교사 교육

국내 디지털 교육의 급속 확산 속에 개인정보 보호, 데이터 사용 동의, 학습 데이터의 소유와 투명성 등 윤리 문제가 점점 더 중요하게 떠오른다. 글로벌 연구들은 '디지털 추적 정보 데이터' 활용에서 프라이버시, 동의, 소유권, 평가의 신뢰성이 다층적 쟁점임을 지적하면서 국가 정책 차원의 일관되고 강력한 데이터 윤리 거버넌스(가이드라인, 설명 가능성, 권리 보호 등)가 반드시 제도화되어야 함을 강조한다. 이는 아동과 청소년의 데이터 활용에 더욱 신중함이 요구됨을 함의한다.

교사 양성 및 연수 체제도 단순히 ICT 활용 교육에서 벗어나 빅데이터 · AI · 윤리 · 공정성 통합 교육, 비판적 기술의 감수성 · 실천력 강화 등으로 전환되어야 하며, 현장 실천 과정에서의 평가, 반성, 사례 공유 메커니즘이 강화되어야 한다.

(5) 정책 및 문화의 전환, 미래의 교육 생태계

우리나라가 진정한 '글로벌 선도형 디지털 교육 국가'로 자리매김하려면 다음의 사항이 동시에 이루어져야 한다.

- 기술–플랫폼–교수법–정책의 생태계적 통합
- 역량 중심의 학교 평가 및 대학입시 개혁
- 교사, 학생, 학부모, 지역사회의 참여와 공동 설계
- 지속 가능한 윤리 · 공정성 체계 구축
- 통합 교육의 디지털화(장애 학생, 다문화, 저소득, 농산어촌 등 맞춤형 지원)
- 성공 사례의 실증적 평가와 전국적인 확산 구조 마련

이때 중요한 것은 기술과 인간성, '냉정한 기술(cold tech)'과 '따뜻한 인간(warm humanity)'의 균형적 융합이라는 원리이며(Luan et al., 2020), 기술 자체만이 아닌 그 의미, 목적, 가치를 꾸준히 성찰하는 비판적 실천 문화가 구축되어야 한다.

3. 게이미피케이션 및 디지털 과잉 자극에 대한 연구 동향

게이미피케이션은 유아교육 현장에서 학생들의 참여와 동기부여를 증진시키기 위해 게

임 요소를 접목한 전략으로, 미션, 보상, 레벨업 등의 요소를 통해 학습 과정을 즐겁고 효율적으로 만드는 방법이다. 최근 연구 동향에 따르면, 게이미피케이션은 학생들의 학습 동기와 자기효능감 향상에 긍정적인 영향을 미치며, 특히 자기주도학습 능력 강화에 크게 기여하는 것으로 나타났다. 동시에 디지털 콘텐츠가 제공하는 자극이 과도할 경우 학습자에게 부정적인 영향을 미칠 수 있다는 '과잉 자극 가설'에 대한 연구도 활발히 진행되고 있다.

1) 게이미피케이션의 연구 동향

게이미피케이션의 최근 연구 동향을 보면 단순히 보상 부여를 넘어 심층적인 동기 구조, 학습 맥락에 맞춘 맞춤 설계, 기술적 · 윤리적 맥락까지 분석이 확장되고 있다. 핵심적으로 게이미피케이션에서 중요한 것은 게임 메커니즘(점수, 배지, 레벨업, 실시간 피드백 등)이 어떻게 학습자의 참여와 몰입, 성취 동기를 유발하고 자기주도학습 등 긍정적 학습 행동을 촉진하느냐에 있다.

첫째, 빅데이터 및 학습 분석의 발달로 게이미피케이션 효과를 정밀하게 측정하고 미세 조정하는 연구가 많아졌다. 학습 관리 시스템(LMS), 온라인 코스(MOOC), 모바일 앱 등에서 누적되는 방대한 디지털 트레이스 데이터는 게임 요소의 실제 작동 방식과 학습자별 반응 차이, 미션 · 피드백 · 보상 설계가 몰입 및 성취에 미치는 영향을 실시간으로 분석하는 데 활용된다. 즉, 정교한 데이터 분석을 통해 동기, 자기조절, 지속 학습 등 심리적 · 행동적 변화가 발생하는 조건을 모형화하고, 이를 기반으로 개별화된 게임 설계와 피드백 전략이 점차 확산되고 있다.

둘째, 게이미피케이션 설계의 중심은 경쟁이나 보상만이 아니라, 학습자 개인의 동기 · 성향 · 참여 패턴을 반영한 맞춤형 경험 제공으로 옮겨 가고 있다. 예를 들어, 성취 동기가 높은 학생과 관계지향성이 강한 학생이 게임 요소(리더보드, 협력 미션 등)에서 보이는 반응, 몰입 양상, 참여의 지속성에 차이가 있음을 밝혀 낸 연구가 늘어나고 있다. 이런 흐름은 빅데이터 기반 개별화(personalization) 및 추천 알고리즘에 의해 더욱 가속화된다(Luan et al., 2020). 또한 AI와 알고리즘의 도입으로 학습 경로 및 피드백의 맞춤화, 추천 미션 제공, 수준별 보상 조절 등이 실제 현장에서 구현되고 있다.

셋째, 게이미피케이션의 긍정 효과(동기, 자기효능감, 몰입, 학습 지속 등)뿐 아니라 과잉 경쟁 조장, 데이터 윤리, 프라이버시 침해, 공정성 훼손 등 부작용에 대한 비판적 논의도 강화되고 있다. 디지털 추적 정보의 축적과 실시간 평가에서 개인정보 보호와 학습자의 동의, 데이터 소유권, 투명성, 알고리즘 편향 등 다양한 윤리적 쟁점이 주요 이슈로 부상한다(Hakimi et al., 2021; Luan et al., 2020). 이에 따라 최근 연구들은 윤리 거버넌스와 투명한 피드백 설계, 프라이버시 보호 등 '윤리적 게이미피케이션' 구조 수립의 필요성을 강조하고 있다.

넷째, 게이미피케이션이 단기적 행동 변화(배지, 포인트 등)에만 집중할 경우, 학습의 지속 가능성이나 내재적 동기 형성에 한계가 있음도 지적되고 있다. 장기적 효과와 깊은 학습 유도를 위해서는 '성취의 가시화' '의미 있는 미션 설계' '사회적 상호작용' 등이 결합된 복합적 설계가 필수적이라는 점이 강조된다. 또한 대규모 프로젝트 학습(지식공동체 등)이나 웹 기반 탐구 학습처럼, 게임적 설계가 집단적 지식 구축, 비판적 탐구, 창의적 문제 해결 등 고차원적 학습 역량과 연계될 때 그 효과가 가장 크게 나타남이 실증되고 있다(Başer et al., 2017).

다섯째, 교사의 디지털 리터러시 및 게임적 설계 역량, 빅데이터 분석·활용 능력, 기술·윤리의 복합 감수성이 미래 게이미피케이션의 실효성과 지속 가능성을 결정하는 주요 변수로 떠오르고 있다(Ally, 2019; Kim et al., 2012). 앞으로의 게이미피케이션 연구와 실천, ① 데이터 기반 맞춤화, ② 윤리적 설계, ③ 교사의 전문성 보완, ④ 평가의 신뢰성 및 투명성 강화, ⑤ '참여' 이상의 고차적 학습 전이 촉진 등 다차원 구조로 심화될 것이다.

즉, 게이미피케이션은 기술과 데이터, 심리와 윤리, 교수설계와 정책의 전방위적 통합 속에서 미래 교육 패러다임을 이끄는 핵심 전략으로 뚜렷이 자리 잡고 있다.

2) 디지털 과잉 자극의 부정적 영향

디지털 과잉 자극(digital overstimulation)은 학습자, 특히 아동 및 청소년의 뇌 발달, 주의력, 인지 통제력, 감각 처리 능력, 그리고 정서적 안정성에 복합적이고 장기적인 부정적 영향을 유발할 수 있음이 다수의 연구에서 실증적으로 확인되고 있다(Anderson & Subrahmanyam, 2017; Vedechkina & Borgonovi, 2020). 최근에는 TV, 게임, 모바일 앱, 소셜 미디어, VR 등 다양한 디지털 기술 기반 환경에서의 '속도감' '다중 자극' '즉시 피드백'이 신경-인지발달 구조에 어떻게 영향을 주는지에 대한 다학제적 분석이 심화되고 있다.

(1) 인지-주의력 및 실행 기능 저해

다수의 연구에서는 디지털 자극의 빈도 및 강도가 아동의 지속적 주의력(sustained attention),

실행 기능(executive function), 자기조절력(self-regulation) 발달에 악영향을 미침이 확인되었다. 실제로 빠른 화면 전환, 다매체 멀티태스킹, 자주 변화하는 자극은 뇌의 전두엽(prefrontal cortex) 네트워크에 피로를 누적시켜 심층적 집중, 계획, 문제 해결을 요하는 고차적 인지 활동을 방해하게 된다. 특히 2세 미만의 영아에서의 영상 노출은 언어, 실행 기능, 학습 태도 등에 명확히 부정적이다(Anderson & Subrahmanyam, 2017; Vedechkina & Borgonovi, 2020).

이러한 부정적 효과는 단기간의 실험군 연구뿐 아니라, 종단적 추적을 통해 '언제, 어떤 맥락에서, 어느 정도의 용량에서 영향이 두드러지는지'가 세밀하게 규명되고 있다. 예를 들어, 임의의 유치원생 집단에 빠른 템포의 애니메이션과 게임을 짧게 노출했을 때 계획 수립 및 목표 지연 과제에서 현저하게 수행력 저하가 관찰된다. 이는 단순히 주의력 저하를 넘어 실행 제어 및 충동 억제력 약화, 지속적 자기주도성 결핍의 가능성으로 연결된다(Anderson & Subrahmanyam, 2017; Vedechkina & Borgonovi, 2020).

(2) 감각 처리 오작동 및 정서적 불안정

과도한 시각 · 청각 자극(강한 색감, 빠른 객체 이동, 반복 음향, 알림음 등)은 아동의 감각 처리 체계, 특히 감각 조절 및 통합 능력에 '과부하'를 유발할 수 있다(김병건, 2024). 이는 쉽게 산만해지거나, 소음 및 빛에 불필요하게 민감한 감각 민감화(sensitization), 짜증 또는 무기력(learned helplessness), 불안 및 정서적 기복 변동 등으로 이어진다. 최신 연구는 디지털 매체 환경에서 '조용한 시간' 및 정적인 자극이 부족할 때 불안 · 스트레스 반응이 증폭되고 안정적 감정 조절 능력이 저하된다고 밝히고 있다. 다만 이런 현상은 모든 아동에게 동일하게 나타나는 것이 아니라, 개인차(기질, 이전 노출, 가정환경 등)와 매체 콘텐츠(교육적 대 오락적), 사회적 맥락(또래와의 상호작용, 보호자 중재 등)에 따라 상당히 다르게 나타난다(Anderson & Subrahmanyam, 2017; Vedechkina & Borgonovi, 2020).

(3) 학습 효율의 악화 및 메타인지 발달 방해

디지털 과잉 자극이 학습 동기, 몰입, 깊이 있는 이해, 메타인지(스스로 학습하는 힘) 발달에 장애를 준다는 결과도 많다. 주의 산만 유발, 지속적 '즉시 만족(immediate gratification)' 강화는 학생이 주도적으로 목표를 계획하고 유지하는 자기조절 학습(self-regulated learning) 능력을 떨어뜨리며, 반복적인 보상-자극 패턴은 집중력 저하 및 장기간의 학습 저해로 이어진다. 특히 멀티태스킹 환경이나 SNS, 게임 중심 학습 앱에서는 과도한 시각 또는 음향 자극이 본질적 학습 과정보다 외적 자극에 집중하게 만들 수 있음이 지적된다(김병건, 2024; Anderson & Subrahmanyam, 2017; Vedechkina & Borgonovi, 2020).

(4) 교육 격차와 윤리적 · 사회적 쟁점

디지털 과잉 자극 문제는 단순히 뇌과학적 · 심리학적 영향에 그치지 않고, 교육과 사회적 맥락에서 공정성, 접근성, 윤리적 책임 등 다양한 쟁점과도 연결된다. 예를 들어, 교육 빅데이터 및 AI 기반 개별 피드백 시스템에서도 자극의 빈도와 강도, 알림 및 피드백 방식 등이 학습 효과보다 '습관성 매체 의존성'을 부추길 수 있다는 비판이 있으며, 이는 디지털리터러시, 학교 정책, 가정 내 매체 지도 등의 복합 대응이 요구된다(Ally, 2019; Luan et al., 2020). 또한 데이터 기반 교육 설계 시 아동 및 청소년의 신경학적 취약성을 고려한 '저자극/휴식 중심' 모듈 설계, 데이터 이용의 투명성, 합리성, 윤리성이 반드시 보장되어야 함이 강조된다(김병건, 2024; Hakimi et al., 2021).

(5) 대응 방안 및 교사의 역할

최근 연구와 정책 방향에서는 다음과 같은 다층적 대응책이 제언되고 있다.

- 디지털 콘텐츠의 설계 원칙: 빠른 화면 전환, 과도한 색채 · 애니메이션 · 효과음 자제를 기본 원칙으로 삼고, 사용자 주도적 속도 조절, 정기적 '디지털 휴식(digital pausing)' 및 눈/신체 움직임 휴식, 명확히 구조화된 정보 제공, 노출 시간의 구체적 제한 등 구체적인 지침 마련이 강조된다(Anderson & Subrahmanyam, 2017; Vedechkina & Borgonovi, 2020).
- 개인차 및 맥락 맞춤: 동일한 자극이더라도 연령, 발달 특성, 사회적 환경에 따라 영향이 크게 달라지므로 학생 개인별 특성을 반영한 맞춤형 설계가 필수적임이 강조된다.
- 교사 및 학부모의 역량 강화: 교사 및 보호자에 대한 디지털 자극 감수성 교육, 데이터에 기반한 학습 및 심리 상태 모니터링, 윤리적 빅데이터 분석력 배양 등 디지털 교육자의 복합 역량이 필수임이 지적된다. Loveless(2011)와 Kim 외(2012)의 연구는 단순히 기술 습득을 넘어 맥락 판별, 사용자 보호, 윤리 의식이 결합된 '실천적 교수설계 역량'의 중요성을 강조한다.

- **윤리적 · 사회적 거버넌스**: 디지털 추적 정보 및 빅데이터의 활용도가 높아질수록 데이터 관리의 투명성, 아동의 개인정보 보호, 기술적 개입의 윤리 기준, 이용 제한 등 '거버넌스' 구축이 중요하다.

종합적으로 디지털 과잉 자극의 부정적 영향은 주의력, 실행 기능, 감각 처리, 정서 안정, 학습 자기조절 등 다양한 차원에서 실증적으로 확인되고 있으며,. 이에 대응하는 디지털 학습 환경 설계와 정책, 교사 및 가정에서의 실천적 지도, 사회적 윤리 규범 구축이 복합적으로 요구된다. 앞으로의 연구 및 실천 방향에서는 '자극 강도' '사용자 특성' '콘텐츠 맥락' '윤리적 설계'가 입체적으로 통합된 구조적 접근이 중요하며, 미래형 교사의 역할 역시 기술-심리-윤리적 통합성을 갖춘 리더로서의 역량 강화가 핵심 과제가 될 것이다.

3) 게이미피케이션과 과잉 자극 관리의 상호보완적 관계

게이미피케이션과 디지털 과잉 자극 관리의 상호보완적 관계는 최근 교육공학 및 학습과학 분야에서 극히 중요한 논제로 부상하고 있다. 기존에는 게이미피케이션이 학습 동기 및 몰입 증진의 수단으로만 주목되었으나, 동시에 너무 과도한 자극이 인지적 부담, 감각적 피로, 정서 불안을 유발할 수 있기에 두 영역을 통합적으로 다루는 설계 전략이 필수임이 점점 더 강조되고 있다.

(1) 자극 조절을 내포한 게이미피케이션 설계의 필요성

게이미피케이션이 유아교육 현장에서 긍정적 효과(동기, 몰입, 성취감 등)를 유발한다는 사실은 다수의 실증연구를 통해 확인되고 있다(Dehghanzadeh et al., 2019; Lo & Hew, 2018; Taşkın & Kiliç-Çakmak, 2022). 하지만 무분별하게 도입된 강렬한 시각 · 청각 자극, 빈번한 알림, 빠른 화면 전환 등은 오히려 주의력 저하, 감각 과부하, 인지적 피로 등 부작용을 불러올 수 있음이 근래 연구들에서 반복적으로 지적된다(Anderson & Subrahmanyam, 2017; Vedechkina & Borgonovi, 2020). 이에 따라 성공적인 게이미피케이션은 점수, 배지, 미션 등 전통적 게임 요소를 자동적으로 적용하는 것이 아니라, 자극의 강도와 빈도를 세밀하게 조절하여 학습자의 감각 · 인지적 한계, 정서적 컨디션, 상황 맥락을 적극 반영해야 한다. 즉, 게이미피케이션과 과잉 자극 관리는 충돌적이기보다는 오히려 적정 자극 관리가 게이미피케이션의 학습 효과를 극대화하는 촉진 조건이 된다.

(2) 학습-휴식 주기, 심층 피드백, 자기조절 기반 구조화

구체적으로는 학습 집중 시간과 짧은 휴식을 순환적으로 배치하거나 화면 전환이나 애니메이션 효과를 부드럽게 설계하여 신경 · 감각 피로를 최소화하는 접근법이 제시된다(김병건, 2024; Lo & Hew, 2018). 또한 보상 체계 역시 단순히 외적 동기를 자극하는 데 머무르지 않고, 학습자의 내재적 동기(성장, 이해, 자기효능감 등)를 자극하는 '심층 피드백' 방식과 결합될 때 장기적으로 학습 유지를 돕는다. 게다가 목표 설정, 자기 모니터링, 단계적 반성 등 자기조절 능력을 강화하는 구조는 디지털 환경에서의 자극 관리를 스스로 주도할 수 있게 만들어 준다(Lo & Hew, 2018).

(3) 데이터 및 AI 기반 개인화와 피로도 예측

최근 빅데이터 · 학습 분석 도구의 도입은 게이미피케이션 설계에서 학습자의 개별 자극 감수성, 몰입-피로도 변화, 피드백 반응 등을 정밀하게 분석 및 예측하게 만든다. 이를 통해 설계자는 자극의 종류, 강도, 빈도, 휴식 안내, 피드백 등 핵심 변수들을 학생 개개인의 인지 · 정서 상태에 따라 동적으로 조정하는 것이 가능해졌다. 예를 들어, 과도한 활동 후 적절한 휴식 권고, 과부하 신호 감지 및 알림, 사용자별 미션 난이도 조정 등 AI 기반 맞춤화 전략은 게이미피케이션과 자극 관리의 통합을 구체화하는 데 중요한 접점이 되고 있다(Ang et al., 2020; Challco et al., 2015).

(4) 감각 통합 및 사용자 제어권 부여

게이미피케이션 설계에서 시각, 청각, 점수 등 다중감각 자극이 서로 얽혀 있을 때는 단순히 집적이 아니라 심리적 · 신경생리적 부담을 최소화하는 통합적(혹은 최소주의적) 디자인이 요구된다. 화면 설계에서는 색상 대비, 움직임, 효과음의 과잉을 피하고, 사용자가 직접 알림 빈도, 음향 크기, 애니메이션 강도 등을 조정할 수 있게 유연한 옵션을 두는 방법이 주목받고 있다(Vedechkina & Borgonovi, 2020).

(5) 교사의 전문성, 윤리적 거버넌스, 포용적 접근

게이미피케이션과 과잉 자극 관리가 상생적으로 작동하려면 단순히 기술 적용이 아니라 교사의 복합적 설계 역량(감각, 인지, 데이터, 정서, 윤리 통합), 포용성 감수성, 현장 중심의 적용력이 필수임이 다수 연구에서 확인된다(Ally, 2019; Kim et al., 2012; Loveless, 2011). 교사는 개별 학생의 특성, 과부하 신호 모니터링, 필요시 자극 제한 및 휴식 권고, 데이터 해석 및 윤리적 책임까지 복합적으로 담당해야 한다. 또한 빅데이터 · AI 기반 교육 환경에서는 프라이버시, 동의, 데이터 소유 및 해석의 투명성 역시 반드시 동반되어야 한다.

(6) 개인차, 맥락, 공정성과 비판적 접근

최신 리뷰에 따르면, 디지털 자극 효과와 게이미피케이션의 효능은 학습자 특성(연령, 인지 · 정서 기질, 학습 습관 등), 교육 맥락, 사회문화적 환경에 따라 매우 다르게 나타난다(Vedechkina & Borgonovi, 2020). 따라서 모든 학생에게 일률적으로 적용하는 대신, 개별 맥락의 맞춤화, 사용 경험의 지속적 모니터링, 이슈 발생 시 신속한 대응 체계를 갖출 필요가 있다. 또한 기술 도구에 대한 비판적 접근과 교사의 자기 반성, 포용적 거버넌스가 병행되어야 게이미피케이션과 자극 관리가 진정 효과적으로 결합될 수 있다.

결론적으로, 게이미피케이션과 디지털 과잉 자극 관리는 통합적, 상호보완적으로 설계 및 운영될 때 학습 동기, 몰입, 행위 변환뿐 아니라 학생의 건강한 인지 · 정서 성장, 자기조절 학습, 심리적 안녕까지 폭넓게 지원할 수 있다. 기술 · 데이터 발전이 이런 통합 설계를 점점 더 가능하게 하는 동시에 교사의 전문성, 윤리적 거버넌스, 맥락의 적응력, 포용성 실천이 필수적이라는 점에서 '게이미피케이션-자극 관리'는 이제 현대 교육에서 필수 동반 전략임이 명확히 드러나고 있다.

4) 개인 맞춤형 게이미피케이션

개인 맞춤형 게이미피케이션은 디지털 교육 환경에서 AI와 빅데이터 기반 학습 분석을 활용하여 학습자의 성취, 동기, 특성을 반영한 게임적 학습 경험을 설계하는 전략이다. 기존의 일괄적 요소 적용 방식과 달리, 대규모 디지털 추적 정보 분석 결과를 바탕으로 학습 경로, 미션 난이도, 보상 구조, 피드백 방식 등을 개인 수준에서 실시간으로 조정한다. 최근 연구는 이러한 맞춤화된 게이미피케이션 설계가 학습의 몰입도를 높이고, 자기주도성, 성취감, 지속적 학습 행동을 촉진함을 다각도에서 보여 준다.

AI · 학습 분석 기반 개인화 시스템은 각 학습자의 오류 패턴, 선호도, 목표 달성 속도, 감정 상태 등을 정밀하게 파악하고, 최적화된 미션이나 보상, 단계별 피드백을 제공한다. 예를 들어, 존재론 기반 모델을 활용하면 협력학습 상황에서도 학습자 집단과 개별의 동기, 수행 특성에 맞춰 게임 시나리오를 동적으로 구성할 수 있다. 이런 시스템은 어려움이 감지된 학습자에게 추가 문제나 힌트를 즉각 추천하여 실패 부담을 낮추고, 성공 경험은 극대화해 장기적인 학습 지속성과 동기 강화로 이어진다(Dehghanzadeh et al., 2019; Taşkın & Kiliç-Çakmak, 2022).

학습의 포용성과 형평성도 개인 맞춤형 게이미피케이션의 주요 효과 중 하나다. 교육 빅데이터와 알고리즘은 학생별 취약점, 흥미, 장애 요인 등을 조기에 포착하여 각자에게 필요한 지원과 중재를 차별 없이 제공한다. 이는 개인화 시스템이 사회적 소수자나 학습 격차 해소에도 기여할 수 있음을 시사한다. 다만 데이터에 기반한 개인화가 알고리즘 편향이나 차별로 이어질 우려도 존재하기 때문에 데이터 윤리와 투명성, 공정성 보장이 필수다.

교사의 역할도 본질적으로 달라진다. 단순히 도구 사용자에서 벗어나 학습 분석 데이터 해석, 개인 맞춤 피드백 설계, 디지털 윤리 규범 준수, 학생의 감정 및 동기 관리 등 복합 역량이 요구된다. 디지털 교사는 데이터를 바탕으로 학습 상황을 명확하게 진단하고, 적절한 개입과 사회적 상호작용 유도, 메타인지 촉진까지 통합적으로 설계해야 한다. 한국 교사의 ICT 능력에 대한 연구에서도 기술 활용을 넘어 비판적 · 창의적 사고를 중심에 둔 교사의 전문성, 그리고 새로운 미디어 리터러시와 윤리적 감수성의 탑재가 강조된다(Kim et al., 2021).

개인 맞춤형 게이미피케이션의 한계도 분명히 존재한다. 지나치게 강한 개인화는 학습자 간의 상호작용 약화, 집단적 문제 해결 경험 부족, 사회성 · 협력성 저해로 이어질 수 있다. 빅데이터 기반 추천 시스템이 다양성을 지나치게 고정하거나 학습자의 성장 경로를 제한할 위험도 상존한다. 따라서 개인화 전략은 집단 활동, 사회 참여, 유연한 피드백, 메타인지 촉진 항목과 항상 결합되어야 하며, 개방성과 공정성, 개별-집단 균형을 지속적으로 점검받아야 한다.

결론적으로, 개인 맞춤형 게이미피케이션은 기술적 혁신뿐 아니라 교사의 디지털 전문성, 데이터 윤리, 포용적 설계와 같은 요인이 입체적으로 결합될 때에만 지속 가능한 학습 혁신을 촉진할 수 있다. 단순 기술 도입이나 일방적 데이터 활용으로는 한계가 명확하며, 사회적 · 윤리적 책임, 맥락 중심의 설계, 교사-학습자-데이터가 조화롭게 작동하는 새로운 교육 생태계가 구축되어야 한다.

5) 글로벌 교육 환경에서의 정책과 실행 모델

글로벌 교육 환경에서는 게이미피케이션과 디지털 과잉 자극 관리를 통합적으로 고려한 정책과 실행 모델이 빠르게 확산되고 있다. 각국 정부, 교육 당국, 학교 현장, 민간 기업 간의 협력을 통해 효과적이고 안전한 디지털 학습 생태계를 구축하려는 시도가 활발하게 이루어지는 중이다.

(1) 정책과 실행 모델의 실제 사례와 핵심 내용

유럽연합(EU)의 디지털 교육 전략, 미국 여러 주의 디지털 학습 가이드라인 등은 대표적으로 게임 기반 학습 도구 사용 시, ① 학습 시간 제한, ② 자극 강도 조절, ③ 휴식 주기의 의무화 등 구체적인 기준을 제시한다. 예를 들어, 미국의 교육 행정기관은 학생의 연속 디지털 활동에 1시간 이상 노출될 경우 최소 10분간의 '디지털 휴식(digital pause)'을 의무화한 바 있다. 유럽연합은 빠른 화면 전환, 과도한 애니메이션, 강한 음향 등 잠재적 과잉 자극 요소의 사용을 최소화하는 윤리적 지침을 제정했다. 학교급에서는 학부모-교사 소통, 학생 참여 모니터링, 콘텐츠 검수와 자극 관리 등 협업 체계를 통해 적용 효과와 안정성을 높이고 있다. 이런 실천적 접근은 단순히 도구 보급을 넘어 안전, 신경·인지 건강, 지속적 동기 및 자기조절 지원 측면에서 의미를 지닌다.

(2) 대규모 데이터 및 AI 기반 정책 설계와 학교 현장 적용

최근의 정책 및 실행 모델의 차별점은 AI와 빅데이터 기반 학습 분석의 유아교육 현장 도입이 국가·지자체 단위로 보편화되고 있다는 점이다. 다양한 국가 플랫폼(LMS, MOOC, 소셜 러닝 등)을 통해 축적되는 디지털 추적 정보와 학습 패턴의 데이터를 분석하여 학습자별 자극 노출, 몰입 지속성, 피로 및 스트레스 변화, 게임 요소별 효과 등이 실시간으로 모니터링된다. 이 데이터는 국가 정책 설계(학생 연령별 최적 자극 강도, 휴식 주기 설계 등), 학교 맞춤 교육 모델 적용, 교사 실천 지원, 위험 요인 조기 경고 등 다층적으로 활용되고 있다(Ang et al., 2020; Luan et al., 2020).

빅데이터·AI 기반 맞춤화 전략은 학습자의 개별 차이(발달 단계, 기질, 가정환경 등)에 따라 게이미피케이션 요소, 피드백, 과제 난이도, 자극 및 휴식 주기를 자동 조정할 수 있으며, 국가 교육정책이 단순히 '총량 규제'가 아닌, 유연한 개인화·적응화 모델로 진화하고 있음을 보여 준다(Challco et al., 2015).

(3) 교사 역량 강화와 포용적이고 공정한 정책 실천

선진국의 정책은 기술적 인프라 제공만이 아니라, 교사의 디지털 역량, 데이터 및 에듀테크 해석 능력, 협력적 문제 해결 및 비판적 성찰 능력을 '정책 핵심'으로 포함한다. 미래형 디지털 교사는 학습 분석 데이터를 바탕으로 학생별로 장단기 피로 신호를 판별 및 개입하고, 맞춤형 게이미피케이션 설계와 자극 관리, 데이터 윤리 준수, 사회적 공정성 실현까지 통합적으로 실천한다는 기대를 받는다고 할 수 있다. 교사 교육 프로그램(예: 한국, 호주, 싱가포르)은 단순히 ICT 활용 훈련을 넘어 비판적 사고, 윤리적 감수성, 사회적 '포용–정의' 감각, 다문화적 맥락에서의 정책 실천 역량에 초점을 맞춘다(Ally, 2019; Kim et al., 2012; Loveless, 2011; Weisberg & Dawson, 2023).

(4) 데이터 윤리, 프라이버시, 거버넌스 확보

글로벌 정책·모델에서는 빅데이터·AI·디지털 추적 정보의 활용이 늘어날수록 개인정보 보호, 동의, 데이터 소유권, 투명성, 알고리즘 편향(차별), 책임 있는 활용에 대한 제도적 거버넌스가 강조된다. 특히 아동 및 청소년과 같이 취약한 학습자 집단에 대해서는 단기적 정책 성과뿐 아니라 중장기적 윤리 의사결정, 관리 체계와 절차적 책임성이 반드시 정책·실천 모델에 통합되어야 한다는 목소리가 높다(Hakimi et al., 2021). AI 기반 맞춤화 개입이 학생의 자율성과 사회적 소속, 프라이버시를 침해하지 않도록 교육 현장–학부모–학생–정책당국 간의 다자 구조의 감시·조정·협의 시스템도 국제적으로 도입되고 있다.

(5) 한계와 보완 방향

연구 결과를 보면 게이미피케이션 및 디지털 학습 도구는 몰입, 성취, 자기주도성, 협동과 상호작용, 학습의 효율 등 다양한 실질적 효과를 보여 주고 있다(Krishnamurthy et al., 2022). 반면, 디지털 과잉 자극이 주의력 저하, 정서 불안정, 인지발달 저해로 작용할 수 있다는 점도 학술적으로 꾸준히 확인된다(김병건, 2024). 한 국가·문화 내에서도 지역, 연령, 사회경제적 배경, 데이터 인프라, 교사 훈련 수준 등에 따라 그 효과와 부작용이 매우 다양하게 나타난다. 따라서 정책 설계와 실행에서 '모두에게 일률적' 개입보다는 데이터에 근거한 적응화, 맥락별 접근, 현장 교사의 자율과 공공 거버넌스의 결합이 강조된다.

결과적으로 글로벌 교육 환경에서의 실행 모델은 다음과 같은 원칙을 갖는다.

- 신경과학, 심리, 교육공학 근거 하의 '적극적이고 세심한 자극 조절 설계'
- AI · 빅데이터 · 학습 분석 기반의 맞춤형 정책 및 현장 실천(개별화, 학습–휴식 균형)
- 기술 인프라, 교사 역량 배양, 학교 및 학부모와의 협력적 거버넌스
- 데이터 윤리, 프라이버시, 공정성, 장기적 책임성에 기반한 다자적 관리 체계
- 지역 · 국가 · 학습자 맥락에 맞춘 현장 중심 실행 및 피드백

이런 통합적 모델은 게이미피케이션 효과의 최대화와 과잉 자극 부작용의 최소화를 동시에 달성하고, 기술–심리–윤리–교육이 융합된 교육 혁신의 토대를 마련한다. 향후에는 빅데이터 · AI 활용이 심화될수록 각국은 교사 전문성, 데이터 거버넌스, 지속 가능한 공정성 실현을 위해 연구, 정책, 실천의 총체적 연계를 더욱 강화해야 한다.

4. 메타버스 활용 가능성 분석

메타버스는 가상 공간에서 사용자들이 상호작용하고, 현실 세계와 유사한 경험을 할 수 있도록 하는 디지털 혁신 기술로, 미래 교육 분야에서 큰 잠재력을 보이고 있다. 메타버스의 핵심은 몰입형 가상 환경을 통해 학습자들이 실제와 유사한 상황에서 학습하고, 협업하며, 창의적으로 문제를 해결할 수 있도록 돕는 것이다. 메타버스는 기술 발전과 함께 미래 교육의 중요한 축으로 자리 잡을 가능성이 높으며, 학습자 중심의 몰입형 교육 환경을 제공할 수 있는 잠재력을 지니고 있다.

1) 메타버스의 기술적 구성 요소와 교육적 활용

메타버스는 몰입감, 실시간 상호작용, 공간적 제약 극복이라는 특성을 바탕으로 미래 교육의 핵심 플랫폼으로 자리 잡고 있다. 이를 가능하게 하는 기술적 기반과 교육적 활용상을

다음과 같이 정교하게 구성할 수 있다.

(1) 메타버스의 기술적 구성 요소

① VR, AR, MR

메타버스 플랫폼의 핵심은 VR, AR, MR 기술의 유기적 통합에 있다. VR은 헤드 마운티드 디스플레이(Head Mounted Display: HMD)와 공간 음향 등 센서 기반 인터페이스로 신체적·인지적 몰입을 제공하고, AR과 MR은 현실 공간에서 디지털 객체와의 즉각적 상호작용을 가능하게 한다. 의료·과학·공학 분야에서는 실제 경험이 불가능하거나 위험할 수 있는 상황을 안전하게 시뮬레이션할 수 있다.

② 5G/6G, 클라우드 컴퓨팅

초고속·저지연 네트워크와 대용량 연산 환경은 실시간으로 다자간 협동, 동적 데이터 스트리밍, 고해상도 그래픽 처리 등 메타버스 기반 교육의 필수적 기반이다. 빅데이터, MOOC, 소셜 플랫폼 등 다양한 출처의 거대 교육 데이터와 자연스럽게 연계된다.

③ 블록체인, 대체 불가능 토큰, 가상 경제 시스템

블록체인, 대체 불가능 토큰(Non-Fungible Token: NFT)은 메타버스 내 학습 이력, 자격 인증, 가상 자산 관리의 신뢰성과 개별성, 이동성을 강화한다. 실제로 온라인 수업, 프로젝트, 평가 결과를 NFT로 발급하거나 참여 보상 시스템에 활용하는 실험들이 확대되고 있다. 이는 학생 주도적·분산형 학습 생태계로의 전환을 촉진한다.

④ 빅데이터, AI, 디지털 추적 정보 기반 분석

메타버스 플랫폼은 학습자의 상호작용, 창의적 산출물, 행동 패턴을 실시간으로 수집 및 분석하여 '정밀 개별화 학습'과 예측형 지원을 제공한다. 학습 몰입도, 협동 성과, 피로 신호 등 데이터를 기반으로 상황 인식 및 피드백을 즉각적으로 제공할 수 있다.

(2) 교육적 활용 방식과 사례

① 몰입형, 경험 기반 학습

메타버스는 복잡한 과학 실험, 역사적 사건 재현, 원격 의료 시나리오 등 물리적으로 불가능하거나 위험한 주제를 안전하고 깊이 있게 체험할 수 있게 한다. '가상 환자' 사례에서는 실제 임상보다 다양한 응급 상황과 의료적 의사결정을 반복, 위험 없이 연습할 수 있다. 이런 메타버스 활용은 학습자의 인지적·행동적 몰입, 실질적 탐구 능력 향상에 기여한다.

② 협력, 사회적 상호작용 촉진

아바타, 공동 공간, 실시간 협업 미션, 버추얼 워크숍 등 메타버스는 동시다발적 소통이 가능하다. 이는 사회 구성주의적 학습에서 강조하는 '상호작용적 지식 형성'과 적극적 실천 학습, 그리고 팀 프로젝트, 국제 교류 수업 등에서 강점을 발휘한다.

③ 데이터 기반 맞춤형 피드백과 분석

메타버스 내 학습·행동 데이터는 단순히 기록을 넘어 개별화 평가 및 피드백, 성장 궤적 분석, 위험 신호 탐지에 적극 활용된다. 빅데이터·AI 기반 분석으로 학습 내용, 상호작용 유형, 피드백 양상 등 교육적 의사결정의 정밀도가 크게 높아진다(Ang et al., 2020; Luan et al., 2020).

④ 융합 능력 및 창의적 문제 해결 능력 강화

로보틱스, 프로그래밍, 디자인 등 추상적 지식을 메타버스 가상 공간에서 '직접 설계, 구현, 공유'함으로써 시스템적·창의적 사고와 적응적 전문성이 동시에 배양된다(Kim et al., 2012).

2) 학생 중심 맞춤형 학습과 글로벌 협업

메타버스는 기술 발전과 함께 학생 중심 맞춤형 학습 및 글로벌 협업을 가능하게 하는 대표적인 혁신 플랫폼으로 부상하고 있다. 최근 연구에서는 메타버스가 '시공간의 제약을 해소한 자기주도적 맞춤형 학습'과 '국경 없는 실시간 글로벌 협업'의 실질적 실현 매개체인 점을 강조한다.

(1) 학생 중심 맞춤형 학습

메타버스는 실시간 대규모 학습 데이터(디지털 추적 정보)와 AI/빅데이터 기반 분석 인프라를 바탕으로 학습자별 흥미, 선호, 수준, 학습 행동의 세밀한 프로파일링과 맞춤형 학습 경로 제공이 가능하다. 기존의 일괄적 수업과 달리, 학습자는 시간, 장소의 구애 없이 자신에게 최적화된 콘텐츠, 과제, 3D 시뮬레이션, 그룹 프로젝트를 선택 및 진행하며, AI 튜터가 개별 난이도 제안, 실시간 피드백, 자기점검 도구 등으로 '정밀 맞춤형 학습 경험'을 지원한다.

예를 들어, Zhou 외(2924)의 연구에서 제안된 '개인화 연합학습(PFL-MCL)' 모델은 메타버스 내 대규모의 이질적인 다중모달 데이터를 활용해 각 학습자별 특징에 맞게 다양한 글로벌 모델을 동적으로 집계하고 적용하여 효율적 개인 맞춤형 학습 및 상호작용을 구현한다. 이런 모델은 실제 환경에서도 글로벌 사용자들이 개별 역량, 선호, 언어, 상황에 따라 유연하게 통신 및 협업할 수 있음을 보여 준다.

또한 Ang 외(2020)의 연구에서는 학습 관리 시스템(LMS), MOOC, 개방형 교육 자원 등 다양한 교육 데이터가 메타버스에 통합되며, AI · 빅데이터 분석을 통한 개별 · 집단 학습 현황, 참여도, 협력 활동의 정밀 진단과 개인화 피드백, 추천, 예측형 지원이 가능함을 밝힌다. 이러한 데이터 기반의 응용은 단순히 맞춤 추천을 넘어 자기주도학습 역량(메타인지, 목표 설정, 자기조절 등)과 깊이 기반 탐구력 강화에 결정적으로 기여한다.

(2) 몰입, 창의적 문제 해결 및 고등 사고력 증진

메타버스는 3D, VR, AR, MR 등 몰입형 기술과 상호작용적 플랫폼 설계를 통해 학습자가 실제로 '경험하고 탐구하며 협동'하는 환경을 제공한다. 이는 단순히 지식 습득이 아닌, ① 문제 인식, 탐색, 다각적 분석, ② 팀 기반 프로젝트, ③ 시뮬레이션에 의한 실시간 피드백, 수정, 확장, ④ 가상공간 맥락의 창의적 산출물(예: 디지털 캠페인, 친환경 정책, 가상 실험)로 이어진다.

Wu 외(2024)의 연구에서는 메타버스가 언어교육 등 다양한 영역에서 '진정성 있는 몰입 경험'이 고등 사고력 및 창의적 문제 해결 역량 계발에 핵심임을 강조한다. 이를 바탕으로 5대 차원(초학문성, 교수학, 기술, 행동자, 학습)에 기반한 교수설계 모델까지 제시하고 있다.

(3) 글로벌 협업과 다문화 역량 배양

메타버스 기반 협업은 물리적 국경, 시차, 언어 장벽을 극복해 다양한 국가의 학생들이 아바타, 실시간 협업 공간, 공동 프로젝트 공간 등에서 상호작용한다. 지역, 문화, 지식 차이를 존중하며, 공통 목적(지속 가능 발전, 글로벌 문제 해결 등)에 대한 공동 탐구 및 산출물 제작이 이뤄진다.

Chen 외(2023)의 대규모 분석에서는 '메타버스 기반 협업 PBL' '21세기 역량, 언어, 다문화 교육' '예술, 공학, 의학, 특수 등 초학문적 협력'이 실제 다빈도 연구 및 실천 주제로 도출되었으며, 국제 공동 연구 및 교육 사례가 빠르게 증가하고 있음을 보여 주었다. 이 과정에서 협동적 문제 해결력, 포용성, 공동체의식, 글로벌 시민정신이 통합적으로 강화된다.

3) 유아교사의 역할 변화와 메타버스 교육 도구

유아 메타버스 교육이 확산되면서 교사의 역할은 본질적으로 '전통적 전달자'에서 '융합적 설계자이자 조력자, 윤리적 리더'로 확장 및 전환되고 있다. 메타버스라는 복합 플랫폼은 유아기 특성(높은 감정의 민감성, 저조한 자기조절력 등)을 고려한 세심한 설계와 실시간 개입, 사회적 · 정서적 · 지적 균형 추구를 요구한다.

(1) 몰입형 학습 공간 설계자 및 교수설계 전문가

메타버스 환경에서 교사는 더 이상 활동 감독자나 지식 전달자에 그치지 않는다. 교사는 유아의 발달, 관심, 주제에 맞는 몰입형 가상 환경, 탐색적으로 구성된 시나리오, 협동적 미션 등의 구조를 연구 기반 이론(예: 경험학습, 분산 인지, 체화학습)에 따라 실현하는 '설계자(designer)'이자 '실험적 수업 전문가'로 진화해야 한다(Kim, Planey, & Lindgren, 2023; Wu et al., 2024). 예를 들어, 과학 실험, 문화유산 탐험, 예술 창작 등의 가상–물리 융합 맥락에서 유아의 '직접 탐구–실천–상상'을 조직적으로 장려하는 시나리오 설계가 중요하다. 실증적으로도 이와 같은 경험 기반 설계가 유아의 학습 동기, 몰입감, 문화적 정체성, 지속 가능성 인식 향상에 실질적 효과가 있음이 확인되었다(Lai et al., 2024).

(2) 빅데이터 · AI 기반 맞춤형 피드백 제공자

오늘날 교사는 메타버스 안에서의 유아 행동, 상호작용, 고민 지점 등의 빅데이터(디지털 추적 정보)를 실시간으로 수집 및 해석하여 개별화 피드백 및 맞춤식 학습 지원을 제공하는 데이터 활용 전문가적 역할이 요구된다. 이러한 데이터는 단순히 참여도 파악을 넘어 유아 개인별 학습 경로, 관심 확장, 난관 극복 행동을 근거로 즉각적 조언 제공, 추가 자료 추천, 정서적 지지 등 정밀 피드백에 활용된다. 예를 들어, 한 유아가 가상 실험에서 어려움을 겪을 때 교사는 실시간으로 개입, 숨겨 둔 힌트 제공, 추가 미션 안내 등을 실행할 수 있다.

특히 개인정보 및 데이터 민감성이 중요한 유아교육에서는 데이터 수집, 해석, 활용 과정에서 프라이버시 보호, 학부모 동의, 데이터 소유권 등에 대한 엄격한 원칙과 실천이 병행되어야 한다. 연구 현황은 아직 유아기(초등 이하)의 메타버스 데이터 윤리 연구가 부족하므로 교사 자체의 자정적 판단력과 체계적 가이드라인이 반드시 두텁게 마련되어야 함을 시사한다.

(3) 창의성, 비판적 사고 및 사회 · 감정 학습의 촉진자

메타버스는 탐색 · 조작 · 상상 기반의 놀이와 학습이 일상적으로 교차하는 공간이므로 교사는 유아의 자유로운 시도와 실수, 새로운 질문 생성을 북돋되, 즉각적 상호작용, 개방형(open-ended) 질문, 협동 활동을 통해 창의적 문제 해결 경험과 비판적 사고력 증진을 의도적으로 촉진해야 한다(Kim et al., 2023; Wu et al., 2024). "다른 친구의 생각은 어떨까?" "내가 만든 가상 물건이 현실에서는 어떤 역할을 할까?"처럼 심화적이면서도 맥락형 도전을 계속 제시하는 역할이다.

특히 유아기에는 가상공간에서의 협동 및 갈등 상황(대화, 양보, 규칙 정하기)이 빈번히 발생하므로 교사는 긍정적 사회성 지도자, 갈등 중재자, 책임 있는 시민성 함양의 멘토로서 사회 · 감정 발달까지 촘촘하게 지원해야 한다(Chen et al., 2023).

(4) 디지털 · 미디어 리터러시, 윤리 역량의 통합적 전문가

유아 메타버스 환경에서는 교사 자체가 높은 수준의 디지털 기술 이해, 가상 설계 도구 활용 능력, 플랫폼 간 특성 및 안정성 비교 능력, AI 기반 피드백의 교육적 · 윤리적 함의 파악 능력을 반드시 갖춰야 한다. 뿐만 아니라 디지털 격차(플랫폼, 장비, 언어, 문화), 공정성, 데이터 윤리, 기술 판별과 활용의 비판성까지 포괄하는 통합적 전문가로 성장해야 한다. 연구는 실제 교사 교육에서도 단순히 '기술 활용법'이 아닌, 창의 · 융합 사고, 메타인지, 비판적 리터러시 중심의 역량 배양이 효과적임을 보여 준다(김대희 외, 2024; 백영균, 2024; 이용상 외, 2024; Kim et al., 2012).

(5) 메타버스 교사의 전문성의 질적 기준

최신 연구에서는 메타버스 · AI 도구의 교육적 효과가 단순히 도입이나 사용 빈도에 좌우되지 않고, 교과 내용–기술 맥락–아동 특성–윤리적 리더십의 균형적 통합 설계와 반성적 실천에 달려 있다고 강조한다(Kim et al., 2023). 이는 형식적 활동 제공(예: VR 체험 일회성 이벤트)에 머무르지 않고, 유아의 '몰입–탐구–상상–사회화–데이터 윤리'가 연결된 통합적 교육 경험을 교사가 주도적으로 실천하는 것이 교육 효과와 미래 교육 핵심 역량 성장의 열쇠임을 시사한다.

결론적으로, 유아 메타버스 수업에서 교사는 단순히 지도자를 넘어 다음과 같이 진화해야 한다.

- 체계적으로 설계된 몰입형 학습 환경의 디자이너
- 실시간 · 데이터 기반 맞춤 피드백 전문가
- 창의적 · 비판적 사고 및 협동적 사회성 촉진자
- 고도화된 디지털 · 윤리 역량을 갖춘 융합 리더

메타버스의 가능성은 '기술 자체'보다는 교사의 교육적 설계력, 윤리 감수성, 디지털 전문성이 얼마나 촘촘히 구현되는지에 좌우된다. 이를 위해 교사 양성 과정에서는 이론–실천–윤리–디자인적 사고–데이터 활용 및 보호 역량을 긴밀히 통합한 교사 전문성 개발이 핵심 전략임을 시사한다.

궁극적으로 교사는 메타버스가 유아의 전인 성장과 미래 핵심 역량 배양에 실질적 기여를 할 수 있도록 실현적 · 비판적 · 윤리적 리더십을 발휘하는 교육 생태계의 중심축이 되어야 한다.

4) 메타버스의 미래 교육의 한계와 가능성

메타버스는 VR, AR, XR 기술을 활용해 학습자의 조작, 탐색, 협동이 실시간으로 이루어지는 3차원 몰입형 환경을 제공한다는 점에서 기존 교육의 공간적 · 경험적 제약을 극복할 잠재성을 지닌다. 학생은 가상 실험, 역사 재구성, 가상 직업 체험 등 기존 교실에서 불가능했던 상황을 실제처럼 체험함으로써 단순 암기를 넘어 인과적 사고, 문제 해결 능력, 창의성,

사회적 상호작용 역량을 통합적으로 키울 수 있다. 메타버스 기반 교육은 빅데이터 및 AI 분석을 통해 학습자의 행동 패턴, 성취도, 흥미, 협업 정도까지 정밀하게 추적 및 분석하고, 이를 토대로 맞춤형 피드백, 개인화 학습 경로 제안, 역동적 난이도 조정 등 개인화 교육의 실질적 진전을 추진한다. 글로벌 실시간 협력, 문화 간 상호작용, 공동 문제 해결 활동이 촉진되기 때문에 미래 사회가 요구하는 시민성, 다문화 감수성, 21세기 역량도 자연스럽게 함양할 수 있다(Chen et al., 2023; Kim et al., 2023; Luan et al., 2020).

이러한 가능성에도 불구하고 한계 역시 구조적으로 드러난다.

첫째, 고성능 기기와 네트워크, 대용량 데이터 처리 플랫폼이 선결 조건이기 때문에 지역, 가정, 사회적 환경에 따라 디지털 격차가 확대될 수 있다. 둘째, 다수의 메타버스 교육 플랫폼은 여전히 소비 중심, 관람형 경험에 머물고 있으며, 경험학습, 체화 인지, 분산 인지 등 이론적 토대가 취약해 학습 효과의 질적 향상으로 직결되지 못한다는 비판이 존재한다. 성공적인 메타버스 교수설계는 단순한 몰입 체험 제공이 아니라 학습자의 실시간 상호작용, 자기주도 탐구, 협업적 과제, 피드백 구조를 연구 기반 이론에 따라 치밀하게 설계해야 학습동기, 고차원의 비판적 사고력, 창의적 역량이 실질적으로 증진된다(Kim et al., 2023; Wu et al., 2024).

개인정보 보호와 데이터 권리 문제는 또 다른 심각한 쟁점이다. 메타버스 환경에서는 학습자의 음성, 위치, 생체 정보 등 매우 민감한 데이터가 실시간으로 대량 수집되기 때문에 동의 절차, 데이터 소유권, 투명성, 책임성과 같은 윤리 거버넌스가 필수적이다. 그러나 실제 학교 및 플랫폼 현장에서는 데이터의 수집과 활용, 폐기, 보호 기준이 미비하거나 일관성이 부족해 학습자의 권익이 위협받을 위험이 높다. 특히 유아나 청소년, 사회적 약자와 같은 취약계층에서는 이러한 데이터 윤리의 미흡이 장기적인 학습권 침해로 직결될 수 있다.

가상 공간에 대한 몰입이 현실 세계와의 연계성을 약화시켜 사회적 상호작용 저하, 공동체 소속감 약화, 정체성 혼란 등 부정적인 심리사회적 영향으로 이어질 수 있다는 점도 우려된다. 메타버스 교육은 본질적으로 가상 환경과 실생활 맥락이 적절히 융합된 하이브리드 학습 구조(사이버–현실 융합 학습)로 설계해 학습 경험이 실제 문제 해결과 주체적 성장으로 연결되도록 해야 한다(Kim et al., 2023; Lai et al., 2024; Wu et al., 2024). 실제 문제 해결 및 사회적 실천과 단절된 채 플랫폼 내 경험에만 몰입할 경우, 학습의 단편화, 교육적 피상성이라는 부작용이 반복될 수밖에 없다.

교사의 역할과 전문성 역시 핵심 과제로 대두된다. 메타버스 교육에서 교사는 단순 도구 활용자를 넘어 몰입형·참여형 환경을 설계하는 실천적 연구자, 데이터·공정성·윤리 리더, 디지털 시민성 교육 전문가의 역량을 모두 갖춰야 한다. 이를 위해서는 경험학습, 분산 인지, 체화 인지 등 이론적 토대 위에서 교육적 목적성과 윤리, 사회정의까지 반영하는 융합적 설계 역량을 갖춘 교사 양성 체계가 필요하다(Chen et al., 2023; Kim et al., 2023; Weisberg & Dawson, 2023). 그러나 현재의 국내외 교사 연수, 교육대학의 교육과정, 실습 체제는 이러한 수준의 전문성·윤리성 함양을 충분히 지원하지 못하는 상황이라고 할 수 있다.

건강한 미래 메타버스 교육을 위해서는 몇 가지 선결 조건이 필수적이다. 첫째, 디지털 접근성 불균형을 해소하고 사회경제적 취약계층에게 기기, 플랫폼, 콘텐츠를 공공적으로 제공하는 포용적 정책이 필요하다. 둘째, 민감 데이터의 수집–활용–폐기 전 과정을 학습자 중심의 투명성·책임성 체계로 관리하고, 교사, 학생, 학부모 등 다양한 주체가 참여하는 데이터 거버넌스 체계를 구축해야 한다. 셋째, 상업적 이익보다는 교육적 가치, 공공성에 우선을 두고 이론 기반, 체험형·미래형 교육 콘텐츠를 지속적으로 연구 및 개발할 필요가 있다. 넷째, 교사와 학생 모두에게 디지털 리터러시, 데이터 윤리, 비판적 ICT 활용력, 공정성 실천 역량을 키울 수 있는 체계적 교육 및 연수 프로그램을 제공해야 한다. 다섯째, 메타버스 환경에서의 학습 효과, 시민성 및 비판적 사고, 고등 역량 함양 등에 대한 체계적·장기적 연구와 효과 기반 평가 체계를 확립해야 한다(Chen et al., 2023; Kaddoura & Husseiny, 2023; Kim et al., 2023; Weisberg & Dawson, 2023).

따라서 메타버스는 몰입, 상호작용, 맞춤형, 글로벌 협동 기반 미래 학습의 혁신을 이끌 플랫폼으로서 가능성을 갖지만, 그 혁신성이 진정한 교육적 가치, 인간성 보호, 사회정의 실현을 중심에 둔 총체적이고 비판적인 생태계 설계와 실천에 의해 비로소 지속 가능할 수 있다. 메타버스 교육의 발전은 기술 그 자체의 도입이 아닌, 이론, 정책, 윤리, 현장 실천이 긴밀하게 통합된 복합적 생태계를 얼마나 깊이 설계하고 구현하느냐에 달려 있다.

5. 장애 유아교육 혁신

장애 유아교육 혁신은 포용적 교육 환경을 구축하기 위한 핵심 과제 중 하나다. 디지털 기술의 발전은 장애 유아가 자신의 특성에 맞게 학습할 수 있는 맞춤형 교육 해결책을 제공하는 데 중요한 역할을 하고 있다. 보조 기술과 특수교육 디지털 해결책의 도입은 장애 유아의 학습 격차를 줄이고, 전반적인 학습 효과를 극대화하는 데 기여하고 있으며, 앞으로 미래 교육 모델에의 적용 가능성이 크게 기대된다.

1) AT 기술의 도입

메타버스와 첨단 AT 기술의 도입은 장애 유아 맞춤형 교육 혁신의 핵심 기반으로 자리 잡고 있다. AT는 시각장애, 청각장애, 자폐 스펙트럼 장애, 지적장애 등 장애 유형별 요구에 따라 매우 다양한 형태로 발전하고 있으며, 이는 학습 접근성 제고를 넘어 교육의 본질적 평등과 심리적 · 사회적 포용성 증진의 실천적 도구로 기능한다. 예를 들어, 시각장애 유아를 위해서는 스크린 리더, 점자 디스플레이, 음성 피드백이 통합된 플랫폼이 개발되고, 청각장애 유아를 위해서는 자막, 수화, 시각 피드백 등 다중감각적 보조가 결합된 학습 환경에서 학습 내용을 실시간으로 경험할 수 있다. 자폐 스펙트럼 장애를 가진 유아를 위한 시각적 일정표, 구조화된 상호작용 시나리오, 감각 자극 조절 기능 및 정서 피드백 도구 등은 정보처리와 사회적 상호작용의 균형을 촘촘히 지원한다. 지적 · 학습 장애 유아에게는 정보 분절화, 멀티모달 자극, 반복 피드백, 게임형 인터페이스가 효과적으로 활용되고 있으며, 이는 자기주도성 강화와 개념 습득의 정착을 동시에 도모한다.

연구에 따르면, AT의 효과는 단순히 접근성 개선에 그치지 않는다. 학습자의 자기효능감 상승, 교사-아동 간의 의사소통 강화, 협력적 학습 문화 구축 등 포괄적인 포용적 교육의 구성 요소로 확장된다. 실증 결과와 함께 최근 메타버스 관련 메타분석은 자폐 아동의 사회적 커뮤니케이션 능력 향상, 맞춤형 상호작용 역량 증진 등 구체적 행동 변화를 뒷받침한다(Chen et al., 2023). 여기에 더해 메타버스 기반 감각 대체 · 증강 도구, 실시간 협력 콘텐츠 설계, AI 보조 진단 및 피드백 시스템 활용은 학습자 개별성 · 다양성 반영을 이론적으로나 실제적으로 뒷받침한다(Kim et al., 2023). 즉, AT는 개인화 교육과 디지털 기술 통합이 균형 있게 실천될 때 장애 유아의 학습권과 포용성을 실효적으로 강화할 수 있다.

이러한 기대감에도 불구하고 AT 중심의 장애 유아 교육 현장에는 여전히 중요한 한계와 도전이 상존한다. 첫째, 기기 및 소프트웨어의 고비용 및 불균형 보급이 여전히 현실적 장애물로 남아 있다. 둘째, 교사의 ICT · AT 활용 역량, 그리고 교수설계 전문성 격차가 학습효과의 편차를 낳고 있다(김병건 외, 2020). 실제로 교육대학, 교사 양성 과정에서 디지털 적응력, AT의 도구적 사용을 넘어 비판적 통합 역량, 공정성 및 포용성 실천력을 배양하는 체계는 아직 취약하다. 연구에 따르면, 미래형 교사상은 디지털 및 AT를 매개로 한 맞춤형 설계력, 데이터 활용 분석력, 윤리 및 공정성, 사회정의 의식까지 통합하는 역량 프로파일이 요구된다. 이는 단순히 기술 활용 연수를 넘어서 이론–실천–윤리를 잇는 복합적 역량 개발로 나아가야 가능하다.

또 하나의 중대 쟁점은 정보 윤리, 프라이버시, 데이터 소유권 등 디지털 격차 및 윤리 문제다. 메타버스나 대규모 학습 데이터, AT 통합 플랫폼이 실시간으로 아동의 활동·반응 데이터를 수집 및 활용하면서도 동의, 투명성, 장기적 책임성 등 데이터 거버넌스는 여전히 미비하다. 최근 연구에서는 특히 미성년 장애 유아 집단, 다양한 사회문화적 맥락을 아우르는 AT 데이터 윤리 체계가 필수적임을 강조하고 있다. 개인정보 보호 강화, 이해관계자의 참여형 데이터 정책, 투명한 알고리즘 설계, 실질적 책임성 확보가 실제 현장 설계와 정책 구현 단계 모두에 필요하다.

마지막으로, AT 기술은 이론 기반 설계와 유아교육 현장 통합이 반드시 병행되어야 한다. 학습자 특성, 발달 단계, 장애 유형을 분석해 경험학습(experiential learning), 분산 인지(distributed cognition), 체화학습(embodied learning) 등 최신의 학습 이론에 기초한 교수설계가 실천될 때 각기 다른 보조 기술이 실제 학습 성과 향상과 전인 성장에 유의미하게 기여하게 된다. 현재 많은 AT 콘텐츠가 오직 접근성 보장 차원에 머물고 있으나, 향후에는 메타버스·AI·빅데이터 기반의 정밀 개인화, 이론 중심의 하이브리드 설계, 다중감각적·협동적 체험 중심의 교육으로 발전해야 한다(Ang et al., 2020; Chen et al., 2023; Kim et al., 2023; Luan et al., 2020).

정리하면 장애 유아 맞춤형 교육에서 AT는 접근성, 개인화, 포용성을 동시에 구현하는 핵심적 수단이며, 이의 효과적 활용은 기술 도입을 넘어 이론–현장–정책–윤리 기반의 교차적 생태계 구축에 달려 있다. 교사의 전문성 혁신, 데이터 윤리 강화, 정책적 재정 지원, 공정한 접근성 확대, 본질적 교수설계 혁신이 실천 수준까지 통합될 때 AT는 포스트디지털 시대에서의 장애 유아의 진정한 교육권 및 전인적 성장의 토대를 마련할 수 있다.

2) 맞춤형 학습 평가 및 피드백 시스템

맞춤형 학습 평가 및 피드백 시스템은 디지털 특수교육에서 장애 유아 개별성의 인정과 실질적 학습 효과 증진의 핵심 도구로 자리 잡고 있다. 이러한 시스템은 AI와 대용량 교육 데이터(big educational data)를 결합해 학습자의 패턴, 반응 시간, 문제 해결 과정, 오류 유형, 감정 및 주의 집중도 등의 다변량 데이터를 실시간으로 수집 및 분석한다. 이를 통해 일률적 과제 제시와 획일적 평가가 아닌, 유아 개인의 발달 특성과 학습 맥락에 맞는 맞춤형 평가와 피드백, 그리고 동적 학습 경로 추천이 가능해진다(Drigas & Ioannidou, 2012; Greenwood & Rieth, 1994).

AI 기반 학습 분석 시스템은 학습자가 미션형 과제를 수행하는 동안 발생하는 다양한 디지털 추적 정보를 바탕으로 즉각적으로 인지 전략, 성취의 강약점, 사회적 · 정서적 반응까지 진단할 수 있다. 예를 들어, 유아가 문제를 풀 때 실시간으로 반응을 수집하고, 반복 오류나 성취도 저하가 감지되면 개별화된 보조 자료, 난이도 조절, 시각 · 음성 피드백 방식을 즉시 제안한다. 이러한 상호작용적 분석 · 피드백 구조는 전통적인 결과 중심 평가를 넘어 학습 과정 전반에 걸친 지속적 모니터링과 수정적 지원을 제공함으로써 '평가-지도-학습'의 경계를 허문다(Greenwood & Rieth, 1994; Shute & Rahimi, 2017).

AT 기술과 연계된 디지털 평가도구는 학습 접근성까지 크게 확장한다. 시각장애 유아의 경우 점자패드와 피드백 음성, 청각장애 유아의 경우 시각 강조와 실시간 자막, 자폐 스펙트럼 장애를 가진 유아의 경우 감정 인지 보조 및 시각적 · 촉각적 인터페이스 등 개별 감각의 특성에 맞는 평가, 피드백 매체의 제공이 가능하다(권충훈 외, 2024; 김남진, 김용욱, 2017; Lersilp, Putthinoi, & Lersilp, 2018). 이로써 교사는 학습자의 진행 상황, 인지 과로, 사회적 상호작용 양상 등을 데이터 기반으로 해석하여 더욱 과학적이고 정밀한 교육 지원이 가능해진다.

이러한 평가 시스템의 도입으로 유아는 자신의 학습 과정, 강약점, 성취 기록을 직관적으로 인식할 수 있고, 긍정적이고 즉각적인 피드백은 자기효능감과 주도적 학습 동기, 지속 참여 의지를 향상시키는 것으로 드러나 있다(Drigas & Ioannidou, 2012; Shute & Rahimi, 2017). 특히 반복적 강화 피드백(캐릭터 칭찬, 적시 보상, 인터랙티브 메시지 등)은 유아의 과제 지속력과 흥미, 탐구 의욕에 유의미한 효과가 있음이 실증연구로 검증되고 있다.

AI 맞춤형 평가 시스템의 가치와 한계를 직시할 필요도 크다. 첫째, 알고리즘의 설계가 유아의 발달 특성이나 감각, 정서적 다양성을 충분히 반영하지 않을 경우, 오진단이나 부적합 피드백으로 이어질 수 있으므로 데이터 해석의 신뢰성과 교육적 타당성을 확보하기 위한 이론 기반 설계가 필수적이다. 둘째, 평가 결과가 교사의 전문적 판단을 단순히 대체하는 도구로 오용될 가능성에 대한 비판적 시각이 필요하며, AI의 분석은 보조적 역할로 엄격히 위치시켜야 한다. 셋째, 국가별, 학교별, 개인별로 누적되는 대규모 아동 정보와 디지털 추적 정보의 개인정보 보호, 데이터 소유권, 투명성 · 동의 절차, 장기적 책임성 등 윤리 문제는 여전히 해소되어야 할 중요한 과제다. 특히 보육 연령 아동에 대한 데이터 윤리 연구가 빈약하므로 체계적 거버넌스 정착이 병행되어야 한다.

맞춤형 평가 · 피드백 시스템은 특수교육에서 '인지-정서-사회성-감각'의 총체적 평가, 교수설계-AT 통합, 빅데이터 · AI 기반의 정밀 진단, 그리고 윤리 · 공정성 확립이 동시에 실현될 때 가장 큰 효과를 거둘 수 있다. 이를 위해서는 디지털 교사의 새로운 역량(데이터 해석력, 기술-이론-공정성 통합 설계력, 비판적 윤리 의식 등) 개발뿐 아니라, 정책적 차원의 교사 연수, 시스템 설계-운영의 이론적 · 실증적 검증, 끊임없는 기술적 · 윤리적 혁신이 필수라고 할 수 있다.

궁극적으로 AI 기반 맞춤형 평가 · 피드백 시스템은 단순히 자동화 이상의 교육 효과(즉, 곧 장애 유아의 전인적 성장, 포용적 배움, 자기주도성 고양, 교사의 전문성 혁신)를 촉진할 수 있는 근본적 변화의 동력이며, 이를 구축하고 운영하는 모든 과정은 첨단 기술과 이론, 교육 현장, 윤리와 공정성이 결합된 하이브리드적 실천으로 설계되어야 한다.

3) 국내의 디지털 해결책 도입 사례

우리나라 유아특수교육 현장에서 디지털 해결책 도입 사례는 빠르게 다양화, 고도화되고 있으며, 이 과정에서 AI 기반 학습 분석, AT 통합, 빅데이터 활용, 몰입형 멀티미디어 교수설계 등 첨단 기술이 실제 수업과 평가의 영역 전체로 확장되고 있다. 이러한 변화는 장애 유아의 학습 접근성, 자기조절 학습, 교사-학부모-유아 간의 상호작용까지 구조적으로 혁신하는 동인을 제공하고 있다.

AI 기반 평가 시스템과 AT 기기를 활용한 프로그램은 일부 특수학교에서 실제로 적용되며, 실시간 학습 데이터 수집 및 분석, 맞춤형 피드백, 개인별 학습 자료 추천 및 학습 성과의 시각화 등을 핵심으로 한다. 이 시스템은 단순히 자동화가 아닌 맞춤형 정밀 진단과 교수

설계, 그리고 장애 유아의 인지 · 정서 · 행동 발달 특성을 분석해 수준별 · 유형별 활동 경로를 제시하는 방향으로 진화 중이다. 예를 들어, 서울, 경기 지역 특수학교의 '디지털 대시보드'는 학습 진행 상황과 반복 오류, 성취 그래프 등 주요 데이터를 실시간으로 교사, 학부모, 유아 모두가 확인할 수 있고, 이는 자기주도학습 및 즉각적 행동 개입의 과학적 근거로 기능한다. 이러한 접근은 단순히 지식 평가를 넘어 행위 패턴 분석과 감각 · 정서 데이터 통합 진단까지 포함하며, 점차 '교육 빅데이터 기반 맞춤형 특수교육'에 가까워지고 있다(Ang et al., 2020).

멀티미디어와 인터랙티브 콘텐츠 활용 역시 교실 수업 및 개별 활동 전반에서 긍정적 효과를 확인하고 있다. VR 기반 체험형 역사 탐험, 가상 환경에서의 과학 실험, AR에서의 언어 · 수 인지 앱, 점자 학습 시스템 등은 다양한 장애 유형의 감각 특성, 주의 양상에 따른 적응적 자극을 제공한다. 자폐 스펙트럼 장애를 가진 유아에게 VR 공간은 구조적 안정성과 높은 몰입감을 주고, 청각장애 유아는 실시간 자막, 시각 중심 피드백을 통해 공평한 의사소통 기회를 제공받는다. 이런 다중 감각적 · 참여 중심 설계는 메타버스나 디지털 게임, 실감형 시뮬레이션이 널리 확산되는 국제적 흐름과도 일치한다. 특히 이 과정에서 경험학습, 분산 인지, 체화학습 등 이론적 근거에 기반한 교수설계가 실제로 국내 특수교육 앱 · 콘텐츠 개발에도 적용되기 시작했다는 점은 주목할 만하다(Kim et al., 2023).

이와 같은 사례들은 국제 연구 흐름에서도 확인되는 바 있는데, AI 기반 진단 · 개입 도구, 행동 및 감정 데이터 중심의 맞춤형 교수법, 그리고 빅데이터 기반 교육 의사결정이 미래 특수교육의 표준이 되고 있다(Ang et al., 2020; Luan et al., 2020). 이러한 시스템을 뒷받침하는 교사의 역할과 전문성은 기존의 '기계 조작' 수준을 넘어서 빅데이터 · AI · AT 통합, 이론 기반 수업 설계, 디지털 리터러시, 공정성, 윤리 의식까지 포함하는 미래형 교사상으로 확장 중이다. 국내 교사 연수 프로그램도 스크래치(Scratch), 로봇, 시스템적 ICT 융합 교육 등 다양한 변화를 시도하고 있지만, 여전히 교사 개별 역량의 격차, 현장 운용 지원 미비 등의 과제가 남아 있다(Kim et al., 2012).

이 과정에서 빅데이터와 AI의 대규모 적용은 새로운 기술적 · 윤리적 도전 과제도 불러온다. 정보 프라이버시, 동의, 소유권, 데이터 활용의 장기적 책임 및 투명성 문제 등은 즉각적으로 해결해야 할 핵심 쟁점이며, 특히 학생의 연령이 낮고, 개인적이고도 민감한 정보가 누적 및 분석되는 유아특수교육 환경에서는 더욱 그렇다. 디지털 추적 정보 기반 맞춤형 평가와 피드백의 효과성, 알고리즘 해석의 신뢰성, 그리고 데이터 활용에 관한 윤리적 거버넌스 체계 구축이 병행되어야 한다.

국내의 디지털 특수교육 해결책 도입의 의의는 첫째, 개별 아동 중심의 정밀 분석 및 맞춤형 학습설계라는 교육 패러다임의 전환, 둘째, 메타버스, VR, AR 등 첨단 몰입형 환경의 실제 보급, 셋째, 교사-학부모-유아와 기술 간의 상호작용 기반 데이터 생태계로의 진화, 넷째, 교육 빅데이터 활용과 AI 기반의 객관적 진단 및 평가의 실증적 검증이라는 측면에 있다. 반면에 지역·기관 간의 기술 격차, 교사의 전문성 차이, 인프라와 콘텐츠의 지속 가능성, 학습 데이터의 윤리·사회정의 문제 등은 향후 국가 차원의 표준화, 정책적 재정 및 역량 강화, 책임성 높은 데이터 거버넌스 구축 등으로 보완해야 한다.

결론적으로, 우리나라의 유아특수교육 현장에서 이루어진 디지털 해결책 도입 사례는 경험적·이론적·기술적·윤리적 통합 모델로 발전하며, 유아특수교육의 포용성, 효과성, 공정성을 동시에 끌어올리는 중요한 방향타가 되고 있다. 이러한 변화가 지속되기 위해서는 빅데이터·AI 기반의 실증적 검증 시스템, 이론 중심의 교수설계, 미래형 교사 전문성 개발, 그리고 데이터 거버넌스, 윤리 체계의 동시 확립이 반드시 병행되어야 할 것이다.

4) 메타버스와 AI를 활용한 미래 교육 모델

미래 유아특수교육 모델에서 메타버스와 AI를 융합하는 흐름은 전통적인 교수-학습 구조를 넘어 개별화, 상호작용, 데이터 기반 교육의 전면적 전환을 의미한다. 최신 연구들은 이 과정이 단순히 기술 도입이 아니라, 데이터를 활용한 깊이 있는 학습 진단, 시뮬레이션형·몰입형 경험 기반 학습, 디지털 추적 정보 기반 포괄적 평가 체계의 구축 등 혁신적 변화를 촉진한다고 분석한다.

메타버스 환경은 VR, AR 등 몰입형 미디어와 AI·빅데이터 분석 기술을 결합하여 장애유아의 인지·감각·정서 특성에 최적화된 맞춤형 학습 플랫폼을 구현할 기반을 제공한다. 예를 들어, AI는 개별 유아의 학습 반응, 오류 패턴, 감정 표현, 참여도 등 수많은 변인 데이터를 실시간으로 분석해 학습 경로, 콘텐츠 난이도, 피드백 방식을 조정한다. 이러한 시스템에서 학습, 평가, 사회적 상호작용의 구분은 점차 흐릿하며, 메타버스 기반 실험실, VR 협동과제, 감각 대체형 피드백 등 다감각적 경험이 통합된다. 기존의 텍스트 중심·결과 중심 교육에서 벗어나 체험·체화·분산 인지 기반으로 교수설계가 설계되어야 학습효과가 최대화된다(Ang et al., 2020; Kim et al., 2023).

AI 기반 맞춤형 평가 시스템은 디지털 트레이스 데이터를 지속적으로 수집 및 분석함으로써 단일 시점 결과가 아닌 학습 전 과정의 변화를 평가하고 학습 피드백을 실시간으로 제공한다. 이 과정에서 학습자의 이해도, 강약점, 정서 반응, 사회적 상호작용 양상까지 총체적으로 진단하며, 반복적 피드백과 동적 자원 추천이 자기주도성 · 자기효능감 증진으로 이어질 수 있다. 실제 연구에 따르면, 이러한 연속적 데이터 기반 평가는 개별화된 과제 처방과 정밀한 교육 지원을 가능하게 하고, 고전적인 고위험 평가의 부담 없이 학습자가 발전을 체감하도록 한다(Shute & Rahimi, 2017).

유아특수교육의 디지털 전환에서 교사의 역할과 전문성 개발은 핵심 과제다. 미래의 교사는 단순히 기술 사용자에 머무르지 않는다. 데이터 해석 능력, AI가 제공하는 진단 결과의 비판적 분석, 이론 기반 교수설계, AT 통합, 그리고 공정성, 사회정의에 기반한 판단력이 필수적이라는 점이 다수의 연구에서 반복적으로 제기된다. 단순히 ICT 활용 능력이나 도구적 숙련도만으로는 충분하지 않으며, 적응형 설계, 체계적인 데이터 활용, 윤리적 의사결정이 통합된 복합 역량이 요구된다(김병건 외, 2020).

기술이 확산될수록 데이터 윤리와 정보 거버넌스의 중요성도 부각된다. AI · 메타버스 기반 시스템은 민감 데이터(행동, 위치, 감정, 상호작용 등)를 대량 수집하고 장기적으로 저장한다. 이에 따라 프라이버시, 데이터 소유권, 알고리즘의 투명성, 정보 동의 및 삭제권 등 윤리 쟁점은 필수적 고려 대상이다. 특히 장애 유아와 같이 보호가 필요한 집단의 경우, 가족 및 교사, 전문가 등 이해관계자가 참여하는 집단적 · 생태적 데이터 거버넌스 체계 구축과 연구 · 정책 단계의 통합적 윤리 설계가 동시에 이루어져야 한다.

한편, 이론적 토대 없는 기술 적용은 몰입도, 신기성에 치우쳐 실제 학습 효과로 직결되지 못한다는 한계도 제기된다. 성공적인 디지털 유아특수교육은 경험학습, 체화학습, 분산 인지 등 최신 학습 이론에 따라 플랫폼을 설계 및 평가하고, ICT 확장에 따른 교사 역할의 변화를 교육과정 · 교원 양성 체계에 반영해야 한다. 동시에 디지털 플랫폼 간의 기술 및 접근성 격차, 알고리즘 편향 및 오진단, 지속 가능한 데이터 보호 및 운영, 현실-가상 연계성 등 다계층적 도전 과제의 실천적 연구가 지속되어야 한다.

결론적으로, 메타버스와 AI 기반의 유아특수교육은 개별화, 포용성, 지속적 평가의 혁신적 효과를 보이고 있으며, 교육 빅데이터와 AI의 연계와 이론, 실천, 윤리의 통합 설계를 전제로 할 때 실질적 구조 혁신이 가능하다. 디지털 교사 역량 강화, 이론 근거 교수설계, 윤리 · 거버넌스 체계 구축, 정책적 지원이 유기적으로 결합될 때 미래 교육의 실질적 효과성과 사회 정의 실현을 동시에 도모할 수 있다.

5) 정부의 역할과 정책

미래의 유아특수교육에서 한국 정부의 역할과 정책은 단순히 디지털 장비 지원을 넘어서 체계적인 인프라 구축, 교사-개발자의 협력 생태계 조성, 데이터 · 윤리 거버넌스 강화, 그리고 국가 주도 교육 혁신 리더십 확립이 핵심이 된다.

첫째, 정부는 디지털 불평등 해소를 위해 전국적 수준에서 ICT 인프라, 고성능 네트워크, AT 기기 등을 유아특수교육 현장에 균등하게 공급해야 한다. 이 인프라 확장은 하드웨어 제공에 국한하지 않고, 학습자 특성별 맞춤형 보조 기기 및 플랫폼(예: AI 진단 도구, AR 기반 교재)의 현장 밀착 보급까지 아우른다. 특히 빅데이터와 AI 기반의 정밀 교육이 가능하려면 다양한 데이터가 안정적으로 유통 및 분석될 수 있는 기술적 토대와 법적 · 제도적 체계가 반드시 병행되어야 하며, 이를 위해 '유아특수교육 빅데이터 센터'나 '국가 디지털 유아특수교육 혁신 허브'와 같은 정책적 거점 설립이 필요하다.

둘째, 정보통신, AI, 메타버스 등 첨단기술의 특수교육 적용은 교사와 개발자 간의 긴밀한 연구 및 개발 협력 체제 없이는 지속적 발전이 어렵다. 선진 사례를 보면 교사는 사용자이자 평가자, 공동 연구자로, 개발자(프로그래머, 데이터 전문가)는 해결책 제작자이자 교육 파트너로 참여하는 구조가 점점 확산되고 있다(Kim et al., 2023). 정부는 산학연 플랫폼 기반의 연구 및 개발 펀드 지원, 유아교육 현장 교사 참여형 기술개발팀 운영, 그리고 콘텐츠 · 인터페이스 · 평가 시스템까지 개방형 혁신 시스템을 도입해야 한다. 이 과정에서 오픈소스 교육자료, 누구나 공유 가능한 연구 결과물, 실증적 시범 사업의 전국적 확산 전략이 핵심적이다.

셋째, 교사 역량 강화가 미래 유아특수교육 혁신의 필수 조건임이 여러 연구에서 재확인되었다(김병건 외, 2020). 미래형 디지털 교사는 단순히 ICT 활용 수준을 넘어서 데이터 분석, AI 활용 설계, 윤리적 판단력, 개별화 교수전략까지 완비된 프로필(competency profile)이 요구된다(Ally, 2019). 이를 구조화하기 위해 교대 · 사범대 교원 양성 과정에 AI · 메타버스 · 빅데이터 교육을 의무화하고, 현직 교사를 위한 데이터 해석, 공학적 응용, 공정성 · 사회정의 연수, 그리고 공동 연구 기반 현장 피드백 순환 시스템을 국가가 안정적으로 운영해야 한다.

넷째, 데이터 수집 및 활용이 폭증하는 디지털 특수교육에서는 개인정보 보호, 데이터 소유권, 알고리즘 투명성, 정보 주체 동의 등의 윤리 문제를 국가 단위에서 체계적으로 다뤄야 한다. 최근 연구에서는 특히 장애 유아처럼 보호가 절실한 집단의 경우, 정책 설계–현장 적용–데이터 폐기의 모든 단계에서 다층적 윤리 거버넌스가 필요함을 강조한다. 실제로 교육부,국가인권위원회, 전문가, 현장 교사, 가족이 모두 참여하는 '특수교육 디지털 윤리위원회'나 '사용자 동의+알고리즘 설명+데이터 삭제 청구권' 체계 구축이 요구된다.

다섯째, 정책 설계와 실행에서 장애 유아, 가족, 교사, 개발자 등 실제 이해관계자들이 실질적으로 참여하는 거버넌스 구조 확립이 중요하다. 기술 혁신의 확장성이 사회문화적 다양성, 지역별 · 개인별 차이를 반영할 수 있도록 정책 결정 및 실행 단계부터 이해관계자 회의체, 의견 수렴 프로세스, 실효적 공론의 장을 마련해야 한다.

여섯째, 유아특수교육에 적용되는 첨단기술의 효과성, 공정성, 지속 가능성의 검증이 요구된다. AI, 메타버스, 디지털 평가 시스템 등은 이론 기반 설계와 실증적 타당성 평가 없이는 현장 정착이 어렵다. 연구는 경험학습, 분산 인지, 체화학습, 지속적 컴퓨터 기반 평가 등 학습 이론 기반의 교수설계가 필수임을 강조하며, 이러한 접근이 실제 정책화될 수 있도록 정부 차원의 실증연구 지원과 시범 사업–성과 분석–정책 반영의 순환적 프레임워크가 구축되어야 한다.

일곱째, 국제 동향과 산업–교육 연계를 고려할 때 정부는 민간, 전문가, 국제사회와의 협력을 확대하고, 기술혁신과 교육철학(공정성, 포용성, 윤리성) 간의 균형 잡힌 정책 방향을 제시해야 한다. 빅데이터 및 AI 활용에서 윤리적 위험 '감소'와 교육 혁신 '확대'의 이중 전략이 동시에 요구된다.

제8장

영유아기 장애 유형별 디지털 교육

영유아기는 아이의 전반적인 발달에 있어 매우 중요한 시기다. 이 시기에 장애를 가진 아이들은 일반 유아와는 다른 발달 특성을 보이므로 디지털 교육 환경 또한 이들의 특수한 요구를 반영하여 맞춤형으로 설계되어야 한다. 이 장에서는 영유아기의 장애 유형별 디지털 교육의 필요성과 적용 사례, 그리고 향후 발전 방향에 대해 살펴본다.

먼저 시각장애를 가진 영유아의 경우, 디지털 교육은 주로 음성 안내와 점자 디스플레이를 통한 정보 제공이 핵심이다. 스크린 리더 기능을 탑재한 교육용 앱은 텍스트와 이미지의 정보를 음성으로 전환해 주며, 점자 디스플레이는 입력된 정보를 점자로 출력하여 아이들이 콘텐츠에 접근할 수 있도록 돕는다. 또한 고대비 모드와 큰 아이콘, 명확한 레이아웃 등은 시력이 일부 남아 있는 아이들이 정보의 경계를 쉽게 인식할 수 있게 하여 효과적인 학습 환경을 제공한다. 이러한 디지털 도구와 AT 기술의 적절한 활용은 시각장애 유아가 교육 콘텐츠를 보다 자율적으로 접근하고, 학습에 대한 자신감을 높이는 데 기여한다(Rao et al., 2021).

다음으로 청각장애를 가진 영유아의 경우, 디지털 콘텐츠는 음성 정보를 대체할 수 있는 시각적 자료와 자막, 애니메이션 등의 보조 기능을 중심으로 구성된다. 청각장애 유아는 음성 대신 텍스트와 이미지, 그리고 그래픽 요소를 통해 학습 정보를 습득하게 되므로 교육용 소프트웨어나 앱에서는 자막, 수화 해설, 그리고 시각적 신호를 강조하는 디자인이 필요하다. 또한 실시간 피드백 시스템을 통해 학습 활동 중 발생하는 오류나 문제점을 즉각적으로 안내함으로써 청각장애 유아도 자신의 학습 진행 상황을 쉽게 파악할 수 있도록 지원해야 한다(Cutumisu et al., 2019; Miller, 2009).

자폐 스펙트럼 장애를 가진 영유아의 경우, 디지털 교육은 예측 가능하고 구조화된 콘텐츠 제공이 핵심이다. 자폐 유아는 복잡한 인터페이스나 과도한 자극에 대해 불안감을 느낄 수 있으므로 단순하고 일관된 디자인의 앱과 학습 자료가 필요하다. 예를 들어, 일정한 패턴의 인터랙션과 단계별 미션, 그리고 반복학습을 통해 안정감을 주는 콘텐츠는 자폐 유아가 학습 목표를 명확히 인식하고, 차근차근 학습해 나갈 수 있도록 도와준다. 또한 AT 기술을 활용한 맞춤형 평가도구와 피드백 시스템은 자폐 유아의 개별 학습 요구를 반영하여 성공 경험을 누리고 지속적인 학습 동기를 유지하는 데 큰 도움을 준다(Napolitano et al., 2020).

마지막으로, 지적장애 및 발달지연을 가진 영유아에게는 디지털 교육이 간단하고 반복적인 학습 활동을 제공하는 것이 중요하다. 이러한 유아들은 복잡한 정보처리에 어려움을 겪기 때문에 직관적인 인터페이스와 큰 그림, 간단한 조작법을 갖춘 교육 콘텐츠가 효과적이다. 예를 들어, 게이미피케이션 요소를 도입하여 정답을 맞힐 때마다 보상이나 격려 메시지를 제공하는 방식은 지적장애 유아가 학습에 참여하는 데 큰 동기를 부여한다. 또한 개별 맞춤형 평가도구를 통해 학습 진행 상황을 세밀하게 모니터링하고, 필요한 경우 교사의 개별 지도가 이루어지면 유아는 자신의 학습 성과를 인지하고 반복학습을 통해 점진적으로 발전할 수 있다.

이와 같이 영유아기 장애 유형별 디지털 교육은 각 장애의 특성과 학습 요구를 면밀히 분석하여 맞춤형 보조 기술과 콘텐츠를 제공하는 데 초점을 맞춘다. 교사와 특수교육 전문가, 학부모가 긴밀히 협력하여 IEP를 수립하고, 이를 바탕으로 각 유아에게 최적화된 디지털 교육 환경을 구축하는 것이 중요하다. 이러한 통합적 접근은 장애 유아가 포용적 교육 환경 속에서 자기주도적 학습과 긍정적인 학습 경험을 할 수 있도록 돕고, 궁극적으로 미래 사회에서 요구하는 창의적이고 자기주도적인 인재로 성장할 수 있는 기반을 마련해 줄 것이다.

1. 시각장애 유아를 위한 디지털 교육

시각장애 유아가 디지털 콘텐츠에 원활하게 접근하고 학습 효과를 극대화하기 위해서는 AT 기술의 체계적 도입과 맞춤형 콘텐츠 제공이 필수적이다. 스크린 리더, 점자 디스플레이, 고대비 모드 등 다양한 AT 도구는 시각장애 유아가 텍스트와 이미지를 효과적으로 인식할 수 있도록 돕는다. 예를 들어, 스크린 리더는 화면에 출력된 모든 텍스트 정보를 음성으로 전환하여 제공하며, 이를 통해 유아는 메뉴, 버튼, 교육 자료의 내용을 청취할 수 있다. 점자 디스플레이는 디지털 기기에 입력된 정보를 점자로 변환해 실시간으로 출력해 주어 점자 읽기가 가능한 유아들에게 매우 유용하다. 고대비 모드는 화면의 배경색과 글자색의 대비를 극대화하여 시력이 일부 남아 있는 유아가 정보의 경계를 쉽게 인식할 수 있도록 한다 (Rao et al., 2021).

이와 함께 AI와 빅데이터 기술의 발전은 시각장애 유아에게 개인 맞춤형 학습 자료를 제공하는 데 혁신적인 역할을 한다. AI 기반 학습 시스템은 유아의 학습 패턴, 반응 속도, 오류 발생 빈도 등을 실시간으로 분석하여 해당 유아에게 부족한 부분을 보완할 수 있는 보충 자료를 자동으로 추천한다. 예를 들어, 유아가 특정 단어를 인식하는 데 어려움을 겪는 경우

AI 시스템은 그 단어의 발음, 의미, 그리고 관련 점자 정보를 추가로 제공하는 맞춤형 콘텐츠를 제시할 수 있다. 빅데이터 분석을 통해 축적된 다양한 학습 사례와 데이터를 바탕으로 교육자들은 전 세계의 선진 사례를 참고하여 효과적인 교수법과 콘텐츠 설계 방안을 도출할 수 있으며, 이를 국내의 유아교육 현장에 맞게 최적화할 수 있다.

디지털 교육 환경에서 시각장애 유아의 접근성을 높이기 위한 또 다른 핵심 요소는 사용자 인터페이스의 최적화다. 일반적인 디지털 콘텐츠는 시각 정보를 중심으로 구성되기 때문에 시각장애 유아가 이를 그대로 활용하기에는 한계가 있다. 따라서 인터페이스 디자인은 명확하고 직관적인 아이콘, 큰 버튼, 간결한 메뉴 구조 등을 적용해 유아가 불필요한 혼란 없이 필요한 정보를 신속하게 얻을 수 있도록 해야 한다. 또한 음성 안내와 점자 출력을 동시에 지원하는 통합 해결책은 시각장애 유아가 콘텐츠를 다각도로 인식할 수 있게 해주어 학습의 효율을 극대화한다(Rao et al., 2021).

교사와 학부모 간의 협력 역시 시각장애 유아를 위한 포용적 디지털 교육 환경 구축에 매우 중요하다. 교사는 AT 기술 및 맞춤형 콘텐츠의 효과적인 사용법을 숙지하고, 이를 바탕으로 개별 유아의 학습 진행 상황을 면밀히 관찰해야 한다. 정기적인 연수와 워크숍을 통해 최신 기술 동향과 사용법을 공유하고, 특수교육 전문가와의 협업을 통해 장애 유아의 요구에 맞춘 IEP를 지속적으로 업데이트하는 것이 필요하다. 학부모는 가정에서도 자녀가 디지털 기기를 올바르게 사용하며, 스크린 리더나 점자 디스플레이와 같은 보조 기기를 적극 활용할 수 있도록 지원함과 동시에 교사와 긴밀하게 소통하여 자녀의 학습 진행 상황을 함께 점검해야 한다(유현정, 김미숙, 2017).

글로벌 교육 트렌드를 살펴보면 미국, 유럽, 일본 등 여러 선진국에서는 시각장애 유아를 위한 디지털 교육 해결책이 이미 활발히 도입되어 있다. 이들 국가에서는 스크린 리더와 점자 디스플레이를 기본으로 한 교육용 앱, 그리고 AI 기반 맞춤형 학습 시스템이 보편적으로 사용되며, 시각장애 유아의 학습 효과를 극대화하기 위한 다양한 연구와 실험이 이루어지고 있다(Rao et al., 2021). 이러한 선진 사례들은 국내에서도 충분히 적용 가능한 가능성을 보여주고 있으며, 정부와 교육 당국 역시 관련 기술 도입에 대한 지원과 예산을 확대하고 있다.

또한 AT 기술의 발전은 앞으로 시각장애 유아를 위한 디지털 교육 모델에 더욱 혁신적인 변화를 가져올 것으로 기대된다. AI와 빅데이터를 활용한 학습 분석 시스템은 각 유아의 학습 상태를 실시간으로 모니터링하고, 그 결과를 바탕으로 맞춤형 피드백을 제공함으로써 유아들이 스스로 학습 목표를 달성할 수 있도록 유도한다. 향후 메타버스와 같은 가상 학습 환경에 점자 및 음성 안내 기능이 통합된다면 시각장애 유아도 몰입형 학습 경험을 통해 보다 창의적이고 자기주도적인 학습을 할 수 있게 될 것이다.

디지털 콘텐츠의 설계와 개발에도 시각장애 유아의 특성을 반영한 접근이 요구된다. 콘텐츠 제작자는 단순히 정보를 전달하는 데 그치지 않고, 시각장애 유아가 보조 기기를 통해 콘텐츠를 체계적으로 이해할 수 있도록 음성, 점자, 고대비 등 다양한 요소를 조합해 콘텐츠를 개발해야 한다. 예를 들어, 교육용 동영상에는 자막과 음성 해설이 동시에 제공되고, 인터랙티브 앱에서는 사용자가 선택한 옵션에 따라 점자 정보와 음성 안내가 자동으로 활성화되는 기능을 도입할 수 있다. 이러한 맞춤형 콘텐츠는 시각장애 유아가 학습 과정에서 겪을 수 있는 어려움을 최소화하고, 효과적인 학습 경험을 제공하는 데 핵심적인 역할을 한다(Rao et al., 2021).

결론적으로, 시각장애 유아를 위한 디지털 교육 혁신은 AT 기술의 효과적인 활용과 AI, 빅데이터 등 미래 기술을 접목한 맞춤형 학습 자료 제공, 그리고 글로벌 교육 트렌드를 반영한 최신 기술 적용을 통해 이루어질 수 있다. 교사와 학부모가 긴밀히 협력하여 모든 유아가 포용되는 디지털 교육 환경을 구축하는 것은 시각장애 유아가 동등하게 학습 기회를 누리며 창의적이고 자기주도적인 인재로 성장할 수 있는 기반을 마련하는 데 필수적이다. 앞으로의 디지털 교육은 기술 도입뿐만 아니라, 교육철학과 교수법의 혁신을 통해 모든 유아에게 열린 학습 환경을 제공해야 하며, 이를 위해 지속적인 연구, 투자, 그리고 교육자와 학부모 간의 협력이 절대적으로 요구된다.

1) 미래 기술과 시각장애 유아교육

AI, 빅데이터, 그리고 클라우드 기반 서비스와 같은 미래 기술은 교육 전반에 혁신적인 변화를 가져오고 있다. 특히 시각장애 유아의 교육 분야에서는 이러한 기술들이 맞춤형 콘텐츠 제공 및 학습 진도 관리에 중추적인 역할을 하고 있다. 시각장애 유아는 일반 유아와 달리 시각 정보 접근에 한계가 있으므로 AT 기술과 함께 AI 기반 맞춤형 학습 시스템이 결합될 때 학습 효율이 극대화될 수 있다(Kugler, 2020; Liu et al., 2020; Rao et al., 2021).

먼저 AI 기술은 시각장애 유아의 학습 데이터를 실시간으로 분석하여 개인별 학습 패턴을 파악하고, 그에 맞는 보충 학습 자료나 맞춤형 콘텐츠를 제공하는 데 활용된다. 예를 들어, 한 AI 시스템은 유아가 스크린 리더를 통해 입력받은 텍스트와 음성 피드백의 데이터를 분석해 어떤 단어 혹은 개념에서 어려움을 겪는지를 판단할 수 있다. 이를 기반으로 해당 유아에게는 추가 설명이나 반복학습이 필요한 콘텐츠를 자동으로 추천하는 기능을 수행한다. 이러한 시스템은 학습자가 자신의 페이스에 맞춰 학습할 수 있도록 지원하며, 교사는 개별 학생의 학습 진도를 면밀히 모니터링할 수 있다(Liu et al., 2020; Rao et al., 2021).

또한 빅데이터 분석은 수많은 유아의 학습 데이터를 종합해 시각장애 유아에게 효과적인 콘텐츠 유형과 교수법을 도출하는 데 큰 역할을 한다. 대량의 데이터를 기반으로 한 통계 분석을 통해 어느 유형의 AT 기술이 특정 학습목표 달성에 효과적인지, 어떤 콘텐츠 디자인이 학습 참여도와 이해도를 높이는지 등 객관적인 자료를 제공한다. 이와 같은 분석 결과는 글로벌 교육 트렌드와 해외 선진 사례와도 연계되어 국내 시각장애 유아교육에 적용할 수 있는 혁신적 모델을 개발하는 데 기여할 수 있다.

클라우드 기반 서비스는 학습 자료의 저장과 공유, 그리고 실시간 협업학습 환경 구축에 중요한 역할을 한다. 클라우드를 활용하면 시각장애 유아가 학교나 가정 등 어느 곳에서나 동일한 콘텐츠에 접근할 수 있고, 교사와 학부모가 실시간으로 학습 상황을 모니터링하면서 피드백을 제공할 수 있다. 예를 들어, 클라우드 기반 LMS는 학생 개개인의 학습 진도, 평가 결과, 피드백 기록 등을 한 눈에 파악할 수 있게 하여 맞춤형 지도와 보충 수업 진행에 큰 도움을 준다(Liu et al., 2020; Rao et al., 2021).

이와 같이 AI, 빅데이터, 클라우드 기반 서비스는 각각 독립적으로도 시각장애 유아교육에 긍정적인 영향을 미치지만, 이를 통합하여 사용할 경우 그 시너지 효과는 더욱 극대화된다. 예를 들어, AI 기반 데이터 분석과 클라우드 LMS가 결합된 시스템은 시각장애 유아의 학습 패턴을 지속적으로 추적하며, 그 데이터를 바탕으로 교사가 IEP를 세울 수 있도록 지원한다. 이는 유아가 자신의 학습 상황을 스스로 인지하고, 교사의 즉각적인 피드백을 통해 꾸준한 성장을 이루는 데 매우 효과적이다.

또한 이러한 미래 기술의 도입은 교사의 역할에도 변화를 요구한다. 전통적인 수업 전달 방식에서 벗어나 교사는 데이터 분석 결과를 토대로 개별 학습자에게 맞춤형 지도를 제공하는 '학습 코치'의 역할을 수행해야 한다. 교사는 AI와 빅데이터 기술을 활용해 시각장애 유아의 학습 상황을 정밀하게 파악하고, 이를 바탕으로 학습 자료를 보완하거나 새로운 교수법을 도입할 수 있어야 한다. 이러한 변화는 교사의 전문성 강화와 더불어 지속적인 연수 및 연구 참여를 통해 이루어져야 하며, 이는 전체 교육 시스템의 혁신으로 이어질 것이다(Rao et al., 2021).

글로벌 교육 시장에서는 이미 AI와 빅데이터를 활용한 맞춤형 교육 시스템이 시각장애 유아 대상의 특수교육에 도입되고 있으며, 여러 해외 사례가 높은 학습 효과를 입증하고 있다. 미국, 유럽, 일본 등 선진국의 유아특수교육 현장에서는 스크린 리더, 점자 디스플레이, 고대비 모드 등 AT 기술을 기반으로 한 디지털 학습 콘텐츠와 AI 시스템이 표준화되어 사용되고 있다. 이러한 해외 사례는 국내에서도 충분히 적용 가능한 모델로 평가되며, 정부 및 교육 당국은 관련 기술 도입과 인프라 구축에 대한 지원을 확대하고 있다(Carpenter, 2020; Kugler, 2020; Rao et al., 2021).

결론적으로, AI, 빅데이터, 클라우드 기반 서비스 등 미래 기술은 시각장애 유아교육에 혁신적인 영향을 미치며, 개인 맞춤형 학습 자료 제공 및 학습 진도 관리에 큰 도움을 주고 있다. 이러한 기술들은 단순히 정보 전달을 넘어 유아의 학습 패턴을 분석하고 맞춤형 지도를 제공하는 데 필수적인 도구로 자리 잡고 있으며, 글로벌 선진 사례를 바탕으로 국내에도 성공적으로 적용될 수 있는 잠재력을 지니고 있다. 교사와 학부모, 그리고 교육 당국은 이러한 미래 기술을 적극 도입하고 활용하여 시각장애 유아가 동등하게 학습할 수 있는 포용적 디지털 교육 환경을 마련해야 할 것이다.

2) 글로벌 교육 트렌드 비교

글로벌 교육 트렌드는 디지털 전환, AI, 원격교육 등 첨단 기술의 도입으로 빠르게 변화하고 있다. 특히 특수교육 분야에서는 시각장애 유아를 위한 디지털 해결책과 AT 기술이 큰 주목을 받고 있다. 미국, 유럽, 일본 등의 선진국에서는 이미 시각장애 유아 대상의 디지털 교육 프로그램이 체계적으로 운영되고 있으며, 최신 기술을 적극 활용하여 맞춤형 학습 콘텐츠와 평가도구를 제공하고 있다. 해외 사례를 살펴보면 각 국가에서는 스크린 리더와 점자 디스플레이를 기본으로 한 교육용 앱을 보급하고, AI를 통한 학습 분석과 개별 맞춤형 콘텐츠 제공이 활발하게 이루어지고 있다.

미국의 경우, 유아특수교육 디지털 플랫폼이 이미 표준화되어 있으며, 클라우드 기반 학습 시스템과 AI 기술을 활용한 맞춤형 학습 프로그램이 보편화되어 있다. 이러한 시스템은 시각장애 유아가 자신에게 필요한 학습 자료를 실시간으로 제공받고, 학습 진행 상황을 체계적으로 관리할 수 있도록 지원한다. 유럽에서는 AT 기술과 맞춤형 교육 콘텐츠의 연계를 통해 시각장애 유아의 학습 격차를 해소하는 다양한 프로젝트가 진행되고 있다. 일본 역시 전통과 첨단 기술이 결합된 유아특수교육 시스템을 도입하여 시각장애 유아뿐만 아니라 다양한 장애 유형의 유아들에게 포용적인 교육 환경을 제공하고 있다(Carpenter, 2020).

국내 적용 가능성을 분석해 보면 한국은 이미 디지털 교육 인프라와 IT 기술력이 세계적인 수준에 도달해 있으며, 스마트 클래스룸, 온라인 학습 플랫폼, 그리고 다양한 교육용 앱이 빠르게 도입되고 있다(이주은, 2019). 다만 글로벌 선진국에 비해 특수교육 분야의 디지털 해결책은 아직 초기 단계에 머무르고 있는 경우가 많다. 정부와 교육 당국은 시각장애 유아를 포함한 특수교육 대상 학생들을 위해 AT 기술 도입 및 맞춤형 교육 콘텐츠 개발에 대한 지원을 확대하고 있으며, 이러한 노력은 국내 교육 시스템에 글로벌 트렌드를 성공적으로 반영할 수 있는 기반을 마련하고 있다.

국내의 특수교육 디지털 해결책 현황은 AT 기기, AI 기반 맞춤형 평가도구, 그리고 클라우드 기반 LMS 등 다양한 기술이 혼합되어 있다. 이들 해결책은 글로벌 교육 트렌드와 유사한 방향으로 발전하고 있으나, 보다 세밀한 맞춤형 콘텐츠 개발과 교사 및 학부모와의 협력체계 강화가 필요한 실정이다. 글로벌 사례를 참고하면 해외에서는 이미 장애 유아 맞춤형 교육 콘텐츠와 평가 체계가 정교하게 구축되어 있어 국내에서도 이와 같은 시스템을 도입하기 위한 연구와 실험이 진행 중이다.

또한 글로벌 트렌드는 원격교육과 협업학습을 통해 지리적 제약 없이 모든 유아에게 동등한 학습 기회를 제공하는 데 초점을 맞추고 있다. 국내에서도 코로나19 이후 원격교육 시스템이 급속히 도입되었으며, 이를 토대로 특수교육 분야에도 원격 학습 플랫폼과 온라인 평가 시스템을 접목시킨 맞춤형 교육 모델이 마련되고 있다. 이러한 시스템은 시각장애 유아가 가정에서도 학교와 동일한 교육 지원을 받을 수 있도록 하며, 학부모와의 긴밀한 협력을 통해 교육 효과를 극대화하는 데 기여할 것이다.

결론적으로, 글로벌 교육 트렌드와 국내 적용 가능성은 시각장애 유아를 위한 디지털 교육 분야에서 크게 발전할 잠재력을 보여 준다. 해외 선진 사례를 통해 도출된 다양한 보조기술 및 맞춤형 교육 해결책은 국내에서도 충분히 적용 가능한 모델로, 정부와 교육 당국의 지원 정책과 함께 점차 확대될 전망이다. 이를 위해 교사와 학부모, 그리고 특수교육 전문가들이 지속적인 협력과 연구를 통해 글로벌 트렌드를 반영한 혁신적인 디지털 교육 모델을 구축하는 것이 필수적이다.

3) 미래 교육 모델과 실제 적용 사례

여러 선진국에서는 시각장애 유아를 위한 디지털 교육 혁신을 위해 다양한 보조 기술과 맞춤형 교육 콘텐츠를 도입하고 있다. 미국, 유럽, 일본 등에서는 이미 스크린 리더, 점자 디스플레이, 고대비 모드 등이 기본적으로 적용된 교육용 소프트웨어와 앱이 보편화되어 있으며, AI 기반 맞춤형 학습 시스템과 클라우드 기반 LMS과 적극 활용되고 있다. 이러한 시스템은 시각장애 유아가 자신의 학습 진행 상황을 실시간으로 파악하고, 개별 맞춤형 지도를 받을 수 있도록 지원한다.

해외 사례를 살펴보면 미국의 한 특수교육기관에서는 AI와 빅데이터 분석을 통해 학생 개개인의 학습 패턴을 실시간으로 모니터링하고, 그 결과를 토대로 맞춤형 학습 자료를 자동으로 제공하는 시스템을 도입했다(Rao et al., 2021). 이 시스템은 스크린 리더와 연동되어 시각장애 유아가 텍스트 정보를 음성으로 들을 수 있도록 설계되었으며, 점자 디스플레이를 통해 중요한 정보가 점자로 출력되도록 지원한다(김동현 외, 2005). 이러한 사례는 학생들의 학업성취도를 높이는 동시에 교사가 IEP를 수립하는 데 있어 큰 도움이 되고 있다.

유럽에서는 AT 기술과 디지털 교육 콘텐츠의 연계를 통해 시각장애 유아의 학습 격차를 해소하기 위한 다양한 프로젝트가 진행되고 있다. 예를 들어, 독일과 스웨덴의 일부 학교에서는 고대비 모드와 점자 출력 기능이 통합된 학습 앱을 개발하여 시각장애 유아가 정보에 접근하는 데 있어 물리적·기술적 한계를 극복할 수 있도록 지원하고 있다. 이러한 시스템은 학생의 학습 데이터를 클라우드에 저장하여 교사와 학부모가 실시간으로 학습 진행 상황을 공유할 수 있게 하며, 글로벌 교육 트렌드를 반영한 최신 기술 적용 사례로 평가받고 있다(Rao et al., 2021).

국내에서도 일부 특수학교와 교육기관에서는 시각장애 유아를 위한 디지털 교육 혁신 프로젝트가 진행 중이다. 정부와 교육 당국은 AT 기술 도입과 AI 기반 맞춤형 학습 시스템 개발에 대한 예산 지원 및 정책 마련을 추진하고 있으며, 이를 통해 시각장애 유아가 포용적 교육 환경에서 동등한 학습 기회를 누릴 수 있도록 노력하고 있다. 이러한 미래 모델은 AI, 빅데이터, 클라우드 서비스, 메타버스 등의 최신 기술과 AT 기술이 통합된 형태로 발전할 전망이며, 교사와 학부모, 그리고 특수교육 전문가 간의 긴밀한 협력을 통해 지속적으로 개선될 것이다(유현정, 김미숙, 2017).

결론적으로, 국내외 시각장애 유아 대상 디지털 교육 혁신 사례는 미래 교육 모델의 핵심적인 방향성을 제시하며, 보조 기술과 맞춤형 교육 콘텐츠의 발전 가능성을 입증하고 있다. 이러한 사례들은 앞으로의 교육 환경에서 시각장애 유아가 자기주도적이고 창의적인 학습 경험을 누리며, 글로벌 교육 트렌드에 부합하는 포용적 디지털 교육 모델로 발전하는 데 중요한 밑거름이 될 것이다.

2. 청각장애 유아를 위한 디지털 교육

청각장애 유아는 음성 정보에 접근하는 데 제약이 있어 교육 콘텐츠가 그들에게 효과적으로 전달되기 위해서는 자막, 수화 해설, 시각적 피드백 등 보조 기술의 활용이 필수적이다. 또한 AI와 빅데이터 기술을 접목한 맞춤형 학습 자료와 평가 체계를 마련하면 개별 유아의 학습 성향과 필요를 보다 정밀하게 반영할 수 있다. 이번 절에서는 청각장애 유아가 디지털 콘텐츠에 원활하게 접근할 수 있도록 보조 기술을 효과적으로 활용하는 방안을 모색하고, AI 및 빅데이터 기반 맞춤형 학습 자료 제공 사례와 평가 체계 구축, 글로벌 교육 트렌드와 국내 적용 가능성 분석, 그리고 교사의 전문성 강화 방안에 대해 심도 있게 논의한다.

먼저 디지털 콘텐츠 제작 시 청각장애 유아를 위한 핵심 보조 기술로는 자막과 수화 해설, 그리고 시각적 피드백 시스템이 있다. 동영상, 오디오 강의, 인터랙티브 앱 등 다양한 디지털 자료에는 반드시 자막을 기본으로 제공해야 하며, 전문 수화 해설 영상을 함께 제공하는 것이 중요하다. 자막은 단순히 음성을 문자로 변환하는 역할을 넘어서 내용의 맥락과 강조점을 시각적으로 전달하는 데 기여한다. 또한 수화 해설은 청각장애 유아가 보다 생생하게 강의를 이해할 수 있도록 도와주며, 특히 전문 수화 통역사가 참여한 콘텐츠는 교육 효과를 극대화하는 데 큰 역할을 한다. 이와 더불어 버튼 클릭, 터치 인터랙션, 문제 풀이 등 디지털 활동에서 시각적 피드백을 통해 유아들이 자신의 행동 결과를 즉각적으로 인지할 수 있도록 디자인해야 한다. 색상 변화, 애니메이션 효과, 아이콘의 확대 등 다양한 시각적 요소를 활용해 학습자의 참여를 유도하는 것이 효과적이다(황정아, 남택진, 2007).

AI와 빅데이터 기술은 청각장애 유아의 맞춤형 학습 자료 제공 및 평가 체계 구축에 혁신적인 도구로 작용한다. AI 기반 시스템은 학생 개개인의 학습 기록, 문제 풀이 패턴, 반응 속도 등의 데이터를 실시간으로 분석하여 각 유아에게 가장 적합한 학습 자료를 추천하거나 부족한 부분을 보충할 수 있는 추가 자료를 제공한다. 예를 들어, 청각장애 유아가 특정 개념에서 어려움을 겪는다면 해당 내용을 보완하기 위한 시각 자료와 함께 자막과 수화 해설이 포함된 보충 콘텐츠가 자동으로 제안될 수 있다. 빅데이터 분석은 수많은 유아의 학습 데이터를 기반으로 어떤 유형의 콘텐츠가 효과적인지, 어떤 평가 방법이 맞춤형 지원에 유리한지를 객관적으로 도출하여 교육자들이 글로벌 선진 사례를 참고해 최적의 교수법을 개발하는 데 도움을 준다(윤미선, 2007; Park, 2017).

글로벌 교육 트렌드에서는 청각장애 유아를 위한 디지털 교육 해결책이 이미 여러 선진국에서 활발히 적용되고 있다. 미국, 유럽, 일본 등에서는 자막 기능, 수화 해설, 그리고 시각적 보조 자료를 기본으로 한 교육용 앱과 온라인 강의 플랫폼이 표준화되어 있으며, AI와 빅데이터를 활용한 개인 맞춤형 학습 시스템도 도입되어 있다. 이러한 글로벌 사례들은 청각장애 유아가 음성 정보 없이도 학습 내용을 충분히 이해하고, 자기주도적으로 학습할 수 있는 환경을 마련하는 데 큰 성공을 거두고 있다. 국내에서도 정부와 교육 당국은 청각장애 유아 지원을 위한 AT 기술 및 맞춤형 디지털 콘텐츠 개발에 박차를 가하고 있으며, 관련 예산과 정책 지원을 확대하고 있다(이주은, 2019). 이러한 노력은 청각장애 유아가 일반 유아와 동등하게 교육 기회를 누릴 수 있는 포용적 디지털 교육 환경을 구축하는 데 기여할 것이다.

또한 교사와 학부모의 역할이 매우 중요하다. 교사는 최신 보조 기술과 맞춤형 평가도구 사용법에 대해 정기적인 연수와 워크숍을 통해 전문성을 강화해야 하며, 학부모는 자녀가 가정에서도 디지털 콘텐츠에 효과적으로 접근할 수 있도록 보조 기기를 활용하고, 교사와 긴밀한 소통을 통해 학습 진행 상황을 공유해야 한다(유현정, 김미숙, 2017). 이러한 협력 체계는 청각장애 유아의 학습 효과를 극대화하고, 디지털 교육 환경에서의 문제 발생 시 신속한 대응과 지속적인 개선을 가능하게 한다.

미래 교육 기술의 발전과 함께 AI, 빅데이터, 클라우드 기반 서비스, 그리고 메타버스와 XR 기술이 결합된 차세대 교육 플랫폼이 청각장애 유아를 위한 맞춤형 학습 환경에 도입될 가능성이 크다. 이러한 플랫폼은 학생 개개인의 학습 데이터를 실시간으로 분석하여 맞춤형 피드백과 보충 자료를 제공하는 동시에 글로벌 교육 트렌드를 반영한 최신 기술 해결책을 적용할 수 있다. 예를 들어, 메타버스 내에서 청각장애 유아가 수화 통역과 자막, 그리고 시각적 보조 자료를 동시에 활용하여 몰입형 학습을 경험할 수 있는 모델은 미래 교육의 혁신적 사례로 주목받을 것이다.

결론적으로, 청각장애 유아를 위한 디지털 교육 혁신은 자막, 수화 해설, 시각적 피드백 등 보조 기술의 효과적인 활용과 AI 및 빅데이터 기반 맞춤형 학습 자료 제공, 글로벌 교육 트렌드와 선진 사례의 도입을 통해 실현될 수 있다. 교사와 학부모, 그리고 교육 당국이 긴밀히 협력하여 청각장애 유아가 디지털 교육 환경에서 동등하게 학습할 수 있도록 지원하는 체계를 마련해야 하며, 이를 통해 청각장애 유아도 창의적이고 자기주도적인 학습자로 성장할 수 있는 미래 교육의 기반을 마련할 수 있다.

1) 미래 기술과 청각장애 유아교육

AI, 빅데이터, 그리고 클라우드 서비스와 같은 미래 기술은 교육 전반에 혁신적인 변화를 가져오고 있으며, 특히 청각장애 유아교육 분야에서 그 역할이 두드러지고 있다. 청각장애 유아는 음성 정보에 접근하는 데 한계가 있으므로 디지털 콘텐츠가 원활하게 전달되기 위해서는 자막, 수화 해설, 시각적 보조 자료 등 다양한 보조 기술이 필수적이다. 이와 함께 AI, 빅데이터, 클라우드 기술은 유아 개개인의 학습 데이터를 분석하여 맞춤형 콘텐츠를 제공하고, 학습 진도 관리 및 평가 체계를 효율적으로 운영하는 데 큰 기여를 한다.

먼저 AI 기술은 청각장애 유아의 학습 패턴과 문제 해결 능력을 실시간으로 분석하는 데 활용된다. AI 기반 학습 시스템은 학생이 문제를 해결하는 동안 발생하는 오류, 반응 속도, 선택한 답안 등의 데이터를 수집하여 개별 학생에게 어떤 부분에서 어려움을 겪는지 파악한다. 이러한 데이터를 바탕으로 AI는 학생별 맞춤형 보충 자료를 제공하거나 반복학습이 필요한 영역을 자동으로 추천할 수 있다. 예를 들어, 한 청각장애 유아가 특정 수학 개념에서 어려움을 보인다면 해당 개념을 보완하기 위해 시각적 도표, 자막이 포함된 설명 영상, 그리고 수화 해설 자료 등이 동시에 제공되어 학습 효과를 극대화할 수 있다(윤미선, 2017).

빅데이터 기술은 대량의 학습 데이터를 분석하여 청각장애 유아에게 가장 적합한 콘텐츠 유형과 교수법을 도출하는 데 중요한 역할을 한다. 다양한 학생의 학습 기록, 참여도, 평가 결과 등을 통계적으로 분석하면 어떤 형식의 콘텐츠(예: 애니메이션, 인터랙티브 그래픽, 텍스트 기반 자료)가 효과적인지를 객관적으로 판단할 수 있다(박희정, 2018; Park, 2017). 이와 같은 분석 결과는 글로벌 교육 트렌드를 반영한 최신 교육 해결책 도입에도 기여하며, 국내 교육기관이 해외 선진 사례를 바탕으로 청각장애 유아 맞춤형 교육 모델을 개발하는 데 밑거름이 된다(이주은, 2019).

클라우드 서비스는 교육 콘텐츠와 학습 데이터를 안전하게 저장하고, 여러 기기 간의 실시간 동기화를 가능하게 한다. 이를 통해 청각장애 유아는 학교뿐만 아니라 가정에서도 동일한 학습 자료에 접근할 수 있으며, 교사와 학부모는 학생의 학습 진도와 평가 결과를 실시간으로 공유받아 개별 맞춤형 교육 계획을 수립할 수 있다. 클라우드 기반 LMS는 특히 데이터의 중앙 집중화와 접근성 향상을 통해 AI와 빅데이터 분석의 효과를 극대화하는 역할을 한다(민영수, 김홍연, 김영균, 2009; 전새하, 박나래, 이중정, 2011; 최혜길, 2008).

이처럼 AI, 빅데이터, 클라우드 서비스 등 미래 기술은 청각장애 유아교육에 있어 맞춤형 콘텐츠 제공과 학습 진도 관리, 그리고 평가 체계의 혁신을 가능하게 한다. 기술의 통합적 활용은 개별 학생의 학습 요구를 정확하게 반영하고, 실시간 피드백을 통해 자기주도학습 능력을 향상시키며, 전반적인 교육의 질을 높이는 데 기여한다. 향후 이러한 기술은 더욱 발전하여 청각장애 유아에게 최적화된 교육 환경을 제공하는 데 핵심 역할을 수행할 것으로 기대된다.

또한 이러한 미래 기술의 도입은 교사와 교육 당국에게도 새로운 도전과 기회를 제공한다. 교사는 AI 및 빅데이터 분석 결과를 토대로 학생 개개인의 학습 성향과 문제점을 파악하고, 이를 바탕으로 IEP를 수립해야 한다. 또한 클라우드 기반 시스템을 통해 학습 데이터를 공유받고 분석함으로써 지속적으로 교수법을 개선하고, 최신 기술 동향에 맞추어 자신의 전문성을 강화해야 한다. 이와 같은 노력은 청각장애 유아를 포함한 모든 학생이 동등한 학습 기회를 누릴 수 있는 포용적 교육 환경 구축으로 이어진다(이주은, 2019).

결론적으로, 미래 기술은 청각장애 유아교육에 있어 필수적인 요소로 자리 잡고 있다. AI, 빅데이터, 클라우드 서비스 등의 기술은 맞춤형 학습 자료 제공과 평가 체계 운영, 그리고 실시간 학습 데이터 분석을 통해 학생들이 자신의 학습 과정을 주도적으로 관리할 수 있도록 지원한다. 이러한 기술적 도구들을 효과적으로 활용하면 청각장애 유아도 높은 학습 성과를 달성하며, 글로벌 교육 트렌드에 부합하는 혁신적인 교육 모델로 발전할 수 있다.

2) 글로벌 교육 트렌드 비교

글로벌 교육 시장은 디지털 전환과 함께 급속한 변화를 겪고 있으며, 특히 특수교육 분야에서 청각장애 유아를 위한 디지털 해결책이 중요한 역할을 하고 있다. 미국, 유럽, 일본 등의 선진국에서는 청각장애 유아를 위한 맞춤형 교육 콘텐츠와 보조 기술이 이미 표준화되어 있으며, 이를 바탕으로 학생들의 학습 성과를 극대화하는 다양한 디지털 교육 모델이 운영되고 있다. 해외 사례와 국내 적용 가능성을 비교 분석하면 국내에서도 충분히 글로벌 트렌드를 반영한 특수교육 디지털 해결책을 도입할 잠재력이 있음을 알 수 있다(박희정, 2018; 이주은, 2019).

해외 사례 중 미국의 경우, 유아특수교육 디지털 플랫폼이 매우 발달되어 있다. 미국에서는 AI 기반 맞춤형 학습 시스템과 클라우드 기반 LMS가 결합되어 청각장애 유아에게 실시간 피드백과 개별 맞춤형 콘텐츠를 제공하는 모델이 운영되고 있다. 이러한 시스템은 모든 동영상 콘텐츠에 자동 자막과 수화 해설을 포함하며, 학생의 학습 데이터를 분석하여 필요한 보충 자료를 자동으로 추천하는 기능을 갖추고 있다(Park, 2017). 유럽에서는 AT 기술과 함께 청각장애 유아를 위한 인터랙티브 학습 앱이 활발하게 사용되고 있다. 독일과 스웨덴 등의 국가에서는 시각적 보조 자료와 자막, 그리고 수화 해설 기능이 통합된 교육용 소프트웨어가 보편적으로 활용되어 학생들이 음성 정보 없이도 효과적으로 학습할 수 있도록 지원한다(이주은, 2019).

일본은 전통적인 교육 시스템과 첨단 기술이 결합된 유아특수교육 모델을 채택하고 있다. 일본의 경우, 청각장애 유아를 위한 디지털 교육 콘텐츠가 교실 내에 통합되어 있으며, 실시간 평가 및 피드백 시스템을 통해 학생들의 학습 상황을 면밀히 모니터링한다. 이러한 시스템은 수화 통역과 자막, 시각적 피드백을 동시에 제공함으로써 청각장애 유아가 다양한 정보에 동등하게 접근할 수 있도록 돕는다(박희정, 2018).

국내 적용 가능성을 분석하면 한국은 이미 스마트 클래스룸, 온라인 학습 플랫폼, 그리고 다양한 교육용 앱 등 디지털 교육 인프라가 잘 구축되어 있다. 그러나 청각장애 유아를 위한 특수교육 디지털 해결책은 아직 해외 선진국에 비해 초기 단계에 머무르고 있는 경우가 많다. 정부와 교육 당국은 AT 기술 도입과 함께 AI 기반 맞춤형 학습 시스템, 자막 및 수화 해설 기능이 통합된 교육 콘텐츠 개발에 대한 지원 정책을 강화하고 있다. 국내 교육기관들은 해외 사례를 참고하여 청각장애 유아의 특성에 맞춘 맞춤형 교수법과 평가 체계를 개발하는데 집중하고 있으며, 이를 통해 글로벌 교육 트렌드를 반영한 포용적 디지털 교육 환경을 마련할 잠재력이 충분하다.

또한 글로벌 트렌드에서 원격교육 및 협업학습의 활성화가 중요한 요소로 부각되고 있으며, 국내에서도 코로나19 이후 이러한 시스템의 도입이 가속화되고 있다. 청각장애 유아를 위한 원격교육 플랫폼은 자막, 수화 해설, 시각적 피드백 등 보조 기술을 통합하여 가정에서도 학교와 동일한 교육 지원을 받을 수 있도록 설계되고 있다. 이와 같은 기술적 진보와 정책 지원은 국내 유아특수교육 현장에서 글로벌 선진 사례를 성공적으로 적용할 수 있는 기반을 마련하고 있다(박희정, 2018; 이주은, 2019).

결론적으로, 글로벌 교육 트렌드와 국내 적용 가능성 분석을 통해 해외 선진국에서 성공적으로 운영되고 있는 청각장애 유아 대상의 디지털 교육 모델은 국내에서도 충분히 도입될 수 있는 잠재력을 지니고 있다. 정부, 교육 당국, 교사, 그리고 학부모 간의 긴밀한 협력과 지속적인 투자, 그리고 최신 보조 기술과 맞춤형 학습 콘텐츠 개발이 뒷받침된다면 국내 청각장애 유아도 글로벌 트렌드에 부합하는 혁신적인 교육 환경에서 학습할 수 있을 것이다.

3) 게이미피케이션 전략과 과잉 자극 관리

디지털 교육 환경에서 게이미피케이션은 학생들의 학습 참여와 동기부여를 강화하기 위한 효과적인 전략으로 자리 잡고 있다(Inangil, Dincer, & Kabuk, 2022; Strmecki et al., 2015). 특히 청각장애 유아의 경우, 음성 정보 대신 시각적 보조와 자막, 수화 해설 등을 활용한 게이미피케이션 요소가 학습 효과를 높이는 데 중요한 역할을 한다(박희정, 2018). 게이미피케이션 요소인 미션, 보상, 레벨업 등의 게임 디자인은 학습자가 즐겁게 참여하면서 학습 목표를 달성할 수 있도록 돕는다.

게이미피케이션된 학습 콘텐츠는 유아들이 특정 미션을 완료할 때마다 시각적 효과와 보상 메시지를 통해 긍정적인 피드백을 제공한다. 예를 들어, 문제를 해결하면 화면에 자막과 아이콘을 통해 '잘했어요'라는 메시지와 함께 점수나 배지를 지급하는 시스템은 청각장애 유아가 자신의 성취를 시각적으로 확인할 수 있도록 한다. 이러한 보상 체계는 학생들의 자기효능감을 높이고, 반복학습을 통해 자신감을 쌓는 데 기여한다.

그러나 동시에 디지털 콘텐츠가 제공하는 자극이 과도할 경우, 유아들은 과도한 시각적·청각적 자극으로 인해 주의 집중력이 저하되고, 신경 발달에 부정적인 영향을 받을 위험이 있다. 과잉 자극 관리에서는 콘텐츠의 자극 강도, 화면 전환 속도, 애니메이션 효과, 배경음의 음량 등을 세밀하게 조절하는 것이 필수적이다(Denham & Battro, 2012). 최신 연구에서는 AI와 빅데이터 분석을 활용해 학생별로 최적의 자극 수준을 자동으로 조절하는 시스템이 제안되고 있다(Park, 2017). 예를 들어, 한 AI 기반 학습 시스템은 학생이 과도한 자극으로 피로감을 보일 때 자동으로 화면 전환 효과를 줄이거나, 짧은 휴식 시간을 제공하는 기능을 탑재하여 학습 효율을 유지하도록 돕는다.

또한 맞춤형 게이미피케이션 전략은 각 학생의 학습 선호도와 발달 상태를 반영하여 게임 미션과 보상 체계를 개인화하는 데 초점을 맞춘다. AI 분석 도구는 학생들의 학습 데이터를 실시간으로 분석하여 어떤 게임 요소가 가장 효과적인지를 파악하고, 이를 토대로 맞춤형 미션을 제공한다. 이러한 접근법은 청각장애 유아가 자신의 학습 상황에 맞게 도전을 경험하면서도 과도한 자극으로 인한 부정적 반응을 최소화할 수 있도록 한다.

결론적으로, 게이미피케이션과 자극 관리 전략은 청각장애 유아가 디지털 교육 콘텐츠를 통해 학습 동기를 지속적으로 유지하고, 동시에 과도한 자극으로 인한 부작용을 예방할 수 있도록 하는 중요한 도구다. 최신 연구 동향과 AI 기반 맞춤형 시스템의 도입은 학습자가 자신에게 가장 적합한 학습 환경을 경험할 수 있게 하며, 이는 교육 효과를 극대화하는 데 크게 기여할 것이다.

4) 메타버스와 XR 기술의 적용 가능성

청각장애 유아를 위한 메타버스와 XR 기술의 적용 가능성은 차세대 유아특수교육에서 접근성과 참여, 개별 맞춤 교육 지원, 포용적 학습 환경 구축 관점에서 크게 논의할 수 있다.

청각장애 유아는 음성 정보 대신 시각 자료, 촉각 자극, 대체적 의사소통 수단(예를 들어, 자막, 수화, 시각적 피드백)을 우선적으로 활용한다. 메타버스와 XR 환경은 이러한 시각 중심의 정보 처리와 몰입적 학습 환경 구현에 매우 적합하다. 물리적 제약 없이 아바타 기반 수화 표현, 실시간 자막 자동 변환, 시선 추적형 인터페이스, 비언어적 시각화 도구 등은 청각장애 유아의 사회적 참여와 또래 상호작용을 실질적으로 증진한다. 이러한 감각 입력의 다양화 및 비언어적 상호작용 강화의 필요성은 실제 감각 처리 특성 및 사회참여 문제가 두드러지는 특수유아 집단의 다기관 연구에서도 반복적으로 확인되었다(Kuutiti et al., 2022; Sanz-Cervera et al., 2017).

메타버스 · XR 공간은 기존의 AT와도 통합적으로 연계된다. 예를 들어, 화면상의 수화 아바타, 실시간 시각화 · 촉각 피드백, 자막 · 음성 변환 툴 등이 모두 하나의 환경 안에서 동시에 제공된다. 실제로 AT는 청각장애 유아의 교육 접근과 참여를 위한 핵심 매개체인데, 전통적인 교실 환경보다 디지털 확장 공간에서 그 효과와 유연성이 훨씬 높아지며, 장애 유형별(특히 감각적 · 의사소통적 제한이 있는 경우) 맞춤 지원이 용이하다. 또한 AT의 조기 선별 및 개별화 설계가 효과적일수록 유아의 학교 적응과 지속적 사회참여 가능성이 높아진다 (Hunt, 2021).

메타버스와 XR 기반 학습은 단순히 정보 제공을 넘어 협동 · 프로젝트 · 집단 활동 중심의 새로운 상호작용 기회를 창출한다. 청각장애 유아 역시 가상 교실 내에서의 또래와의 협업, 놀이, 실험, 탐구 등 참여적 경험이 극대화되며, 이는 실제 일상 삶에서의 참여성(involvement) 및 또래 관계 증진과도 연결된다. 아울러 게이미피케이션된 몰입 환경이나 상호작용 기반 시뮬레이션은 발달적 놀이와 창의성, 자기표현 등 '발달적 맥락성'을 강화한다는 점에서 평가 및 중재적 효과 모두에서 주목받고 있다(Bray & Cooper, 2007; Nolan & McBride, 2014).

첨단 메타버스 · XR 환경에서는 유아의 행동 데이터(예를 들어, 응시 시간, 과제 선택, 활동 반응)를 실시간으로 수집 및 분석할 수 있다. 이 데이터는 AI 기반 맞춤 피드백, 개별 학습 경로 설계, 반복학습 자료 제공, 그리고 문제 상황 조기 감지 등으로 직접 연결된다. 유아특수교육 분야에서는 특히 이러한 실시간 모니터링 및 개입 체계가 조기 중재와 성과 관리의 핵심 도구로 강조되고 있다(Desideri et al., 2016).

한편, 메타버스 · XR 환경에서 제공되는 보조 정보(예: 자막 변환, 수화 콘텐츠)는 정보의 신뢰성, 정확성, 과학적 타당성에 대한 엄격한 검증이 필수다. 디지털 기반 건강 · 장애 정보가 비전문가에 의해 대량 생산, 전파될 경우, 오해를 유발하거나 부정확한 교육 실천으로 이어질 수 있다는 위험성이 이미 지적되고 있다(Yeung et al., 2022). 따라서 실제 유아특수교육 현장에 적용되는 메타버스 · XR 요소는 전문가 협업과 표준화 검증, 사용자(유아, 교사, 가족) 피드백 기반 개발이 반드시 병행되어야 한다.

궁극적으로 메타버스 · XR 기반 유아교육이 청각장애 유아에게 실질적 효과를 보기 위해서는 다음과 같은 다층 지원이 모두 구체적으로 뒷받침되어야 한다.

- **감각 · 사회 · 놀이 특성을 고려한 개별 맞춤 설계**
- **AT와의 통합 및 조기 선별 · 지원 체계**
- **신뢰성 높은 데이터 기반의 피드백 시스템**
- **참여, 포용성을 극대화하는 실재감 및 상호작용 환경**
- **사용자 중심의 지속적 평가 및 개선**
- **정책, 재정, 전문 인력 등**

5) 미래 교육 모델과 실제 적용 사례

청각장애 유아를 위한 미래 교육 모델은 AI, 빅데이터, 클라우드, 메타버스 등 첨단 디지털 기술을 통합하여 몰입형·확장형 학습 환경을 구축하고, AT의 유연한 도입을 통해 정보 접근성과 자기주도학습이 가능한 구조로 발전하고 있다. 특히 미국 및 유럽 등의 유아특수교육 현장에서는 클라우드 기반 LMS와 AI 기반 학습 분석 도구를 결합해 실시간 학습 데이터 모니터링, 자막과 수화 해설이 결합된 교육 콘텐츠, 시각적 피드백 중심의 인터랙티브 자료 제공 등 맞춤형 피드백이 자동화된 시스템이 도입되어 청각장애 유아 개개인의 학습 격차 해소와 효과적인 IEP 수립에 적극 활용되고 있다(Etscheidt, 2016). 이러한 선진 모델에서는 학습자의 반응 데이터에 기반해 진단–보충–평가–피드백–개별지도의 전 과정을 자동화, 정밀화함으로써 유아의 학습 동기와 자기주도성 증진이 확인되고 있으며, AT는 자막 생성, 수화 해설, 실시간 시각 자료 제공 등 멀티모달 정보 제공 플랫폼의 중심 도구로 자리하고 있다. 국내 역시 기술 기반 특수교육 콘텐츠 개발이 빠르게 확대되고 있으며, 자막, 수화, 시각 보조 자료의 통합, 맞춤형 학습 피드백 시스템, 메타버스와 XR 활용의 체험·협력 프로젝트 등이 특수학교와 통합 유치원 시범 사업으로 점차 확대되고 있다.

다만 디지털 기술의 도입만으로는 청각장애 유아의 전인적 성장 및 발달을 보장할 수 없으며, 연구에 따르면 AT의 실제 사용성, AT 서비스의 품질, 유지 관리와 전문 인력, 개별화·커뮤니티 기반 지원의 연계 등이 학습 효과와 삶의 질에 영향을 미치는 핵심 요인임이 확인되었다(Desideri et al., 2016; Hunt, 2021). 또한 최근 SNS 등 미디어에서 ADHD와 같은 특수교육 관련 정보가 대량 확산되는 가운데, 조사 결과 절반 이상의 영상이 오해를 유발하는 오류 정보를 포함하고 있음이 보고되어 학습 자료와 피드백 시스템의 과학적 타당성, 표준화, 전문성 확보가 절대적으로 강조되고 있다. 결국 청각장애 유아교육에서는 기술적 도구가 시각적 표현, 수화 기반 의사소통, 놀이 및 참여 중심 경험, 또래 협력 등 유아 발달에 필수적인 실천 요소를 풍부하게 촉진하는 방향으로 활용되어야 하며, 교사는 AT의 단순 사용자를 넘어 진단, 지도, 평가, 피드백을 연계 및 설계하는 전문가적 역할을 수행해야 한다(Hintermair, 2006). 이러한 흐름은 학부모 및 전문가의 참여, 다학제 협력, 정부 및 교육 당국, 학교, 가정의 지원 체계 구축과 더불어 지속적 검증 및 개선의 반복을 통해서만 실효성 있는 유아특수교육 생태계로 구현될 수 있다. 청각장애 유아도 이러한 환경 안에서 동등하게 학습 기회를 누리며, 자기주도적·창의적 학습자로 성장할 가능성이 크게 확대될 것이다.

3. 자폐 스펙트럼 장애 유아를 위한 디지털 교육

자폐 스펙트럼 장애를 가진 유아의 디지털 학습 환경 설계는 예측 가능한 구조, 반복적 피드백, 그리고 맞춤형 지원이라는 핵심 원칙을 중심으로 이루어져야 한다. 자폐 스펙트럼 장애를 가진 유아들은 사회적 상호작용과 감각 처리, 행동 반응에서 독특한 발달 프로파일을 보이며, 이러한 특성이 학교 및 지역사회 참여에도 직접적으로 영향을 미친다. 실제로 자폐 스펙트럼 장애를 가진 유아는 자기조절, 대인 관계, 새로운 상황 적응에 민감하게 반응하기 때문에 일관된 패턴과 분명한 지침이 제시되는 환경에서 안정감을 느낀다는 점이 반복적으로 보고된다. 이러한 특성은 디지털 환경 디자인에 그대로 반영되어야 하며, 복잡한 시각 자극, 예측 불가능한 인터페이스, 정보를 과잉 제공하는 학습 도구는 오히려 스트레스 유발 및 학습 참여 감소로 이어질 수 있다(LaVesser & Berg, 2011).

게이미피케이션 요소의 도입은 자폐 스펙트럼 장애를 가진 유아의 학습 동기 증진에 특히 효과적이다. 게이미피케이션된 미션, 점진적인 레벨업 구조, 시각적 보상 등은 자폐 스펙트럼 장애를 가진 아동이 명확한 목표와 즉각적인 결과를 관찰할 수 있게 하여 반복적 도전과 성공 경험을 통해 자기효능감을 높이는 데 유의미한 영향을 준다. 실제로 GBL과 구조화된 보상 시스템은 자폐 스펙트럼 장애를 가진 유아의 참여도와 학습 지속 시간 향상에 기여할 수 있으며, 행동적(불안 · 회피 경감) 측면에서의 긍정적 변화를 함께 유도한다. 다만 게이미피케이션 설계에서는 자극 과잉(빛, 움직임, 소리 등)이나 예측 불가능한 변화가 돌발적으로 발생하지 않도록 반드시 사전에 구조화되어야 하며, 유아의 감각/정서 반응 프로파일에 맞는 맞춤형 난이도 및 피드백 제공이 중요하다(LaVesser & Berg, 2011).

AI 및 빅데이터 기반 맞춤형 평가는 자폐 스펙트럼 장애를 가진 유아의 복잡한 학습 반응 양상 및 특성을 분석하는 데 매우 효과적인 도구가 된다. 이러한 시스템은 학습자의 문제 해결 방식, 반복 오류, 집중/회피 시간 등 다층적 데이터를 실시간으로 수집 및 분석하여 개별 유아에게 최적화된 학습 자료를 추천하고 반복을 유도한다. 이를 통해 교사는 보다 신뢰도 높은 IEP를 구축하고, 유아 본인은 자기주도적으로 목표 달성을 시도해 볼 수 있는 긍정적 순환 구조를 경험할 수 있다. 해외 사례에서도 독립형 혹은 통합형 AI 평가 시스템이 도입된 학교는 개별화 피드백의 질과 학습자의 주도성, 참여율에서 긍정적인 성과를 얻었다(Hiller et al., 2025).

디지털 환경의 신뢰성 확보는 자폐 스펙트럼 장애를 가진 유아에게 특히 중요한데, 최근 ADHD · 정신건강 정보 등에 대한 SNS와 미디어 콘텐츠의 50% 이상이 잘못된 정보이거나 오해를 유발하는 내용임이 보고되어 신뢰성 있는 전문가 기반의 교육 콘텐츠 사용이 반드시 전제되어야 한다(Yeung et al., 2022). 이는 자폐 스펙트럼 장애를 가진 유아의 정보 처리 · 신념 형성 과정에서 외부 자극 노출에 따른 혼란, 부정확한 자기인식 위험까지도 고려해야 함을 시사한다.

자폐 스펙트럼 장애를 가진 유아의 교육적 성공은 단지 도구 설계에서 끝나는 것이 아니라, 조기 진단 및 조기 개입, AT 지원, 가족 및 전문가 협력 시스템이 통합적으로 작동할 때 최대화된다. 가족의 지원 자원과 스트레스 수준, 협력적 교육계획 수립이 자녀의 사회정서 발달 및 행동 자기조절 능력에 유의미한 영향을 주며(Hintermair, 2006; LaVesser & Berg, 2011), IEP와 맞춤형 AT 도입도 법적 · 정책적 의무로 명확히 규정되어야 한다. 유아특수교육 현장 적용에서는 다학제 팀(교사, 부모, 의료 · 교육 전문가) 간의 반복적 소통과 피드백, 기능적 참여 모니터링이 병행되어야 하며, 주기적 업데이트와 자료의 검증 체계 구축이 필요하다.

종합하면 자폐 스펙트럼 장애를 가진 유아의 디지털 교육 혁신을 위해서는 다음의 다섯 가지 전략이 필수적이다.

- 예측 가능하고 구조화된 인터페이스 설계
- 감각 및 정서 프로필에 기초한 게이미피케이션 전략
- AI 및 빅데이터 기반 맞춤형 평가와 피드백
- 검증된 전문 자료 활용
- 가족–전문가 연계형 지원 시스템 구축

이러한 전략은 글로벌 유아특수교육 혁신 사례와 연구 결과에서 일관되게 강조되는 요소이며, 국내 현장 도입을 위해서는 조기 진단, AT, IEP 설계, 데이터 보안 및 정보 검증, 실시간 피드백 구조 등으로 구체화해야 한다. 이는 단순히 기술 도입이 아닌, 자폐 스펙트럼 장애를 가진 유아의 삶의 질과 참여 기회, 자기주도적 성장 가능성을 실질적으로 증진시키는 통합적 혁신 전략이다.

1) 미래 기술과 자폐 스펙트럼 장애 유아교육

최근 AI, 빅데이터, XR 등 미래 기술의 발전은 자폐 스펙트럼 장애를 가진 유아의 교육에 주요한 혁신 동인을 제공하고 있다. 자폐 스펙트럼 장애를 가진 유아는 사회적 상호작용, 의사소통, 감각 처리 및 환경 변화에 대해 특징적인 발달 양상을 보이며, 이러한 특성에 맞춘 맞춤형 콘텐츠 개발 및 학습 관리가 매우 중요하다.

AI 기반 학습 시스템은 자폐 스펙트럼 장애를 가진 유아의 복합적인 행동 데이터를 실시간으로 수집 및 분석하여 개별 학습 능력, 선호 자극, 반복 오류, 참여 패턴 등 구체적 특성에 최적화된 학습 경로와 방안을 추천한다. 예를 들어, 최신 연구에서는 다양한 기계 학습 및 앙상블 기법[랜덤 포레스트(Random Forest), XG부스트(XGBoost 등)]을 활용하여 ASD 조기 선별과 개별화된 교육 방법을 동시에 구현하며, 약 94%의 높은 정확도를 달성해 실질적으로 맞춤형 중재의 정밀성과 예측력을 크게 개선하는 결과를 보였다(Hajje et al., 2024). 또한 설명 가능한 AI(eXplainable AI: XAI) 기술을 접목하면 어떤 행동적 · 언어적 특징이 학습 과정에 영향을 주는지 모델의 의사결정 근거를 투명하게 해석할 수 있어 임상가와 교사가 신뢰할 수 있는 진단 및 평가에 도움이 되며, 조기 개입의 효과를 극대화할 수 있다(Jeon et al., 2024). 이러한 AI 진단 및 교육 시스템은 특히 유아기의 조기 식별과 실제 중재 설계의 정확도를 높이면서 IEP 수립의 과학적 근거로도 직결된다.

빅데이터 기술 역시 핵심적이다. 자폐 스펙트럼 장애는 개인 차가 극심하며, 동일한 교수법이 모든 아동에게 적용되지 않으므로 다수 아동의 행동 · 반응 데이터를 장기적으로 광범위하게 분석함으로써 유의미한 교육 콘텐츠, 피드백 구조, 반복학습 패턴을 도출할 수 있다. 실제로 빅데이터는 교육 정책 · 콘텐츠 개발, 교수-학습 지원, 맞춤형 평가 체계 등 다양한 현장에서 객관적 데이터 기반 의사결정의 토대로 활용되고 있다. 이는 아동별 선호 자극, 문제 해결 시간, 주의 집중 양상 등 세부 데이터를 활용하여 최적의 학습 방안을 실시간으로 추천하게 하며, 글로벌 선진 사례 데이터베이스와의 비교 분석을 통한 교육 모델 표준화에도 기여한다.

XR 기술(VR, AR, MR 등)은 자폐 스펙트럼 장애를 가진 유아의 감각 · 인지 특성을 반영한 몰입형(immersive) 체험 환경을 제공한다. 예를 들어, VR 기반 사회적 상호작용 시뮬레이션은 실제 환경에서 반복 및 실패에 따른 불안이나 과부하 위험 없이 '안전하게' 사회적 규칙 및 행동을 반복 연습할 수 있는 기회를 제공하며, AR을 활용하여 현장 상황별 시각 자료 및 추가 안내 정보를 제시하면 실제 교실에서 즉각적 피드백과 반복학습이 이루어진다

(Khowaja et al., 2020). AR 기반 중재는 사회적 의사소통, 감각 통제, 행동 적응력 등 다양한 영역에서 긍정적 효과가 보고되지만, 현재까지의 연구는 대상 및 기술이 이질적이라는 한계도 있으므로 추후 표준화된 환경 및 장기 효과에 대한 후속 연구가 요구된다.

클라우드 기반 서비스와 원격 협업 플랫폼은 개별 아동의 학습 데이터, IEP, 평가 정보 등을 안전하게 관리하면서 교사–전문가–학부모 간 실시간 소통과 자원 연계를 가능하게 한다. 가정–학교–상담 기관이 동일한 학습 정보를 활용하고, 언제 어디서나 맞춤 콘텐츠에 접근할 수 있어 교육 연속성 및 통합적 지원이 구현된다. 실제 에코 오티즘(ECHO Autism)과 같은 원격 학습자 커뮤니티 모델은 지역 및 자원 격차 해소, 전문가 네트워크 확대, 가족 지원 체계 강화에 효과적으로 적용되고 있다(Buranova et al., 2022).

한편, 이러한 첨단 기술 활용에 있어 신뢰성과 전문성 확보, 정보의 검증 체계 구축은 필수다. ADHD 및 유사 증상에 대한 빅데이터 소셜미디어 연구에 따르면, 절반 이상의 영상이 오해를 유발하는 오류 정보를 포함하는 등 전문가가 제작 및 검증한 과학적 자료의 활용 및 주기적 정보 점검이 자폐 스펙트럼 장애 교육에서도 필수적임이 드러난다(Yeung et al., 2022). 또한 조기 선별, AT 도입, 가족 및 전문가의 협력 구조 역시 빠질 수 없는 요소다. 조기 식별과 개입이 충분히 이루어지지 않으면 이후 포용적 교육 및 자기주도학습 기회에 심각한 제한이 발생할 수 있으므로 AT 적합성 평가, 다학제 팀 협력, 부모 및 현장 전문가의 지속적 참여가 반드시 병행되어야 한다.

결론적으로, AI, 빅데이터, XR을 중심으로 한 미래 기술은 자폐 스펙트럼 장애를 가진 유아의 진단, 교육, 중재의 전 과정에 맞춤화된 접근과 혁신적 효율을 제공하고 있으며, 개인 특성을 반영한 교육 콘텐츠 및 평가 체계의 설계, 실시간 데이터 공유 및 분석, 그리고 몰입형·안정적 학습 환경 구축에 결정적으로 기여하고 있다. 아울러 조기 개입, AT, 가족 및 전문가의 협업, 신뢰 가능한 자료 활용 등 포괄적 지원 체계가 결합될 때 교육 효과가 극대화된다. 향후에는 이러한 기능적 통합을 바탕으로 자폐 스펙트럼 장애를 가진 유아가 예측 가능한 환경에서 자신에게 맞는 성장 경험을 누리고, 사회적, 학문적으로 잠재력을 최대한 발휘할 수 있도록 하는 기술 및 정책의 지속적 발전이 요구된다.

2) 글로벌 교육 트렌드 비교

글로벌 및 국내 자폐 스펙트럼 장애 디지털 교육 트렌드를 비교하면 혁신 기술의 도입 속도, 맞춤형 교육 실천, 교사 및 가족의 협력 구조, 정책적 뒷받침 등 여러 측면에서 유사점과 차별성이 뚜렷하게 드러난다. 최근 글로벌 트렌드는 AI, 빅데이터, 클라우드, XR 등 신기술을 유아특수교육 현장에 빠르게 통합하는 한편, 학생 중심의 맞춤형 학습, 원격교육 확대, 참여 기반 협업학습에 초점을 맞추고 있다. 특히 미국과 유럽의 주요국, 일본 등은 개인화(personalization)와 조기 개입, 그리고 AT 현장화를 적극 추진하며, 장애 유아의 특성 및 교육 결과의 과학적 측정 및 분석에 근거한 실증적 모델 확립에 앞장서고 있다.

미국은 AI · 머신러닝 기반의 자폐 스펙트럼 장애 조기 진단, 진단 정보 및 행동 데이터 연동의 맞춤형 학습 시스템, 클라우드 기반 IEP · 원격 협업 플랫폼 등 첨단 디지털 해결책을 광범위하게 도입하고 있다. 실제로 밴더빌트대학교, 예일대학교 등의 주요 기관에서 자폐 스펙트럼 장애의 인지 · 언어 · 사회성 특성을 반영한 디지털 치료 기술과 맞춤 학습 모듈 개발이 활발히 이뤄지고 있으며, 에코 오티즘처럼 전문가-지역사회-가족이 실시간 온라인으로 교류, 교육, 상담을 수행하는 원격 협업 모델 또한 대표적이다. 이러한 체계는 대도시와 농촌, 저소득 지역 간 서비스 격차 해소, 교사 및 비전문가의 자폐 스펙트럼 장애 지원 역량 제고, 조기 중재의 전국적 확산에 크게 기여하고 있다. IEP 팀 내 AT 도입이 법적 의무이자 실천적 표준으로 정착됐으며, 행동 데이터와 AI 분석을 연계한 실시간 피드백(예컨대, 반복 실수 감지, 난이도 자동 조정, 세부 능력별 개별 피드백 제공)도 상용화 단계다. 최근에는 94% 이상 정확도의 머신러닝 모델과 XAI를 결합한 조기 진단 시스템이 임상 현장에서 신뢰성 있게 활용되고 있어 맞춤형 교육 · 행동 중재의 질적 고도화가 빠르게 진전 중이다(최은수, Jeong, 강민수, 김순애, 2020; Buranova et al., 2022; Hajjej et al., 2024; Jeon et al., 2024; Wu et al., 2023).

유럽에서는 협동 · 프로젝트 기반 학습과 반복적 게이미피케이션 요소, AR · VR 등 XR 활용을 통해 자폐 스펙트럼 장애를 가진 학생의 참여와 자기효능감, 학습 동기를 끌어올리는 혁신적 서사구조가 발달했다. 이들 국가(독일, 스웨덴, 핀란드)의 디지털 시스템은 예측 가능하고 일관된 인터페이스, 반복적인 피드백, 시각적 명료성 등 ASD의 발달 특성에 최적화되어 있다. 특히 AR · VR 기술은 대인관계, 사회적 신호 이해, 감각 통제력 등 다양한 기능적 영역에서 단기간 긍정적 효과가 보고되고 있으나, 적용 대상의 이질성과 표준화의 부족 등으로 인해 미래에는 더 많은 임상 · 현장 연구와 장기적 효과 검증의 필요성이 대두된다(Khowaja et al., 2020; Mitsea, Drigas, & Skianis, 2022).

일본은 전통적인 교사 주도 방식과 AI · AT 기술을 융합한 모델을 실천 중이다. 자막, 수화 해설, 다양한 시각 자료가 결합된 멀티모달 콘텐츠가 주요 현장에 도입되고 있을 뿐 아니라, 행동·감각 데이터 평가, 시나리오형 AI 시뮬레이션 등 미래형 교수법 실험도 이어지고 있다. 일본 모델의 특징은 교사–전문가–가족 간의 밀접한 협력과 맞춤형 계획 수립의 체계화에 있다(Shyman, 2012; Wohofsky et al., 2021).

이에 비해 한국은 스마트 교실, 온라인 플랫폼 등 기본적인 디지털 교육 인프라는 빠르게 확충되었으나, 자폐 스펙트럼 장애를 가진 유아 중심의 맞춤 해결책, AI 기반 피드백 체계, 협업 네트워크 구축 등은 여전히 초기 단계에 머물러 있다. 일부 특수학교 및 시도교육청에서 클라우드 기반 자료 공유, AT 연동 수업, 자막·시각 피드백 도입 등이 시범적으로 운영되고 있으나, 코어 기술(맞춤형 AI 평가, 실시간 행동 분석, 표준화된 XR 콘텐츠)과의 통합 및 현장 일반화는 제한적이다. 특히 조기 진단 및 개입 체계, AT 보급 및 효용성 평가, 전문가·교사 디지털 역량 강화는 상대적으로 미진한 실정이다. 또한 ADHD, 자폐 스펙트럼 장애 등과 관련한 디지털 콘텐츠, SNS 자료의 신뢰성 문제 역시 국내외 공통 이슈인데, 연구에 따르면 ADHD 관련 틱톡 자료의 50% 이상이 오해를 유발하는 잘못된 정보에 해당한다고 보고된다(Yeung et al., 2022). 이는 국내에서도 검증된 교육 자료, 전문가 제작 콘텐츠, 증거 기반 평가 시스템의 엄격한 도입이 필수임을 시사한다.

글로벌 트렌드는 '조기 선별–조기 개입–맞춤형 AT 통합–실시간 평가 및 피드백–가족과 전문가의 협업 네트워크–검증된 디지털 정보 체계'라는 순환 고리로 정교하게 구동 중이다. 국내에서는 최근 코로나19 이후 원격수업·클라우드 관리 시스템의 확산과 함께 앞서 언급한 것과 같은 고도화된 통합 시스템 구축의 필요성이 정책적, 연구적으로 강조되고 있다(최은수 외, 2020).

향후 발전 방향은 다음과 같이 요약된다.

- AI 및 XR 기반 표준화된 맞춤형 콘텐츠 연구 개발
- AT 조기 선별 · 제공 체계 고도화
- 교사와 전문가의 디지털 역량 강화 및 가족 대상 실무교육
- 국내외 협력 기반 확장형 테스트베드 구축
- 전문가 검증 및 데이터 기반 정보 신뢰성 시스템

결론적으로, 글로벌 자폐 스펙트럼 장애 디지털 교육 모델은 조기 진단과 개인화, AT 및

협업 체계의 본격적 통합, 신기술 기반 증거 중심 실천, 검증된 디지털 정보 제공, 그리고 가족–전문가 연계의 포괄적 지원에서 앞서 나가고 있다. 반면, 국내에서는 기초 인프라와 일부 혁신적인 시범 사업을 축적하는 단계이나, 맞춤형 통합 시스템, 전문성 · 신뢰성 강화 정책, 협업 네트워크 등에서 본격적인 질적 도약이 요구된다. 이를 실현하기 위해서는 글로벌 우수 사례의 적극적 벤치마킹, AT, AI, XR 등 기술의 국내 현장의 맥락화, 조기 개입 및 진단을 위한 데이터 축적 및 표준화, 가족–교사–전문가–정책 당국 간의 상시 협력 체계 마련이 반드시 함께 추진되어야 한다

3) 자기주도학습 및 평가 시스템

자폐 스펙트럼 장애를 가진 유아를 위한 디지털 자기주도학습은 개별 학생의 특성과 학습 데이터에 근거하여 스스로 학습 목표를 설정하고, 학습 경로와 전략을 자신의 필요에 맞게 조정하며, 실시간 피드백을 통해 자기주도적으로 성장할 수 있는 환경을 제공한다. 이는 특히 자폐 스펙트럼 장애를 가진 유아에게 핵심적이며, 학생 개개의 감각적 · 인지적 · 언어적 · 행동적 다양성이 뚜렷하기 때문에 정형화된 일괄 교육보다 정밀한 개인화 접근이 더욱 중요하다.

또한 실시간 피드백 · 상호작용 시스템은 자기주도학습의 정착에 필수적이다. 예측 가능한 시각 · 언어 피드백(예: 색상 변화, 간결한 메시지, 긍정적 강화 애니메이션)은 감각 처리에 민감한 자폐 스펙트럼 장애를 가진 유아에게 안정감과 자기효능감을 제공하며, 반복적인 성공 경험이 새로운 학습 전략 채택으로 이어진다는 점이 임상 및 현장 실험에서 반복적으로 확인된다(Mitsea, Drigas, & Skianis, 2022; Wohofsky et al., 2021). 특히 AR, VR, 디지털 게임 등 다양한 인터랙티브 기술을 접목한 연구에서는 자폐 스펙트럼 장애를 가진 유아가 개별 목표를 분명히 제시받고, 자기주도적으로 '학습 내용 · 순서 · 방식'을 선택하며 직관적으로 진도와 성과를 확인할 수 있어 전통 교육보다 자기결정감 향상과 사회적 기술, 메타인지 기술 증진에 실질적 도움을 준다고 보고한다. 자기주도학습 시스템의 성공은 단순히 피드백의 '즉시성'이 아니라, 해당 피드백이 유아의 발달적 특성에 맞는 구조화, 예측 가능, 반복학습 환경에서 제공될 때 비로소 극대화된다.

평가 및 학습 데이터의 신뢰성과 과학성, 정보의 품질도 디지털 교육의 성패와 직결된다. 최근 소셜미디어(틱톡 등) 및 오픈 플랫폼에서 ADHD 등 신경발달장애 관련 영상의 절반 이

상이 비전문가에 의한 오류, 오해로 분류되고 있다는 조사 결과는 건강 · 교육 정보의 전문성, 환류 시스템의 검증, 그리고 데이터 근거 분석 기반의 학습 관리의 필요성을 보여 준다. 실제로 IEP 수립 과정에서 AT 및 디지털 시스템의 조기 도입, 평가, 제공은 법적으로도 명시되어 있으나, 여전히 많은 현장에서는 AT 접근성, 전문가 협력, 지원 체계가 충분하지 않은 실정임이 지적된다. 이를 보완하기 위한 모델로 에코 오티즘 프로젝트와 같이 전문가–현장 교사–가족 간 가상 네트워크를 통해 증거 기반 최적 실무와 의사소통이 실시간 이루어지는 협업 플랫폼이 개발되어 적용되고 있다(Buranova et al., 2022; Mazurek et al., 2020). 특히 농어촌 등 전문 인력 부족 지역에서 자기주도학습 구현을 지원하는 주요 실천적 접근 사례로 꼽힌다.

자폐 스펙트럼 장애를 가진 아동에서 메타인지(내가 어떻게 배우는지에 관한 자기 이해), 자기통제, 문제 해결력 등 상위 인지 기능의 결손이 흔한데, VR, 모바일 앱, 디지털 게임 기반 메타인지 훈련은 자기반성, 목표 재설정, 진행 과정을 스스로 평가하기 등의 핵심 자기주도 학습 역량을 효과적으로 신장시키는 데 유효한 것으로 보고되었다(Mitsea et al., 2022). 이는 자기주도학습 틀에서 '학습 목표 수립→실행 전략 선택→학습 과정 모니터링→성과 평가 및 조정'의 메타인지 고리를 실현하는 것과 직결된다.

교사와 가족의 지속적 협력, 데이터 공유, 기능적 피드백 체계 구축은 자기주도학습의 '지속성'과 '실질 효과' 확보를 위한 핵심적 요인이다. 교사는 AI · 디지털 데이터를 바탕으로 IEP를 역동적으로 수정하고, 유아의 반응 특성에 맞는 자료(시각 보조, 최소 언어 사용 등)를 주기적으로 조정해야 하며, 가족은 일관적 환경 조성과 반복 지원을 통해 성취 경험 · 자기효능감 강화를 돕는다. 특히 디지털 자기주도학습 설계 시 조기 진단 및 개입과 AT 제공, 전문가–가족 네트워크 연계가 적절히 융합되어야 전 생애적 발달을 지원할 수 있다.

종합하면, 자폐 스펙트럼 장애를 가진 유아의 디지털 자기주도학습 모델은 다음을 필수 원칙으로 삼아야 한다.

- AI 및 빅데이터 기반 개인별 실시간 평가 및 피드백
- 예측 가능, 반복 구조의 사용자 맞춤 플랫폼
- AT · 메타인지 훈련 등 상호작용적 도구의 조기 통합
- 교사–가족–전문가의 협력 네트워크 정착
- 신뢰 가능한 정보 및 자료의 활용

기술과 정책, 협력적 지원이 통합적이고 일관되게 운영될 때 자폐 스펙트럼 장애를 가진 유아 역시 디지털 환경 아래 자기주도적·창의적 학습자로 성장할 잠재력을 온전히 실현할 수 있음이 최근 다수의 실증연구로 확인되고 있다.

4) 게이미피케이션 전략

자폐 스펙트럼 장애를 가진 유아를 위한 디지털 게이미피케이션 전략은 구조화된 게임 설계 원리와 보상 시스템을 유아특수교육 현장에 도입하여 예측 가능한 학습 환경에서 동기와 자발적 참여를 유도해야 한다. 자폐 스펙트럼 장애를 가진 유아는 사회적 상호작용, 반복 행동, 감각의 민감성 등 발달적 특성상 환경의 예측 가능성과 반복성, 즉각적인 피드백 구조가 핵심적이다. 이러한 기본 전제 위에서 게이미피케이션은 단순히 흥미 유발 그 이상으로, 자기주도적 학습과 사회성 발달의 중재 도구로 기능할 수 있다.

첫째, 명확한 미션, 목표 설정과 반복학습 구조는 자폐 스펙트럼 장애를 가진 유아의 불안감 경감과 주의력 유지에 필수적이다. 각 게임의 미션은 단순하며 일관된 규칙과 절차를 따르고, 시작과 종료, 성취 결과에 대한 시각적·청각적 피드백이 반복적으로 제공되어야 한다. 이는 감각적 과부하 없이 안정적인 학습 몰입 환경을 조성하는 데 필수적이다. 다양한 연구에서 이를 위해 터치 기반의 직관적 조작, 최소 텍스트 사용, 색상과 아이콘 위주의 시각 피드백을 강조한다.

둘째, 점진적 난이도(up-leveling) 체계와 실시간 보상 피드백은 자기효능감과 과제 지속성을 높인다. 머신러닝 및 AI 분석 도구를 도입하면 학습자의 반응 시간, 오류 패턴, 과제 성공 빈도 등 빅데이터를 실시간으로 분석하여 개별 발달 수준에 따른 맞춤형 난이도 조절과 적정 보상 제공이 가능하다. 최근 앙상블 기반 자폐 스펙트럼 장애 조기 선별 및 맞춤 중재 연구에서는 랜덤 포레스트나 XG부스트 등의 다양한 학습 모델을 활용하여 약 94%의 정확도로 개인화 교육모델을 제안하며(Hajjej et al., 2024), 이러한 AI 기반 인지-행동 데이터 연동은 디지털 게이미피케이션에서도 효과적으로 응용될 수 있다.

셋째, 사회적 상호작용 중심의 협동 미션은 또래와의 상호작용 기술, 공동 문제 해결, 역할 분담 능력을 훈련하는 실질적 플랫폼이 될 수 있다. AR·VR 기반 협력 미션, 디지털 보드게임 등은 실제 사회적 규칙(차례 지키기, 요청-응답 등)과 맥락적 의사소통 기술을 자연스럽게 연습할 수 있는 장이 된다(Atherton, & Cross, 2021). 다만 경쟁 요소는 과도한 감각 자극이나 실패 경험이 누적될 경우, 불안과 회피를 유발할 수 있으므로 협동 중심 구조가 바람직하다.

넷째, AT의 조기 도입과 맞춤 연계는 접근성 및 사용성 향상에 필수적이다. 개인 감각의 특성과 의사소통 수준에 따라 시각 상징 기반 AT, 디지털 의사소통 보조 기기, 환경 제어 기술 등 다양한 AT를 게이미피케이션 학습 환경과 통합하면 자기주도성, 자립성, 안전성을 효과적으로 강화할 수 있다. AT는 조기 선별·중재 체계와 결합될 때 가장 큰 효과를 보이므로(Hunt, 2021), 평가−도입−피드백의 반복적 순환 시스템이 요구된다.

다섯째, 실시간 모니터링과 메타인지 피드백 시스템은 자기조절·자기성찰 능력 함양에 중요하다. 자폐 스펙트럼 장애를 가진 아동은 메타인지 영역(학습 전략 선택, 자기평가, 목표 재설정 등)에서 뚜렷한 어려움을 보이는데, 디지털 게임·VR·로봇 기반 메타인지 훈련은 상위인지 기능 증진과 장기적 학습 이행에 효과적임이 밝혀지고 있다(Mitsea et al., 2022). 실시간 데이터 분석 및 피드백은 개별 학습 경로를 조정할 수 있어 자기주도학습 습관 형성에 실질적으로 기여한다.

여섯째, 게임형 교육 콘텐츠의 설계와 적용에는 반드시 전문가 중심의 반복 피드백과 신뢰성 평가가 필요하다. 소셜미디어 및 대중용 플랫폼에서의 건강·교육 정보 중 상당수가 오해 또는 과학적 근거 부족으로 판명되었으며, 특히 자폐 스펙트럼 장애 또는 ADHD 기반 디지털 자료는 의도하지 않은 정보 왜곡과 오용 가능성에 노출되어 있다. 본격적 교육용 게임 설계에는 현장 전문가, 보건의료인, 특수교사, 가족 등이 기반해야 하며, 반복적 검증 및 업데이트 체계가 필수다.

이와 같은 전략은 기초적으로 다음과 같은 프레임워크에 따라야 한다.

- 단순−일관적 구조, 예측 가능한 미션과 반복적 피드백
- 단계적 변화의 난이도, 데이터 기반 맞춤형 보상 및 평가
- 협동 중시 사회성 훈련 및 역할놀이 기반 설계
- 조기 선별−개입과 AT의 통합적 구축
- AI · 빅데이터 기반 실시간 모니터링/개인화 경로
- 신뢰 높은 전문가 검증 및 업데이트 반복 체계

향후 과제는 자폐 스펙트럼 장애 발달 수준별 맞춤화, 장기적 효과 검증, 가족 참여형 게이미피케이션 확대, 그리고 포용적(incxlusive) 학습 환경 구축까지 확장 연구가 필요하다.

디지털 게이미피케이션은 단순히 흥미 위주의 게임이 아니라, 데이터 기반-맞춤형-장애 특화-적정 기술 중심의 융합적 유아특수교육의 실천 모델이어야 한다.

5) 과잉 자극 관리

디지털 교육 환경에서 자폐 스펙트럼 장애를 가진 유아의 과잉 자극 관리는 학습 효과는 물론, 심리적 안정 및 자기조절력 형성에 결정적인 역할을 한다. 자폐 스펙트럼 장애를 가진 유아는 시각, 청각, 촉각 등 다양한 감각 영역에서 감각 과민성이 빈번하게 동반되며, 이는 디지털 미디어에서 흔히 접하는 빠른 화면 전환, 과도한 애니메이션, 불연속적 음향 및 복합 정보가 인지 과부하와 정서적 불안의 주요 원인으로 작용할 수 있음을 다양한 신경생리학적 및 임상 연구에서 지적하고 있다. 이로 인해 학습 몰입 저하, 주의 산만, 자기조절 실패, 문제행동 증가 등 부정적 결과로 쉽게 연결될 수 있다(Baranek et al., 2018; Hazen et al., 2007).

디지털 과잉 자극 관리를 위한 구체적 전략은 다음과 같다.

첫째, 감각 자극 요소의 철저한 설계 관리가 필요하다. 시각적 측면에서는 제한된 저채도 컬러의 팔레트 사용, 애니메이션 및 화면 전환의 감속, 정보량 집중화가 필수적이다. 실제 연구에서는 감각 자극의 간소화, 한 화면에 한 가지 정보만 노출, 불필요한 시각적 · 청각적 효과 최소화가 자폐 스펙트럼 장애를 가진 아동의 과부하를 줄이고 학습 참여율을 높인다는 결과가 반복적으로 확인된다(Case-Smith, Weaver, & Fristad, 2015; Shogren et al., 2018). 청각적 측면에서도 음량 조절이 가능한 부드러운 안내음, 산만한 효과음 제거, 일정한 톤의 배경음 등이 정서적 안정 유지에 기여한다.

둘째, 콘텐츠 사용 구조도 세밀히 설계해야 한다. 현장 및 실험 연구에서는 10~15분 내외의 짧은 학습 블록과 35분 휴식, 화면 정지 또는 감각 자극의 최소화된 '비자극 세션' 배분이 효과적인 것으로 보고된 바 있다(Case-Smith et al., 2015; Shogren et al., 2018). 타이머나 진행바 형태의 시각적 일정 안내, 휴식 예고 등은 예측 가능성과 자기조절력 향상까지 지원한다.

셋째, 실시간 반응 감지와 자동 피드백의 고도화가 중요하다. 머신러닝 및 AI 기반 실시간 데이터 분석 시스템은 자폐 스펙트럼 장애를 가진 아동의 이상 반응(응답 지연, 터치 빈도 변화, 반복적인 비정상 행동 등) 패턴을 탐지해 과도 자극 시 휴식 유도, 자극 강도 자동 조절, 부드러운 전환 효과로 즉각적 환류가 가능하다. 실제 미국 등에서 개발 중인 여러 디지털 치료(Digital Therapeutics: DTx) 해결책은 개인별 데이터(시선 추적, 행동 로그 등)를 활용하여 자동화된 감각 자극 제어 시스템을 구현하고 있으며, 이는 효과적 과잉 자극 관리의 핵심으로 부상한다. 이러한 기술은 단순 모니터링 기능을 넘어 메타인지 훈련 및 자기조절(피로 신호 인식→스스로 요청→실시간 감각 차단/완화)까지 자연스럽게 연계할 수 있다는 점에서 차별적이다(Mitsea et al., 2022; Wohofsky et al., 2021).

넷째, AT의 적극적 도입 역시 필수다. AT는 조기 평가 · 진단 단계에서부터 개별 감각 민감성 데이터에 기반한 맞춤형 자극 차단 · 완화 장치(예: 청각 차단기, 시각 필터 스크린), 시간 제한 앱, 자기 피드백 장치 등으로 확대하고 적용할 때 자폐 스펙트럼 장애를 가진 유아의 자율성과 안전성, 스트레스 완화에 실질적으로 기여한다. AT 도입 시점은 가능하면 진단 및 조기 중재 시기부터 이루어지는 것이 바람직하며, 이후 학교–가정–치료 현장 간의 연계도 체계화되어야 한다.

무엇보다 디지털 콘텐츠 품질과 정보 신뢰성 확보도 강조해야 한다. 대표적인 연구에 따르면, 대중적 소셜미디어(틱톡 등) 기반의 신경발달장애 정보의 절반 이상이 왜곡 또는 과장된 오류 정보로 분류되고 있으며, 이에 디지털 교육용 자료는 반드시 전문가에 의해 검증되고 지속적으로 업데이트되어야 한다(Yeung et al., 2022). 이는 실질적 과잉 자극 전략 수립에 직결되는 핵심 과제다.

한편, 아동 개인별 감각 특성 평가(예: 감각 프로파일 사용), 교사–전문가–가족 간 감각 민감성/회피 요인 데이터 공유, 주기적인 피드백 회의 등을 통해 '개별화된 과잉 자극 관리 기준'을 확립할 필요가 있다. 실제 횡단 · 종단 연구에서도 감각 민감성의 양상과 심각도는 아동마다 상이하고, 동일 아동이라도 환경, 시간, 컨디션에 따라 변동성을 보이기 때문에 정적 · 단일 기준 대신 동적 · 맞춤형 접근이 요구된다(Baranek et al., 2018; Kern et al., 2007).

결론적으로, 자폐 스펙트럼 장애를 가진 유아를 위한 디지털 과잉 자극 관리 전략은 다음의 다각적 접근이 통합되어야 최적의 효과를 기대할 수 있다.

- 감각 자극 요소의 체계적 설계
- 구조화된 학습 시간 및 휴식 시간 배분
- AI 및 AT 기반의 실시간 반응 감지 · 자동 피드백 시스템 도입
- 검증된 디지털 자료 사용 및 정보의 신뢰성 강화
- 개별화된 감각 관리 기준 수립

이 과정은 메타인지 훈련 및 자기조절력 증진, 궁극적으로는 자폐 스펙트럼 장애를 가진 아동의 학습 지속성·정서적 안정·자기주도성 강화로 연결된다는 최신 연구 동향의 합의와도 일치한다. 지속적이고 과학적인 관리 및 업데이트, 정책적 지원, 다학제 협력이 병행될 때 국내 유아특수교육 현장에서도 글로벌 수준의 성공적 사례 구축이 충분히 가능하다.

6) 미래 교육 모델 및 보조 기술 발전

자폐 스펙트럼 장애를 가진 유아를 위한 디지털 미래 교육 모델 및 보조 기술 발전에 대한 분석은 크게 첨단 기술 통합, 맞춤형 지원 체계, 감각-인지 특성을 고려한 환경 설계, 그리고 신뢰성과 포용성 측면에서 논의할 수 있다.

궁극적 목적은 자폐 스펙트럼 장애를 가진 유아 개개인의 다양성과 특수성을 존중하며, 자기주도적 학습, 감각적 안정, 사회적 자립을 지원하는 포괄적 시스템 구현에 있다. 이를 달성하기 위해서는 AI, 빅데이터, 클라우드, 메타버스, XR 등 첨단 기술과 AT의 통합이 핵심축이 된다.

(1) AI·빅데이터 기반 맞춤형 교육과 조기 선별

AI 및 빅데이터 분석은 자폐 스펙트럼 장애를 가진 유아의 학습 성향, 오류 패턴, 반응 양식 등 개별 발달 프로필을 실시간으로 정밀하게 도출해 낸다. 최근 연구에 따르면, 앙상블 머신러닝(랜덤 포레스트, XG부스트 등)을 활용하면 약 94%의 정확도로 조기 진단과 맞춤형 교육방법을 제시할 수 있다(Hajjej et al., 2024). 이러한 데이터 기반 모델은 단순히 진단을 넘어 자폐 스펙트럼 장애를 가진 유아의 신체·언어·행동 반응에 맞춰 개별화된 교육 콘텐츠와 전략을 자동으로 추천한다는 점에서 미래 교육의 초석이 된다. 조기 선별과 개입, 그리고 지속적 데이터 축적은 전체 교육 모델의 예측성과 적시성을 동시에 담보한다.

(2) 메타버스, XR 및 AR 기반 몰입형·반복학습 환경

메타버스와 XR 및 AR은 자폐 스펙트럼 장애를 가진 유아에게 정서적 안정과 체험적 학습 효과를 제공하는 중요한 기술이다. 유연하게 조정 가능한 가상 환경, 아바타 또는 화면을 통한 간접적 대면, 시각·청각 피드백 조절 등은 현실 교실에서 한계가 있었던 반복적 역할 훈련과 사회적 상호작용 연습을 가능하게 한다. 예를 들어, VR이나 AR 기반 일상생활 훈련(지하철 이용, 물건 구매, 타인과의 대화 미션 등)은 실제 환경에서 불안이 큰 아동에게 예측 가능한 반복 연습의 기회를 제공하여 현장 일반화에 기여한다. 다만 다양한 기술과 참여자의 특성, 학습 목표에 따른 차이로 인해 효과의 일반화와 유지에 대한 장기적이고 대규모의 연구가 필요하다는 점도 지적된다(Khowaja et al., 2020).

(3) 디지털 AT 기술의 다면적 진화

AT는 단순히 보완에서 벗어나 자폐 스펙트럼 장애를 가진 유아의 자립성, 안전성, 의사소통, 감각 조절까지 전방위적으로 지원하는 방향으로 발전 중이다. 최신 연구에서는 보완대체의사소통, 스마트웨어러블(스트레스 감지, 심박 모니터, 감각 피드백 등)과 디지털 학습 플랫폼의 연동, IoT 센서 기반 실시간 모니터링 등의 적용 사례를 제시한다. 이러한 AT 장치는 개인별 일상생활 보조, 사회적 신호 해석, 위험 상황 회피, 감각적 안정 유지 등 굵직한 삶의 영역에 영향을 미친다. 중요한 것은 AT가 학령기 이전(early identification/intervention)부터 지속적으로 제공되고, 다학제(교사-복지-의료)의 협업 하에 통합적으로 활용되어야 한다는 점이다. 아직 AT의 실효성 · 수용성 평가, 실제 현장 지속 적용과 관련한 체계적 실증연구는 부족하므로 장기적 모니터링과 사용자 중심의 피드백 시스템이 보완되어야 한다.

(4) 감각 · 메타인지 기반 개인 맞춤형 전략

자폐 스펙트럼 장애를 가진 유아 다수는 감각처리장애를 동시에 보이며, 이로 인한 스트레스, 주의 산만, 적응행동 저하 문제가 빈번하다. Mitsea 외(2022)의 연구에서는 VR, 모바일 앱, 로봇 등 디지털 기술이 메타인지(자기조절, 자기평가, 목표 관리 등) 기능 훈련에 긍정적으로 기여함을 보여 준다. 이러한 기술은 과정 기록, 실시간 피드백, 반복 및 자기점검 절차를 내장할 수 있어 학습 동기와 자기결정감, 장기 학습 유지에 효과적이다. 감각 통합 측면에서도 XR · AR · AT 기반 환경 제어 시스템(조명, 음향, 온도, 정보량 조정 등)과 개별화된 감각 관리 전략(예: 휴식 알람, 자극 제한 회기)은 자폐 스펙트럼 장애를 가진 유아의 과응답(과민), 저응답(과소), 탐색 행동 특성에 맞춰 유연하게 적용되어야 한다.

(5) 게이미피케이션 및 자연스러운 상호작용 훈련

디지털 게임 기반 학습은 반복성, 즉각적 보상, 예측 가능한 규칙, 선호도 맞춤 설정이 가능해 자폐 스펙트럼 장애를 가진 유아의 자기주도성, 주의 지속, 사회성 향상에 실질적으로 기여한다. AI와 빅데이터가 결합된 게임형 교육 플랫폼에서는 아동의 반응 데이터를 근거로 난이도, 미션, 보상체계를 실시간 조정할 수 있으며, 협동 과제나 역할 분배 미션을 통해 제한적이지만 실제적인 사회공동체 경험도 가능하다(Atherton & Cross, 2021). 이는 단순히 학업성취를 넘어서 자폐 스펙트럼 장애를 가진 유아의 일상 생존기술, 감정 조절, 공동체 적응과도 직결된다.

(6) 신뢰성, 포용성, 윤리성의 확보

디지털 기반 미래 교육은 정보 신뢰성의 문제도 반드시 대비해야 한다. ADHD 등 신경발달장애 관련 SNS 콘텐츠의 절반 이상이 오류 · 왜곡 정보임이 분석되었으며, 이러한 현상은 자폐 스펙트럼 장애 교육 분야에서도 발생할 위험이 크다. 전문가 검증, 표준화된 검토, 데이터 접근권과 정보 보호, 투명한 평가 및 피드백 체계가 함께 구축되어야 한다. 아울러 교육–복지–의료 연계, 정책 예산 지원, 교사 및 보호자의 디지털 역량 강화, 현장 피드백에 기초한 실증연구 역시 필수 요소다.

자폐 스펙트럼 장애를 가진 유아를 위한 미래 디지털 교육 모델은 AI, 빅데이터, 클라우드, 메타버스, XR 등 최첨단 기술의 통합과 조기 AT의 도입, 감각 · 메타인지의 맞춤화, 게이미피케이션 전략, 협력적 생태계 구축, 신뢰성 보장 등 다층적 혁신을 요구한다. 이러한 방향성은 자폐 스펙트럼 장애를 가진 유아의 자기주도학습과 독립생활 역량, 감각적 · 정서적 안정, 사회참여의 폭을 본질적으로 확장시키는 기반이 된다. 글로벌 선진 사례와 융합 연구, 지속적이고 정책적인 뒷받침 위에 구축될 때 포용적 미래 교육의 실질적 구현이 가능하다.

4. 지적장애 및 발달지연 유아를 위한 디지털 교육

현대 교육 환경에서 디지털 기술의 도입은 지적장애(ID) 및 발달지연(DD)을 가진 유아에게 맞춤형 학습 기회를 제공하고, 교수–학습 방식을 혁신하는 핵심 동인이다. 특히 이들 유아는 개별적 인지 처리 속도, 작업 기억 용량, 언어 및 사회적 기술 등에서 뚜렷한 차이를 보이므로 표준화된 일괄 교수법만으로는 실제 학습 경험을 극대화하기가 어렵다. 이에 효과적인 디지털 교육 방안 마련을 위해서는 다음과 같은 다층적 접근이 요구된다.

지적장애 및 발달지연을 가진 유아는 정보처리에 어려움뿐 아니라 감각 · 동작 · 언어적 특성 또한 다양하다. 디지털 교육 콘텐츠는 반드시 단순하고 직관적인 인터페이스, 큰 버튼 및 선명한 시각 자료, 간결한 언어 지침을 포함해야 하며, 반복적이고 단계적인 학습 구조를 제공해야 한다. 터치스크린, 음성 인식, 확대/축소 등 AT의 도입은 접근성과 자율성을 극대화하는 데 필수적이다. 연구 결과, 특수교육 대상 유아의 AT 활용은 일상생활 및 학습 참여, 의사소통, 독립성 향상에 실질적으로 기여하며, 감각 · 행동 피드백이 즉각적으로 제공될수록 참여율과 과제의 지속성이 높아진다(Hunt, 2021).

특히 AT의 효과는 조기 선별 및 조기 개입과 연계될 때 극대화된다. AT가 단순히 교육 지원 도구를 넘어 자율성, 안전, 사회적 통합을 포괄하는 종합적 지원 체계로 발전해야 하며, 이를 위해서는 아동별 맞춤 AT의 필요성 평가가 유아기 단계부터 이루어지는 것이 바람직하다. 글로벌 트렌드로도 '목적에 적합한(fit-for-purpose)' AT의 도입과 조기 지원 프로세스의 중요성이 강조된다(Hunt, 2021).

AI 및 빅데이터는 유아의 문제 해결 시간, 정답률, 시도 양상, 감각 · 행동 반응 등 정밀 데이터를 실시간으로 분석해 개별 학습 프로필을 생성한다. 최근 앙상블 러닝(랜덤 포레스트, XG부스트 등) 기반 예측 모델은 94%의 높은 정확도로 발달지연이나 자폐 스펙트럼 장애의 발현 및 정보처리 특성을 선별할 수 있으며, AI 분석 결과를 바탕으로 개별화된 교수법과 보충 자료를 자동 추천함으로써 맞춤형 교육의 실현 가능성을 뒷받침한다(Hajjej et al., 2024; Wu et al., 2023). 이러한 시스템은 단순히 채점이나 점수화에 그치지 않고, '어떤 영역에서, 어떤 유형의 지원이 필요한지'를 실시간으로 파악하여 교사와 보호자가 체계적으로 지도 계획을 조정할 수 있도록 한다.

정량적 평가(점수, 정답률)와 정성적 평가(교사의 관찰, 행동 변화, 정서 반응 등)가 통합된 디지털 평가도구가 필요하다. 전자 포트폴리오, 온라인 퀴즈, 인터랙티브 게임은 반복적 성공 경험과 성취감을 부여하고, 개별화 피드백 고리가 인지 · 정서 발달에 직접적으로 긍정적 영향을 준다.

지적장애 및 발달지연을 가진 유아에게는 감각 처리 문제(과민, 저응답, 감각 추구 등)가 반복적으로 나타나므로 디지털 환경은 과잉 자극을 체계적으로 차단하거나 완화할 수 있어야 한다. 시각, 청각, 촉각 등 감각적 자극의 강도와 변화를 탄력적으로 조정하고, 과도하거나 예측 불가능한 전환, 색상, 음향 등은 최소화할 필요가 있다. 실제 감각 통합 중재와 환경 제어는 자기조절력 함양, 과제 지속, 행동문제 감소에 지속적인 효과를 보여 준다. 또한 XR, AR 등 몰입형 기술을 활용한 반복적인 체험형 학습은 실제적 상황에서의 일반화와 유지 효과를 강화할 수 있다(Wu et al., 2023).

아울러 메타인지(자기인식, 자기평가, 목표 재설정 등)는 지적장애 및 발달지연을 가진 유아에게서 상대적으로 취약한 영역인데, 디지털 기술(모바일 앱, 메타인지 게임, 인터랙티브 로봇 등)을 활용한 훈련이 점차 효과적인 중재로 주목받고 있다(Mitsea et al., 2022). 이는 자기주도적 학습 습관의 내면화와 장기적 성취로 이어질 가능성을 시사한다.

디지털 및 소셜미디어에서 제공되는 건강 및 교육 관련 정보는 접근성은 높지만, 그 품질과 신뢰성에는 큰 차이가 존재한다. 예를 들어, ADHD를 주제로 한 틱톡 영상 중 절반 이상이 과학적 근거나 임상적 타당성이 부족한 오해나 오류로 간주된 사례가 있으며, 이러한 문제는 지적장애나 발달지연 아동을 위한 디지털 콘텐츠에도 동일하게 나타날 수 있다. 이에 따라 교육용 디지털 자료는 전문가의 검증을 거치고, 표준화되며, 정기적인 업데이트가 이루어져야 하며, 정책적이고 학제적인 협력을 통해 신뢰할 수 있는 콘텐츠가 안전하게 제공될 필요가 있다.

지적장애 및 발달지연을 가진 유아의 디지털 교육 성공은 기술 도입 그 자체보다는 교사, 학부모, 특수교육 전문가, 의료진이 참여하는 다학제 협력 플랫폼의 구축에 달려 있다. 이는 조기 개입–평가–피드백–지도에 이르는 순환적 지원 시스템과도 연결되므로 교육 당국의 적극적 정책 지원과 투자 확대가 지속적으로 뒤따라야 한다.

미국, 유럽, 일본 등의 선진국에서는 AI · 클라우드 기반 LMS, 실시간 진도 추적 시스템, AT · 감각 통합 해결책이 일반화 단계에 진입했다. 예를 들어, 미국의 특수교육 플랫폼은 학습자의 실시간 데이터 기반 보충 자료 및 개별화 피드백 제공 체계를 갖추었다. 국내 역시 AI · AT 통합 특수교육 파일럿, 메타버스 체험형 멀티미디어 콘텐츠 개발, 교사 연수 강화 등에서 빠른 추격을 보이고 있다. 향후에는 일방적 해외 모델 수용이 아닌, 현장 적용성과 확장성을 고려한 현지화 전략이 병행되어야 한다.

미래 디지털 특수교육은 AI, 빅데이터, XR, 클라우드, AT의 유기적 융합과 조기 선별–개입 체계 확립, 감각 및 인지 맞춤화, 자기주도학습과 피드백 생태계 구축, 신뢰성 · 윤리성 보장 등 다면적 혁신을 요구한다. 이런 방향성은 모든 유아, 특히 지적장애 및 발달지연을 가진 유아가 창의적, 자기주도적으로 성장할 수 있는 '진정한 포용적 교육' 토대를 제공한다.

1) 미래 기술과 지적장애 및 발달지연 유아교육

현대 디지털 미래 기술의 도입은 지적장애 및 발달지연 유아교육을 획기적으로 변화시키고 있다. 특히 AI, 빅데이터, 클라우드 기반 학습 시스템은 지적장애 및 발달지연 유아의 특성을 반영한 맞춤형 교육, 평가 체계, 자기주도학습 환경을 마련하는 데 핵심적인 역할을 한다.

AI는 학습자의 행동, 응답 속도, 문제 풀이 패턴 등 다양한 데이터를 실시간으로 분석하고, 이를 바탕으로 각각의 유아에게 최적화된 맞춤형 콘텐츠를 자동으로 제공한다. 예를 들어, 반복적으로 특정 개념에서 오류가 발생하는 지적장애 및 발달지연을 가진 유아에게 AI 시스템은 단계별 보조 자료나 시각 자료, 추가 연습 기회를 제시하여 학습 결손을 능동적으로 보완한다. 실제로 최근의 머신러닝·앙상블 기법(랜덤 포레스트, XG부스트 등)을 활용한 연구에서는 조기 진단뿐만 아니라, 개별 아동의 언어·신체·행동 데이터를 기반으로 최적화된 교수법을 자동으로 제안하는 맞춤형 교육 모델이 개발되고 있으며, 94%의 정확도로 효과적인 교육 방안을 추천하고 있다(Hajjej et al., 2024).

빅데이터 기술은 개별적 AI 분석을 넘어 대규모의 지적장애 및 발달지연을 가진 유아의 학습 이력, 참여도, 평가 결과 패턴을 통합적으로 분석함으로써 어떤 유형의 교수법, AT, 콘텐츠 디자인이 실제로 효과적인지를 객관적으로 평가한다. 이를 통해 특정 감각 유형(예: 시각, 청각)에 의존하는 아동군, 연령별·경도별 차이를 세분화하여 교육 자료 설계의 핵심 기준을 제시할 수 있다. 이러한 대규모의 분석은 궁극적으로 전국 단위 혹은 지역 단위의 유아특수교육 콘텐츠 개발과 정책 수립의 근거 자료로 활용된다.

클라우드 기반 학습 시스템은 모든 학습 자료, 평가 기록, 맞춤형 과제 정보를 중앙 집중식으로 저장 및 관리하고, 교사, 학부모, 특수교육 전문가가 시간과 공간의 제약 없이 실시간 접근할 수 있게 한다. 클라우드 환경은 가정과 학교, 치료 기관 사이의 교육 불일치 문제를 해소하고, IEP의 작성과 관리, 진행 상황 모니터링, 협업적 피드백을 강화한다. 최근 선진국(미국, 유럽, 일본)에서는 클라우드, AI, 빅데이터를 통합한 디지털 학습 플랫폼이 표준화되면서 지적장애 및 발달지연 유아 개별의 학습 데이터를 교사, 가족, 전문가 사이에서 실시간으로 공유하고, 이를 토대로 지도의 난이도나 방식, 평가 방법을 유연하게 조정하는 체계가 운영되고 있다(Hajjej et al., 2024).

첨단 기술을 접목한 미래 평가 체계는 단순히 정답·오답 중심 평가에서 벗어나 AI·빅데이터 기반 프로세스 분석(문제 해결 경로, 힌트 사용, 반복 시도, 반응 시간 등)을 기록 및 분석하여 학습자의 실행 기능, 동기 변화, 전략 사용 방식 등까지 정성적으로 진단한다. 이에 따라 교사는 부족한 영역을 신속히 찾아내어 보충 내용을 자동으로 추천받고, 아동 스스로도 '성장 추적'과 자기평가의 과정을 경험하며 자기효능감을 기르게 된다(Hajjej et al., 2024).

이처럼 디지털 미래 기술의 도입은 지적장애 및 발달지연 유아에게 정보 접근성과 자율성을 높여 주는 AT 발전과도 연계된다. 연구에 따르면 적절한 AT 도입이 이루어지지 않으면 지적장애 및 발달지연을 가진 유아의 포괄적 학습권 실현에 중대한 제약이 발생하며, 이를 예방하기 위해 조기 선별 및 조기 개입 체계 내에서 아동 개개인의 AT 필요성을 평가하고 지원하는 거버넌스 구축이 강조된다. 디지털 기술 기반의 조기 선별(AI를 통해 고위험군을 신속하게 선별하고, 실제 맞춤형 AT를 신속 도입하는 프로세스)은 향후 포용적 유아특수교육의 실질적 기반이 될 전망이다(Hunt, 2021).

또한 VR, AR, XR, 디지털 게임 등의 미래 교육 기술은 지적장애 및 발달지연 유아의 사회-정서, 메타인지, 감각 통합 훈련 등 다양한 영역에서 새로운 가능성을 보여 주고 있다. 예컨대, AR은 사회적 의사소통, 감각 통합 기술의 반복 연습 및 실제적 체험을 지원하고, 디지털 게이미피케이션은 반복적 성공 경험, 자기주도적 규칙 학습, 정서적 보상 구조를 제공하며, 메타인지 게임과 앱 등을 통한 자기평가, 자기점검 기능 습득이 매우 효과적임이 확인되고 있다(Atherton & Cross, 2021).

다만 디지털 플랫폼·소셜미디어를 통한 유아특수교육 정보의 품질과 신뢰성은 반드시 체계적으로 관리되어야 한다. ADHD 관련 틱톡 영상의 과반 이상이 오해, 잘못된 정보로 판정된 바(52%) 있으며, 특수교육 및 지적장애 교육 역시 전문가 검증, 표준화, 데이터 안전성 확보와 같은 윤리적·법적 기반 구축이 선결과제임을 시사한다. 데이터의 저장, 접근, 활용 권한에 대한 명확한 윤리적 기준이 필수적으로 구현되어야 한다(Yeung et al., 2022).

결론적으로, AI, 빅데이터, 클라우드 기반 학습 시스템 등 미래 디지털 기술은 지적장애 및 발달지연 유아를 위한 교육의 패러다임을 '진단-개인화-실시간 피드백-자기주도 확장'으로 구조화하는 데 결정적 역할을 한다. 첨단 기술의 확산 및 표준화, 교사와 교육 당국의 디지털 역량 강화, 조기 AT 도입, 전문가 협력 체계 구축, 데이터 신뢰성 강화가 동시에 추진될 때 지적장애 및 발달지연 유아 개개인의 특성에 최적화된 포용적 미래 교육이 현실이 될 것이다.

2) 글로벌 및 국내 유아특수교육 디지털 해결책

현대 글로벌 교육 현장에서 지적장애 및 발달지연 유아를 위한 특수교육 디지털 해결책은 AI, 빅데이터, 클라우드 기반 학습 플랫폼, AT 등 첨단 기술을 융합하여 맞춤형 교육과 평가, 자기주도학습, 그리고 포용적 학습 경험을 제공하는 방향으로 빠르게 발전하고 있다. 이러한 변화는 미국, 유럽, 일본 등의 선진국에서 이미 보편화된 여러 사례와 최근 연구 동향을 통해 확인할 수 있으며, 이는 국내 유아특수교육 현장에도 점차적으로 영향을 미치고 있다.

주요 선진국들은 디지털 해결책을 단순히 보조적 수단이 아닌, 지적장애 및 발달지연 유아의 개별적 특성과 학습 요구에 최적화된 '개인화된 교육 데이터 생태계'로 고도화하고 있다. 미국과 유럽의 특수교육기관들은 이미 AI 및 머신러닝을 활용한 진단, 학습 데이터 분석, 개인 맞춤형 콘텐츠 제공 및 평가 시스템을 갖추고 있다. 최근 연구들에서는 랜덤 포레스트, XG부스트와 같은 앙상블 학습 알고리즘을 활용하여 지적장애 및 발달지연의 조기 판별과 개인별 맞춤 교수전략 추천이 가능함을 입증하고 있으며, 이는 디지털 기반 교육 해결책이 아동의 신경심리적 특성을 정밀하게 반영할 수 있다는 점에서 중요한 함의를 지닌다.

유럽, 특히 독일, 스웨덴, 핀란드 등에서는 지적장애 및 발달지연 아동을 위한 특수교육 분야에서 AR, VR, 시선 추적 기술을 포함한 디지털 치료(DTx)와 AT를 통합한 국가 차원의 플랫폼 구축이 활발히 이루어지고 있다. 이러한 통합 시스템은 지적장애 및 발달지연 아동의 인지적 · 감각적 특성을 정밀하게 분석하고, 그에 적합한 맞춤형 교육 환경을 제공하는 데 중점을 둔다. 예를 들어, 스웨덴의 특수학교에서는 AR 기반 학습 앱, 유연한 멀티미디어 콘텐츠, 실시간 진도 및 행동 모니터링 시스템이 유기적으로 연계되어 교사가 학생 개개인의 학습 속도와 특성에 맞춘 단계별 교육 콘텐츠 및 보조 자료를 체계적으로 제공하는 교육 모델이 실현되고 있다(Wu et al., 2023).

일본은 지적장애 및 발달지연 아동을 위한 특수교육에서 전통적 교수법과 ICT 기술을 융합하여 교육의 정밀성과 개별화를 강화하고 있다. 특히 AI 기반의 학습 반응 패턴 분석을 통해 지적장애 학생의 이해도와 반응 특성을 실시간으로 파악하고, 그에 따른 개별 맞춤형 피드백과 데이터 중심의 평가 체계를 일상적으로 적용하고 있다. 아울러 AT 역시 지적장애 및 발달지연 아동의 시각적 · 청각적 · 인지적 특성을 정교하게 반영할 수 있도록 표준화된 설계가 이루어지고 있으며, 다양한 하드웨어와 소프트웨어 기반의 지원 체계를 통해 학습 접근성과 효과성을 지속적으로 향상시키고 있다.

최신 연구에서는 AT가 단순히 도구를 제공하는 것을 넘어 아동별 맞춤형 교육 체계와 완전히 통합될 때 진정한 사회적 포용과 자기주도적 학습이 실현됨을 강조한다. 조기 선별과 조기 개입 단계에서 각 아동의 필요를 정확히 평가하고, 적합한 AT를 조기에 도입하는 것이 효과성, 접근성, 장기적 교육 성과를 높이는 핵심 전략으로 제시된다. 또한 AT는 일상생활, 사회참여, 의사소통, 안전 등 전반에 걸쳐 지적장애 및 발달지연 유아의 자율성과 삶의 질을 실질적으로 높여 준다(Owuor et al., 2018; Wohofsky et al., 2021).

지적장애 및 발달지연 유아를 위한 특수교육에서는 AI, 빅데이터, 클라우드 기술이 통합된 첨단 평가 시스템이 핵심적 역할을 수행하고 있다. 이 시스템은 학생의 문제 해결 과정, 반응 시간, 행동 변화 등 다양한 학습 데이터를 수집 및 분석함으로써 단순히 결과 중심의 평가를 넘어 학습자의 인지적 특성과 발달 수준을 정량적, 정성적으로 통합하여 진단할 수 있다. 이를 통해 지적장애 및 발달지연 유아의 개별 학습 경로를 실시간으로 제시하고, 학습 태도, 전략 사용, 사회적·정서적 성장까지 포괄하는 정밀한 피드백 고리를 형성할 수 있다.

또한 디지털 플랫폼을 통한 정보 제공과 의사소통의 질 관리 역시 지적장애 및 발달지연 유아의 교육 효과를 좌우하는 핵심 요소다. 학부모, 교사, 전문가 간의 실시간 데이터 공유와 협업 기반의 피드백 체계가 안정적으로 구축되어야 맞춤형 IEP의 실행력이 높아지고, 가정과 학교 간에 연계된 학습 지원이 효과적으로 이루어질 수 있다.

우리나라는 디지털 교육 인프라를 빠르게 확장해 왔지만, 지적장애 및 발달지연 유아를 위한 특수교육 디지털 해결책 분야는 여전히 글로벌 선진국에 비해 초기 단계에 머무르고 있다. 현재 일부 국립특수학교나 시범 사업을 중심으로 AI 기반 진단, 맞춤형 콘텐츠 제공, 상호작용형 교육 플랫폼, 클라우드 기반 LMS, AT 연계 시스템 등이 제한적으로 도입되고 있으나, 전반적인 확산과 정착은 미진한 상황이다. 특히 대부분의 디지털 시스템이 일반 아동을 기준으로 설계되어 있어 지적장애 유아의 인지적·감각적 특성(예를 들어, 과잉 자극에 대한 민감성, 반복적 구조화의 필요성, 직관적인 인터페이스에 대한 요구)을 충분히 반영하지 못하는 경우가 많아 실질적인 학습 효과와 접근성을 저해하고 있다.

해외 연구에 따르면, 지적장애 및 발달지연 유아를 위한 디지털 해결책 도입 초기에는 반드시 현장 맥락에의 적합성 확보와 조기 개입 단계에서의 AT 평가 및 지원의 일치화, 그리고 교사, 의료·복지 전문가, 가족, 정책 담당자가 유기적으로 협력하는 체계적인 다학제 협업 생태계의 구축이 핵심 전제로 요구된다고 강조된다(Hunt, 2021). 더불어 지적장애 및 발달지연 유아를 위한 디지털 콘텐츠는 정보의 신뢰성과 안전성 확보가 무엇보다 중요하다.

지적장애 및 발달지연 유아는 인지 처리 능력과 판단력의 제한으로 인해 부정확하거나 비표준화된 정보에 취약할 수 있으며, 이는 학습의 왜곡과 발달적 혼란을 초래할 수 있다. 따라서 이들에게 제공되는 디지털 자료는 반드시 의료 · 교육 전문가가 공동으로 참여하고, 객관적 검증과 표준화된 절차를 거친 콘텐츠이어야 한다. 또한 콘텐츠 개발 및 활용 전반에 걸쳐 정보의 출처, 정확성, 발달 적합성을 지속적으로 점검할 수 있는 관리 체계가 정책적으로 마련되어야 하며, 이를 통해 지적장애 유아가 안전하고 효과적인 디지털 학습 환경에서 교육받을 수 있도록 해야 한다.

국내 디지털 특수교육 해결책 고도화를 위해서는 다음과 같은 전략적 접근이 필요하다.

- **기술 고도화 및 맞춤화**: AI, 빅데이터, AR 및 VR, AT 통합 플랫폼 도입 시 한국 유아 학습 데이터, 문화, 특수교육 실제(학교 규모, 인력 및 지원 체계)에 최적화된 현지화가 필수다.
- **전주기 지원 및 다학제 협업**: 조기 선별–조기 개입–AT 평가–피드백에 이르는 순환 시스템과 교사–가족–의료–IT 전문가 네트워크 기반의 협업이 강화되어야 한다.
- **정보 신뢰성 및 윤리적 활용**: 모든 디지털 자료 · 해결책의 표준화 및 전문가 검증 의무화, 개인정보와 학습 데이터 보안, 학부모 · 아동의 데이터 접근 권리 보장이 필요하다.
- **포용적 디자인과 접근성의 극대화**: 모든 해결책에서 자막, 수어, 고대비, 자기조절 구조 등 접근성–감각 특성 맞춤 기능이 기본 탑재되어야 한다.
- **장기적 효과 검증 및 실증연구**: 디지털 유아특수교육 도구의 학습 · 사회적 효과, 실제 수용성, 유지 및 일반화 가능성 등을 주기적으로 평가하는 대규모의 실증연구가 병행되어야 한다.

결론적으로, 글로벌 및 국내 유아특수교육 디지털 해결책은 지적장애 및 발달지연 유아에게 맞춤형 · 포용적 · 자기주도적 학습 기회를 제공하는 핵심 인프라로 자리 잡고 있다. 해외 선진 사례의 기술 트렌드와 우리 사회의 학교–가족–정책 연계 생태계를 접목함으로써 지적장애 및 발달지연 유아 또한 디지털 미래 교육에서 평등하게 성장할 수 있는 토대를 마련할 수 있을 것이다.

3) 자기주도학습 및 맞춤형 피드백

최근 디지털 기술의 고도화는 지적장애 유아의 교육 영역에 있어 새로운 가능성과 접근 방식을 열어 가고 있다. 특히 AI, 빅데이터 분석, LMS 등 첨단 기술 기반의 해결책은 지적장애 유아의 인지적 특성과 학습 속도에 맞춰 개별화된 학습 경로를 설계하고, 자기주도적 학습과 실시간 피드백 제공이 가능하도록 구조화된 지원을 제공한다. 이러한 시스템은 학습자의 자기결정권 증진, 학습 동기 강화, 인지 기능의 향상에 긍정적인 영향을 미치며, 보다 지속 가능한 통합교육 환경 조성에 기여하고 있다.

지적장애 및 발달지연 유아를 위한 디지털 자기주도학습 및 맞춤형 피드백 시스템은 학습자가 자신의 속도와 특성에 맞추어 목표를 설정하고, 과정을 점검하며, 결과를 직접적으로 관리할 수 있도록 지원하는 방식이다. 이러한 교육 패러다임은 특히 지적장애 및 발달지연 유아에게 중요하다. 이유는 이들이 전형적으로 단기기억과 실행 기능의 한계, 자기결정력 및 자기점검 역량의 약화 등으로 인해 기존의 일방향적·수동적 학습 환경에 잘 적응하지 못하거나 학습 격차가 확대될 위험이 높기 때문이다(Molen et al., 2010; Swanson, 1993).

디지털 학습 환경, 특히 AI와 빅데이터 기반의 시스템은 학습자의 반응 패턴, 정답률, 반복 오류 유형 등 빅데이터를 실시간으로 분석하여 맞춤형 피드백, 개별 학습 경로, 자동 난이도 조정 등을 제공한다. 이는 지적장애 및 발달지연 유아가 자신이 이해하지 못한 내용을 빠르게 확인하고, 반복적이고 직관적인 학습 경험을 통해 '성공의 경험'을 지속적으로 누릴 수 있도록 한다. 자기주도학습 플랫폼은 학습 활동의 시각화, 달성도 표시 막대, 실시간 피드백 메시지 등을 통합함으로써 사용자의 자기점검 및 자기조절 능력 향상을 장려하는 구조를 갖춘다(Shogren et al., 2018). 이러한 시스템적 지원은 미국, 핀란드 등 일부 선진국의 특수교육 현장에서 이미 실제 효과가 확인된 바 있다.

맞춤형 피드백 전략은 특히 '즉각적이고 단순하며, 반복 가능한 정보 제공'이 핵심이다. 기존의 일반화된 교사 피드백 대신, AI는 유아별로 반복 오류가 나타나는 개념, 참여 패턴을 실시간으로 분석하여 짧은 항목별 퀴즈, 이해도 체크, 간단한 애니메이션, 시각 자료 등 다양한 방식으로 쉽게 접근할 수 있는 보조 자료를 제시한다. 정량적(문제 풀이 시간, 정답률)과 정성적(참여도, 상호작용, 자기평가 결과) 데이터가 모두 통합 분석되어 개별 학습 강약점에 맞는 보충 지도가 즉각적으로 연동될 수 있다.

특히 주목해야 할 점은 이러한 디지털 반복학습 환경과 멀티모달 피드백 구조가 단기기억에서 장기기억으로의 정보 전환을 효과적으로 촉진할 수 있다는 것이다. 기존 연구에 따르면, 지적장애 및 발달지연 아동은 작업기억(working memory) 및 일반 기억 능력이 제한적이어서 새로운 정보를 지속적으로 유지하고 인출하는 데 어려움을 겪는다. 하지만 디지털 기반의 반복적 노출, 간격 반복(spaced repetition), 시각, 청각 등 다양한 자극이 결합된 콘텐츠는 장기기억을 강화하는 데 효과적임이 보고되고 있다. 특히 디지털 기기를 통한 구조화된 학습 및 반복 연습이 작업기억 유지력 개선과 더불어, 장기기억 내 정보의 안정적인 전이 및 정착을 촉진한다는 실증적 결과도 확인된다(Moreno et al., 2021).

전 세계적으로 자기주도적 학습을 목표로 한 교수모델(Self-Determined Learning Model of Instruction: SDLMI)이나 조기 개입 · AT 통합 시스템 등 다양한 접근법이 시도되고 있다. SDLMI는 학생이 목표 설정, 계획 수립, 자기점검, 목표 달성을 반복적으로 연습하고, 이 과정에서 교사와 전문가가 체계적으로 피드백을 제공하도록 설계되었다. 실제 거대 표본 연구에서는 SDLMI 모델의 도입이 학습자의 자기결정력, 목표 달성도, 자기효능감 등에서 뚜렷한 향상을 가져왔고, 이는 디지털 자기주도학습 플랫폼의 근간 논리와 직결된다(Shogren & Broussard, 2011).

그러나 디지털 기반 자기주도학습과 맞춤형 피드백의 확대에는 반드시 몇 가지 전제 조건이 요구된다.

첫째, AT의 조기 평가와 개입이 필수적이다. 즉, 아동의 특성과 장애 유형 · 정도를 조기에 식별하여 적정 AT를 적용해야 모든 유아가 동일한 학습 접근성을 누릴 수 있다.

둘째, 정보의 신뢰성과 품질 관리가 중요하다. 최근 SNS나 소셜미디어 기반의 건강 · 특수교육 정보의 과반수가 오류 또는 과장된 내용임이 밝혀져 공식적이고 전문가가 검증한 디지털 학습 자료, 피드백만이 학습자에게 제공되어야 한다.

셋째, 학습 데이터의 실시간 공유 · 협력 체계(교사, 보호자, 전문가 협의)가 유기적으로 돌아가야만 IEP의 동적 수정 및 업데이트, 문제 발생시 신속한 대처가 이루어진다.

결론적으로, 디지털 자기주도학습과 맞춤형 피드백은 지적장애 및 발달지연 유아의 자기결정력, 인지 · 행동 기능(특히 작업기억에서 장기기억으로의 전환력), 학습 동기 및 사회적 포용성에 실질적인 긍정 효과를 주는 교육적 선순환의 열쇠다. 이러한 시스템이 성공적으로 뿌리내리기 위해서는 AT와의 접목, 신뢰성 관리, 데이터 협업 구조 등 다중 전략이 동시에 실현될 필요가 있다.

4) 게이미피케이션 전략

지적장애 및 발달지연 유아를 위한 디지털 교육 환경에서 게이미피케이션 요소의 전략적 도입은 학습 동기유발, 자기주도성 향상, 사회적 상호작용 기술 발달, 그리고 인지기능 증진에 매우 긍정적인 영향을 미칠 수 있다. 특히 명확한 목표 제시, 난이도의 점진적 조정, 즉각적인 피드백 제공, 보상 기반 강화 시스템 등 게임 설계의 핵심 원리를 유아특수교육 맥락에 맞게 재구성할 경우, 지적장애 및 발달지연 유아가 흔히 겪는 작업기억의 제한, 인지적 전환의 어려움, 일상적 정보 유지 능력의 부족과 같은 발달적 제약을 효과적으로 보완할 수 있다(Stančin, Hoić−Božić, & Mihić, 2020). 이러한 구조화된 게임 기반 접근은 학습의 지속성은 물론, 성공 경험의 반복을 통해 자존감과 자기효능감을 강화하는 데에도 실질적 기여를 할 수 있다.

(1) 단순화와 구조화, 반복적 성공의 의미

지적장애 및 발달지연 유아는 예측 가능하고, 단순하며, 반복적인 학습 맥락과 상황 등에서 안정감을 느끼고, 정보처리 효율이 높아진다. 게이미피케이션은 미션 수행−성공 보상−진행 시각화 등 반복적 루틴을 제공함으로써 작업기억의 과부하 없이 학습 내용을 반복적으로 재노출할 수 있다. 이는 단기기억을 장기기억으로 전이시키는 데 요구되는 '반복−정착−인출' 구조와도 맞닿아 있다. 실제 디지털 기반 중재 연구에서는 게이미피케이션 학습이 지적장애 및 발달지연 학생의 작업기억 및 인지기능 개선에 유의미한 효과를 보였으며, 이러한 효과는 단순한 반복적 문제 풀이보다 게임적 동기가 결합될 때 더욱 두드러지게 나타났다(Moreno et al., 2021; Shogren et al., 2018). 예를 들어, 레벨업, 점수 누적 보상, 칭찬 배지 등은 미시적 성공 경험을 반복 제공하며, 자기효능감과 자기결정감의 성장도 동반함이 보고됐다.

(2) AI · 빅데이터 기반 맞춤형 게이미피케이션과 AT와의 연계

AI와 빅데이터를 활용하면 학습자의 오답 패턴, 반응 속도, 선호도 등 세부 데이터를 실시간으로 분석하여 각 유아에게 최적화된 게임 미션과 보상 과제를 자동으로 생성할 수 있다. 예컨대, 특정 개념(알파벳 등)에서 어려움을 겪는 학생에게만 반복 미션과 강화 피드백을 제공하여 실패 경험 대신 맞춤형 성공의 기회를 극대화한다. 이러한 시스템은 작업기억 한계를 고려한 '간격 반복(spaced repetition)'과 '적응형 난이도(adaptive difficulty)' 기법 등과 결합할 때 정보의 장기 저장과 인출 성공률을 실질적으로 높인다. 또한 조기 선별을 통한 AT 도구와의 연계는 접근성 및 이질적 요구(운동, 언어, 감각 등)까지 포괄적으로 지원하는 데 필수적이다(Hunt, 2021).

(3) 사회적 상호작용과 협력적 게임 디자인

디지털 게임 기반 협력 미션, 팀 기반 과제 등은 지적장애 및 발달지연 유아의 사회성, 의사소통, 감정 표현 기능을 자연스럽게 증진시킨다. 특히 공동의 목표 달성 구조(예: 협력 퍼즐, 그룹 미션)는 학생 상호 간 긍정 경험을 유도하며, 이는 학습 유지력뿐만 아니라 사회적 참여(community participation) 향상의 주요 계기가 된다. 다만 경쟁 기반 요소(순위 경쟁, 강한 제한 시간 등)는 불필요한 좌절 및 스트레스 유발 가능성이 있어 협력·도전 중심의 게이미피케이션 설계가 바람직하다. 이러한 협력적 경험은 자기결정력의 성장, 자존감 회복 및 형성 등에도 중요한 역할을 한다(Owuor et al., 2018).

(4) 교사의 평가·분석 역할과 신뢰성 강화

지적장애 및 발달지연 유아를 위한 디지털 교육 환경에서 게이미피케이션의 적용은 학습 참여도와 지속성을 높이는 효과적인 전략으로 주목받고 있다. 명확한 목표 설정, 단계별 난이도 조정, 즉각적인 피드백 제공, 보상 중심의 강화 체계 등 게임 설계의 핵심 요소를 특수교육에 적합하게 재구성하면 지적장애 및 발달지연 유아가 흔히 겪는 작업기억의 제한, 인지적 융통성 부족, 일상 정보의 처리 및 유지의 어려움을 보완할 수 있다. 이러한 구조화된 게임 기반 학습은 자기주도 능력, 사회적 상호작용 기술, 문제 해결 능력 등의 발달을 촉진하며, 성공 경험을 통해 유아의 자기효능감과 학습 동기를 효과적으로 향상시킬 수 있다.

(5) 효과적 도입을 위한 조건

지적장애 유아를 위한 디지털 게이미피케이션 도입 시 고려해야 할 조건과 효과를 정리하자면 다음과 같다.

첫째, 예측 가능한 디자인, 시각·청각 피드백, 실패 후 즉시 회복할 수 있는 보상 구조 등 지적장애 유아의 특성을 반영한 직관성과 안정성을 최우선 전략으로 두어야 한다.

둘째, 디지털 게이미피케이션은 단순히 학습 동기 자극을 넘어 작업기억–장기기억 전이, 자기결정력, 사회적 통합, 지속 가능한 자기주도학습 환경의 관점에서 종합 설계되어야 한다.

셋째, AT와의 연계, 전문가의 정기적 평가 및 지도, 데이터 중심의 목표 설정과 성과 분석, 그리고 검증된 콘텐츠 활용이 반드시 병행되어야 한다.

결론적으로, 디지털 게이미피케이션은 지적장애 및 발달지연 유아에게 예측 가능한 반복 구조, 맞춤화된 성공 경험, 사회적 경험의 확장, 그리고 인지·행동 기능 강화를 동시에 제공하는 효과적인 전략이다. 최근 AI, AT, 빅데이터를 결합한 맞춤형 게이미피케이션 시스템의 현장 적용은 단순히 재미와 동기부여를 넘어 포용적이고 자기주도적인 성장 기반 구축에 핵심적 역할을 한다고 할 수 있다.

5) 과잉 자극 관리 및 휴식 전략

지적장애 및 발달지연 유아의 디지털 교육에서 과잉 자극 관리와 휴식 전략은 단순히 학습 편의성 차원을 넘어서 정서 안정, 인지적 지속력, 그리고 전반적인 학습 효과에 직결되는 핵심적 요인이다. 디지털 매체를 통한 학습이 활성화되면서 시각적·청각적 자극의 총량과 질적 특성이 유아의 행동과 정서 건강에 미치는 영향이 더욱 중요하게 부각되고 있다. 실제로 지적장애 아동은 작업기억과 일상 기억의 한계, 인지적 유연성 부족 등으로 인해 감각적 과부하에 더 취약하며, 새로운 환경이나 복잡한 자극에 노출될 때 행동·정서 문제로 이어지기 쉽다.

지적장애 및 발달지연을 가진 아동은 정상 발달 아동에 비해 불안, 산만, 행동 문제, 그리고 수면장애 등 정신보건 문제의 동반율이 현저히 높다. 여러 추적 연구에 따르면, 이러한 행동 및 정서적 문제는 아동기부터 성인기까지 지속적으로 관찰되며(Einfeld, Ellis, & Emerson, 2011; Einfeld et al., 2006), 특히 과도한 감각 자극이나 환경적 스트레스 요인이 누적될 때 더욱 악화될 수 있다. 디지털 교육 상황에서는 빠른 화면 전환, 과다한 애니메이션, 복잡한 소리, 명암 및 색상의 과한 대비 등 다양한 요소가 인지 과부하의 직접적 원인이 될 수 있으며, 이는 곧 학습 회피, 집중력 저하, 부정적 행동 패턴으로 이어진다(Moreno et al., 2021).

(1) 콘텐츠 및 환경 설계

디지털 학습 환경은 단순하고 예측 가능한 구조로 디자인해야 하며, 시각적 자극(색상, 애니메이션, 화면 전환)은 최소화하고, 부드러운 전환 효과 및 제한된 색상의 팔레트 사용이 권장된다. 청각적 자극 조절 역시 중요하다. 급격한 소리 변화를 피하고, 일정하고 낮은 음량의 배경음, 부드러운 음성 피드백 활용이 효과적이다. 이러한 디자인 기준은 지적장애 및 발달지연 유아의 정보처리 부담을 줄이고, 불안정성과 혼란감을 최소화하는 데 도움을 준다.

(2) 학습–휴식 리듬의 구조화

집중력 및 작업기억의 제한을 고려할 때 한 번의 활동은 10~15분 내외로 제한하고, 반드시 주기적인 휴식 시간을 포함해야 한다. 휴식 동안에는 시각적 자극과 상호작용을 차단하고, 스트레칭, 간단한 눈 운동, 조용한 놀이 등 감각적 안정 활동을 통해 자극을 해소하는 방식이 바람직하다. 이러한 루틴은 아동의 신체 · 정서 회복에 긍정적 영향을 주며, 반복 가능한 예측성 있는 구조를 경험하게 한다.

(3) AI · AT 기반 맞춤형 모니터링

최근 연구에서는 디지털 장치 내에 AI 기반 실시간 반응 추적 기능(예: 시선 추적, 반응 속도, 오류율)을 적용하여 피로, 집중력 저하, 과도한 자극 신호가 감지될 경우 자동으로 콘텐츠 중단 또는 휴식 모드를 유도하는 방식의 시스템 도입 가능성을 제시한다(Yeung et al., 2024). 적합한 AT 기술은 접근성뿐 아니라, 감각 자극의 강도 및 유형을 개별 학생의 특성에 맞추어 자동 조절하도록 한다.

(4) 개별화 전략과 조기 평가

아동별로 과잉 자극에 대한 민감도가 다르므로 특성 평가와 조기 선별이 필수적이다. 일부 아동은 시각 자극에, 또 다른 아동은 청각 자극에 더 민감한 속성이 있으므로 교사는 정기적 관찰, 기록 및 자료 설계 수정이 필요하다. 또한 AT 활용 역시 조기 선별, 조기 중재 체계와 연계해 지속적으로 업데이트해야 한다.

(5) 교육 전반 및 가정과의 연계

디지털 도구만이 아니라, 교실 조도, 소음, 좌석, 휴식 공간 등 전반적 환경도 자극 관리 관점에서 전수 점검해야 한다. 교실뿐 아니라 가정과의 연계, 즉 학부모와의 정기적인 소통을 통해 일관된 자극 관리 방식이 환경 전반에서 유지되는 것이 중요하다. 행동 문제 혹은 부정적 감정 조짐이 보일 경우, 전문가–교사–보호자가 연계해 개별화된 전략을 신속히 수정 및 보완할 수 있는 협력 체계가 필요하다.

(6) 근거 기반의 추가 고려 사항

디지털 콘텐츠 품질 관리 역시 필수다. ADHD 등 특수 분야에서 플랫폼 기반 자료의 과반수가 오해, 오류를 포함하는 등 질적 문제점이 많다는 연구 결과가 있으므로 전문가가 직접 검수한 자료만 제공할 필요가 있다.

디지털 중재가 작업기억, 인지 · 행동 문제 개선에는 효과가 있지만 그 효능이 지속 시간이나 개별 아동의 특성에 따라 상이할 수 있으므로 주기적인 효과 평가 및 개선 전략이 병행되어야 한다.

행동 및 정서 문제를 동반하는 것은 상당히 높은 빈도로 나타나기 때문에 정신보건 지원 체계와의 연계, 수면 · 스트레스 관리 역시 감각 자극 조절과 동등하게 다뤄야 한다.

결론적으로, 지적장애 및 발달지연 유아 디지털 교육에서의 과잉 자극 관리 및 휴식 전략은 단순히 인터페이스 설계에 그치지 않고, 작업기억, 정서, 행동 특성을 포괄하는 환경 구성, AI · AT 및 데이터 기반 모니터링, 체계적 개별화, 그리고 가정 및 정신보건 협력까지 포함하는 통합적 접근이 필요하다. 교사, AT 전문가, 학부모가 지속적 소통과 평가를 바탕으로 맞춤 전략을 주기적으로 재구성해야 비로소 지속 가능하고 효과적인 학습 환경을 보장할 수 있다.

6) 미래 교육 모델과 특수교육 혁신

지적장애 및 발달지연 유아를 위한 미래 디지털 교육 모델과 특수교육 혁신은 단순히 첨단기술을 도입하는 수준을 넘어 이들이 가진 심층적인 학습 및 삶의 질 문제를 실질적으로 개선하는 데 중점을 두어야 한다. 연구에 따르면, 지적장애 및 발달지연 아동은 작업기억, 일상 기억, 언어 및 사회적 행동 측면에서 구조적 약점을 경험하며, 이러한 인지적 제약은 새로운 상황이나 복잡한 과업에서 더욱 심화된다. 또한 이들은 높은 비율로 수면장애, 행동 및 정서 문제 등 의료적 동반 장애를 함께 가지며, 이는 전반적인 삶의 질과 학습에 심각한 영향을 미친다(Dykens, 2000; Reddihough et al., 2021; Richdale et al., 2000).

미래 디지털 교육 모델의 핵심은 AI, 빅데이터, 클라우드, 메타버스, XR과 같은 기술의 융합을 통해 지적장애 및 발달지연 유아의 개별적 특성과 복합적 욕구를 체계적으로 분석 및 지원할 수 있는 맞춤형 학습 생태계를 구축하는 것이다. AI 기반 맞춤형 학습 시스템은 실시간으로 상호작용 데이터와 성과 데이터를 분석하여 학습자의 현재 상태, 발달 단계, 혹은 특정 지원 장비(AT)의 필요 유무에 따라 교육 콘텐츠를 자동으로 조정할 수 있다. 이때, 클라우드 기반의 학습 관리 시스템은 모든 데이터를 투명하게 중앙화시켜 교사와 학부모가 아이의 학습 여정, 빈번한 문제 발생, 과잉 자극 여부, 진척 상황 등을 언제든 손쉽게 모니터링 및 개입할 수 있도록 한다.

특히 AT에 대한 조기 확인, 조기 중재, 그리고 지속적인 맞춤화가 강조된다. AT의 조기 도입과 유연한 지원은 지적장애 및 발달지연 유아의 학습 접근성과 사회적 포용을 촉진하고, 결과적으로 학업성취와 자존감에 긍정적 영향을 미친다는 점에서 필수적이다. AT가 학령 전후 단계부터 즉각적으로 적용될 수 있도록 특수교육-의료-복지 등 다학제적 팀이 아동의 욕구를 주기적으로 평가하고, 환경적 · 기술적 장벽을 신속히 해소하는 구조가 구축되어야 한다. 또한 AT는 교육 본연의 사용을 넘어 사회적 상호작용, 공동체 참여, 일상생활에서의 자립 등 보다 전체적 · 포괄적 관점에서 평가되고 제공될 필요가 있다(Owuor et al., 2018).

여기에 더해 메타버스와 XR(AR, VR) 등 몰입형 기술 환경은 실제와 유사한 높은 동기 · 참여도를 유발하는 학습 경험을 제공할 수 있다. 예컨대, XR 기반 시각 · 청각 피드백, 인터랙티브 아바타, 실감나는 사회적 시뮬레이션 등은 지적장애 및 발달지연 유아의 집중 및 사회적 의사소통 능력 향상을 촉진하는 데 효과적이다(Yenioglu, Ergulec, & Yenioğlu, 2021). 물론 XR 및 AR 활용 시에는 단순히 인터페이스, 텍스트-음성 변환, 터치 및 증강 시각 피드백, 감각 과자극 방지 등 접근성 및 전반적으로 안전성 확보가 전제되어야 한다.

디지털 기기 및 플랫폼이 실제 아동의 인지 · 행동 · 정서 변화를 유의미하게 이끌어 낼 수 있는지에 관한 실증연구도 주목할 만하다. 최근 체계적 문헌고찰에 따르면, 디지털 중재는 작업기억과 언어 등 인지적 영역뿐 아니라, 사회성 · 행동 측면의 현저한 개선 효과도 확인되었다. 하지만 그 지속 기간, 심한 지적장애군에서의 효과, 그리고 동반 장애(예: 심한 행동장애, 수면장애)에 관한 검증은 현재진행형이며, 효과의 유지 및 확장성을 높이기 위해서는 개인 맞춤형 중재와 주기적 재설계가 필요하다(Moreno et al., 2021).

또한 사이버불링 등 디지털 환경에서 겪을 수 있는 새로운 사회적 위험에도 적극 대처해야 한다. 지적장애 및 발달지연 학생 대상의 사이버불링 경험은 그 빈도가 적지 않고, 자존감 및 우울 등 부정적 정서와 밀접히 연관되어 있으므로 예방, 모니터링, 신고 체계가 필수적으로 병행되어야만 포용적 교육이 실질적으로 실현될 수 있다(Didden et al., 2009).

마지막으로, 미래형 디지털 유아특수교육은 교사, 전문가, 학부모 간의 유기적인 협력체가 핵심이다. 교사는 기술 변화에 적응하여 AI, AT, 데이터 기반 진단-피드백 역량을 지속적으로 개발하고, 전문가(치료사, 임상의, ICT 전문가 등)와 협력해 학생별로 최적화된 자기주도적 학습 경로를 설계해야 한다. 학부모와도 정기적 · 맞춤형 소통을 이어가 환경 전반에서 일관성 있는 지원이 유지되도록 해야 하며, 이는 교육혁신의 실질적 동력이 된다.

결론적으로, 지적장애 및 발달지연 유아를 위한 미래형 디지털 교육 모델은 AI, 빅데이터, 클라우드, 메타버스, XR 등 기술의 통합적 활용, 조기 AT의 도입과 상시 다학제 팀과의 협력, 과학적 근거 기반의 맞춤형 중재 설계, 그리고 데이터의 신뢰성, 안전성, 사회적 포용 체계 확보를 통해 모든 아동이 자기주도적이고 창의적인 학습자로 성장할 수 있는 포용적 환경을 실현하는 방향으로 나아가야 한다. 이러한 접근이야말로 단순한 기술 혁신을 넘어 지적장애 및 발달지연 유아 개개인의 발달 및 삶의 질 향상, 그리고 진정한 교육 평등의 기반을 구축하는 미래형 유아특수교육 혁신의 핵심이다.

참고문헌

구효진, 강남식(2007). ADHD아동과 일반아동의 감각처리능력에 관한 연구. **지적장애연구**, 9(2), 173-189.

권숙진(2021). 유아교육에서 텐저블 미디어를 활용한 디지털 놀이 개념 탐색 연구: 컴퓨팅 사고력 향상을 중심으로. **교육종합연구**, 19(1), 1-15.

권충훈, 박상희, 박희정, 강혜진, 이재욱, 서문진, 신일근(2024). **특수교육공학(2판)**. 학지사.

김경록, 변재희, 문남미(2011). N-스크린 환경에서 소셜 러닝을 위한 개인 위치정보 지원 커뮤니케이션 매니저 설계 및 구현. **전자공학회논문지CI**, 48(3), 27-35.

김경미, 김진미. (2007). 감각통합치료가 주의력결핍 및 과잉행동장애 아동의 균형 및 집중력에 미치는 효과: 개별 실험 연구. **특수교육재활과학연구**, 46(4), 103-130.

김남진, 김용욱(2017). **특수교육공학 (2판)**. 학지사.

김대희, 방상호, 박정의, 안백수, 한의정, 김성재, 조호연, 강진숙, 나미수, 한은정, 오원환, 신정아, 김연식, 하송아, 이귀영(2024). **디지털 소양을 위한 미디어 리터러시 교육**. 태학사.

김동현, 조창수, 신정훈, 홍광석(2005). VoiceXML을 이용한 Web 연동 학습 시스템 설계 및 구현. **전자공학회논문지CI**, 42, 21-30.

김병건(2019). 증강현실 기반 중재가 경도 자폐성장애 유아의 지역사회 영역활동에 미치는 효과. **유아특수교육연구**, 19(4), 49-69.

김병건(2020). 게이미피케이션의 특수교육적 활용을 위한 Pilot Study: 뇌손상 장애위험아동을 대상으로. **행동분석 · 지원연구**, 7(1), 79-96.

김병건(2024). 4차 산업혁명기술, 과잉자극, 그리고 장애. **놀이치료연구**, 28(1), 101-116.

김병건, 김미정(2019). 자폐아동을 위한 증강현실 기반 중재의 교육적 효과: 시뮬라시옹 이론을 바탕으로. **학습자중심교과교육연구**, 19(5), 911-930.

김병건, 김미정(2020). 특수교육에서의 게이미피케이션 적용 및 접근 방안 탐색. **특수아동교육연구**, 22(1), 57-79.

김병건, 최보금, 박유정(2020). 특수교사의 테크놀로지 활용에 영향을 미치는 교사관련 변인 분석: 메타분석에 근거하여. **학습장애연구**, 17(3), 201-220.

김병석, 배순한, 백승익(2012). 사회 네트워크 분석기법을 이용한 온라인 공동체의 네트워크 구조 탐색. *Entrue Journal of Information Technology, 11*(1), 59-72.

김성완, 김병건, 정동훈, 채희태, 박종화(2021). 장애인 평생교육기관 웹 접근성 실태 및 분석. **특수교육교과교육연구**, 14(1), 147-169.

김세연, 박수현(2011). 주의력결핍/과잉행동장애 아동의 감각처리능력과 불안수준간의 관계. **대한작업치료학회지**, 19(2), 73-84.

김인(2017). 창의성 교육 재음미. **도덕교육연구**, 29(4), 179-198.

김정민(2010). School and community inclusion of young children with autism spectrum disorder: parents' perspectives. **유아특수교육연구**, 10(3), 21-48.

김정현, 황두홍, 이주환, 김원일(2011). SCORM 표준 확장을 이용한 실시간 멀티미디어 e-Learning 시스템 연구. **전자공학회논문지CI**, 48(1), 51-59.

민영수, 김홍연, 김영균(2009). 클라우드 컴퓨팅을 위한 분산 파일 시스템 기술. **한국정보과학회**, 27(5), 86-94.

민윤숙, 심규철, 김현섭(2019). 과학 교사들의 학생 능동 수업 실행경험을 통한 교육적 효과에 대한 인식. **교육연구**, 75, 69-90.

박남수(2013). 통합학급 장애학생의 사회과 수업 참여를 위한 보편적 학습설계의 원리와 적용 방안. **사회과교육연구**, 20(2), 45-59.

박형재(2011). 온라인 건강관리 서비스를 위한 사회인지이론 기반 게임화 프레임워크. 서울대학교 대학원 석사학위논문.

박희정(2018). 키워드 네트워크 분석을 통한 청각장애 관련 연구동향 분석: 2007~2016. **언어치료연구**, 27(4), 127-135.

백영균(2024). **미래의 학습자를 위한 디지털 교육**. 학지사.

신일기, 최윤슬(2015). 디지털 옥외광고 구성요인의 수용에 관한 연구. **광고PR실학연구**, 8(3), 73-104.

안우리, 전홍주(2019). 유아교육기관에서의 디지털매체 활용에 대한 유아교사들의 인식: 유아교사들과의 인터뷰를 중심으로. 어린이미디어연구, 18(3), 81–108.

연보라(2017). 중도 · 중복장애학생을 위한 학교수준교육과정 운영 실태 및 요구에 대한 사례연구: H 학교를 중심으로. 특수교육논총, 33(1), 51–77.

유현정, 김미숙(2017). 교사와 부모의 유아 성교육에 대한 인식, 필요성에 미치는 요인 및 교육시기 요구에 관한 차이 비교 연구. *Journal of Systems and Software, 36*, 71–108.

윤미선(2007). 청각장애 아동의 진단과 평가 시 의사소통능력 평가의 중요성에 관한 질적연구. *Communication Sciences and Disorders, 12*, 447–464.

이경숙, 신의진, 전연진, 박진아, 정유경(2005). 과도한 영상물 노출 양육이 영유아의 심리적 발달에 미치는 영향: 임상군과의 비교. 한국심리학회지: 발달, 18(2), 75–103.

이긍연(2017). 한국 공교육 내 세계시민교육 정책과 실행. *Journal of Infection in Developing Countries, 2017*, 39–62.

이용상, 권태현, 김종민, 김현정, 신동광, 심우민, 엄해미, 정혜경, 조규락(2024). 디지털 시대의 인공지능과 교육. 학지사.

이윤경(2011). 언어발달지체 영유아의 언어 및 의사소통 능력과 인지, 운동 및 사회성 발달과의 관계. *Communication Sciences and Disorders, 16*(1), 1–12.

이은희(2016). 유아동작교육수업의 팀기반학습 적용 효과. 학습자중심교과교육연구, 16(10), 843–860.

이주은(2019). 한국의 출산율증대를 위한 공교육 활성화 방안과 사교육비 절감방안 탐색 –스웨덴 교육 도입을 중심으로–. 유라시아연구, 16(1), 177–210.

전새하, 박나래, 이중정(2011). 공공부문 클라우드 컴퓨팅 서비스 사용의도에 영향을 미치는 요인에 관한 연구. *Entrue Journal of Information Technology, 10*(2), 97–112.

정현주(2018). 정책홍보 수단으로서의 모바일 어플리케이션 활용 효과에 관한 연구. 광고PR실학연구, 11(3), 75–111.

최은수, Jeong, 강민수, 김순애(2020). Applying artificial intelligence for diagnostic classification of korean autism spectrum disorder. *Psychiatry Investigation, 17*(11), 1090–1095.

최혜길(2008). SCORM 기반의 온라인 교육 IT 표준 컨텐츠 개발 및 운영에 관한 연구. *Computational Intelligence, 45*(3), 7–14.

허주, 최원석(2019). 교사전문성 개발 활동 효과에 관한 메타 분석. 교원교육, 35(2), 147–169.

홍혜경, 김준교(2012). 예술강사 지원사업의 초등 디자인교육 개선방안. 디자인학연구, 25(1), 219–

236.

황정아, 남택진(2007). CAID 시스템의 디지털 라이팅을 위한 증강 현실 기반의 실체적 인터페이스에 관한 연구. **디자인학연구**, 20(3), 119–128.

Aida, T., Ito, Y., Takahashi, Y. K., & Tanaka, K. (2012). Overstimulation of NMDA receptors impairs early brain development in vivo. *PLoS ONE, 7*(5), e36853. https://doi.org/10.1371/journal.pone.0036853

Alemayehu, L., & Chen, H. (2021). The influence of motivation on learning engagement: The mediating role of learning self–efficacy and self–monitoring in online learning environments. *Interactive Learning Environments, 31*(7), 4605–4618.

Alfawzan, N., Christen, M., Spitale, G., & Biller–Andorno, N. (2021). Privacy, data sharing, and data security policies of women's mhealth apps: Scoping review and content analysis. *JMIR MHealth and UHealth, 10*(5), 33735. https://preprints.jmir.org/preprint/33735

Ally, M. (2019). Competency profile of the digital and online teacher in future education. *The International Review of Research in Open and Distributed Learning, 20*(2), 302–316. https://doi.org/10.19173/irrodl.v20i2.4206

Alotaibi, M. S. (2024). Game–based learning in early childhood education: A systematic review and meta–analysis. *Frontiers in Psychology, 15*, 1307881. https://doi.org/10.3389/fpsyg.2024.1307881

Alper, S., & Raharinirina, S. (2006). Assistive technology for individuals with disabilities: A review and synthesis of the literature. *Journal of Special Education Technology, 21*(2), 47–64.

Alvarez, L. (2020). The role of artificial intelligence in special education. *Journal of Special Education Technology, 35*(2), 122–136.

Amolloh, O. P., Lilian, G. K., & Shaji, M. (2017). Adopting digital technology in teaching and learning environment in early childhood education classes in Nairobi county, Kenya. *Advances in Engineering Software, 2*(3), 18. https://doi.org/10.20849/aes.v2i3.192

Anderson, C. A., & Dill, K. E. (2000). Video games and aggressive thoughts, feelings, and behavior in the laboratory and in life. *Journal of Personality and Social Psychology, 78*(4), 772–790.

Anderson, D. R., & Subrahmanyam, K. (2017). Digital screen media and cognitive development. *Pediatrics, 140*, S57–S61.

Ang, K. L., Ge, F., & Seng, K. (2020). Big educational data & analytics: Survey, architecture and challenges. *IEEE Access, 8*, 116392–116414. 10.1109/ACCESS.2020.2994561

Arditi, A. (2004). Adjustable typography: An approach to enhancing low vision text accessibility. *Ergonomics, 47*(5), 469–482.

Arshad, N., Hashim, A. S., Ariffin, M. M., Aszemi, N. M., Low, H. M., & Norman, A. (2020). Robots as assistive technology tools to enhance cognitive abilities and foster valuable learning experiences among young children with autism spectrum disorder. *IEEE Access, 8*, 116279–116291.

AssistiveWare. (2023, May 10). Pictello (Part 1) [Video]. YouTube. https://www.youtube.com/watch?v=jLPV5m2bwNY

Atherton, G., & Cross, L. B. (2021). The use of analog and digital games for autism interventions. *Frontiers in Psychology, 12*, 669734. https://doi.org/10.3389/fpsyg.2021.669734

Avaz Inc. (n.d.). Avaz AAC. https://avazapp.com/products/avaz-aac-app/

Bagnato, S., McLean, M., Macy, M., & Neisworth, J. T. (2011). Identifying instructional targets for early childhood via authentic assessment. *Journal of Early Intervention, 33*(4), 243–253.

Bailenson, J. N. (2021). *Experience on demand: What virtual reality is, how it works, and what it can do*. W. W. Norton & Company.

Baker, R. S. J. D., & Inventado, P. S. (2014). Educational data mining and learning analytics. In J. A. Larusson & B. White (Eds.), *Learning analytics: From research to practice* (pp. 61–75). Springer. https://doi.org/10.1007/978-1-4614-3305-7_4

Baranek, G., Carlson, M., Sideris, J., Kirby, A. V., Watson, L., Williams, K., & Bulluck, J. C. (2018). Longitudinal assessment of stability of sensory features in children with autism spectrum disorder or other developmental disabilities. *Autism Research, 12*(1), 100–111. https://doi.org/10.1002/aur.2008

Barge, J., & Loges, W. (2003). Parent, student, and teacher perceptions of parental involvement. *Journal of Applied Communication Research, 31*(2), 140–163.

Barr, R., & Kirkorian, H. L. (2023). Reexamining models of early learning in the digital age:

Applications for learning in the wild. *Journal of applied research in memory and cognition, 12*(4), 457–472.

Başer, D., Ozden, M. Y., & Karaarslan, H. (2017). Collaborative project–based learning: An integrative science and technological education project. *Research in Science & Technological Education, 35*(2), 131–148.

Be My Eyes. (n.d.). Be My Eyes: Accessibility Technology for blind & low vision people. https://www.bemyeyes.com

Be My Eyes. (n.d.). Resources. Vonage. https://www.vonage.kr/resources/customers/be-my-eyes/

Bearman, M., Nieminen, J., & Ajjawi, R. (2022). Designing assessment in a digital world: An organising framework. *Assessment & Evaluation in Higher Education, 48*(3), 291–304.

Bell, S. (2010). Project–based learning for the 21st century: Skills for the future. *The Clearing House: A Journal of Educational Strategies, Issues and Ideas, 83*(2), 39–43.

Benjumea, J., Ropero, J., Rivera–Romero, O., Dorronzoro–Zubiete, E., & Carrasco, A. (2020). Assessment of the fairness of privacy policies of mobile health apps: Scale development and evaluation in cancer apps. *JMIR mHealth and uHealth, 8*(7), e17134. Retrieved from https://preprints.jmir.org/preprint/17134

Biasutti, M., & El–Deghaidy, H. (2015). Interdisciplinary project–based learning: An online wiki experience in teacher education. *Technology, Pedagogy and Education, 24*(3), 339–355.

Bicalho, R., Coll, C., Engel, A., & Oliveira, M. C. S. L. d. (2022). Integration of ICTs in teaching practices: Propositions to the SAMR model. *Educational Technology Research and Development, 71*, 563–578.

Bimba, A., Idris, N., Al–Hunaiyyan, A., Mahmud, R., & Shuib, N. (2017). Adaptive feedback in computer–based learning environments: A review. *Adaptive Behavior, 25*(5), 217–234.

Bird, J., & Edwards, S. (2015). Children learning to use technologies through play: A digital play framework. *British Journal of Educational Technology, 46*(6), 1149–1160.

Blundell, C. N. (2021). Teacher use of digital technologies for school–based assessment: A scoping review. *Assessment in Education: Principles, Policy & Practice, 28*(3), 279–300.

Bong, W. K., & Chen, W. (2021). Increasing faculty's competence in digital accessibility for inclusive education: A systematic literature review. *International Journal of Inclusive Education, 28*(2), 197–213.

Borgestig, M., Sandqvist, J., Ahlsten, G., Falkmer, T., & Hemmingsson, H. (2017). Gaze-based assistive technology in daily activities in children with severe physical impairments–An intervention study. *Developmental Neurorehabilitation, 20*(3), 129–141.

Börnert-Ringleb, M., Casale, G., & Hillenbrand, C. (2021). What predicts teachers' use of digital learning in Germany? Examining the obstacles and conditions of digital learning in special education. *European Journal of Special Needs Education, 36*(1), 80–97.

Bos, D., Miller, S. A., & Bull, E. (2021). Using Virtual Reality (VR) for teaching and learning in geography: Fieldwork, analytical skills, and employability. *Journal of Geography in Higher Education, 46*(3), 479–488.

Bozkurt, A., Akgün-Özbek, E., & Akgün, S. (2020). Emergency remote education: An initial analysis of the research and practice in Turkey. *International Journal of Educational Technology in Higher Education, 17*(1), 1–14.

Bray, A., Devitt, A., Banks, J., Fuentes, S. S., Sandoval, M., Riviou, K., Byrne, D., Flood, M., Reale, J., & Terrenzio, S. (2023). What next for universal design for learning? A systematic literature review of technology in UDL implementations at second level. *British Journal of Educational Technology, 55*, 113–138.

Brigham, T. J. (2015). An introduction to gamification: Adding game elements for engagement. *Medical Reference Services Quarterly, 34*(4), 471–480.

Browne, D., May, S. S., Colucci, L., Pietra, P. H., Christakis, D., Asamoah, T., Hale, L., Delrahim-Howlett, K., Emond, J. A., Fiks, A., Madigan, S., Perlman, G., Rumpf, H., Thompson, D. A., Uzzo, S., Stapleton, J., Neville, R., & Prime, H. (2021). From screen time to the digital level of analysis: A scoping review of measures for digital media use in children and adolescents. *BMJ Open, 9*(11), e032184. Retrieved from https://bmjopen.bmj.com/content/11/5/e046367

Buranova, N., Dampf, M., Stevenson, B., & Sohl, K. (2022). ECHO Autism: Early intervention connecting community professionals to increase access to best practice autism intervention. *Clinical Pediatrics, 61*(8), 518–522.

Bush, T., & Coleman, M. (1995). Professional development for heads: The role of mentoring.

Journal of Educational Administration, 33, 60–73.

Byrne, R., Terranova, C., & Trost, S. (2021). Measurement of screen time among young children aged 0–6 years: A systematic review. *Obesity Reviews, 22*(3), e13260. https://doi.org/10.1111/obr.13260

Callaghan, M. N., & Reich, S. M. (2018). Are educational preschool apps designed to teach? An analysis of the app market. *Learning, Media and Technology, 43*(3), 280–293.

Campbell, P. H., Milbourne, S. A., & Dugan, L. M. (2006). A review of evidence on practices for teaching young children to use assistive technology devices. *Topics in Early Childhood Special Education, 26*(10), 3–13.

Cao, S., Dong, C., & Li, H. (2024). Emergent digital literacy in Chinese preschoolers: Developmental patterns and associated predicators. *Early Child Development and Care, 194*(2), 281–295.

Capp, M. (2017). The effectiveness of universal design for learning: A meta-analysis of literature between 2013 and 2016. *International Journal of Inclusive Education, 21*, 791–807.

Capp, M. (2018). Teacher confidence to implement the principles, guidelines, and checkpoints of universal design for learning. *International Journal of Inclusive Education, 24*, 706–720.

Cappelen, A., List, J., Samek, A., & Tungodden, B. (2020). The effect of early-childhood education on social preferences. *Journal of Political Economy, 128*(7), 2739–2758.

Carpenter, J. (2020). EFL education for the visually impaired in Japan: Data from five interviews. *Latin American Journal of Content and Language Integrated Learning, 13*, 57–78. https://doi.org/10.5294/laclil.2020.13.1.4

Case-Smith, J., Weaver, L. L., & Fristad, M. (2015). A systematic review of sensory processing interventions for children with autism spectrum disorders. *Autism, 19*(2), 133–148.

CAST. (2018). *Universal design for learning guidelines version 2.2*. Author.

Castro, G. P. B., Chiappe, A., Rodríguez, D. F. B., & Sepulveda, F. (2024). Harnessing AI for education 4.0: Drivers of personalized learning. *The Electronic Journal of e-Learning, 22*(5), 1–14. Retrieved from https://eric.ed.gov/?id=EJ1434254

Cate, F. (2006). The privacy and security policy vacuum in higher education. *Educational Review, 41*, 18.

Challco, G., Moreira, D. A., Bittencourt, I., Mizoguchi, R., & Isotani, S. (2015). Personalization of gamification in collaborative learning contexts using ontologies. *IEEE Latin America Transactions, 13*(6), 1995–2002.

Chang, D. H., Lin, M. P., Hajian, S., & Wang, Q. Q. (2023). Educational design principles of using ai chatbot that supports self-regulated learning in education: Goal setting, feedback, and personalization. *Sustainability, 15*(17), 12921. https://doi.org/10.3390/su151712921

Chang, K., Sung, Y., & Lee, C. (2003). Web-based collaborative inquiry learning. *Journal of Computer Assisted Learning, 19*(1), 56–69. https://doi.org/10.1046/j.0266-4909.2003.00006.x

Chapin, S., Mcnaughton, D., Light, J. C., McCoy, A., Caron, J. G., & Lee, D. L. (2021). The effects of AAC video visual scene display technology on the communicative turns of preschoolers with autism spectrum disorder. *Assistive Technology, 34*(5), 577–587.

Chen, C., Huang, H., Lien, C., & Lu, Y. (2020). Effects of multi-genre digital game-based instruction on students' conceptual understanding, argumentation skills, and learning experiences. *IEEE Access, 8*, 110643–110655. 10.1109/ACCESS.2020.3000659

Chen, X., Zou, D., Xie, H., & Wang, F. L. (2023). Metaverse in education: Contributors, cooperations, and research themes. *IEEE Transactions on Learning Technologies, 16*, 1111–1129.

China Touchscreen. (2023, October 23). *Touch screens and traditional input devices*. https://ko.china-touchscreen.com/info/touch-screens-and-traditional-input-devices-89519858.html

Ching, C. C., & Wang, C. (2006). Digital photography and journals in a kindergarten-first-grade classroom: Toward meaningful technology integration in early childhood education. *Early Education and Development, 17*(3), 347–371.

Chiu, T. K. F., Moorhouse, B. L., Chai, C., & Ismailov, M. (2023). Teacher support and student motivation to learn with Artificial Intelligence (AI) based chatbot. *Interactive Learning Environments, 32*(7), 1–17. https://doi.org/10.1080/10494820.2023.2172044

Chiviacowsky, S., & Wulf, G. (2002). Self-controlled feedback: Does it enhance learning because performers get feedback when they need it?. *Research Quarterly for Exercise and Sport,*

73(4), 408–415.

Cho, H., Cannon, J., Lopez, R., & Li, W. (2022). Social media literacy: A conceptual framework. *New Media & Society, 26*(2), 941–960.

Choi, M. (2016). A concept analysis of digital citizenship for democratic citizenship education in the internet age. *Theory & Research in Social Education, 44*(4), 565–607.

Chordia, I., Yip, J. C., & Hiniker, A. (2019). Intentional technology use in early childhood education. *Proceedings of the ACM on Human-Computer Interaction, 3*, 1–22.

Chou, P. N. (2019). The effect of personalized gamification on student engagement in higher education. *Computers & Education, 129*, 31–40.

Christ, W. G., & Potter, W. (1998). Media literacy, media education, and the academy. *Journal of Communication, 48*(1), 5–15.

Christakis, D. A. (2011). The effects of fast–paced carttons. *Pediatrics, 128*(4), 772–774.

Christakis, D. A., Zimmerman, F. J., DiGiuseppe, D. L., & McCarty, C. A. (2004). Early television exposure and subsequent attentional problems in children. *Pediatrics, 113*(4), 708–713.

Christoff, N., Neshov, N. N., Tonchev, K., & Manolova, A. (2023). Application of a 3D talking head as part of telecommunication AR, VR, MR system: Systematic review. *Electronics, 12*(23), 4788. https://doi.org/10.3390/electronics12234788

ClassDojo. (2021). *ClassDojo: The classroom tool for parents and teachers*. https://www.classdojo.com

Clemente–Suárez, V., Beltrán–Velasco, A. I., Herrero–Roldán, S., Rodríguez–Besteiro, S., Martínez–Guardado, I., Martín–Rodríguez, A., & Tornero–Aguilera, J. F. (2024). Digital device usage and childhood cognitive development: Exploring effects on cognitive abilities. *Children, 11*(11), 1299. 10.3390/children11111299

Cohen–Maitre, S. A., & Haerich, P. (2005). Visual attention to movement and color in children with cortical visual impairment. *Journal of Visual Impairment & Blindness, 99*(7), 389–402.

Cress, C., & Marvin, C. A. (2003). Common questions about AAC services in early intervention. *Augmentative and Alternative Communication, 19*(4), 254–272.

Cristia, A., Seidl, A., & Bremner, A. (2015). Parental reports on touch screen use in early childhood. *PLoS ONE, 10*(6), e0128338. https://doi.org/10.1371/journal.pone.0128338

Cutumisu, M., Turgeon, K., Saiyera, T., Chuong, S., Esparza, L. M. G., MacDonald, R., & Kokhan, V. (2019). Eye tracking the feedback assigned to undergraduate students in a digital assessment game. *Frontiers in Psychology, 10*, Article 1931. https://doi.org/10.3389/fpsyg.2019.01931

Deci, E. L., & Ryan, R. M. (2000). The "what" and "why" of goal pursuits: Human needs and the self-determination of behavior. *Psychological Inquiry, 11*(4), 227–268.

Dehghanzadeh, H., Fardanesh, H., Hatami, J., Talaee, E., & Noroozi, O. (2019). Using gamification to support learning English as a second language: A systematic review. *Computer Assisted Language Learning, 34*(7), 934–957.

Denham, P. J., & Battro, A. (2012). Education of the deaf and hard of hearing in the digital era. *Mind, Brain, and Education, 6*, 51–53.

Deterding, S., Dixon, D., Khaled, R., & Nacke, L. (2011). From game design elements to gamefulness: Defining "gamification." In *Proceedings of the 15th International Academic MindTrek Conference: Envisioning Future Media Environments* (pp. 9–15). Association for Computing Machinery. https://doi.org/10.1145/2181037.2181040

Didden, R., Scholte, R., Korzilius, H., de Moor, J. M. H., Vermeulen, A., O'Reilly, M., Lang, R., & Lancioni, G. (2009). Cyberbullying among students with intellectual and developmental disability in special education settings. *Developmental Neurorehabilitation, 12*(3), 146–151.

Drigas, A., & Ioannidou, R. (2012). Artificial intelligence in special education: A decade review. *International Journal of Engineering Education, 28*, 1366–1372.

Duch, H., Fisher, E. M., Ensari, I., Font, M., Harrington, A., Taromino, C., Yip, J., & Rodriguez, C. (2013). Association of screen time use and language development in hispanic toddlers. *Clinical Pediatrics, 52*(9), 857–865.

Dunn, W., & Bennett, D. (2002). Patterns of sensory processing in children with attention deficit hyperactivity disorder. *OTJR: Occupation, Participation and Health, 22*(1), 4–15.

Dykens, E. (2000). Annotation: Psychopathology in children with intellectual disability. *Journal of Child Psychology and Psychiatry, 41*(4), 407–417.

Edmodo. (2021). Edmodo: Helping you engage and communicate with your students and parents. https://www.edmodo.com

Edwards, S., & Bird, J. (2017). Observing and assessing young children's digital play in the early years: Using the digital play framework. *Journal of Early Childhood Research, 15*(2), 158–173.

Edwards, S., Mantilla, A., Grieshaber, S., Nuttall, J., & Wood, E. (2020). Converged play characteristics for early childhood education: multi-modal, global-local, and traditional-digital. *Oxford Review of Education, 46*(5), 637–660.

Einfeld, S., Ellis, L., & Emerson, E. (2011). Comorbidity of intellectual disability and mental disorder in children and adolescents: A systematic review. *Journal of Intellectual and Developmental Disability, 36*(2), 137–143.

Einfeld, S., Piccinin, A., Mackinnon, A., Hofer, S., Taffe, J., Gray, K., Bontempo, D. E., Hoffman, L., Parmenter, T., & Tonge, B. (2006). Psychopathology in young people with intellectual disability. *JAMA, 296*(16), 1981–1989.

Elmqaddem, N. (2019). Augmented reality and virtual reality in education: Myth or Reality?. *International Journal of Emerging Techologies in Learning, 14*(3), 234–242.

Emejulu, A., & Mcgregor, C. (2019). Towards a radical digital citizenship in digital education. *Critical Studies in Education, 60*(1), 131–147.

Enhanced Vision. (n.d.). Amigo. Vispero Store. https://shop.vispero.com/products/amigo

Erümit, S. F., & Yilmaz, T. (2021). The happy association of game and gamification: The use and evaluation of game elements with game-based activities. *Technology, Pedagogy and Education, 31*(1), 103–121.

Espinosa, L., Laffey, J., Whittaker, T. A., & Sheng, Y. (2006). Technology in the Home and the achievement of young children: Findings from the early childhood longitudinal study. *Early Education and Development, 17*(3), 421–441.

Etscheidt, S., Schmitz, S. L., & Edmister, A. M. (2021). Legal issues in early childhood special education. *Journal of Disability Policy Studies, 32*(4), 257–268.

Fable. (2024, April 8). Why I use Dragon NaturallySpeaking. Fable. https://makeitfable.com/community-content/how-does-speech-recognition-software-work/

Fälth, L., & Selenius, H. (2022). Primary school teachers' use and perception of digital technology in early reading and writing education in inclusive settings. *Disability and Rehabilitation:*

Assistive Technology, 19, 790–799.

Fan, M., Antle, A., & Warren, J. L. (2020). Augmented reality for early language learning: A systematic review of augmented reality application design, instructional strategies, and evaluation outcomes. *Journal of Educational Computing Research, 58*(6), 1059–1100.

Favieri, F., Marini, A., & Casagrande, M. (2021). Emotional regulation and overeating behaviors in children and adolescents: A systematic review. *Behavioral Sciences, 11*(1), 11. https://doi.org/10.3390/bs11010011

Fazzi, E., Signorini, S., Bova, S., Piana, R. L., Ondei, P., Bertone, C., Misefari, W., & Bianchi, P. (2007). Spectrum of visual disorders in children with cerebral visual impairment. *Journal of Child Neurology, 22*(3), 294–301.

Feerrar, J. (2019). Development of a framework for digital literacy. *Reference Services Review, 47*(2), 91–105. Retrieved from https://www.emerald.com/insight/content/doi/10.1108/rsr-01-2019-0002/full/html

Felix, E., Silva, V., Caetano, M., Ribeiro, M., Fidalgo, T., Neto, F. R., Sanchez, Z., Surkan, P., Martins, S., & Caetano, S. (2020). Excessive screen media use in preschoolers is associated with poor motor skills. *Cyberpsychology, Behavior and Social Networking, 23*(6), 418–425.

Flanagan, S. M., Bouck, E. C., & Richardson, J. C. (2013). Middle school special education teachers' perceptions and use of assistive technology in literacy instruction. *Assistive Technology, 25*, 24–30.

Flippin, M., Reszka, S. S., & Watson, L. (2010). Effectiveness of the Picture Exchange Communication System (PECS) on communication and speech for children with autism spectrum disorders: A meta–analysis. *American journal of speech-language pathology, 19*(2), 178–95.

Foley, T., & Timmons, M. (2019). Assistive technology for children with disabilities: A guide for parents and teachers. *Educational Leadership, 77*(7), 48–52.

Fowler, M. G., & Kessler, S. K. (2001). The impact of television viewing on the development of attention and social behavior. *Developmental Review, 21*(4), 226–235.

Fréchette, J. (2014). Top ten guiding questions for critical digital literacy. *The Journal of Media Literacy, 61*(1–2), 14–21. Retrieved from https://sciforum.net/paper/view/2853

Freedom Scientific. (n.d.). JAWS®. https://www.freedomscientific.com/products/software/jaws/

Gardner, H. (1983). *Frames of mind: The theory of multiple intelligences*. Basic Books.

Gee, J. P. (2003). What video games have to teach us about learning and literacy. *Computers in Entertainment, 1*(1), 20. https://doi.org/10.1145/950566.950595

Giacomo, D. D., Ranieri, J., & Lacasa, P. (2017). Digital learning as enhanced learning processing?: Cognitive evidence for new insight of smart learning. *Frontiers in Psychology, 8*, Article 1329. Retrieved from https://doi.org/10.3389/fpsyg.2017.01329

Girolametto, L., Weitzman, E., & Greenberg, J. (2006). Facilitating language skills: Inservice education for early childhood educators and preschool teachers. *Infants & Young Children, 19*(1), 36–46.

Gonzalez–DeHass, A. R., Willems, P. P., Powers, J. R., & Musgrove, A. (2022). Parental involvement in supporting students' digital learning. *Educational Psychologist, 57*(4), 281–294.

Good, W., Hou, C., & Norcia, A. (2012). Spatial contrast sensitivity vision loss in children with cortical visual impairment. *Investigative Ophthalmology & Visual Science, 53*(12), 7730–7734.

Goodyear, V., Parker, M., & Casey, A. (2019). Social media and teacher professional learning communities. *Physical Education and Sport Pedagogy, 24*, 421–433.

Google. (2021). Google Assistant: A helpful personal assistant for your device. https://assistant.google.com

Google. (2021). Google Classroom. https://classroom.google.com

Gordon, K., Pasco, G., McElduff, F., Wade, A., Howlin, P., & Charman, T. (2011). A communication–based intervention for nonverbal children with autism: What changes? Who benefits?. *Journal of Consulting and Clinical Psychology, 79*(4), 447–457.

Gou, H., & Perceval, G. (2022). Does digital media use increase risk of social–emotional delay for Chinese preschoolers?. *Journal of Children and Media, 17*(1), 1–16.

Greenwood, C., & Rieth, H. (1994). Current dimensions of technology–based assessment in special education. *Exceptional Children, 61*, 105–113.

Griful–Freixenet, J., Struyven, K., Verstichele, M., & Andries, C. (2017). Higher education students with disabilities speaking out: Perceived barriers and opportunities of the universal design for learning framework. *Disability & Society, 32*, 1627–1649.

Hahn, R. A., & Barnett, W. (2022). Early childhood education: Health, equity, and economics. *Annual Review of Public Health, 3*(44), 75–92. https://doi.org/10.1146/annurev-publhealth-071321-032337

Hajjej, F., Ayouni, S., Alohali, M. A., & Maddeh, M. (2024). Novel framework for autism spectrum disorder identification and tailored education with effective data mining and ensemble learning techniques. *IEEE Access, 12*, 35448–35461. 10.1109/ACCESS.2024.3349988

Hakimi, L., Eynon, R., & Murphy, V. (2021). The ethics of using digital trace data in education: A thematic review of the research landscape. *Review of Educational Research, 91*(5), 671–717.

Hanid, M. F. A., Said, M., & Yahaya, N. (2020). Learning strategies using augmented reality technology in education: Meta-analysis. *Universal Journal of Educational Research, 8*, 51–56. 10.13189/ujer.2020.081908

Harrison, T., & Lee, H. S. (2018). iPads in the mathematics classroom: Developing criteria for selecting appropriate learning Apps. *International Journal of Education in Mathematics, Science and Technology, 6*, 155–172.

Hashemi, S. S., & Cederlund, K. (2017). Making room for the transformation of literacy instruction in the digital classroom. *Journal of Early Childhood Literacy, 17*(2), 221–253.

Hassan, M., Habiba, U., Majeed, F., & Shoaib, M. (2019). Adaptive gamification in e-learning based on students' learning styles. *Interactive Learning Environments, 29*(4), 545–565.

Hatch, J. (2010). Rethinking the relationship between learning and development: Teaching for learning in early childhood classrooms. *The Educational Forum, 74*(3), 258–268.

Hatzigianni, M., & Kalaitzidis, I. (2018). Early childhood educators' attitudes and beliefs around the use of touchscreen technologies by children under three years of age. *British Journal of Educational Technology, 49*(5), 883–895.

Hazen, E., Stornelli, J. L., O'Rourke, J., Koesterer, K., & McDougle, C. (2014). Sensory symptoms in autism spectrum disorders. *Harvard Review of Psychiatry, 22*(2), 112–124.

Heffernan, N. T. (2016). The importance of educational technology in the classroom. *Journal of Educational Psychology, 108*(4), 601–615.

Heffernan, N. T., & Heffernan, C. (2014). The importance of educational technology in the classroom. *Journal of Educational Psychology, 108*(4), 601–615.

Hennessy, S. (2011). The role of digital artefacts on the interactive whiteboard in supporting classroom dialogue. *Journal of Computer Assisted Learning, 27*, 463–489.

Hennessy, S., Haβler, B., & Hofmann, R. (2015). Challenges and opportunities for teacher professional development in interactive use of technology in African schools. *Technology, Pedagogy and Education, 24*(6), 1–28.

Heron, M., Medland, E., Winstone, N. E., & Pitt, E. (2021). Developing the relational in teacher feedback literacy: Exploring feedback talk. *Assessment & Evaluation in Higher Education, 48*(2), 172–185.

Hillier, A., Goldstein, J., Murphy, D., Trietsch, R., Keeves, J., Mendes, E., & Queenan, A. (2018). Supporting university students with autism spectrum disorder. *Autism, 22*(1), 20–28.

Hinkley, T., Brown, H., Carson, V., & Teychenne, M. (2018). Cross sectional associations of screen time and outdoor play with social skills in preschool children. *PLoS ONE, 13*(4), e0193700. https://doi.org/10.1371/journal.pone.0193700

Hinrichsen, J., & Coombs, A. (2014). The five resources of critical digital literacy: A framework for curriculum integration. *Research in Learning Technology, 21*, 1–16.

Hintermair, M. (2006). Parental resources, parental stress, and socioemotional development of deaf and hard of hearing children. *Journal of Deaf Studies and Deaf Education, 11*(4), 493–513.

Houri, A. K., Thayer, A. J., & Cook, C. R. (2019). Targeting parent trust to enhance engagement in a school–home communication system: A double–blind experiment of a parental wise feedback intervention. *School Psychology, 34*(4), 421–432.

Hrastinski, S. (2021). Digital tools to support teacher professional development in lesson studies: A systematic literature review. *International Journal for Lesson & Learning Studies, 10*(2), 138–419. Retrieved from https://www.emerald.com/insight/content/doi/10.1108/ijlls-09-2020-0062/full/html

Huang, Y., Li, H., & Fong, R. (2016). Using augmented reality in early art education: A case study in Hong Kong kindergarten. *Early Child Development and Care, 186*(6), 879–894.

Hudson, P. (2013). Mentoring as professional development: 'Growth for both' mentor and mentee. *Professional Development in Education, 39*, 771–783.

Hunt, P. (2021). Inclusive education: The case for early identification and early intervention in assistive technology. *Assistive Technology, 33*, S94–S101.

Hunt, P., & Farron-Davis, F. (1992). A preliminary investigation of IEP quality and content associated with placement in general education versus special education classes. *Research and Practice for Persons with Severe Disabilities, 17*(4), 247–253.

Hunter, S. B., & Springer, M. G. (2022). Critical feedback characteristics, teacher human capital, and early-career teacher performance: A mixed-methods analysis. *Educational Evaluation and Policy Analysis, 44*(3), 380–403.

Ibáñez-Espiga, M., Serio, A. D., & Kloos, C. D. (2014). Gamification for engaging computer science students in learning activities: A case study. *IEEE Transactions on Learning Technologies, 7*(3), 291–301.

Ingersoll, B., & Dvortcsak, A. (2006). Including parent training in the early childhood special education curriculum for children with autism spectrum disorders. *Journal of Positive Behavior Interventions, 8*(2), 79–87.

Isin, E., & Ruppert, E. (2017). Digital citizenship and surveillance| citizen snowden. *International Journal of Communication, 11*, 731–739. Retrieved from https://ijoc.org/index.php/ijoc/article/view/5642

Janiri, D., Moccia, L., Dattoli, L., Pepe, M., Molinaro, M., Martin, V. D., Chieffo, D., Nicola, M. D., Fiorillo, A., Janiri, L., & Sani, G. (2021). Emotional dysregulation mediates the impact of childhood trauma on psychological distress: First Italian data during the early phase of COVID-19 outbreak. *Australian & New Zealand Journal of Psychiatry, 55*(11), 1071–1078.

Jeon, I., Kim, M., So, D., Kim, E. Y., Nam, Y., Kim, S., Shim, S., Kim, J., & Moon, J. (2024). Reliable autism spectrum disorder diagnosis for pediatrics using machine learning and explainable AI. *Diagnostics, 14*(22), 2504. https://doi.org/10.3390/diagnostics14222504

Johnson, A., & Rogers, M. (2023). Strengthening and supporting parent-child relationships through digital technology: Benefits and challenges. *Family Relations, 73*(3), 1550–1567. https://doi.org/10.1111/fare.12960

Jones, S. (2006). Reality© and Virtual Reality©. *Cultural Studies, 20*(2–3), 211–226.

Jons, L. (2018). The supportive character of teacher education triadic conferences: Detailing the formative feedback conveyed. *European Journal of Teacher Education, 42*(1), 116–130.

Judge, S. (2006). Constructing an assistive technology toolkit for young children: Views from the field. *Journal of Special Education Technology, 21*(4), 17–24.

Jung, J. (2020). The fourth industrial revolution, knowledge production and higher education in South Korea. *Journal of Higher Education Policy and Management, 42*(2), 134–156.

Jung, S., & Sainato, D. (2013). Teaching play skills to young children with autism. *Journal of Intellectual and Developmental Disability, 38*(1), 74–90.

Kabali, H. K., Irigoyen, M., Nunez–Davis, R., Budacki, J. G., Mohanty, S. H., Leister, K. P., & Bonner, R. (2015). Exposure and use of mobile media devices by young children. *Pediatrics, 136*(6), 1044–1050.

Kaddoura, S., & Husseiny, F. A. (2023). The rising trend of metaverse in education: Challenges, opportunities, and ethical considerations. *PeerJ Computer Science, 9*(3), e1252. https://doi.org/10.7717/peerj–cs.1252

Kara, N., & Cagiltay, K. (2017). In–service preschool teachers' thoughts about technology and technology use in early educational settings. *Contemporary Educational Technology, 8*(2), 119–141.

Kerckaert, S., Vanderlinde, R., & van Braak, J. (2015). The role of ICT in early childhood education: Scale development and research on ICT use and influencing factors. *European Early Childhood Education Research Journal, 23*(2), 183–199.

Kern, J. K., Trivedi, M., Grannemann, B., Garver, C., Johnson, D. G., Andrews, A. A., Savla, J., Mehta, J., & Schroeder, J. L. (2007). Sensory correlations in autism. *Autism, 11*(2), 123–134.

Kewalramani, S., Kidman, G., & Palaiologou, I. (2021). Using Artificial Intelligence (AI)–interfaced robotic toys in early childhood settings: A case for children's inquiry literacy. *European Early Childhood Education Research Journal, 29*(5), 652–668.

Khan Academy. (2021). Khan Academy Kids: Free educational games & books for kids. https://www.khankids.org

Khowaja, K., Banire, B., Al–Thani, D., Sqalli, M. T., Aqle, A., Shah, A., & Salim, S. (2020).

Augmented reality for learning of children and adolescents with Autism Spectrum Disorder (ASD): A systematic review. *IEEE Access, 8*, 78779–78807. 10.1109/ACCESS.2020.2986608

Kim, H. J., & Kim, S. H. (2018). Implementation of AI-based learning systems in special education schools: A case study. *Journal of Special Education, 53*(4), 190–205.

Kim, H., Choi, H., Han, J., & So, H. (2012). Enhancing teachers' ICT capacity for the 21st century learning environment: Three cases of teacher education in Korea. *Australasian Journal of Educational Technology, 28*(6), 965–982.

Kim, J. S., Gilbert, J., Yu, Q., & Gale, C. (2021). Measures matter: A meta-analysis of the effects of educational apps on preschool to grade 3 children's literacy and math skills. *AERA Open,* 7(1), 1–19. https://doi.org/10.1177/23328584211004183

Kim, S. J., & Cho, H. (2017). Reading outside the box: Exploring critical literacy with Korean preschool children. *Language and Education, 31*(2), 110–129.

Kim, T., Planey, J., & Lindgren, R. (2023). Theory-driven design in metaverse virtual reality learning environments: Two illustrative cases. *IEEE Transactions on Learning Technologies, 16*, 1141–1153. 10.1109/TLT.2023.3307211

Kim, Y. (2014). Inclusive education in South Korea. *International Journal of Inclusive Education, 18*(10), 979–990.

King-Sears, M. E., & Johnson, T. M. (2020). Universal design for learning chemistry instruction for students with and without learning disabilities. *Remedial and Special Education, 41*, 207–218.

Kiviranta, L., Lindfors, E., Rönkkö, M., & Luukka, E. (2023). Outdoor learning in early childhood education: Exploring benefits and challenges. *Educational Research, 66*, 102–119.

Kolak, J., Norgate, S., Monaghan, P., & Taylor, G. (2020). Developing evaluation tools for assessing the educational potential of apps for preschool children in the UK. *Journal of Children and Media, 15*(3), 410–430.

Kolb, D. A. (1984). *Experiential Learning: Experience as the Source of Learning and Development*. Prentice Hall.

Kreisa, M. (2021, September 22). *Improving digital inclusion & accessibility for those with learning disabilities*. InclusionHub. https://www.inclusionhub.com/articles/improving-digital-inclusion-learning-disabilities

Kreisa, M. (2021, September 22). *Improving digital inclusion & accessibility for those with learning disabilities*. InclusionHub. https://www.inclusionhub.com/articles/improving-digital-inclusion-learning-disabilities

Krishnamurthy, K., Selvaraj, N., Gupta, P., Cyriac, B., Dhurairaj, P., Abdullah, A., Krishnapillai, A., Lugova, H., Haque, M., Xie, S., & Eng-Tat, A. (2022). Benefits of gamification in medical education. *Clinical Anatomy, 35*(6), 795-807.

Kugler, L. (2020). Technologies for the visually impaired. *Communications of the ACM, 63*(12), 15-17.

Kumaş, Ö. A. (2024). The power of digital story in early mathematics education: Innovative approaches for children with intellectual disabilities. *PLOS ONE, 19*(4), e0302128. https://doi.org/10.1371/journal.pone.0302128

Kumpulainen, K., Sairanen, H., & Nordström, A. (2020). Young children's digital literacy practices in the sociocultural contexts of their homes. *Journal of Early Childhood Literacy, 20*(3), 472-499.

Kurdziel, L., Duclos, K., & Spencer, R. (2013). Sleep spindles in midday naps enhance learning in preschool children. *Proceedings of the National Academy of Sciences, 110*(43), 17267-17272.

Kurilovas, E. (2016). Evaluation of quality and personalisation of VR/AR/MR learning systems. *Behaviour & Information Technology, 35*(2), 998-1007.

Kuusimäki, A., Uusitalo-Malmivaara, L., & Tirri, K. (2019). The role of digital school-home communication in teacher well-being. *Frontiers in Psychology, 10*, 2257. https://doi.org/10.3389/fpsyg.2019.02257

Laborda, J. G., Uzunboylu, H., & Ross, S. (2016). Future trends in computing technology in education. *Journal of Universal Computer Science, 22*(1), 1-3.

Laffey, J. (2004). Appropriation, mastery and resistance to technology in early childhood preservice teacher education. *Journal of Research on Technology in Education, 36*(4), 361-382.

Lai, C., Lei, C., & Liu, Y. (2016). The nature of collaboration and perceived learning in wikibased collaborative writing. *Australasian Journal of Educational Technology, 32*(3), 80–95,. https://doi.org/10.14742/ajet.2586

Lai, J. W., & Cheong, K. H. (2022). Adoption of virtual and augmented reality for mathematics education: A scoping review. *IEEE Access, 10*. 13693–13703.

Lai, Y., Lin, Y., Chang, Y., & Chen, S. (2024). *Cyber-physical metaverse learning in cultural sustainable education*. Library Hi Tech. https://www.emerald.com/insight/content/doi/10.1108/lht-12-2023-0585/full/html

Lanningham-Foster, L., Jensen, T. B., Foster, R., Redmond, A. B., Walker, B. A., Heinz, D., & Levine, J. (2006). Energy expenditure of sedentary screen time compared with active screen time for children. *Pediatrics, 118*, e1831–e1835.

LaVesser, P., & Berg, C. (2011). Participation patterns in preschool children with an autism spectrum disorder. *Occupation, Participation and Health, 31*(1), 33–39.

Leaning, M. (2019). An approach to digital literacy through the integration of media and information literacy. *Media and Communication*, 7(2). https://doi.org/10.17645/mac.v7i2.1931

Lee, J., & Kim, S. (2015). Validation of a tool evaluating educational apps for smart education. *Journal of Educational Computing Research, 52*(3), 435–450.

Lee, L., Wei, X., Chui, K. T., Cheung, S. K. S., Wang, F. L., Fung, Y., Lu, A., Hui, Y. K., Hao, T., U, L. H., & Wu, N. (2024). A systematic review of the design of serious games for innovative learning: Augmented reality, virtual reality, or mixed reality?. *Electronics, 13*(5), Article 890. https://doi.org/10.3390/electronics13050890

Lee, Y., & Yoo, B. (2021). XR collaboration beyond virtual reality: Work in the real world. *Journal of Computer Design and Engineering, 8*, 756–772.

León, L. D., Corbeil, R., & Corbeil, M. (2023). The development and validation of a teacher education digital literacy and digital pedagogy evaluation. *Journal of Research on Technology in Education, 55*(3), 477–489.

Lersilp, S., Putthinoi, S., & Lersilp, T. (2018). Facilitators and barriers of assistive technology and learning environment for children with special needs. *Occupational Therapy International, 2018*. https://doi.org/10.1155/2018/3705946

Li, Y., Chen, D., & Deng, X. (2024). The impact of digital educational games on student's motivation for learning: The mediating effect of learning engagement and the moderating effect of the digital environment. *PLOS ONE, 19*(1), e0294350. https://doi.org/10.1371/journal.pone.0294350

Liang, J., Liu, T., Wang, H., Chang, B., Deng, Y., Yang, J., Chou, C., Ko, H., Yang, S. J. H., & Chan, T. (2005). A few design perspectives on one-on-one digital classroom environment. *Journal of Computer Assisted Learning, 21*(3), 181-189.

Light, J. C., & Drager, K. (2007). AAC technologies for young children with complex communication needs: State of the science and future research directions. *Augmentative and Alternative Communication, 23*(3), 204-216.

Light, J. C., & Mcnaughton, D. (2015). Designing AAC research and intervention to improve outcomes for individuals with complex communication needs. *Augmentative and Alternative Communication, 31*(2), 85-96.

Lillard, A. S., & Peterson, J. (2011). The effects of television on children's development: The good, the bad, and the ugly. *Developmental Psychology, 47*(4), 10-18.

Lim, B., Lake, V. E., Beisly, A. H., & Ross-Lightfoot, R. K. (2023). Preservice teachers' TPACK growth after technology integration courses in early childhood education. *Early Education and Development, 35*(1), 114-131.

Lin, L., Cherng, R., & Chen, Y. (2017). Effect of touch screen tablet use on fine motor development of young children. *Physical & Occupational Therapy In Pediatrics, 37*(5), 457-467.

Lino, F., Arcangeli, V., & Chieffo, D. (2021). The Virtual Challenge: Virtual Reality Tools for Intervention in Children with Developmental Coordination Disorder. *Children, 8*(4), 270. https://doi.org/10.3390/children8040270

Liu, S. (2013). Teacher professional development for technology integration in a primary school learning community. *Technology, Pedagogy and Education, 22*, 37-54.

Liu, Z., Lomovtseva, N., & Korobeynikova, E. (2020). Online learning platforms: reconstructing modern higher education. *International Journal of Emerging Technology Learning, 15*(13), 4-21.

Livingstone, S., & Pothong, K. (2022). Imaginative play in digital environments: Designing social and creative opportunities for identity formation. *Information, Communication & Society, 25*, 485–501.

Livingstone, S., Ólafsson, K., & Pothong, K. (2025). Digital play on children's terms: A child rights approach to designing digital experiences. *New Media & Society, 27*(3), 1465–1485. https://doi.org/10.1177/14614448231196579

Lo, C., & Hew, K. (2018). A comparison of flipped learning with gamification, traditional learning, and online independent study: The effects on students' mathematics achievement and cognitive engagement. *Interactive Learning Environments, 28*(4), 464–481.

Loveless, A. (2011). Technology, pedagogy and education: Reflections on the accomplishment of what teachers know, do and believe in a digital age. *Technology, Pedagogy and Education, 20*(3), 301–316.

Low Vision Supply. (n.d.). Desktop Video Magnifiers (CCTV) – Enhance Reading with Low Vision. https://www.lowvisionsupply.com/collections/desktop-video-magnifiers

Luan, H., Géczy, P., Lai, H., Gobert, J., Yang, S. J. H., Ogata, H., Baltes, J., Guerra, R., Li, P., & Tsai, C. (2020). Challenges and future directions of big data and artificial intelligence in education. *Frontiers in Psychology, 11*, Article 58082. https://doi.org/10.3389/fpsyg.2020.580820

Lubas, M. M., Mitchell, J. R., & Leo, G. D. (2014). User-centered design and augmentative and alternative communication Apps for children with autism spectrum disorders. *SAGE Open, 4*(2), 1–10. https://doi.org/10.1177/2158244014537501

Lüchtenberg, M., Kuhli-Hattenbach, C., Sinangin, Y., Ohrloff, C., & Schalnus, R. (2008). Accessibility of health information on the internet to the visually impaired user. *Ophthalmologica, 222*(3), 187–193.

Madanipour, P., & Cohrssen, C. (2019). Augmented reality as a form of digital technology in early childhood education. *Australasian Journal of Early Childhood, 45*(1), 5–13.

Maghsudi, S., Lan, A. S., Xu, J., & van der Schaar, M. (2021). Personalized Education in the Artificial Intelligence Era: What to Expect Next. *IEEE Signal Processing Magazine, 38*(3), 37–50.

Mansouri, M., Pouretemad, H., Bigdeli, M., & Ardalan, M. (2022). Excessive audio-visual stimulation leads to impaired social behaviour with an effect on amygdala: Early life excessive exposure to digital devices in male rats. *European Journal of Neuroscience, 56*(12), 6174–6186.

Manzano–León, A., Camacho–Lazarraga, P., Guerrero, M. A., Guerrero–Puerta, L. M., Aguilar–Parra, J. M., Trigueros, R., & Alías, A. (2021). Between level up and game over: A systematic literature review of gamification in education. *Sustainability, 13*(4), Article 4. https://doi.org/10.3390/su13042247

Marinho, P., Fernandes, P., & Pimentel, F. (2021). The digital portfolio as an assessment strategy for learning in higher education. *Distance Education, 42*(2), 253–267.

Marklund, L., & Dunkels, E. (2016). Digital play as a means to develop children's literacy and power in the Swedish preschool. *Early Years, 36*(3), 289–304.

Marougkas, A., Troussas, C., Krouska, A., & Sgouropoulou, C. (2023). Virtual reality in education: A review of learning theories, approaches and methodologies for the last decade. *Electronics, 12*(13), 2832. https://doi.org/10.3390/electronics12132832

Marsh, J., Wood, E., Chesworth, L., Nisha, B., Nutbrown, B., & Olney, B. (2019). Makerspaces in early childhood education: Principles of pedagogy and practice. *Mind, Culture, and Activity, 26*(3), 221–233.

Matsuba, C., & Jan, J. (2006). Long–term outcome of children with cortical visual impairment. *Developmental Medicine and Child Neurology, 48*(6), 508–512.

Mazurek, M. O., Stobbe, G. A., Loftin, R. L., Malow, B., Agrawal, M., Tapia, M., Hess, A., Farmer, J. G., Cheak–Zamora, N. C., Kuhlthau, K., & Sohl, K. (2020). ECHO Autism transition: Enhancing healthcare for adolescents and young adults with autism spectrum disorder. *Autism, 24*(3), 633–644.

McCarthy, M. (2013). Experts warn on data security in health and fitness Aps. *British Medical Journal, 347*. https://doi.org/10.1136/bmj.f5600

McConnell, S. (2000). Assessment in early intervention and early childhood special education. *Topics in Early Childhood Special Education, 20*(1), 43–48.

Meccawy, M. (2022). Creating an immersive xr learning experience: a roadmap for educators. *Electronics, 11*(21), 3647. https://doi.org/10.3390/electronics11213547

Meinzen-Derr, J., Sheldon, R., Altaye, M., Lane, L., Mays, L., & Wiley, S. (2021). A technology-assisted language intervention for children who are deaf or hard of hearing: A randomized clinical trial. *Pediatrics, 147*(2), e2020025734. https://doi.org/10.1542/peds.2020-025734

Merrell, K. (1996). Social-emotional problems in early childhood: New directions in conceptualization, assessment, and treatment. *Education and Treatment of Children, 19*, 458-473.

Mestry, R., & Grobler, B. (2007). Collaboration and communication as effective strategies for parent involvement in public schools. *Educational Research Review, 2*, 176-185.

Meyer, M., Bekkering, H., Janssen, D. J. C., Bruijn, E. D., & Hunnius, S. (2014). Neural Correlates of Feedback Processing in Toddlers. *Journal of Cognitive Neuroscience, 26*(7), 1519-1527.

Meyer, M., Zosh, J. M., McLaren, C., Robb, M., Mccaffery, H., Golinkoff, R., Hirsh-Pasek, K., & Radesky, J. S. (2021). How educational are "educational" Apps for young children? App store content analysis using the Four Pillars of Learning framework. *Journal of Children and Media, 15*(4), 526-548.

Miller, R., & Robertson, K. (2021). The potential of virtual reality for immersive learning environments. *Journal of Educational Technology & Society, 24*(2), 58-70.

Miller, T. (2009). Formative computer-based assessment in higher education: the effectiveness of feedback in supporting student learning. *Assessment & Evaluation in Higher Education, 34*(2), 181-192.

Mirenda, P. (2001). Autism, Augmentative Communication, and Assistive Technology. *Focus on Autism and Other Developmental Disabilities, 16*(3), 141-151.

Mirenda, P. (2003). Toward Functional Augmentative and Alternative Communication for Students With Autism: Manual Signs, Graphic Symbols, and Voice Output Communication Aids. *Language, speech, and hearing services in schools, 34*(3), 203-216.

Mitsea, E., Drigas, A., & Skianis, C. (2022). Metacognition in autism spectrum disorder: Digital technologies in metacognitive skills training. *Technium Social Sciences Journal, 31*, 153-173. https://doi.org/10.47577/tssj.v31i1.6471

Molen, M. J., Luit, J. V., Molen, M. V. D., & Jongmans, M. (2010). Everyday memory and working memory in adolescents with mild intellectual disability. *American Journal on Intellectual and*

Developmental Disabilities, 115(3), 207–17.

Montgomery, K., Chester, J., & Milosevic, T. (2017). Children's privacy in the big data era: Research opportunities. *Pediatrics, 140*(2), S117–S121.

Moodle. (2021). Moodle: Open–source learning platform. https://moodle.org

Moorhouse, N., tom Dieck, M. T., & Jung, T. (2019). An experiential view to children learning in museums with augmented reality. *Museum Management and Curatorship, 34*(4), 402–418.

Moreno, M. T., Sans, J. C., & Fosch, M. T. C. (2021). Behavioral and cognitive interventions with digital devices in subjects with intellectual disability: A systematic review. *Frontiers in Psychiatry, 12*, 647399. https://doi.org/10.3389/fpsyt.2021.647399

Murray, E., McFarland–Piazza, L., & Harrison, L. (2015). Changing patterns of parent–teacher communication and parent involvement from preschool to school. *Early Child Development and Care, 185*(7), 1031–1052.

Murtaza, M., Ahmed, Y., Shamsi, J., Sherwani, F., & Usman, M. (2022). AI–based personalized e–learning systems: Issues, challenges, and solutions. *IEEE Access, 10*, 81323–81342. 10.1109/ACCESS.2022.3193938

NAEYC, & Fred Rogers Center for Early Learning. (2012). *Technology and interactive media as tools in early childhood programs serving children from birth through age 8* [Position statement]. NAEYC.

Napolitano, M., Lynch, S., Mavredes, M. N., Shambon, B., & Posey, L. (2020). Formative work to design a digital learning self–assessment and feedback tool to prevent weight gain among college students. *Digital Health, 6*, Article 2055207620979458. https://doi.org/10.1177/2055207620979458

Newcomb, S. (2010). The reliability of the cvi range: A functional vision assessment for children with cortical visual impairment. *Journal of Visual Impairment & Blindness, 104*(10), 637–647.

Nicol, D., & Macfarlane–Dick, D. (2006). Formative assessment and self–regulated learning: A model and seven principles of good feedback practice. *Studies in Higher Education, 31*(2), 199–218.

Nicolson, A., Moir, L., & Millsteed, J. (2012). Impact of assistive technology on family caregivers of children with physical disabilities: A systematic review. *Disability and Rehabilitation: Assistive*

Technology, 7(5), 345–349.

Nolan, J., & McBride, M. (2014). Beyond gamification: Reconceptualizing game-based learning in early childhood environments. *Information, Communication & Society, 17*(5), 594–608.

O'Byrne, W., Houser, K., Stone, R., & White, M. (2018). Digital storytelling in early childhood: Student illustrations shaping social interactions. *Frontiers in Psychology, 9*, Article 1800. https://doi.org/10.3389/fpsyg.2018.01800

Ok, M., Rao, K., Bryant, B. R., & McDougall, D. (2017). Universal design for learning in pre-k to grade 12 classrooms: A systematic review of research. *Exceptionality, 25*, 116–138.

Olsson, M., Mozelius, P., & Collin, J. (2015). Visualisation and gamification of e-learning and programming education. *Electronic Journal of e-Learning, 13*, 441–454.

Ottenbreit-Leftwich, A. T., Glazewski, K. D., Brush, T., Aslan, S., & Zachmeier, A. (2017). Addressing technology integration concerns: Asynchronous video mentoring between pre-service teachers and exemplary technology-using in-service teachers. *Australasian Journal of Educational Technology, 34*(4), 1–15. https://doi.org/10.14742/ajet.3246

Outhwaite, L., Faulder, M., Gulliford, A., & Pitchford, N. (2018). Raising early achievement in math with interactive Apps: A randomized control trial. *Journal of Educational Psychology, 111*(2), 284–298.

Owuor, J., Larkan, F., Kayabu, B., Fitzgerald, G., Sheaf, G., Dinsmore, J., McConkey, R., Clarke, M., & Maclachlan, M. (2018). Does assistive technology contribute to social inclusion for people with intellectual disability? A systematic review protocol. *BMJ Open, 8*(2), e017533. https://doi.org/10.1136/bmjopen-2017-017533

Özhan, Ş. Ç., & Kocadere, S. A. (2019). The effects of flow, emotional engagement, and motivation on success in a gamified online learning environment. *Journal of Educational Computing Research, 57*(8), 2006–2031.

Palaiologou, I. (2016). Children under five and digital technologies: implications for early years pedagogy. *European Early Childhood Education Research Journal, 24*, 1–20.

Pan, X. (2023). Online learning environments, learners' empowerment, and learning behavioral engagement: The mediating role of learning motivation. *SAGE Open, 13*(4), Article 21582440231205098. https://doi.org/10.1177/21582440231205098

Papadakis, S. (2020). Tools for evaluating educational Apps for young children: A systematic review of the literature. *Interactive Technology and Smart Education, 18*, 18–49.

Papert, S. (1980). *Mindstorms: Children, computers, and powerful ideas*. Basic Books.

Papp, T. A. (2017). Gamification effects on motivation and learning: Application to primary and college students. *International Journal for Cross–Disciplinary Subjects in Education, 8*(3), 3193–3201.

Park, H. (2021). Government policies for inclusive education in the digital age: A comparative analysis. *International Journal of Educational Policy, 45*(3), 133–145.

Park, J., Kwon, H. J. E., & Chung, C. (2021). Innovative digital tools for new trends in teaching and assessment methods in medical and dental education. *Journal of Educational Evaluation for Health Professions, 18*, 1–7. https://doi.org/10.3352/jeehp.2021.18.13

Park, K. (2017). A Review on AI Virtual Assistants' Secretarial Job Competencies. *Journal of Systems and Software, 26*(2), 253–272.

Paulus, F., Möhler, E., Recktenwald, F., Albert, A., & Mall, V. (2021). Electronic media and early childhood: A review. *Klinische Pädiatrie, 233*(4), 157–172.

Phillips, L., Ritchie, J., & Adair, J. (2020). Young children's citizenship membership and participation: Comparing discourses in early childhood curricula of Australia, New Zealand and the United States. *Compare: A Journal of Comparative and International Education, 50*(4), 592–614.

Piaget, J. (1952). *The origins of intelligence in children*. International Universities Press.

Piasta, S. B., Logan, J. A. R., Pelatti, C. Y., Capps, J., & Petrill, S. (2015). Professional development for early childhood educators: Efforts to improve math and science learning opportunities in early childhood classrooms. *Journal of Educational Psychology, 107*(2), 407–422.

Pictello. (n.d.). AssistiveWare. https://www.assistiveware.com/products/pictello

Plowman, L., Stephen, C., & McPake, J. (2010). Supporting young children's learning with technology at home and in preschool. *Research Papers in Education, 25*(1), 113–93.

Prenger, R., Poortman, C., & Handelzalts, A. (2019). The Effects of Networked Professional Learning Communities. *Journal of Teacher Education, 70*, 441–452.

Puentedura, R. R. (2006). Transformation, technology, and education [White paper]. http://www.

hippasus.com/

Purnama, S., Ulfah, M., Ramadani, L., Rahmatullah, B., & Ahmad, I. (2022). Digital storytelling trends in early childhood education in Indonesia: A systematic literature review. *Jurnal Pendidikan Usia Dini, 16*(1), 17–31. https://doi.org/10.21009/JPUD.161.02

Radesky, J. S., Schumacher, J., & Zuckerman, B. (2015). Mobile media and child development. *Pediatrics, 135*(1), 1–8.

Radesky, J. S., Silverstein, M., Zuckerman, B., & Christakis, D. (2014). Infant self–regulation and early childhood media exposure. *Pediatrics, 133*, e1172–e1178. https://doi.org/10.1542/peds.2013–2367

Rani, I., Agarwal, V., Arya, A., & Mahour, P. (2022). Sensory processing in children and adolescents with attention deficit hyperactivity disorder. *Journal of Attention Disorders, 27*(2), 145–151.

Rao, K., Torres, C., & Smith, S. J. (2021). Digital tools and UDL–based instructional strategies to support students with disabilities online. *Journal of Special Education Technology, 36*, 105–112.

Ravenscroft, J., Davis, J., Bilgin, M., & Wazni, K. (2019). Factors that influence elementary school teachers' attitudes towards inclusion of visually impaired children in Turkey. *Disability & Society, 34*(6), 629–656.

Ravinder, S., Donckels, E., Ramirez, J. S. B., Christakis, D., Ramirez, J., & Ferguson, S. (2016). Excessive Sensory Stimulation during Development Alters Neural Plasticity and Vulnerability to Cocaine in Mice. *eNeuro, 3*(4), 1–11. https://doi.org/10.1523/ENEURO.0199–16.2016

Reddihough, D., Leonard, H., Jacoby, P., Kim, R., Epstein, A., Murphy, N., Reid, S., Whitehouse, A., Williams, K. J., & Downs, J. (2021). Comorbidities and quality of life in children with intellectual disability. *Child: Care, Health and Development, 47*(5), 654–666. https://doi.org/10.1111/cch.12873

Richdale, A., Francis, A., Gavidia–Payne, S., & Cotton, S. (2000). Stress, behaviour, and sleep problems in children with an intellectual disability. *Journal of Intellectual and Developmental Disability, 25*(2), 147–161.

Rivera, E., & Garden, C. (2021). Gamification for student engagement: A framework. *Journal of*

Further and Higher Education, 45(7), 999–1012.

Robins, B., Dautenhahn, K., Ferrari, E., Kronreif, G., Prazak–Aram, B., Marti, P., Iacono, I., Gelderblom, G., Bernd, T., Caprino, F., & Laudanna, E. (2012). Scenarios of robot–assisted play for children with cognitive and physical disabilities. *Interaction Studies, 13*(2), 189–234.

Rodrigues, A. (2020). Digital technologies integration in teacher education: The active teacher training model. *Journal of e-Learning and Knowledge Society, 16*(3), 24–33. https://orcid.org/0000–0001–6648–7956

Romrell, D., Kidder, L. C., & Wood, E. (2014). The SAMR model as a framework for evaluating mLearning. *Journal of Asynchronous Learning Networks, 18*(2), 1–15.

Rose, D. H., & Meyer, A. (2002). *Teaching every student in the digital age: Universal design for learning*. ASCD.

Rose, D., Harbour, W. S., Johnston, C., Daley, S. G., & Abarbanell, L. (2006). Universal design for learning in postsecondary education: Reflections on principles and their application. *The Journal of Postsecondary Education and Disability, 19*, 135–151.

Rosen, D., & Jaruszewicz, C. (2009). Developmentally appropriate technology use and early childhood teacher education. Journal of Early Childhood Teacher Education, 30(2), 162–171.

Rosenberg, A. R. (2020). Social studies in early childhood education and care: A scoping review focusing on diversity. *Contemporary Issues in Early Childhood, 21*(4), 312–324.

Ryan, S., & Grieshaber, S. (2005). Shifting from developmental to postmodern practices in early childhood teacher education. *Journal of Teacher Education, 56*(1), 34–45.

Samuelsson, I., & Carlsson, M. (2008). The playing learning child: Towards a pedagogy of early childhood. *Scandinavian Journal of Educational Research, 52*(6), 623–641.

Sanz–Cervera, P., Pastor–Cerezuela, G., González–Sala, F., Tárraga–Mínguez, R., & Fernández–Andrés, M. (2017). Sensory processing in children with autism spectrum disorder and/or attention deficit hyperactivity disorder in the home and classroom contexts. *Frontiers in Psychology, 8*, Article 1772. https://doi.org/10.3389/fpsyg.2017.01772

Saturno, C., Ramirez, A. R. G., Conte, M., Farhat, M., & Piucco, E. (2015). An augmentative and alternative communication tool for children and adolescents with cerebral palsy. *Behaviour & Information Technology, 34*(6), 632–645.

Schoen, S., Lane, S., Mailloux, Z., May-Benson, T., Parham, L., Roley, S. S., & Schaaf, R. (2018). A systematic review of ayres sensory integration intervention for children with autism. *Autism Research, 12*(1), 6–19.

Schou, J., & Hjelholt, M. (2018). Digital citizenship and neoliberalization: Governing digital citizens in Denmark. *Citizenship Studies, 22*(5), 507–522.

Schwille, S. A. (2008). The professional practice of mentoring. *American Journal of Education, 115*, 139–167.

Seesaw. (2021). Seesaw: A classroom app for student engagement. https://web.seesaw.me

Selwyn, N., & Facer, K. (2014). The sociology of education and digital technology: Past, present and future. *Oxford Review of Education, 40*(4), 482–496.

Sengupta, P., Krinks, K., & Clark, D. B. (2015). Learning to deflect: Conceptual change in physics during digital game play. *Journal of the Learning Sciences, 24*(4), 638–674.

Shadiev, R., & Liu, J. (2022). Review of research on applications of speech recognition technology to assist language learning. *ReCALL, 35*(1), 74–88.

Sheridan, S., Knoche, L. L., Edwards, C., Bovaird, J. A., & Kupzyk, K. (2010). Parent engagement and school readiness: Effects of the getting ready intervention on preschool children's social-emotional competencies. *Early Education and Development, 21*(1), 125–156.

Shimizu, V. T., Bueno, O., & Miranda, M. (2014). Sensory processing abilities of children with ADHD. *Brazilian Journal of Physical Therapy, 18*, 343–352.

Shogren, K., & Broussard, R. (2011). Exploring the perceptions of self-determination of individuals with intellectual disability. *Intellectual and Developmental Disabilities, 49*(2), 86–102.

Shogren, K., Burke, K. M., Antosh, A., Wehmeyer, M., LaPlante, T., Shaw, L., & Raley, S. K. (2018). Impact of the self-determined learning model of instruction on self-determination and goal attainment in adolescents with intellectual disability. *Journal of Disability Policy Studies, 30*(1), 22–34.

Shum, S. B., & Luckin, R. (2019). Learning analytics and AI: Politics, pedagogy and practices. *British Journal of Educational Technology, 50*(6), 2785–2793.

Shute, V. J., & Ventura, M. (2013). Measuring and supporting learning in games: A critical review.

Educational Psychologist, 48(4), 243–268.

Shute, V., & Rahimi, S. (2017). Review of computer–based assessment for learning in elementary and secondary education. *Journal of Computer Assisted Learning, 33*(1), 1–19.

Shyman, E. (2012). Teacher education in autism spectrum disorders: A potential blueprint. *Education and training in autism and developmental disabilities, 47*, 187–197.

Siemens, G. (2005). Connectivism: A learning theory for the digital age. *International Journal of Instructional Technology and Distance Learning, 2*(1), 3–10.

Sievers, S. B., Trembath, D., & Westerveld, M. F. (2018). A systematic review of predictors, moderators, and mediators of Augmentative and Alternative Communication (AAC) outcomes for children with autism spectrum disorder. *Augmentative and Alternative Communication, 34*(3), 219–229.

Slater, M., & Wilbur, S. (2020). A framework for virtual reality applications in education. *Educational Research Review, 30*, 95–111.

Sockalingam, N., & Liu, J. (2020). Designing learning experiences for online teaching and learning. arXiv preprint arXiv:2010.15602.

Software Informer. (n.d.). Dragon NaturallySpeaking: Screenshots. https://dragon–naturallyspeaking.software.informer.com/screenshot/

Solebo, A. L., & Rahi, J. (2013). Epidemiology, aetiology and management of visual impairment in children. *Archives of Disease in Childhood, 99*(4), 375–379.

Solove, D. J. (2021). *Understanding privacy*. Harvard University Press.

Souto–Manning, M., Falk, B., López, D., Cruz, L. B., Bradt, N., Cardwell, N., Mcgowan, N., Pérez, A. Y., Rabadi–Raol, A., & Rollins, E. (2019). A transdisciplinary approach to equitable teaching in early childhood education. *Review of Research in Education, 43*(1), 249–276.

Spooner, F., Baker, J. N., Harris, A. A., Ahlgrim–Delzell, L., & Browder, D. (2007). Effects of training in universal design for learning on lesson plan development. *Remedial and Special Education, 28*, 108–116.

Stratigos, T., & Fenech, M. (2020). Early childhood education and care in the app generation: Digital documentation, assessment for learning and parent communication. *Australasian Journal of Early Childhood, 46*, 19–31.

Strielkowski, W., Grebennikova, V., Lisovskiy, A., Rakhimova, G., & Vasileva, T. (2024). AI-driven adaptive learning for sustainable educational transformation. *Sustainable Development, 33*(2), 1921–1947. https://doi.org/10.1002/sd.3221

Strmecki, D., Bernik, A., & Radošević, D. (2015). Gamification in E-Learning: Introducing gamified design elements into E-Learning systems. *Journal of Computer Science, 11*(12), 1108–1117.

Sutherland, D., Atkinson, R., & Turner, D. (2012). Smart classrooms and the impact of technology on learning environments. Educational Technology Research and Development, 60(2), 3–18.

Swanson, H. (1993). Working memory in learning disability subgroups. *Journal of Experimental Child Psychology, 56*(1), 87–114.

Swart, J., Stegeman, H., Frowijn, L., & Broersma, M. (2023). The paradox of play: How Dutch children develop digital literacy via offline engagement with digital media. *Journal of Children and Media, 18*(1), 138–154.

Syriopoulou-Delli, C. K., & Gkiolnta, E. (2020). Review of assistive technology in the training of children with autism spectrum disorders. *International Journal of Developmental Disabilities, 68*, 73–85.

Tan, C., & Chan, Y. (2008). Knowledge community: A knowledge-building system for global collaborative project learning. *Proceedings of the IEEE, 96*, 1049–1061. 10.1109/JPROC.2008.921608

Tapalova, O., Zhiyenbayeva, N., & Gura, D. (2022). Artificial intelligence in education: AIEd for personalised learning pathways. *Electronic Journal of e-Learning, 20*(5), 639–653. https://doi.org/10.34190/ejel.20.5.2597

Taşkin, M. (2025). Artificial intelligence in personalized education: Enhancing learning outcomes through adaptive technologies and data-driven insights. *Human Computer Interaction, 8*(1), 173. https://doi.org/10.62802/ygye0506

Taşkin, N., & Kiliç-Çakmak, E. (2022). Effects of gamification on behavioral and cognitive engagement of students in the online learning environment. *International Journal of Human-Computer Interaction, 39*(17), 3334–3345.

Tavernier, M., & Hu, X. (2020). Emerging mobile learning pedagogy practices: Using tablets and constructive apps in early childhood education. *Educational Media International, 57*(3), 253–270.

Tayler, C. (2015). Learning in early childhood: Experiences, relationships and 'Learning to Be'. *European Journal of Education, 50*(2), 160–174.

Taylor, J. J., Bambrick, R., Brand, A., Bray, N., Dutton, M., Harper, R., Hoare, Z., Ryan, B., Edwards, R., Waterman, H., & Dickinson, C. (2017). Effectiveness of portable electronic and optical magnifiers for near vision activities in low vision: A randomised crossover trial. *Ophthalmic and Physiological Optics, 37*, 370–384. https://doi.org/10.1111/opo.12379

Terada, Y. (2020, May 4). *A powerful model for understanding good tech integration*. Edutopia. https://www.edutopia.org/article/powerful-model-understanding-good-tech-integration

Thoma, B., Turnquist, A., Zaver, F., Hall, A., & Chan, T. (2019). Communication, learning and assessment: Exploring the dimensions of the digital learning environment. *Medical Teacher, 41*(4), 385–390.

Thompson, R. A., & Calkins, S. (1996). The double-edged sword: Emotional regulation for children at risk. *Development and Psychopathology, 8*(1), 163–182.

Trust, T. (2016). New model of teacher learning in an online network. *Journal of Research on Technology in Education, 48*, 290–305.

Tufekci, Z. (2018). Pictello: An app for augmentative and alternative communication. *Journal of Special Education Technology, 33*(4), 215–218.

Twenge, J. M., & Campbell, W. K. (2018). *The iGen shift: Why today's young people are more confident, assertive, and open-minded—and less empathetic than ever before*. Atria Books.

Ugalde, L., Santiago-Garabieta, M., Villarejo-Carballido, B., & Puigvert, L. (2021). Impact of interactive learning environments on learning and cognitive development of children with special educational needs: A literature review. *Frontiers in Psychology, 12*, 674033. https://doi.org/10.3389/fpsyg.2021.674033

Undheim, M. (2021). Children and teachers engaging together with digital technology in early childhood education and care institutions: A literature review. *European Early Childhood Education Research Journal, 30*(3), 472–489.

UNESCO Institute for Statistics. (2018). *A global framework of reference on digital literacy skills for indicator 4.4.2* (Information Paper No. 51). UNESCO Institute for Statistics. http://uis.unesco.org/sites/default/files/documents/ip51-global-framework-reference-digital-literacy-skills-2018-en.pdf

Vaccari, C., & Marschark, M. (1997). Communication between parents and deaf children: Implications for social-emotional development. *Journal of child psychology and psychiatry, and allied disciplines, 38*(7), 793-801.

Valverde-Berrocoso, J., Fernández-Sánchez, M. R., Dominguez, F. I. R., & Sosa-Díaz, M. (2021). The educational integration of digital technologies preCovid-19: Lessons for teacher education. *PLoS ONE, 16*(8), e0256283. https://doi.org/10.1371/journal.pone.0256283

van den Heuvel, R. J. F., Lexis, M., Gelderblom, G., Jansens, R., & de Witte, L. D. (2016). Robots and ICT to support play in children with severe physical disabilities: A systematic review. *Disability and Rehabilitation: Assistive Technology, 11*(1), 103-116.

van Ginkel, G., Verloop, N., & Denessen, E. (2016). Why mentor? Linking mentor teachers' motivations to their mentoring conceptions. *Teachers and Teaching, 22*, 101-116.

van Niekerk, K., Dada, S., & Tönsing, K. (2019). Influences on selection of assistive technology for young children in South Africa: Perspectives from rehabilitation professionals. *Disability and Rehabilitation, 41*(8), 912-925.

van Oers, H. J. M. (2003). Learning resources in the context of play: Promoting effective learning in early childhood. *European Early Childhood Education Research Journal, 11*(1), 7-26.

VanLehn, K. (2011). The relative effectiveness of human tutoring, intelligent tutoring systems, and other tutoring systems. *Educational Psychologist, 46*(4), 197-221.

Vedechkina, M., & Borgonovi, F. (2020). A review of evidence on the role of digital technology in shaping attention and cognitive control in children. *Frontiers in Psychology, 12*, Article 611155. https://doi.org/10.3389/fpsyg.2021.611155

Viberg, O., Kizilcec, R. F., Wise, A. F., Jivet, I., & Nixon, N. (2024). Advancing equity and inclusion in educational practices with AI-powered Educational Decision Support Systems (AI-EDSS). *British Journal of Educational Technology, 55*(5), 1974-1981.

Villagrasa, S., Fonseca, D., Redondo, E., & Duran, J. (2014). Teaching case of gamification and visual technologies for education. *Journal of Cases on Information Technology, 16*, 38–57.

Villanti, A. C., Johnson, A. L., Ilakkuvan, V., Jacobs, M. A., Graham, A. L., & Rath, J. M. (2017). Social Media Use and Access to Digital Technology in US Young Adults in 2016. *Journal of medical Internet research, 19*(6), e196. https://doi.org/10.2196/jmir.7303

Vina, A. (2025, February 19). Exploring how computer vision can be used for gaze detection. Ultralytics. https://www.ultralytics.com/ko/blog/exploring-how-computer-vision-can-be-used-for-gaze-detection

VoiceOver. (2021). VoiceOver: Accessibility features on iOS. https://www.apple.com/accessibility/ios/voiceover

Wahyuni, S., Mujiyanto, J., Rukmini, D., & Fitriati, S. (2020). Teachers' technology integration into english instructions: SAMR Model. In *Proceedings of the International Conference on Science and Education and Technology* (ISET 2019). (pp. 546–550). Atlantis Press.

Wang, H., He, M., Zeng, C., Qian, L., Wang, J., & Pan, W. (2023). Analysis of learning behaviour in immersive virtual reality. *Journal of Intelligent & Fuzzy Systems, 45*(4), 5927–5938.

Wang, J., Li, M., Zhu, D., & Cao, Y. (2020). Smartphone overuse and visual impairment in children and young adults: systematic review and meta-analysis. *Journal of Medical Internet Research, 22*. 10.2196/21923

Wang, R. (2022). Application of augmented reality technology in children's picture books based on educational psychology. *Frontiers in Psychology, 13*, Article 782958. https://doi.org/10.3389/fpsyg.2022.782958

Warne, N., Heron, J., Mars, B., Solmi, F., Biddle, L., Gunnell, D., Hammerton, G., Moran, P., Munafo, M., Penton-Voak, I., Skinner, A., Stewart, A., & Bould, H. (2022). Emotional dysregulation in childhood and disordered eating and self-harm in adolescence: Prospective associations and mediating pathways. *Journal of Child Psychology and Psychiatry, and Allied Disciplines, 64*(5), 797–806.

Watson, T., Orel-Bixler, D., & Haegerstrom-Portnoy, G. (2007). Longitudinal quantitative assessment of vision function in children with cortical visual impairment. *Optometry and Vision Science, 84*(6), 471–480.

Wei, L. (2023). Artificial intelligence in language instruction: Impact on English learning achievement, L2 motivation, and self-regulated learning. *Frontiers in Psychology, 14*, Article 1261955. https://doi.org/10.3389/fpsyg.2023.1261955

Weisberg, L., & Dawson, K. (2023). The intersection of equity pedagogy and technology integration in preservice teacher education: A scoping review. *Journal of Teacher Education, 74*(4), 327–342.

Wiik, K. L., Loman, M., Ryzin, M. J. V., Armstrong, J. M., Essex, M., Pollak, S., & Gunnar, M. (2011). Behavioral and emotional symptoms of post-institutionalized children in middle childhood. *Journal of Child Psychology and Psychiatry, And Allied Disciplines, 52*(1), 56–63.

Witte, L. D. d., Steel, E. J., Gupta, S., Ramos, V. D., & Roentgen, U. (2018). Assistive technology provision: Towards an international framework for assuring availability and accessibility of affordable high-quality assistive technology. *Disability and Rehabilitation: Assistive Technology, 13*, 467–472.

Wohlwend, K. (2015). One screen, many fingers: Young children's collaborative literacy play with digital puppetry Apps and touchscreen technologies. *Theory Into Practice, 54*(2), 154–162.

Wohofsky, L., Scharf, P., Lattacher, S., & Krainer, D. (2021). Assistive technology to support people with autism spectrum disorder in their autonomy and safety: A scoping review. *Technology and Disability, 34*(1), 1–11. https://doi.org/10.3233/TAD-210355

Wood, E., Specht, J., Willoughby, T., & Mueller, J. (2008). Integrating computer technology in early childhood education environments: Issues raised by early childhood educators. *Alberta Journal of Educational Research, 54*(2), 210–226. https://doi.org/10.11575/ajer.v54i2.55223

Wu, J., Zhang, D., & Lee, S. (2024). Into the brave new metaverse: Envisaging future language teaching and learning. *IEEE Transactions on Learning Technologies, 17*, 44–53.

Wu, X., Deng, H., Jian, S., Chen, H., Li, Q., Gong, R., & Wu, J. (2023). Global trends and hotspots in the digital therapeutics of autism spectrum disorders: a bibliometric analysis from 2002 to 2022. *Frontiers in Psychiatry, 14*, Article 1126404. https://doi.org/10.3389/fpsyt.2023.1126404

Xin, N. S., Shibghatullah, A. S., Subaramaniam, K., & Wahab, M. (2021). A systematic review for online learning management system. *Journal of Physics: Conference Series, 1874*(1), 012030. DOI 10.1088/1742-6596/1874/1/012030

Yang, P., Xiong, N., & Ren, J. (2020). Data security and privacy protection for cloud storage: A survey. *IEEE Access, 8*(12), 131723–131740. 10.1109/ACCESS.2020.3009876

Yang, S., Wang, Y., Lai, A., Lin, Y., Chiou, G., Chen, M., Shen, V., & Hsiung, C. (2020). Development of a game-based e-learning system with augmented reality for improving students' learning performance. *International Journal of Engineering Education, 2*(1), 1–10.

Yang, W., Hu, X., Yeter, I. H., Su, J., Yang, Y., & Lee, J. C. (2023). Artificial intelligence education for young children: A case study of technology-enhanced embodied learning. *Journal of Computer Assisted Learning, 40*(2), 465–477.

Yenioglu, B. Y., Ergulec, F., & Yenioğlu, S. (2021). Augmented reality for learning in special education: A systematic literature review. *Interactive Learning Environments, 31*(7), 4572–4588.

Yeung, A., Ng, E., & Abi-Jaoude, E. (2022). TikTok and attention-deficit/hyperactivity disorder: A cross-sectional study of social media content quality. Canadian Journal of Psychiatry. *Revue Canadienne de Psychiatrie, 67*(12), 899–906. https://doi.org/10.1177/07067437221082854

Yu, Z., Gao, M., & Wang, L. (2020). The effect of educational games on learning outcomes, student motivation, engagement and satisfaction. *Journal of Educational Computing Research, 59*(3), 522–546.

Zevenbergen, R. (2007). Digital natives come to preschool: Implications for early childhood practice. *Contemporary Issues in Early Childhood, 8*(1), 19–29.

Zhang, J., Wang, B., Yang, H., Chen, Z., Gao, W., & Liu, Z. (2022). Assessing quality of online learning platforms for in-service teachers' professional development: The development and application of an instrument. *Frontiers in Psychology, 13*. https://doi.org/10.3389/fpsyg.2022.998196

Zhang, L., & Ng, M. L. (2011). An Acoustics-Based Assessment of Error Patterns in English Sounds Produced by Cantonese ESL Speakers. Asia Pacific *Journal of Speech, Language and Hearing, 14*(2), 73–84. https://doi.org/10.1179/136132811805334867

Zhang, S., Gu, M. M., Sun, W., & Jin, T. (2024). Digital literacy competence, digital literacy practices and teacher identity among pre-service teachers. *Journal of Education for*

Teaching, 50(3), 464–478.

Zhao, D., Playfoot, J., Nicola, C. D., Guarino, G., Bratu, M., Salvadore, F. D., & Muntean, G. (2021). An innovative multi–layer gamification framework for improved stem learning experience. *IEEE Access PP*(99), 1-1. 10.1109/ACCESS.2021.3139729

Zhao, J., Yu, Z., Sun, X., Wu, S., Zhang, J., Zhang, D., Zhang, Y., & Jiang, F. (2022). Association between screen time trajectory and early childhood development in children in China. *JAMA pediatrics, 176*(8), 768–775.

Zhao, X., Ren, Y., & Cheah, K. S. L. (2023). Leading Virtual Reality (VR) and Augmented Reality (AR) in education: Bibliometric and content analysis from the web of science (2018–2022). *SAGE Open, 13, 998196*. https://doi.org/10.1177/21582440231190821

Zhou, X., Yang, Q., Zheng, X., Liang, W., Wang, K., Ma, J., Pan, Y., & Jin, Q. (2024). Personalized federated learning with model–contrastive learning for multi–modal user modeling in human–centric metaverse. *IEEE Journal on Selected Areas in Communications, 42*, 817–831.

Zilz, W., & Pang, Y. (2019). Application of assistive technology in inclusive classrooms. *Disability and Rehabilitation: Assistive Technology, 16*, 684–686.

저자 소개

김병건(Kim, Byungkeon)

경북대학교에서 유아교육전공으로 이학박사를 취득했고, 미국 테네시 대학교(University of Tennessee)에서 특수교육전공으로 철학박사를 취득했다. 현재는 나사렛대학교 유아특수교육과 교수 및 장애인자립생활센터 센터장으로 재직하고 있다.

유아교사와 유아특수교사를 위한
증거 기반 디지털 교육

Evidence-Based Digital Education
for Early Childhood and Special Education Teachers

2025년 9월 5일 1판 1쇄 인쇄
2025년 9월 10일 1판 1쇄 발행

지은이 • 김병건
펴낸이 • 김진환
펴낸곳 • ㈜학지사
04031 서울특별시 마포구 양화로 15길 20 마인드월드빌딩
대표전화 • 02-330-5114 팩스 • 02-324-2345
등록번호 • 제313-2006-000265호

홈페이지 • http://www.hakjisa.co.kr
인스타그램 • https://www.instagram.com/hakjisabook

ISBN 978-89-997-3517-2 93370

정가 23,000원

출판미디어기업 학지사

간호보건의학출판 **학지사메디컬** www.hakjisamd.co.kr
심리검사연구소 **인싸이트** www.inpsyt.co.kr
학술논문서비스 **뉴논문** www.newnonmun.com
교육연수원 **카운피아** www.counpia.com
대학교재전자책플랫폼 **캠퍼스북** www.campusbook.co.kr